Se deseja ingressar no day trading, um bom preparo antes de mergulhar de cabeça aumenta drasticamente suas chances de sucesso. Desde a organização do seu negócio de trading (sim, ele é um negócio) e o aprendizado dos jargões ao acompanhamento dos mercados por meio dos indicadores técnicos e do cálculo do seu desempenho, estas dicas serão sua luz.

EQUIPAMENTO PARA O ESCRITÓRIO DO DAY TRADER

Se quiser montar em casa seu escritório de day trader, o equipamento certo lhe permitirá agir rápido quando precisar operar e o ajudará a se manter organizado. Eis o básico necessário:

- **Um PC com um bom monitor:** A maioria dos computadores pessoais vendidos hoje em dia tem poder de processamento suficiente para o day trading. Como passará muito tempo na frente dele, faça um favor a si mesmo e arranje um grande monitor de tela plana para ficar com pelo menos duas janelas abertas ao mesmo tempo.

- **Um segundo PC ou backup móvel:** Os computadores são instáveis. Não importa a marca, eles estão sujeitos a diferentes falhas mecânicas ou de software que podem desligá-lo. É por isso que é bom ter uma cópia do seu sistema em um notebook ou, pelo menos, o aplicativo da corretora no seu smartphone para conseguir acessá-lo rapidamente.

- **Internet de alta velocidade:** Uma conexão rápida e confiável com backup é crucial. Ponto.

- **Software de planilhas:** Ainda não entendeu o Microsoft Excel? Está mais do que na hora! As planilhas o ajudarão a monitorar seu desempenho e a analisar seus retornos. (*Excel 2013 For Dummies*, de Greg Harvey [Wiley], será aquela mão na roda!)

- **Uma conta de corretora online:** Há várias corretoras especializadas nas necessidades de trades de alto volume. Elas oferecem acesso online, cotações em tempo real, backtesting e outros serviços analíticos, e comissões baixas para os que fazem muitos trades.

ALGUNS JARGÕES DO DAY TRADING

Cada área tem seu próprio jargão, e o day trading não é diferente. Aqui estão alguns termos que encontrará:

- **Série de Fibonacci:** A série de Fibonacci é uma lista de números na qual cada um deles é a soma dos dois anteriores. Ela é infinita, mas começa assim: 0, 1, 1, 2, 3, 5, 8, 13. Há proporções baseadas na série de Fibonacci em toda a natureza, e muitos acreditam que elas sinalizam oportunidades lucrativas de trading.

- **Critério de Kelly:** Quer ser certeiro? Com o critério de Kelly, é matematicamente possível. Em sua forma básica, o critério indica que o percentual de seu capital que deve ser colocado em uma operação é igual à probabilidade de aquela operação dar lucro menos a probabilidade de ela dar prejuízo. Se seu teste mostrar que uma estratégia func[...] então, a cada vez que operar com ela, deve usar 20% dos seu[...]

- **Day trader:** Pessoa que realiza operações, ou conjunto de operações, iniciadas e encerradas no mesmo dia, com o mesmo ativo e em uma mesma corretora. Para ser considerado day trader, não é preciso liquidar totalmente a operação — uma pessoa que comprou 100 ações de uma companhia e vendeu 40 no mesmo dia será considerada day trader.

- **Compensação de perdas:** No Brasil, existem regras tributárias permitindo a compensação de prejuízos ao longo dos meses em operações de day trade, o que reduz o imposto a ser pago. Muitos day traders não se atentam a essas regras e a como usá-las em seu benefício.

TRADING COM INDICADORES DE ANÁLISE TÉCNICA

A análise técnica é útil para os day traders procurarem padrões nos preços recentes e no volume de negociação para determinar se um ativo tem mais chances de ter um desempenho bom ou ruim. Aqui estão breves definições de alguns indicadores técnicos comuns:

- **Média de amplitude de variação (ATR):** A média de amplitude é a média exponencial da diferença entre o maior preço de hoje menos o fechamento de ontem, e a diferença entre o menor preço de hoje e o fechamento de ontem. Tire essa média por quatorze dias para obter o intervalo verdadeiro médio. Normalmente, você vende o ativo operando na máxima ou acima e o compra na mínima ou logo acima.

- **Bandas de Bollinger:** As bandas de bollinger apontam limites de negociação, definidos como dois desvios-padrão acima e abaixo da média móvel de vinte dias de um ativo. Os traders procuram vender um ativo perto do limite superior das bandas e comprar perto do limite inferior.

- **Índice do canal de commodities (CCI):** Técnica usada para identificar variações sazonais em commodities agrícolas e em outros títulos que apresentam diferentes níveis de oferta e de demanda ao longo do ano. Quando um ativo está acima do CCI, é hora de vender.

- **Momentum:** Os traders que usam o momentum compram ativos cujo preço está subindo se o volume também o estiver, e vendem os que estão caindo se o volume também o estiver.

- **Índice de força relativa (RSI):** O Índice de Força Relativa é a média do número de subidas de preços em um período dividido pela média do número de descidas. Quanto maior for o RSI, mais interessadas as pessoas estão em comprar, ao invés de em vender.

Day Trading

Para leigos

Day Trading

Para leigos

Tradução da 4ª Edição

Ann C. Logue
Autora de *Hedge Funds For Dummies*

ALTA BOOKS
E D I T O R A
Rio de Janeiro, 2021

Day Trading Para Leigos® – Tradução da 4ª Edição

Copyright © 2021 da Starlin Alta Editora e Consultoria Eireli.
ISBN: 978-65-5520-477-3

Translated from original Day Trading For Dummies®, 4th Edition. Copyright © 2019 by John Wiley & Sons, Inc., ISBN 978-1-119-55408-0. This translation is published and sold by permission of Wiley, the owner of all rights to publish and sell the same. PORTUGUESE language edition published by Starlin Alta Editora e Consultoria Eireli, Copyright © 2021 by Starlin Alta Editora e Consultoria Eireli.

Todos os direitos estão reservados e protegidos por Lei. Nenhuma parte deste livro, sem autorização prévia por escrito da editora, poderá ser reproduzida ou transmitida. A violação dos Direitos Autorais é crime estabelecido na Lei nº 9.610/98 e com punição de acordo com o artigo 184 do Código Penal.

A editora não se responsabiliza pelo conteúdo da obra, formulada exclusivamente pelo(s) autor(es).

Marcas Registradas: Todos os termos mencionados e reconhecidos como Marca Registrada e/ou Comercial são de responsabilidade de seus proprietários. A editora informa não estar associada a nenhum produto e/ou fornecedor apresentado no livro.

Impresso no Brasil — 1ª Edição, 2021 — Edição revisada conforme o Acordo Ortográfico da Língua Portuguesa de 2009.

Erratas e arquivos de apoio: No site da editora relatamos, com a devida correção, qualquer erro encontrado em nossos livros, bem como disponibilizamos arquivos de apoio se aplicáveis à obra em questão.
Acesse o site www.altabooks.com.br e procure pelo título do livro desejado para ter acesso às erratas, aos arquivos de apoio e/ou a outros conteúdos aplicáveis à obra.

Suporte Técnico: A obra é comercializada na forma em que está, sem direito a suporte técnico ou orientação pessoal/exclusiva ao leitor.

A editora não se responsabiliza pela manutenção, atualização e idioma dos sites referidos pelos autores nesta obra.

Produção Editorial
Editora Alta Books

Gerência Comercial
Daniele Fonseca

Editor de Aquisição
José Rugeri
acquisition@altabooks.com.br

Produtores Editoriais
Illysabelle Trajano
Maria de Lourdes Borges
Thales Silva

Marketing Editorial
Livia Carvalho
Gabriela Carvalho
Thiago Brito
marketing@altabooks.com.br

Equipe de Design
Larissa Lima
Marcelli Ferreira
Paulo Gomes

Diretor Editorial
Anderson Vieira

Coordenação Financeira
Solange Souza

Produtor da Obra
Thiê Alves

Equipe Ass. Editorial
Brenda Rodrigues
Caroline David
Luana Rodrigues
Mariana Portugal
Raquel Porto

Equipe Comercial
Adriana Baricelli
Daiana Costa
Fillipe Amorim
Kaique Luiz
Victor Hugo Morais
Viviane Paiva

Atuaram na edição desta obra:

Tradução
Carolina Palha

Copidesque
Rafael Fontes

Revisão Técnica
Marco Antongiovanni
Especialista em mercado financeiro

Revisão Gramatical
Alessandro Thomé
Hellen Suzuki

Diagramação
Joyce Matos

Ouvidoria: ouvidoria@altabooks.com.br

Editora afiliada à:

Dados Internacionais de Catalogação na Publicação (CIP) de acordo com ISBD

L832d   Logue, Ann C.
         Day Trading Para Leigos – Tradução da 4ª Edição / Ann C. Logue ; traduzido por Carolina Palha. - Rio de Janeiro, RJ : Alta Books, 2021.
         368 p. : il. ; 17cm x 24cm.

         Tradução de: Day Trading For Dummies
         Inclui índice e apêndice.
         ISBN: 978-65-5520-477-3

         1. Economia. 2. Mercado financeiro. 3. Day Trading. I. Palha, Carolina. II. Título.

2021-2203   CDD 330
                   CDU 53

Elaborado por Vagner Rodolfo da Silva - CRB-8/9410

Rua Viúva Cláudio, 291 — Bairro Industrial do Jacaré
CEP: 20.970-031 — Rio de Janeiro (RJ)
Tels.: (21) 3278-8069 / 3278-8419
www.altabooks.com.br — altabooks@altabooks.com.br

Sobre a Autora

Ann C. Logue é autora de *Hedge Funds For Dummies*, *Socially Responsible Investing For Dummies* e *Emerging Markets For Dummies* (todos publicados por John Wiley & Sons, Inc.). Escreveu para *Barron's*, *The New York Times*, *Newsweek Japan*, *USAToday* e para o Fundo Monetário Internacional. É professora da Faculdade Liautaud, da Universidade de Negócios de Illinois, Chicago. Tem doze anos de experiência como analista de investimentos, bacharelado em Artes pela Universidade Northwestern, MBA pela Universidade de Chicago e detém a certificação Chartered Financial Analyst (CFA).

Dedicatória

Sempre, a Rik e a Andrew. Por seu amor e apoio.

Agradecimentos

Muitas pessoas maravilhosas me ajudaram nas diferentes edições deste livro. Conversei com muitos day traders, corretores e outros profissionais de investimentos, incluindo Jack Alogna e Beth Cotner; Michael Browne, da DTN Inc.; Nihar Dalil, Glenda Dowie, Greg Gocek e Robert Cohen, da CFA Society of Chicago; Mary Haffenberg e Curt Zuckert, da Chicago Mercantile Exchange; John T. Hoagland, Conor Meegan e Michael Patak, da TopstepTrader; Anil Joshi, da NuFact; Karen H., da Gamblers Anonymous; James Kupfer, da Waterston Financial; James Lee, da TradersLaboratory.com; Wayne Lee, da Nasdaq; Michael Lindsay, Khurram Naik e James Cagnina, da Infinity Brokerage Services; Kristy Gercken, Casey Nicholson, Erika Olson, Don Padou, Karina Rubel, Mario Sant Singh, Chris Tabaka, Elizabeth Tabaka e Allen Ward. Também conversei com vários outros traders que me pediram para permanecerem anônimos; eles sabem quem são e espero que também saibam o quanto sou grata por sua ajuda. Quanto à estrutura do livro, desta vez foram Chad Sievers e Tracy Boggier, da Wiley, os responsáveis pelo resultado final. Por fim, minha agente, Marilyn Allen, fez tudo acontecer.

Obrigada a todos vocês!

Sumário Resumido

Introdução 1

Parte 1: Começando 5
CAPÍTULO 1: Então Você Quer Ser Day Trader? 7
CAPÍTULO 2: Mercados Financeiros 19
CAPÍTULO 3: Introdução aos Ativos: Ações, Títulos, Moedas e Commodities 39
CAPÍTULO 4: Estudo Intermediário dos Ativos: ETFs, Criptomoedas, Opções e Derivativos 59
CAPÍTULO 5: Riscos e Retornos com Alavancagem e Vendas a Descoberto. 79
CAPÍTULO 6: Gerenciando Seu Dinheiro e Suas Operações 95
CAPÍTULO 7: Planejando Seus Trades 113

Parte 2: Estratégias de Trade 131
CAPÍTULO 8: Análise Técnica 133
CAPÍTULO 9: Indicadores de Mercado e Estratégias 155
CAPÍTULO 10: Com Programação Não Tem Emoção 175
CAPÍTULO 11: Day Trading para Investidores 193
CAPÍTULO 12: Serviços de Pesquisa 205
CAPÍTULO 13: Lucro Potencial 223

Parte 3: Day Trading a Sério 243
CAPÍTULO 14: Tratando o Day Trade Como Ele Merece 245
CAPÍTULO 15: Seu Maior Fornecedor: A Corretora 261
CAPÍTULO 16: Regulamentação Já 275
CAPÍTULO 17: Taxando Day Traders 291

Parte 4: A Parte dos Dez 313
CAPÍTULO 18: Dez Boas Razões para Fazer Day Trading 315
CAPÍTULO 19: Dez (e Mais) Bons Motivos para Evitar o Day Trading ... 321
CAPÍTULO 20: Dez Erros Comuns 327
CAPÍTULO 21: Dez Técnicas de Gestão Financeira 333

Apêndice: Recursos Extras para Day Traders 339

Índice 345

Sumário

INTRODUÇÃO 1
    Sobre Este Livro 1
    Penso que... 2
    Ícones Usados Neste Livro................................... 3
    Daqui para Lá, de Lá para Cá................................ 3

PARTE 1: COMEÇANDO 5

CAPÍTULO 1: Então Você Quer Ser Day Trader? 7
    Day Trading: Tudo no Mesmo Dia.............................. 8
        Especulador em vez de hedger 8
        Mercados de soma zero 9
        Fechando os trades diariamente 10
    Compromisso como Day Trader................................ 11
        Operando meio expediente: Faça direito................ 11
        Day trading como hobby: Não faça 12
    Day Traders Bem-sucedidos 13
        Independência.. 13
        Perspicácia 14
        Determinação 14
    O que o Day Trading Não É 15
        Não é investimento..................................... 15
        Não é aposta 16
        Não é perigoso — Com capital de risco 16
        Não é fácil.. 18

CAPÍTULO 2: Mercados Financeiros 19
    Como os Mercados Funcionam?................................ 20
        Oferta e demanda....................................... 20
        Bolsas versus balcões.................................. 21
        Comissões, taxas e spreads 22
        Jogos de soma zero 23
    Abra uma Conta e Opere 24
        Abrindo uma conta na corretora 24
        Sua primeira operação.................................. 24
        Fechando a operação.................................... 24
        Recolhendo seus lucros................................. 24
    Princípios do Sucesso no Day Trading 25
        Operando com poucos ativos............................. 25
        Gerenciando suas posições 26
        Mantendo o foco.. 27
    Relação entre Risco e Retorno 27

O que é risco? 28
Recompensa pelo risco 31
Eficiência de mercado no mundo real. 32
Trading Não É Investimento ou Aposta 34
Investir é uma atividade lenta e estável 34
O trading é ágil 35
Apostar é uma questão apenas de sorte 36
Gerenciando os Riscos do Day Trading 37
Trata-se do seu negócio. 37
Trata-se de sua vida 37

CAPÍTULO 3: Introdução aos Ativos: Ações, Títulos, Moedas e Commodities............................ 39

Vai Operar o quê? 40
Ativos para Day Trading 40
Liquidez. 41
Alta volatilidade 42
De olho no orçamento. 43
Usando margem 44
Compreendendo as Ações. 46
Como as ações são operadas? 47
Onde as ações são operadas? 48
Bolsas alternativas 50
Mercado de balcão. 50
Dark pools 52
Entendendo os Títulos 53
Como os títulos são operados? 54
Títulos listados. 54
Trading de balcão 55
Traders do tesouro. 55
Lucrando com as Moedas 55
Como as moedas são operadas? 56
Onde as moedas são operadas? 57
Commodities: Como São Operadas? 57

CAPÍTULO 4: Estudo Intermediário dos Ativos: ETFs, Criptomoedas, Opções e Derivativos............ 59

Explicando os ETFs (Exchange-Traded Funds) 60
ETFs tradicionais 61
ETFs estratégicos. 62
Como os ETFs são operados? 63
Riscos dos ETFs 64
Familiarizando-se com Criptomoedas 64
Bitcoin e o blockchain. 65
Outras criptomoedas 66
Como as criptomoedas são operadas? 67
Cuidado com os riscos das criptomoedas 69
Lidando com Derivativos 70

Tipos de derivativos 70
Comprando e vendendo derivativos 73
Arbitragem e a Lei do Preço Único......................... 74
Arbitragem e eficiência de mercado 74
Gerando ativos sintéticos 76
Discrepância de preço: Aí eu vi vantagem!................ 76
Reduzindo oportunidades de arbitragem: Trading de
alta frequência 77

CAPÍTULO 5: Riscos e Retornos com Alavancagem e Vendas a Descoberto............................ 79

Margem É Pura Magia....................................... 80
Acordos de margem...................................... 80
Custos e taxas de margem............................... 82
Gerenciando chamadas de margem...................... 83
Aproveitando as pechinchas de margem................. 83
Reviravolta das Vendas a Descoberto 84
Vendendo a descoberto 84
Quando vender?....................................... 85
Perdendo sua posição a descoberto?.................... 86
Alavancando Tudo... 87
Mercados de ações e títulos............................ 87
Mercado de opções 88
Operando futuros...................................... 89
Forex 90
Usando Dinheiro Emprestado em Seu Negócio de Trade 91
Empréstimos para fluxo de caixa........................ 91
Empréstimos para operar 92
Custos de free riding 93
Riscos e Retornos com Base nas Vendas a Descoberto
e Alavancagem.. 93
Não perca dinheiro..................................... 94
Não perca a paciência 94

CAPÍTULO 6: Gerenciando Seu Dinheiro e Suas Operações .. 95

Definindo Suas Expectativas 96
Definindo a expectativa de retorno..................... 96
Definindo a probabilidade de ruína..................... 97
Saia na Frente com um Plano de Gestão de Dinheiro 99
Minimizando danos e potencializando oportunidades 99
No mercado por mais tempo 99
Saindo antes de perder tudo 100
Contabilização de custos de oportunidade 101
Estilos de Gestão de Dinheiro 101
Limitando porções: Fracionário fixo (Fixed Fractional)...... 102
Protegendo os lucros: Proporção fixa (Fixed Ratio) 103
Ficando nos 10%: Gann 103
Encontrando a porcentagem ideal: Critério de Kelly 104

Sumário xiii

Dobrando: Martingale 105
Tecnologia na área: Simulação de Monte Carlo 105
Considerando o desempenho anterior: O F ideal (Optimal F) .. 106
Entendendo como a Gestão do Dinheiro Afeta Seus Retornos .107
Organizando Seus Lucros. 108
    Juros compostos 109
    Poder piramidal...................................... 109
    Retiradas regulares.................................. 110

CAPÍTULO 7: Planejando Seus Trades 113

Planejamento: Só o Basicão............................... 114
    Vai operar o quê? 114
    Vai operar quando? 115
    Vai operar como? 115
    Quando comprar e quando vender..................... 117
    Definindo as metas de lucro 117
    Tudo tem limite 119
    E se a operação der errado?......................... 122
Encerrando Suas Posições................................. 124
    Swing trading: Operações de dias 124
    Position trading: Operações de semanas............. 124
    Investindo: Operações de meses ou anos 125
Máximas e Clichês que Orientam e Enganam Traders 125
    Quem tudo quer tudo perde 126
    Em um mercado de baixa, o dinheiro retorna aos
        seus legítimos proprietários...................... 126
    A tendência é sua amiga 127
    Compre o boato, venda as notícias 127
    Corte suas perdas e frua suas vitórias 128
    Você é tão bom quanto a última operação 128
    Se você não sabe quem é, Wall Street não é o melhor
        lugar para descobrir............................. 129
    Existem traders experientes e existem traders ousados,
        mas não existem traders experientes ousados 129

PARTE 2: ESTRATÉGIAS DE TRADE 131

CAPÍTULO 8: Análise Técnica 133

Comparando Técnicas de Pesquisa......................... 134
    Saiba em que direção a pesquisa aponta............. 134
    Pesquisas fundamentalistas 135
    Entendendo a análise técnica....................... 136
Análise Técnica na Prática............................... 138
    A carroça na frente dos bois: Seguir a tendência ou
        se desviar dela?................................ 138
    Encontrando tendências 139
    Tendências em constante variação 143
Lendo os Gráficos 145

    Agite suas flâmulas e bandeiras..........................145
    Do chuveiro para o trading: head and shoulders..........146
    Cup and handle..147
    Cuidado com o gap.....................................148
    Pitchforks...149
Diferentes Abordagens da Análise Técnica...................150
    Teoria de Dow...150
    Sequência Fibonacci e Elliott Wave......................150
    Velas japonesas.......................................151
    O sistema Gann..152
Armadilhas da Análise Técnica............................152
    Se é óbvio, não tem oportunidade......................153
    Analisando demais....................................153
    O sucesso e seu viés ascendente.......................153

CAPÍTULO 9: Indicadores de Mercado e Estratégias..........155

Desvendando os Mercados................................156
    Apostando no lado comprado..........................157
    A armadilha da projeção...............................157
Medindo a Temperatura do Mercado......................158
    Indicadores de preços.................................158
    Volume...161
    Volatilidade, crise e oportunidade......................163
Dinheiro Vai, Dinheiro Vem................................166
    Índice de acumulação/distribuição (Accumulation/
    distribution index).....................................166
    Razão e índice de fluxo do dinheiro (money-flow ratio
    e money-flow index)..................................167
    Razão do interesse de venda..........................168
Informações Repentinas..................................169
    Preço, venda e prazo.................................169
    Livro de ordens......................................169
    Quote stuffing.......................................170
    Fluxo de notícias.....................................171
Anomalias e Armadilhas..................................172
    Armadilhas para ursos e touros........................172
    Efeitos do calendário.................................173

CAPÍTULO 10: Com Programação Não Tem Emoção..........175

Criando Seu Programa de Trading.........................176
    Entenda o que você quer automatizar..................176
    Limitações dos robôs.................................177
Programação: Jeito Trader de Viver........................177
    Ofertas básicas de corretagem........................178
    Usando a plataforma de operação.....................178
    Encontrando módulos de trading......................178
Backtesting: Um É Pouco, Dois É Bom......................179
Operando com Estratégias-padrão.........................179

    Faixa de operação....................................180
    Trading contrário.....................................180
    Trading de notícias 181
    Pair trading..181
  Tudo Culpa da Arbitragem..................................181
  O Perigoso Jogo do Scalping 182
  Arbitragem de Risco e Suas Aplicações 183
    Arbitrando derivativos 184
    Alavancando com alavancagem 184
    Venda a descoberto 185
    Ativos sintéticos.....................................185
  Estratégias de Arbitragem 186
    Arbitragem conversível...............................186
    Arbitragem de ETFs..................................187
    Renda fixa e arbitragem da taxa de juros...............187
    Arbitragem de índice 188
    Arbitragem de fusão.................................189
    Arbitragem de opções 190
  De Olho nos Custos de Operação 191

CAPÍTULO 11: Day Trading para Investidores...................193
  Investidores Aprendendo com Traders......................194
    Disciplinando-se 194
    Lidando com as notícias repentinas e
     rompendo os mercados 195
    Metas e limites......................................196
    Qualidade da execução 197
  Monitorando o Momentum................................199
    Ganhos de momentum 200
    Momentum de preço................................200
    Sistemas de pesquisa de momentum para investidores....201
  Investidores no Trading 203
    A ideia tem vida útil curta 203
    Suas pesquisas indicam algumas oportunidades
     de curto prazo 204
    Surgem ótimas oportunidades de venda...............204

CAPÍTULO 12: Serviços de Pesquisa.........................205
  Trading É Trabalho, Não um Hobbie 206
    Brindes das bolsas e dos reguladores 206
    Caindo na estrada das conferências....................208
    Aulas de treinamento................................209
  Avaliando as Fontes de Pesquisa 212
    Preço, pra que te quero?.............................213
    Traçando sua estratégia..............................214
    Notícias, boletins informativos, gurus e
     aconselhamento estratégico 216
  Faça Seu Dever de Casa 218

Pesquisa: Por onde começar?....................219
Perguntas a serem feitas....................220

CAPÍTULO 13: Lucro Potencial....................223

Testa Esse Sistema em Mim....................223
    Backtesting....................224
    Simulação de operações....................227
    Software de backtesting e simulação....................228
Rastreando Suas Operações....................230
    Configurando sua planilha....................230
    Declaração de lucros e perdas....................231
    Diário de trading....................232
Calculando o Desempenho Geral....................234
    Tipos de retorno....................234
    Calculando retornos....................234
    Determinando o risco sobre o retorno....................239
    Benchmarks para avaliar o desempenho....................241

PARTE 3: DAY TRADING A SÉRIO....................243

CAPÍTULO 14: Tratando o Day Trade Como Ele Merece....................245

Planejando Seu Negócio de Trade....................246
    Determinando suas metas....................246
    Encontrando volatilidade....................247
    Horários, férias e licenças médicas....................248
    Investindo no seu negócio....................248
    Avaliando e revisando seu plano....................249
Montando Seu Laboratório de Trade....................249
    Seu espaço....................249
    Contando com o computador....................250
    Usando a telona....................250
    Conectando-se à internet....................250
    Livre de vírus e de hackers....................251
    O pleonasmo dos pleonasmos: Backup....................251
Movendo-se com os Mercados....................252
Controlando Suas Emoções....................253
    Lidando com emoções destrutivas....................253
    Tenha um escape....................256
    Configurando sistemas de suporte....................258
    Vendo o dinheiro ir embora....................259

CAPÍTULO 15: Seu Maior Fornecedor: A Corretora....................261

Uni-Duni-Tê....................261
    Preços adequados....................262
    Avaliando tipos de plataforma....................264
    Abrindo uma conta....................266
O Melhor para Você....................266

Corretores de ações e um pouco do resto 267
Corretoras de opções e de futuros 271
Corretores de câmbio 273
Golpes de Corretagem 274

CAPÍTULO 16: Regulamentação Já 275
Nas Curvas da Estrada 276
Conhecendo os Reguladores. 277
Regulação de ações e títulos corporativos. 278
Mercado de títulos do Tesouro 280
Mercado de derivativos 281
Regulamentação de câmbio (forex) 283
Seguindo as Regras das Corretoras 284
Adequação de medição 284
Legitimidade do dinheiro. 285
Regras especiais para day trader padrão 286
Relatórios de impostos 287
É um Privilégio Ver Daqui 287
Novas Regras Perante as Crises 289
Firmando Parcerias 290

CAPÍTULO 17: Taxando Day Traders 291
Preparando o Terreno: O que
Precisa Saber com Base no que Opera. .292
Commodities e futuros 292
Trade de moedas 292
Opções 294
Mercado de ações. 294
Contratando um Consultor Tributário 295
Os tipos de especialistas fiscais 296
Conversando com o consultor 297
Fazendo Você Mesmo Seus Impostos 297
Descobrindo tudo o que precisa saber 298
Facilitando com softwares. 298
As Categorias da Renda 299
Rendimentos 299
Receita de investimentos. 300
Ganhos e perdas de capital 300
Receitas diversas. 303
Rastreando Suas Despesas 303
Despesas qualificadas e dedutíveis 303
O que não é dedutível 305
Reconhecendo as limitações. 307
Informações Fiscais Ultrassecretas Apenas
para Traders Qualificados 308
Marcação a mercado 309
Maior dedutibilidade de despesas. .309

Outras Informações Fiscais Importantes: Formulários e Prazos.310
 Usando os formulários fiscais certos 310
 Pagando o ano todo: A magia dos impostos estimados 311
Usando IRAs Autodirecionados. 311

PARTE 4: A PARTE DOS DEZ 313

CAPÍTULO 18: Dez Boas Razões para Fazer Day Trading 315
Você Ama a Independência 315
Trabalhar de Onde Quiser 316
Entender Bem a Tecnologia. 316
Viver por Conta Própria 317
Amar os Mercados. 317
Experiência no Mercado. 317
Você Estudou Sistemas de Trade
 e Sabe o que Funciona para Você 318
Você É Decidido e Persistente. 318
Dar-se ao Luxo de Perder Dinheiro 319
Sistema de Apoio 320

CAPÍTULO 19: Dez (e Mais) Bons Motivos para Evitar o Day Trading. 321
Você Quer Investir e Pensou no Day Trading 322
Você Ama a Pesquisa Fundamentalista 322
Pouco Tempo e Pouco Capital. 323
Você Gosta de Trabalhar em Equipe 323
Você Não Gosta de Gerir 323
Você Busca Fortes Emoções 324
Você É Impulsivo 324
Você Ama Jogos de Azar 324
Dificuldade para Definir Limites 325
Você Quer Ficar Rico Rápido 325
Um YouTuber Recomendou 326

CAPÍTULO 20: Dez Erros Comuns. 327
Expectativas Irreais 327
Não Ter Plano de Negócios e de Trade 328
Ignorando a Gestão de Caixa. 329
Falhando ao Gerir os Riscos. 329
Não Reservar Tempo e Dinheiro para Fazer o Certo 329
Seguindo o Rebanho. 330
Alternando os Sistemas de Pesquisa 331
Overtrading. 331
Insistindo em Trades Ruins 332
Envolvendo-se Muito Emocionalmente 332

CAPÍTULO 21: Dez Técnicas de Gestão Financeira 333
    Tirando Dinheiro da Mesa 334
    Usando Stops 334
    Aplicando a Regra de Gann dos 10% 334
    Limitando as Perdas com o Sistema Fracionário Fixo 335
    Retornos Crescentes com o
        Sistema de Proporção Fixa 335
    Seguindo o Critério de Kelly 336
    Calculando o Valor para o Optimal F 336
    Medindo Riscos e Tamanhos de Trade com a
        Simulação de Monte Carlo 337
    Assumindo Riscos com o Sistema Martingale 337
    Delegando ao Oculto 338

APÊNDICE: Recursos Extras para Day Traders 339
    Livros Incríveis para Melhores Trades 339
        Guias básicos de trade 339
        Guias de análise técnica 340
        Escolas de teoria de preços 341
        Psicologia do trade 342
        História e memória 342
    O Trader na Internet 343
    Mídias Convencionais 344

ÍNDICE 345

Introdução

Muita coisa aconteceu no mundo desde o lançamento da primeira edição de *Day Trading Para Leigos*. Aplicativos mobile, mudanças na legislação tributária e uma nova classe de ativos — as criptomoedas — alteraram o day trading. Também ocorreram transformações na política e na economia globais que criaram maior volatilidade, e os traders amam isso. Pessoas cautelosas em busca de sucesso no day trading precisam de uma referência atualizada, como esta nova edição, para orientá-las adequadamente.

O day trading é um negócio em que se usa dinheiro real para entrar no mercado. Se adora a emoção dos mercados e tem paciência para se sentar e olhar uma tela por horas, esperando o momento certo, ele é uma ótima opção de carreira. Mas também há riscos. Qualquer dia pode ser o seu melhor dia, mas também pode tirá-lo do mercado de vez. Por isso, o day trading tem requisitos psicológicos. Os bons traders são pacientes e decididos; confiantes, mas não arrogantes. Não são jogadores, embora o day trading atraia apostadores que acabam descobrindo uma ótima maneira de perder dinheiro sem sair de casa.

Day Trading Para Leigos, tradução da 4ª edição, é para quem procura um novo negócio ou simplesmente deseja ampliar o retorno de seus investimentos com novas técnicas. Neste livro, há todas as informações necessárias para você descobrir se está apto para o day trading, para preparar seu escritório em casa, para pesquisar e planejar trades e muito mais. (E mesmo que decida que o day trading não é para você, ainda há muitos bons conselhos gerais sobre mercados, trades e estratégias de investimento. Além disso, é uma economia de dinheiro, que foi investido em pesquisa e em treinamento, e não perdido em algum trade malsucedido!)

Muitas pessoas ganham muito dinheiro vendendo serviços para traders iniciantes, alegando serem a melhor coisa que existe. E talvez até sejam — para algumas pessoas. Neste livro, apresento uma perspectiva mais ampla. Em vez de lhe dizer para usar uma estratégia, eu o ajudo a pesquisar e a avaliar os diferentes métodos disponíveis para que encontre um que funcione para a sua situação. E também já aviso logo que, se decidir fazer day trade, este livro não será o seu único guia.

Sobre Este Livro

Em primeiro lugar, vamos começar pelo que este livro não é: não é um livro didático e nem um manual para investidores profissionais. Há vários deles no mercado e são fabulosos, mas muitas vezes são pouco convidativos e presumem que o leitor já tem muito conhecimento sobre o day trading.

Este livro não faz essas suposições. Ele contém explicações objetivas sobre o funcionamento do day trading, sobre como começar, quais são as armadilhas e algumas das alternativas para seu portfólio e para sua carreira. Ele foi estruturado para que você possa pular partes e ler os capítulos ou seções que lhe interessam sem ter que ler tudo o que veio antes. Este livro tem conteúdo mais do que suficiente para você começar — ou para guiá-lo de acordo com suas necessidades. Se quiser ler livros didáticos, listo alguns no Apêndice A.

Ah, e acredito que este livro seja bastante convidativo.

Na impressão, alguns dos endereços da web podem ter sido divididos em duas linhas de texto. Se achar algum assim, fique tranquilo, pois não coloquei nenhum caractere extra (como hífen) para indicar a quebra. Digite exatamente o que vir na página, como se a quebra de linha não existisse. Todos os links indicam conteúdos em inglês.

Penso que...

Ao escrever este livro, fiz algumas suposições sobre você, leitor.

» Você quer saber muito sobre day trading em pouco tempo.

» Você está considerando uma mudança de carreira, procurando uma atividade produtiva de meio período para fazer durante a aposentadoria ou está entediado em busca de um desafio. Talvez apenas queira testar se o day trading é uma boa maneira de complementar seu atual programa de investimentos. Seja qual for o motivo, você quer descobrir se o day trading é a opção ideal para você.

» Se já sabe que o day trading é o melhor para você, quer saber como começar, desde a abertura de uma conta até a configuração dos monitores do seu computador. (Sim, no plural.)

» Você tem um dinheiro extra para operar (seu ou não) e quer experimentar técnicas de day trading para aumentar os retornos do seu portfólio.

» Você tem algum nível de conhecimento sobre os princípios básicos do investimento — como fundos mútuos e contas de corretagem. Se não se sentir confortável com esses temas, leia as últimas edições de *Investing For Dummies* e de *Mutual Funds For Dummies* (ambos de Eric Tyson, publicados por John Wiley & Sons, Inc.) e depois volte aqui. Eu espero!

Ícones Usados Neste Livro

Ao ler este livro, você verá ícones espalhados nas margens. Cada um deles indica um determinado tipo de informação, curiosidades e análogos sobre o day trading. Olha só:

LEMBRE-SE

Este ícone indica uma informação fundamental sobre o day trading. Pode se referir a algo que abordei ou destacar algo de que você precise se lembrar ao tomar futuras decisões de investimento.

DICA

As dicas mostram como investir de forma melhor, mais sagaz e mais eficiente. Essas informações o ajudam a operar melhor e a fazer perguntas melhores a quem lhe oferecer pesquisas, treinamentos e sistemas de trade.

CUIDADO

Até onde me lembro, não incluí nada que possa causar morte ou lesões corporais, mas há muitas coisas no mundo do day trading que geram perda de dinheiro ou, pior, de sanidade. Este ícone indica como evitar grandes problemas.

PAPO DE ESPECIALISTA

O material acadêmico, que não é essencial (mas é útil), fica aqui. Este ícone indica informações detalhadas por trás das teorias de investimento ou, às vezes, algumas curiosidades interessantes ou informações complementares.

Daqui para Lá, de Lá para Cá

Bem, folheie o livro e vá em frente! Se tiver uma área específica de interesse, use o índice e o sumário para encontrá-la. Se ainda não está tateando, vire a página e comece do início, ou folheie até algum tópico chamar sua atenção.

Precisa de uma orientação mais detalhada? Então, aqui vou eu. Comece pelos Capítulos 1 e 2 se não souber nada sobre o day trading. Se precisa se preparar para começar a operar, leia os Capítulos 14 e 15. Se quer conhecer maneiras diferentes de operar, vá para os Capítulos 5, 6, 8 e 9. Se quer descobrir os segredos dos melhores trades, o Capítulo 7 cobre o planejamento. Para ter ideias sobre o desenvolvimento de estratégias, e saber se será preciso esperar alguns minutos ou vários anos, vá para a Parte 2.

Além do conteúdo do livro, há uma Folha de Cola online gratuita com informações sobre contas, definições, indicadores e cálculo de desempenho. Vá para www.altabooks.com.br e pesquise pelo ISBN ou título do livro.

Resumindo: aonde quer que você vá, encontrará informações interessantes e úteis!

1
Começando

NESTA PARTE...

Familiarize-se com a ideia básica do day trading: realizar operações de curto prazo no mesmo dia.

Entenda o que operar para encontrar aquilo que se adéqua ao seu estilo e perfil de risco.

Descubra os fundamentos dos mercados, operações e estratégias para começar — e se o day trading é mesmo para você.

Aprenda a planejar suas operações e ajustar seu planejamento para aumentar suas chances de sucesso.

> **NESTE CAPÍTULO**
>
> » Descobrindo o que day traders fazem
>
> » Criando um negócio de trading
>
> » Entendendo o que é necessário para ser um trader de sucesso
>
> » Desvendando mitos do day trading

Capítulo **1**

Então Você Quer Ser Day Trader?

Será que é possível fazem fortuna em casa, de pantufa, operando nos mercados?

Talvez.

Mas vamos esclarecer algumas coisas. Day trading é negócio de doido. Traders trabalham na frente de um monitor, reagindo a blips que representam dinheiro. Tomam decisões rápidas, pois sua capacidade de lucrar depende da execução bem-sucedida de várias operações que geram pequenos lucros. Ao final do dia, eles fecham suas posições, o que limita riscos. Muita coisa acontece em um ano para o day trader, aumentando as chances de o desafio dar certo, mas e em um dia? Você precisa ser paciente e ágil. Alguns dias não oferecem nada de bom para comprar. Em outros, cada operação parece dar errado.

Um day trader particular enfrenta um adversário cruel: algoritmos de alta frequência programados e operados por corretoras e fundos de hedge que não têm emoção e fazem operações mais rápido do que um piscar de olhos. Se você não estiver preparado para essa competição, será esmagado.

Neste capítulo, explico o que fazem os day traders, compartilho vantagens e desvantagens de fazer day trading, listo as características dos day traders bem-sucedidos e apresento as probabilidades de sucesso se você optar por ser day trader. Quanto mais você souber antes de tomar a decisão de operar, maiores as chances de se dar bem. Caso decida que o day trading não é a sua, aplique as estratégias e técnicas usadas pelos day traders para melhorar o desempenho de sua carteira de investimentos.

Day Trading: Tudo no Mesmo Dia

A definição de day trading é manter as operações abertas por, no máximo, um dia. Day traders encerram suas posições ao final do dia e começam tudo de novo no dia seguinte. Em contrapartida, *swing traders* mantêm posições durante dias e, às vezes, meses. *Investidores*, por sua vez, costumam mantê-las por anos. A natureza de curto prazo do day trading reduz riscos, pois nenhuma grande perda acontece de um dia para outro. Enquanto isso, outros tipos de investidores vão dormir pensando no grande negócio que fizeram e, na manhã seguinte, descobrem que a empresa anunciou péssimos lucros ou que seu CEO está sendo acusado de fraude.

Porém, todo dado tem várias faces: a escolha das posições e estratégias de securities do day trader precisa funcionar em um dia ou não serve. O amanhã não existe. Enquanto isso, swing traders e investidores podem se dar ao luxo de esperar um pouco mais, até que determinada posição funcione da maneira que sua análise indicou. No longo prazo, os mercados são eficientes, e os preços refletem as informações a respeito de um ativo. Infelizmente, algumas operações ruins são necessárias para que essa eficiência seja conquistada.

Day traders são especuladores que trabalham diariamente em um cenário no qual um ganha e outro perde. Essa característica diferencia a dinâmica do day trading daquela de outras atividades financeiras. Quando você começa no day trading, as regras que o ajudaram a escolher boas ações ou encontrar excelentes fundos mútuos não mais se aplicam. O day trading é outro jogo com outras regras.

Especulador em vez de hedger

Traders profissionais se enquadram em duas categorias: especuladores e hedgers. *Especuladores* buscam lucro nas alterações dos preços. *Hedgers* buscam se precaver contra as alterações dos preços, decidindo se compram ou vendem para se proteger, não como forma de lucrar. Assim, eles escolhem posições que compensem sua exposição em outro mercado.

Como exemplos de hedge, considere uma empresa de processamento de alimentos e um agricultor que cultiva os insumos de que a empresa precisa. A empresa tem a opção de se proteger contra o aumento do preço de insumos importantes como milho, óleo ou carne, comprando contratos futuros deles. Assim, se os preços subirem, a empresa lucra com os contratos, que cobrem os preços mais altos que precisaria pagar pelos insumos. Se os preços se mantiverem ou diminuírem, a empresa perde apenas o valor do contrato, o que acaba valendo a pena. O agricultor que cultiva milho, soja ou gado, por outro lado, se beneficia se os preços subirem e perde se diminuírem. Para se proteger contra uma queda nos preços, o fazendeiro vende contratos futuros dessas commodities. Esses contratos rendem dinheiro se os preços caírem, compensando a queda do valor dos produtos. E se os preços subirem, ele perde o valor dos contratos, mas essa perda é compensada pelo ganho na colheita.

PAPO DE ESPECIALISTA

Os mercados de commodities visavam ajudar os produtores agrícolas a administrar o risco e encontrar compradores para seus produtos. Os mercados de ações e títulos visavam criar um incentivo para os investidores financiarem empresas. A especulação emergiu em todos eles quase imediatamente, mas não era esse o principal objetivo.

Day traders são especuladores. Eles buscam lucrar por meio da maneira como veem o mercado. Gerenciam os riscos gerindo o dinheiro, usando stops e limites (que fecham as posições assim que determinados níveis de preços são atingidos) e encerrando as operações no final do dia. Day traders não gerenciam o risco através de certas posições, como faz um hedger. Eles usam outras técnicas para limitar as perdas, como gerenciamento cuidadoso do dinheiro, ordens de stop e limites de meta (a respeito dos quais você aprende no Capítulo 2).

LEMBRE-SE

Os mercados têm hedgers e especuladores. Saber que participantes diferentes têm expectativas diferentes de lucros e perdas o ajuda a enfrentar a turbulência diária de operações. Esse é um aspecto fundamental, pois, em um mercado de soma zero, você só ganha dinheiro se alguém perder.

Mercados de soma zero

Um *jogo de soma zero*, discutido no Capítulo 2, tem exatamente o mesmo número de vencedores e perdedores. E os mercados de opções e futuros, populares entre day traders, são mercados de soma zero. Se a pessoa que comprou uma opção lucra, a pessoa que a *escreveu* (o mesmo que *vendeu*, em língua de opções) perde o mesmo montante. Não há ganho líquido ou perda líquida no mercado.

Algumas dessas pessoas que compram e vendem em mercados de soma zero são hedgers que preferem ter pequenas perdas para evitar as grandes. Especuladores lucram em certas condições, mas não contam com essa vantagem o tempo todo.

Então, quem ganha e quem perde em um mercado de soma zero? Às vezes, ganhar ou perder é questão de sorte, mas, no longo prazo, os vencedores são os mais disciplinados, que planejam, estabelecem limites e operam com base nos dados apresentados, em vez de em sentimentos como esperança, medo ou ganância.

Diferentemente dos mercados de opções e futuros, o mercado de ações não é um jogo de soma zero. À medida que a economia cresce, os lucros das empresas aumentam, o que, por sua vez, leva ao aumento dos preços das ações. O mercado de ações tem mais vencedores do que perdedores no longo prazo. No entanto, isso não significa que todo dia terá mais vencedores. No curto prazo, o mercado de ações deve ser entendido como um mercado de soma zero.

Se você entender como os lucros são divididos, sua consciência de seus riscos será maior, bem como dos riscos do adversário. As pessoas ganham dinheiro em mercados de soma zero, mas você não quer que elas ganhem o seu dinheiro.

Alguns traders ganham dinheiro — muito dinheiro — fazendo o que gostam. Operar é gerir risco e recompensa. Traders que são recompensados correm o risco de uma taxa de eliminação de 90%. Sabendo disso, você quer se arriscar? Caso a resposta seja sim, continue lendo este livro e confira o Capítulo 5, em que abordo risco e recompensa. Caso a resposta seja não, continue lendo também, pois você terá algumas ideias que o ajudarão a gerenciar outros investimentos.

Fechando os trades diariamente

Day traders começam cada dia do zero e encerram cada dia sem posições. Esse regime diário reduz alguns riscos e obriga o trader a ter disciplina. Você não pode manter suas perdas de um dia para o outro, tendo de realizar seus lucros ao final do dia, antes que as posições lucrativas se transformem em prejuízos.

Essa disciplina é fundamental para day traders. Ao fazer day trade, você encara um mercado que não se importa com quem você é, o que faz ou quais são seus objetivos. Não tem um chefe bacana para lhe dar uma folga, um colega para ajudar ou um grande cliente para dar uma dica sobre seus planos para o próximo ano fiscal. A menos que tenha regras para orientar suas decisões de operação, você será vítima dos quatro cavaleiros do fracasso no day trading: esperança, medo, dúvida e ganância.

LEMBRE-SE

Então, como começar? Primeiro, desenvolva um plano de negócios e de operações que reflita seus objetivos e sua personalidade. Em seguida, defina seus dias e horários de trabalho e aceite que fechará as posições ao final de cada dia.

Em outras palavras: faça um planejamento. Essa estratégia é o básico para qualquer empreendimento, seja correr uma maratona, construir uma nova garagem ou começar no day trading.

Compromisso como Day Trader

Muitas pessoas são atraídas pelo day trading devido à possibilidade de fazer os próprios horários. Diversos mercados, como o de forex, funcionam 24 horas por dia. Com os aplicativos de operação móvel, o day trading parece uma maneira de ganhar dinheiro enquanto o bebê cochila, no intervalo do almoço ou entre as partidas de futebol no domingo.

LEMBRE-SE

Esse mito de que day trade é uma atividade fácil que você pode exercer paralelamente só funciona para alguns traders. Mas então, quem são eles? São os profissionais que abordaram o day trade como um negócio, não como um passatempo. Eles lucram enquanto os traders de fim de semana perdem dinheiro.

Day trading é um negócio, e os melhores traders o abordam como tal. Eles planejam o que operar, como investir no negócio e como proteger seus lucros. A terceira parte deste livro trata exatamente disso. Se você se deparar com um anúncio sobre day trading, é provável que ele enfatize a facilidade e os resultados. Mas, se quiser conquistar resultados duradouros, precisa se comprometer com o day trading como um trabalho, dedicando tempo e esforço.

Operando meio expediente: Faça direito

É possível ganhar dinheiro operando meio expediente? Sim, e alguns o fazem. Day traders que operam meio expediente e são bem-sucedidos encaram a atividade como um trabalho, não como um joguinho para matar o tédio. Um day trader de meio expediente pode se comprometer a operar três dias por semana ou em encerrar as atividades ao meio-dia, em vez de no fechamento do mercado. Um trader de meio período também deve planejar suas operações, estabelecer limites e agir como qualquer trader profissional, só que durante metade do dia.

Operar em meio expediente funciona melhor quando você estabelece um horário fixo. Trabalhar com horário fixo ajuda seu cérebro a saber quando trabalhar e se concentrar no mercado devido ao hábito que foi adquirido. Para trabalhar durante meio expediente e ser bem-sucedido, é necessário encarar a rotina exatamente como faz um profissional de período integral. Pense da seguinte forma: meu filho é um dos pacientes em uma atividade clínica pediátrica de grupo que conta com alguns médicos que trabalham meio período. Esses médicos de meio expediente têm horários fixos e se comportam como os outros médicos da prática, a única diferença é que trabalham menos horas por semana. Eles dedicam sua atenção à medicina quando estão no trabalho, e os pacientes só ficam sabendo que eles trabalham em horário reduzido na hora de marcar consulta. Esses médicos não aparecem no consultório e começam a distribuir injeções durante o intervalo de seu trabalho "de verdade", esgueirando-se para que o verdadeiro chefe não descubra.

Se você quiser ser day trader de meio período, aborde a atividade da mesma forma que um médico, advogado ou contador o fariam. Encontre horários que se encaixem na sua rotina e comprometa-se a operar durante eles. Monte um escritório voltado ao day trade, com uma boa internet e um computador também voltado a operar. Se você tem filhos em casa, procure operar no horário em que estão na creche. E se você tem outro trabalho, separe as atividades. Operar pelo celular no caminho para o trabalho é uma forma de arriscar seu dinheiro e sua vida, se você o fizer enquanto dirige.

Day trading como hobby: Não faça

Devido à perspectiva de resultados e à suposta facilidade do day trading, operar parece um bom hobby. Em uma tarde de sábado, seria uma boa ideia passar algumas horas operando no mercado de forex para fazer uma graninha extra, em vez de jogar fora essas horas no videogame, não é mesmo?

Só que não.

Operar sem planejamento, comprometimento e dedicação é um caminho para a derrota. Traders profissionais apostam na presença de amadores preenchendo os mercados, que operam de forma aleatória, criando oportunidades de gerar lucros em um mercado de soma zero.

Sabe qual é o maior erro que traders amadores cometem? Ganhar muito dinheiro nas primeiras operações e presumir que isso será constante. Esses primeiros sucessos quase sempre são questão de sorte, e a sorte pode se virar contra um trader. Na próxima vez em que algo similar acontecer com você, dê um passo atrás e procure entender o porquê. Em seguida, teste sua estratégia, usando o Capítulo 13 como guia, para verificar se ela é boa e pode ser usada com frequência.

Quero enfatizar dois conselhos nesta parte do livro, e por um bom motivo: day traders bem-sucedidos se comprometem com suas atividades. Ainda assim, a maioria dos day traders quebra no primeiro ano. Corretoras, cursos e outros traders têm grande interesse em fazer com que operar pareça uma atividade fácil, pronta para ser iniciada imediatamente. Porém, é um trabalho — amado por muitos, mas, ainda assim, é um trabalho.

Se você adora o agito dos mercados, busque maneiras de investir como hobby: dedique seu tempo pesquisando estratégias de investimentos de longo prazo, ativos alternativos para diversificar sua carteira ou operando em contas de simulação ou em concursos de trading, mas evite comprometer seu dinheiro.

De qualquer forma, substitua o hábito de jogar videogame nas tardes de sábado por operar no forex se você tiver dinheiro e disposição. Contudo, certifique-se de definir um horário regular para descobrir como os mercados se comportam nesse período. Analise suas operações. Descubra o que funciona e o que pode dar errado. Essa é a única maneira de upar no jogo do trading.

Day Traders Bem-sucedidos

Day traders bem-sucedidos são criaturas raras. Costumam ser bruscos e rudes por reagir continuamente a um mercado que não tem consideração alguma por eles. Apesar dessa aspereza superficial, são rígidos e disciplinados em relação à maneira como abordam sua atividade e o que fazem enquanto os mercados estão abertos.

A disciplina começa com um planejamento de como começar o dia, incluindo análises de notícias e de padrões de operação. Ela abarca o acompanhamento das operações realizadas durante o dia para ajudar o trader a descobrir o que funcionará e por quê. Além disso, a disciplina está fortemente ligada à redução de perdas à medida que ocorrem, realizando os lucros que aparecem e refinando um conjunto de regras de operação para que o amanhã seja ainda melhor. Não, essa estratégia não é tão divertida quanto simplesmente comprar e vender, mas aumenta suas chances de conquistar bons resultados.

Nem todo mundo consegue fazer day trade, e não é todo mundo que deve tentar. Nesta parte do livro, abordo algumas das características que os melhores day traders têm.

Independência

Em sua maioria, day traders trabalham sozinhos. Computadores e monitores são relativamente baratos, internet banda larga é relativamente fácil de obter, e muitas corretoras atendem às necessidades de traders que trabalham sozinhos — o que deixa o day trader em casa, sozinho, preso em uma sala em que ele conta apenas com o monitor como companhia. Ficar sozinho o dia todo pode ser entediante e dificultar a concentração. Algumas pessoas não conseguem lidar com isso.

Porém, certos traders prosperam ao ficar sozinhos o dia todo, pois isso traz à tona suas melhores qualidades. Eles sabem que suas operações dependem apenas deles e de mais ninguém. O trader é o único responsável quando algo dá errado, mas também fica com todos os lucros quando dá certo. Ele toma as próprias decisões a respeito do que funciona e do que não funciona, sem aquele chefe azucrinando ou algum colega irritante dizendo a ele o que deve ou não fazer.

Se a ideia de ser responsável pelo próprio negócio e pela própria conta de trade o deixa empolgado, então o day trading é uma boa opção de carreira para você.

DICA

Se por acaso quiser ser trader, mas não trabalhar sozinho, considere trabalhar para uma corretora, um fundo de hedge, um fundo mútuo ou uma empresa de commodities. Essas organizações precisam que os traders gerenciem seu dinheiro e, geralmente, têm uma grande quantidade de pessoas trabalhando nas próprias mesas de operações para compartilhar ideias, motivar e apoiar umas às outras quando as coisas dão errado.

LEMBRE-SE

Não importa o quão independente você seja, suas operações se beneficiarão se você tiver amigos e familiares que ofereçam apoio e incentivo. Essa rede o ajuda a gerenciar melhor os aspectos emocionais do trading. Além disso, comemorar seu sucesso é mais divertido com outras pessoas!

Perspicácia

Day trading é um jogo de minutos. Uma hora pode muito bem ser uma década se os mercados estiverem movimentados. E isso significa que um day trader não pode ser deliberativo ou entrar em pânico. Quando é hora de comprar ou vender, é hora de comprar ou vender, ponto final.

Muitos investidores preferem dedicar horas ao estudo cuidadoso de determinado ativo e dos mercados antes de colocar o dinheiro. Algumas dessas pessoas são extremamente bem-sucedidas. Warren Buffett, CEO da Berkshire Hathaway, acumulou US$54 bilhões com seu estilo cuidadoso de investir, dinheiro que está doando para caridade. Mas Buffett e pessoas como ele não são day traders.

Traders precisam confiar em seu sistema e ter experiência suficiente nos mercados para agir rapidamente quando veem uma oportunidade de compra ou venda. Muitas corretoras oferecem a seus clientes contas de demonstração ou serviços de backtesting que permitem aos traders testar seu sistema antes de colocar dinheiro em cena, ajudando-os a aprender a reconhecer os padrões de mercado que sinalizam lucros potenciais.

Um trader com um excelente sistema que não é rápido com o mouse tem outra opção: automatizar as operações. Muitas corretoras oferecem algum software que executa operações automaticamente sempre que ocorrem certas condições de mercado. Para muitos traders, as operações automáticas são uma maneira perfeita de remover a emoção da estratégia. Outros não gostam desse tipo de operação, pois tira um pouco da diversão da coisa. E, cá entre nós, traders bem-sucedidos caem de amores pelo que fazem.

Determinação

Day traders precisam agir rapidamente, portanto, também precisam ser capazes de tomar decisões rapidamente. Você não pode esperar até amanhã para ver como os gráficos se desenrolam antes de comprometer o capital. Se você vir uma oportunidade, precisa agir imediatamente.

Mas e se a decisão for ruim? Bem, é claro que algumas decisões são ruins mesmo. É o risco que se corre por fazer qualquer tipo de investimento, e quem não arrisca não petisca. Qualquer um que esteja jogando nos mercados precisa aceitar isso.

Contudo, duas boas práticas ajudam a limitar os efeitos de uma decisão ruim. A primeira é usar ordens de stop e limite, que fecham automaticamente posições fracassadas. A segunda é fechar todas as posições ao final de cada dia, o que permite começar com a cabeça fresca no dia seguinte.

Se você se proteger contra operações fracassadas, estará mais psicologicamente preparado para tomar as decisões que precisa para obter lucro. E se você é uma daquelas pessoas que sente dificuldade em tomar decisões, o day trading não é sua praia.

O que o Day Trading Não É

Muitos mitos são difundidos sobre day trading, como: day traders perdem dinheiro. Day traders ganham dinheiro. Day traders são loucos. Day traders são frios e racionais. Day trade é fácil. Day trade é um caminho que leva ao alcoolismo e à ruína.

Nesta parte, desmistifico algumas questões sobre o day trading. Alguém precisava fazer isso, certo? Você encontrará boas e más notícias nesta parte, portanto, leia-a para ter uma perspectiva do que esperar do day trading.

Não é investimento

Embora swing traders mantenham posições por alguns dias, ou mesmo semanas, e investidores mantenham suas posições em longo prazo, alguns por décadas e outros até mesmo passam as ações para seus filhos, day traders nunca sustentam uma posição por mais de um dia.

Day trading definitivamente não é investimento. Day traders desempenham uma função importante para os mercados de capitais, pois forçam as mudanças de preços que equilibram a oferta e a demanda. Day trading, no entanto, não cria novas fontes de financiamento para empresas e governos e não gera crescimento no longo prazo.

DICA

Só porque day trading não é investimento não significa que day traders não invistam. Muitos recolhem parte do dinheiro da conta de operação regularmente para colocar em investimentos, o que os ajuda a construir uma carteira de longo prazo para sua aposentadoria ou para outros empreendimentos que queiram assumir. Ainda assim, como investir e operar exigem mentalidades diferentes, o mais provável é que o trader escolha outra pessoa para administrar esse dinheiro.

Não é aposta

Um dos maiores ataques ao day trading é dizer que é apenas outra forma de apostar. E como todos sabem, ou deveriam saber, quando se aposta, as probabilidades sempre favorecem a casa. Entretanto, no day trading não é assim. Considere estes pontos:

» **No day trading, as chances são iguais em muitos mercados.** Opções e futuros, por exemplo, são mercados de soma zero com tantos vencedores quanto perdedores, mas esses mercados também incluem pessoas que procuram fazer hedge de risco e que, portanto, têm expectativas de lucro menores do que day traders.

» **O mercado de ações tem potencial para mais operações vencedoras do que perdedoras, principalmente em longo prazo.** Por esse motivo, o mercado de ações não é um mercado de soma zero, como opções e mercados de futuros. No mercado de ações, as chances são ligeiramente favoráveis ao trader.

LEMBRE-SE

Em todos os mercados, o trader preparado e disciplinado se sai melhor do que o trader frenético e ingênuo. Isso não acontece quando se aposta, pois, não importa o quão preparado o apostador esteja, o cassino sempre vence no final.

CUIDADO

Pessoas viciadas em apostar às vezes recorrem ao day trading como uma forma socialmente aceitável de alimentar seu vício. Se você sabe ou suspeita que tem um problema nessa área, não é uma boa ideia começar a fazer day trading. Day traders que escondem o vício de apostar tendem a fazer operações ruins e sentem dificuldade para definir limites e fechar as operações ao final do dia. Eles colocam as probabilidades contra si mesmos. O Capítulo 4 contém algumas informações sobre a linha tênue entre o day trading e as apostas.

Não é perigoso — Com capital de risco

Muitos day traders perdem dinheiro, e alguns perdem tudo com o que começaram. Outros não perdem todo seu capital, mas decidem que há usos melhores de seu tempo e melhores maneiras de ganhar dinheiro.

Um trader responsável trabalha com *capital de risco*, que é uma quantia que ele pode se dar ao luxo de perder. Ele usa stops e limites para minimizar as perdas e sempre fecha ao final do dia. Entende os riscos e as recompensas da operação, e isso o mantém são.

LEMBRE-SE

Diversas estratégias de day trading dependem de alavancagem, que é o uso de dinheiro emprestado para aumentar o retorno potencial. A alavancagem acarreta o risco de o trader perder mais dinheiro do que tem na conta. No entanto, as corretoras, que não desejam isso, provavelmente fecharão uma conta alavancada que corre o risco de afundar. Isso é ótimo, pois limita suas perdas. O Capítulo 5 aborda alavancagem com mais detalhes.

DADOS SOBRE SUCESSO NO DAY TRADING[1]

Pesquisadores gostam de trabalhar com dados do mercado financeiro simplesmente porque há muitas informações neles. Eles estão sempre de olho em quem lucra e como o faz. Aqui, abordo publicações que mostram as taxas de sucesso do day trading. Observe que elas são baixas. Poucas pessoas que começam no day trading se saem bem, em parte porque poucas pessoas que começam estão preparadas. E mesmo muitos dos traders preparados fracassam.

- *Do Individual Currency Traders Make Money?* Em 2014, Boris Abbey e John Doukas analisaram o desempenho de 428 contas de forex entre 2004 e 2009. Eles descobriram que é realmente possível que os traders se saiam bem: metade dos traders estudados obteve retornos positivos mesmo considerando os custos de corretagem, embora apenas um quarto dos traders tenham tido retornos positivos após o ajuste de risco. Veja o resumo em: `https://www.sciencedirect.com/science/article/pii/S0261560614001624` [conteúdo em inglês].

- *Do Individual Day Traders Make Money? Evidence from Taiwan:* Este artigo, escrito em 2004 por Brad Barber, Yi-Tsung Lee, Yu-Jane Liu e Terrance Odean (disponível em: `http://faculty.haas.berkeley.edu/odean/papers/Day%20Traders/Day%20Trade%20040330.pdf` — conteúdo em inglês), revelou que apenas 20% dos day traders em Taiwan, monitorados entre 1995 e 1999, ganharam dinheiro em um período de 6 meses, após considerar os custos das operações. O lucro médio líquido (depois de descontados os custos) foi de US$4.200 em um período de 6 meses, embora os melhores traders tenham mostrado lucros semianuais de US$33 mil. O estudo também revelou que aqueles que fizeram mais operações ganharam mais dinheiro, possivelmente por serem os traders mais experientes do grupo. Esse artigo é um dos mais citados sobre o assunto, e os autores encontraram resultados semelhantes analisando outros períodos e outros mercados.

- *Overconfident Individual Day Traders: Evidence from the Taiwan Futures Market:* Os pesquisadores Wei-Yu Kuo e Tse-Chun Lin analisaram os resultados de 3.470 traders entre outubro de 2007 e setembro de 2008, descobrindo que a maioria deles teve perdas significativas após os custos de corretagem serem considerados. O maior problema pareceu ser que os traders superestimavam a qualidade das notícias que recebiam, bem como sua capacidade de avaliá-las. Isso os levava a efetuar operações demais — principalmente aqueles que terminaram com as maiores perdas. O resumo está disponível

---

1 Em fevereiro de 2021, os pesquisadores Fernando Chague e Bruno Giovannetti, da Escola de Economia de São Paulo da FGV, publicaram uma pesquisa na qual analisaram a performance de 1.218 day traders "experientes" — aqueles que realizaram operações de day trade em mais de 90% dos 72 meses analisados. Do total, 54% tiveram perdas, enquanto 5% tiveram ganhos superiores a R$10 mil ao mês. O artigo é o terceiro de uma sequência de análises sobre day trade publicada pelos pesquisadores. Leia o artigo completo em: https://t2.com.br > wp-content > uploads > 2021/02.

em: www.sciencedirect.com/science/article/pii/S0378426613002331 [conteúdo em inglês].

- **What Do Retail FX Traders Learn?** Simon Hayley e Ian Marsh, da City University em Londres, coletaram dados de uma plataforma de trading de varejo que tinha 95 mil investidores particulares, durante 30 meses. Nem todas essas pessoas eram day traders, embora muitas delas fossem e ainda sejam. Eles descobriram que os traders não necessariamente aprenderam a operar melhor ao longo do tempo, mas aprenderam a gerenciar riscos e tamanhos de posições com base nas próprias habilidades e resultados. Além disso, aqueles que tiveram um dia de operações malsucedidas ficavam mais propensos a operar menos, quantias menores ou fazer uma pausa nas atividades. Eles também descobriram que mesmo traders experientes costumam perder dinheiro. Leia um artigo sobre suas descobertas em: www.cass.city.ac.uk/faculties-and-research/research/cass-knowledge/2017/november/what-do-retail-fx-traders-learn [conteúdo em inglês].

Não é fácil

Junto com a taxa relativamente baixa de sucesso, o day trading é muito estressante. Concentrar-se nos mercados e saber que dinheiro de verdade está em jogo consome muita energia. Os lucros das operações costumam ser pequenos, o que significa que você precisa ser persistente e continuar a operar até o final do dia.

Alguns traders não conseguem lidar com o estresse. Alguns ficam entediados, e outros se frustram. E alguns não conseguem acreditar que dá para ganhar a vida fazendo algo que amam.

LEMBRE-SE

O day trading é difícil, mas não impossível. Aumente suas chances de sucesso reservando um tempo para se preparar e reservando dinheiro para financiar sua conta de operações inicial. Durante o primeiro ano, é preciso lidar com as perdas e ainda ser capaz de pagar o aluguel e viver. Saber que as despesas básicas estão seguras lhe dará mais confiança, e isso ajuda no desempenho.

Embora day trading seja difícil, muitos day traders não se imaginam fazendo outra coisa. O fato é que muitas ocupações são maneiras difíceis de se ganhar a vida, e ainda assim são a melhor opção para algumas pessoas. Cada carreira tem suas vantagens e desvantagens, e o day trading não é diferente.

Ao terminar de ler este livro, você terá uma perspectiva mais ampla sobre o day trading. Caso perceba que é a carreira que procura, encontrará muitas boas ideias nos próximos capítulos a respeito de como configurar seu negócio de day trading e muitos conselhos sobre como aumentar suas chances de sucesso.

Se você acha que o day trading não é para você, espero que tenha algumas ideias que o ajudem a gerenciar melhor seus investimentos. Afinal, a atenção aos movimentos de preços, ao tempo e ao risco, que são fundamentais para um trader, ajudam qualquer investidor a melhorar seus retornos. Que tal?

NESTE CAPÍTULO

» Entendendo a magia e a técnica

» Abrindo uma conta e operando

» Compreendendo como o day trading se encaixa nos mercados

» Conhecendo o potencial de risco e de retorno

» Distinguindo trade de investir ou apostar

» Identificando riscos específicos

Capítulo **2**

Mercados Financeiros

O mercado é a soma de todos os traders que você enfrentará em um dia. Eles colocam ordens de compra e venda por todos os motivos racionais ou irracionais que você possa imaginar. Os mercados financeiros são praticamente instantâneos nos dias de hoje. Eles são globais, e muitos funcionam de maneira ininterrupta.

Ao longo dos séculos — sim, séculos —, instituições e leis foram originadas para impedir que os mercados se desintegrassem em meio ao caos. Os mercados funcionam praticamente em todo o mundo, 24 horas por dia, de modo que o dinheiro vai e vem por meio de operações financeiras mesmo que uma parte dele seja destruída por um ataque terrorista ou crise política. Não existem muitas leis, mas o suficiente para garantir que participantes anônimos em locais distantes honrem seus contratos.

À medida que os mercados financeiros mundiais ficam cada vez mais automatizados e interconectados, os day traders têm menos oportunidades para exercer suas atividades. Isso é fato. Contudo, quanto mais você entende a respeito dos mercados, mais oportunidades encontra e menos erros custosos comete.

Este capítulo oferece uma visão bem ampla sobre oferta e demanda, trocas e jogos de soma zero. Ele discute os conceitos básicos de comissões e taxas, enquanto fornece o conhecimento básico de que você precisa para começar.

CAPÍTULO 2 Mercados Financeiros   19

Como os Mercados Funcionam?

Em 1776, um importante pensador escreveu um tratado que mudou a maneira como as pessoas pensam a respeito do mundo.

Thomas Jefferson e a Declaração de Independência dos Estados Unidos? Na, na, ni, na, não. Embora esse trabalho certamente tenha sido importante, refiro-me ao ilustre *A Riqueza das Nações*, de Adam Smith. Em seu livro, Smith expôs os princípios básicos dos mercados, afirmando que eles funcionam como uma "mão invisível", que é a soma dos esforços de inúmeras pessoas para atender às necessidades de inúmeras outras a um preço acordado entre ambas as partes.

Essa explicação básica de como o mercado funciona continua atualíssima, mesmo duzentos anos depois. Ninguém conseguiu deixá-la melhor. A explicação de Smith sobre como os mercados funcionam ainda é genial.

As seções a seguir explicam, em palavras simples, alguns conceitos importantes do livro de Smith e como eles se aplicam ao day trading nos dias atuais.

Nota: *A Riqueza das Nações* não constitui uma leitura muito fácil, mas se você estiver interessado, pode acessar o livro neste link: `https://www.educlad.com.br/a-riqueza-das-nacoes-pdf/`. Você também encontra uma boa explicação alternativa em uma série de TV aberta, de 1980, com o economista Milton Friedman, chamada "Free to Choose", disponível online em: `www.freetochoose.tv/broadcasts/ftc80.php` [conteúdo em inglês], e uma pesquisa no YouTube pelo termo "Free to Choose Legendado" rapidamente oferecerá várias opções de vídeos com o conteúdo legendado em português.

Oferta e demanda

Em um mercado livre, a *oferta* e a *demanda* se encontram a um preço em que o comprador recebe um valor considerado adequado por ambas as partes e o vendedor obtém lucro suficiente para permanecer no negócio. *Oferta* é a quantidade de bens que os vendedores se dispõem a vender a determinado preço, e *demanda* é o preço que os compradores se dispõem a pagar por determinada quantidade de bens. Se a demanda aumenta, os vendedores aumentam os preços. Se a demanda cai, os vendedores precisam abaixar os preços. Da mesma forma, se a oferta aumenta, os vendedores precisam reduzir os preços para movimentar o estoque. Se a oferta cai, os vendedores aumentam os preços.

Considere o que acontece se oferta e demanda saem de controle. Digamos que você queira um par de tênis e tenha R$100. Você vai às compras e descobre que o tênis que deseja custa R$150, então sai da loja de mãos vazias. É possível que outra pessoa ache justo o preço de R$150, mas não é o seu caso. E, neste exemplo, poucas pessoas acham o valor adequado, de modo que a loja de calçados acaba fazendo uma liquidação do estoque acumulado. Todos os produtos estão com dois terços de desconto! Assim, o par de tênis que custava R$150 passa a custar R$50, então você sai da loja com dois pares.

Porém, a R$50 o par, a loja não lucra e é obrigada a fechar. Para você, foi um bom negócio, mas a loja ficou na pior — nada que você já não soubesse.

Nesse exemplo, se os gerentes da loja fossem mais atentos, teriam percebido que, por R$100, venderiam os tênis e conseguiriam lucrar. No mundo real, os donos de empresas conversam com os clientes e rastreiam o que os concorrentes estão fazendo, para que descubram o preço mais adequado para seus produtos. Eles também prestam muita atenção aos custos para se certificar de que conseguem manter os clientes satisfeitos e permanecer no mercado.

E é isso o que acontece nos mercados financeiros. Todos os dias, pessoas buscam o que desejam comprar, sejam ações, ETFs (fundos operados em bolsa), opções de commodities ou moedas estrangeiras. Alguns desses compradores precisam comprar para cobrir um empréstimo. Outros pesquisaram para saber se o preço está acima ou abaixo. E há aqueles que estabelecem ordens com base em palpites. Os compradores estão determinando a demanda do mercado.

Enquanto isso, algumas pessoas vendem os mesmos ativos. Alguns desses vendedores têm interesses banais. Se os ativos forem patrimônio de algum falecido, será necessário vender para que o dinheiro seja repartido entre os herdeiros. Talvez o objetivo tenha sido evitar um risco que não mais representa uma ameaça. E uma alternativa também é que eles tenham pesquisado e descoberto que o item em questão está acima do preço, ou talvez estejam agindo por pura emoção. Esses vendedores determinam a oferta do mercado.

E, obviamente, se o preço ficar alto demais, muito mais pessoas estarão interessadas em vender do que em comprar, e se ficar baixo demais, os traders estarão à procura de pechinchas. Às vezes os traders brincam que o preço de uma ação está em alta porque há mais compradores do que vendedores. Isso não é exatamente verdade — em cada operação, existem duas pessoas —, porém, compradores motivados terão de aumentar o preço que estão dispostos a pagar para atrair os vendedores a abrir mão de suas ações, bitcoins ou contratos futuros.

Bolsas versus balcões

As empresas que transmitem sua ordem de compra ou venda para a bolsa são as corretoras. As *corretoras* são conectadas às bolsas, sendo necessária sua intermediação para acessar os mercados. A *bolsa*, por sua vez, é projetada para reunir, executar e liquidar as ordens de vários compradores e vendedores, vindas de diversas corretoras e instituições financeiras. Ter uma sede para se reunir, seja física ou virtualmente, aumenta o número de operações e a probabilidade de que o preço corresponda ao valor real do ativo em questão.

Houve um tempo em que os corretores se encontravam pessoalmente no pregão das bolsas. Hoje, obviamente, a maior parte das operações é virtual, e os pregões costumam ser servidores gigantescos. Você não os vê quando ouve a campainha de abertura na TV, porque os servidores estão escondidos em salas de alta segurança e temperatura controlada.

Alguns ativos financeiros são operados *em balcão*, em vez de na bolsa. Por sua vez, eles funcionam por meio de redes de corretoras ou bancos. Anos atrás, esses itens eram operados em balcões de bancos e corretoras ou na rua, em frente ao prédio da respectiva bolsa.

Para a maioria dos traders, não há diferença entre executar uma ordem na bolsa ou no balcão. Hoje, ambos são executados de maneira eletrônica. Alguns mercados, como o de câmbio, funcionam no balcão. Porém, ainda é necessário ter uma conta em alguma corretora para acessar as listas do balcão.

Em suma, a razão de as corretoras existirem é garantir que o cliente tenha os itens que deseja vender ou o dinheiro para pagar aquilo que deseja comprar, garantindo que o mercado funcione como o esperado.

Comissões, taxas e spreads

Os serviços da corretora não são gratuitos. Afinal, as corretoras são controladas por capitalistas sujeitos às próprias configurações de oferta e demanda. Os preços pagos são três: comissões, taxas e spreads.

Contando as comissões

A *comissão* é a cobrança pela execução de uma ordem. Algumas empresas cobram uma taxa fixa, como R$75 por ordem. Outras cobram um preço por ação ou por contrato. Nem sempre a comissão mais baixa é o melhor negócio, pois ela é apenas uma das taxas que uma corretora cobra.

Além disso, a maioria das corretoras oferece mais serviços do que a simples execução de ordens, o que faz toda a diferença. O Capítulo 15 contém mais informações sobre como escolher sua corretora.

Taxas e mais taxas

As bolsas também cobram *taxas* (um custo adicional à conta do trader) por seus serviços. Elas não são altas, mas estão associadas à *comissão das operações* (o preço cotado para executar uma ordem). Não há como fugir dessas taxas ao operar um ativo listado na bolsa.

Tudo depende do spread

O *spread* é a diferença entre o preço pelo qual a corretora compra o ativo e o que paga para vendê-lo ao cliente. É o lucro da corretora sobre a operação e geralmente é maior do que a comissão. Algumas corretoras funcionam melhor para day traders, e a diferença tende a aparecer no spread.

Jogos de soma zero

O primeiro aspecto que você precisa saber a respeito da teoria dos jogos é que, apesar do nome, não se trata do motivo pelo qual as pessoas se divertem. O segundo aspecto é que ele classifica diferentes atividades com base em quanto valor total é acrescentado ou criado para os envolvidos. A teoria dos jogos é frequentemente usada para descrever os mercados financeiros, daí a importância das três principais categorias a seguir:

» Em um *jogo de soma zero,* cada ganho representa a perda de outra pessoa. Para cada vencedor, existe um perdedor. Às vezes os perdedores aceitam a perda, talvez por preferir uma pequena perda em função de evitar uma grande perda, por exemplo. O valor total é realocado, mas não muda.

» Em um *jogo de soma positiva*, a maioria dos participantes leva a melhor. Alguns até perdem dinheiro, mas os ganhos totais excedem as perdas totais. O valor total aumenta.

» Em um *jogo de soma negativa*, a maioria dos participantes acaba perdendo dinheiro. O valor total diminui.

O day trading é um jogo de soma zero. Seu ganho é a perda de outra pessoa, e vice-versa. Para que ele funcione, você precisa decidir quem perderá dinheiro.

Não é tão horrível quanto parece. Lembre-se de que cada pessoa tem uma razão diferente para estar no mercado. Muitos usam opções para gerenciar riscos, por exemplo (como explico no Capítulo 4). Eles não se importam em perder um pouco agora, desde que evitem uma grande perda futura.

Da mesma forma, nos mercados de câmbio, algumas pessoas operam porque precisam de uma moeda específica para realizar uma compra. Obviamente, poderiam obter uma taxa melhor se esperassem um pouco, mas elas não podem esperar. Esse é o ponto da questão.

LEMBRE-SE

Uma razão pela qual é difícil ganhar dinheiro no day trading é justamente porque se trata de um jogo de soma zero. Muitos day traders que perdem dinheiro não estão preparados e não gerenciam seus riscos. Se você dedicar seu tempo para operar direito, aumentará suas chances de ganhar dinheiro.

Abra uma Conta e Opere

Esta seção é superbásica, mas pode lhe ser útil. Ela aborda o processo da abertura de uma conta e de uma primeira operação. Às vezes, são esses mecanismos que acabam sendo o maior obstáculo para o trading. Se você já tem conta em alguma corretora, ignore esta seção.

Abrindo uma conta na corretora

Depois de escolher uma corretora (veja o Capítulo 15 para ter ideia de como o fazer), visite seu site, preencha os vários formulários e, em seguida, faça uma transferência de sua conta bancária para sua nova conta na corretora. O valor dessa transferência será seu capital inicial para operar nos mercados.

A propósito, não há atalhos nesse processo. A corretora é obrigada, por uma série de leis internacionais, a verificar quem você é e de onde vem seu dinheiro. O auditor não correrá o risco de se comprometer, porque você não está afim de compartilhar suas informações pessoais em detalhes.

Sua primeira operação

Para executar uma ordem, acesse sua conta e preencha o formulário. É quase como fazer compras online! Você diz à corretora o que quer e quanto quer, e, em seguida, insere os outros detalhes, por exemplo, se a operação é comprada (ou seja, se você está comprando) ou vendida (se você está vendendo) (veja o Capítulo 3). Pague com o dinheiro de sua conta ou peça emprestado à corretora, o que é conhecido como *operar na margem*. Pressione enter, e o resto é com a corretora.

Fechando a operação

Caso seu pedido inicial seja uma compra, agora você precisa vender sua posição. E, mais uma vez, é quase como fazer compras online. A diferença é que, desta vez, você fará o contrário. Você efetua o login e faz o pedido, novamente especificando o que e quanto. Quando a corretora concluir a transação, o dinheiro será usado para pagar a margem e, em seguida, irá para sua conta.

Recolhendo seus lucros

Se o valor de sua conta na corretora superar o que você deseja arriscar, transfira parte do dinheiro de volta para sua conta bancária. É simples e fácil — e é a maneira como você recolhe seus lucros das operações e os usa para viver.

Princípios do Sucesso no Day Trading

Embora seja possível operar com quase todos os ativos sem moderação, essa não costuma ser uma boa ideia. Alguns traders passam toda a carreira trabalhando com apenas um ou dois ativos. Esta seção aborda os fundamentos do sucesso: trabalhar com apenas alguns ativos em determinado mercado, gerenciar posições com cuidado e concentrar-se na operação em questão.

Operando com poucos ativos

A maioria dos day traders escolhe um ou dois mercados e se concentra neles, deixando de lado todos os outros. Dessa forma, descobrem como os mercados funcionam, como as notícias afetam seus preços e como os outros participantes reagem às novas informações. Além disso, concentrar-se em apenas um ou dois mercados os ajuda a manter o foco.

E o que os day traders operam? Os Capítulos 3 e 4 contêm informações sobre os mercados e como funcionam. Se você está louco para começar, aqui vai uma breve recapitulação, sem ordem específica, dos ativos mais populares entre os day traders hoje em dia:

» **Futuros financeiros:** *Contratos futuros* permitem que os traders lucrem com as mudanças de preço em determinados ativos, como o Ibovespa ou o preço do dólar. Eles proporcionam uma perspectiva dos preços a um custo muito menor do que a compra direta dos ativos que representam. Obviamente, os contratos futuros tendem a ser mais voláteis do que os índices que rastreiam, pois são baseados em expectativas.

» **Opções:** Uma *opção* dá ao titular o direito, mas não a obrigação, de comprar ou vender algo no futuro por um preço acordado hoje. As opções são similares aos futuros. Elas permitem que as pessoas assumam posições maiores com menos dinheiro inicial, mas isso aumenta o risco envolvido.

» **Forex:** Abreviação de *foreign exchange*, o *forex* consiste no trade de diferentes moedas, cujo objetivo é o lucro gerado pelas alterações nas taxas de câmbio. O forex é o maior e mais líquido mercado existente, e fica aberto para operar 24 horas por dia, 7 dias por semana. Traders gostam do grande número de oportunidades. Como a maioria das alterações de preços são pequenas, traders que operam no forex precisam usar *alavancagem* (dinheiro emprestado) para lucrar. Os empréstimos precisam ser quitados, independentemente do resultado da operação, o que aumenta o risco do forex. As *criptomoedas*, uma classe de ativos relativamente nova, têm características semelhantes às do forex.

» **Ações e fundos operados em bolsa:** O day trading começou no mercado de ações, que continua popular entre day traders. Esses traders procuram notícias sobre a performance da empresa e comentários de investidores que influenciam os preços, buscando lucrar com as alterações. Um ativo semelhante são os *fundos operados em bolsa*, que são operados como ações, mas se baseiam em um índice de mercado ou estratégia própria. A grande desvantagem? Traders de ações e ETFs quebram na hora das taxações se não forem cuidadosos. Veja o Capítulo 17 para obter mais informações.

Às vezes, os day traders operam títulos e commodities. Normalmente, eles o fazem por meio de futuros financeiros ou fundos operados em bolsa.

Gerenciando suas posições

A chave para uma operação bem-sucedida é saber o quanto operar e quando sair da posição. Como você já sabe, day traders sempre fecham as posições, no máximo, até o final do dia — ou não seriam day traders —, mas também precisam cortar suas perdas e realizar seus lucros conforme ocorrem durante o dia. Mais precisamente, é necessário determinar o tamanho da operação e o lucro ou prejuízo máximo por meio dos seguintes critérios:

» **Determinar o quanto arriscar em cada operação:** Traders raramente colocam todo seu dinheiro em uma única operação. Essa é uma excelente forma de jogá-lo fora! Em vez disso, eles operam apenas parte do capital, ficando com o restante para abrir outras operações à medida que oportunidades se apresentarem. Se alguma operação fracassar, o trader ainda terá dinheiro para fazer outras operações. Alguns traders alocam seu capital em proporções fixas, e outros variam em função do risco e do retorno esperados do ativo que estão operando. A gestão cuidadosa do dinheiro ajuda o trader a permanecer no jogo por mais tempo, e quanto mais tempo o trader permanecer no jogo, maiores as chances de ser bem-sucedido. O Capítulo 6 apresenta mais informações a respeito da gestão do dinheiro.

» **Proteger seus fundos usando ordens de stop e limites:** *Ordens de stop e limites* são definidos junto com a operação e a fecham sempre que o ativo atinge determinado preço. Se o preço do ativo começar a cair mais do que o desejado pelo trader — *zás!* —, ele é vendido, inibindo mais perdas nessa operação. O trader não se angustia em relação a essa decisão. Em vez disso, ele simplesmente segue para a próxima operação, colocando seu dinheiro em uma posição que provavelmente será melhor.

LEMBRE-SE

Day traders fazem muitas operações, e muitas fracassam. A chave é fazer mais operações vencedoras do que perdedoras. Ao limitar a quantidade de perdas, você, como trader, facilita que os ganhos sejam suficientes para cobrir as perdas.

Mantendo o foco

Com frequência, Day traders são prejudicados pelo estresse e pela emoção. Ficar de olho no que acontece nos mercados é difícil quando você passa o dia olhando para telas, trabalhando sozinho. Porém, como trader, você deve ser capaz de se concentrar no mercado e seguir seu sistema de operação, mantendo-se o mais calmo e racional quanto for possível.

Os day traders que se saem bem contam com sistemas de suporte. Eles têm a opção de fechar as posições e passar o resto do dia em outras atividades. É bom fazer algo para se livrar do excesso de energia e esvaziar a mente, como corrida, ioga ou meditação. Eles entendem que uma mente focada é determinante.

Às vezes, os day traders pensam no próprio mercado, ou em todos os outros que estão operando, como inimigos. Os verdadeiros inimigos são as emoções: dúvida, medo, ganância e esperança. Esses quatro sentimentos evitam que os traders se concentrem no mercado e fortaleçam seus sistemas.

Uma das frustrações de fazer trading é que alguns dias oferecem muitas oportunidades, e você tem pouco tempo ou dinheiro para aproveitar. Nesses dias, boas operações escapam devido à falta de recursos. É por isso que se ater ao planejamento e se concentrar no que funciona é tão importante.

Relação entre Risco e Retorno

Investidores, traders e apostadores têm algo em comum: todos submetem seu dinheiro a um risco e esperam obter um retorno. Idealmente, esse retorno vem na forma de dinheiro vivo e frio, porém, se não tomarem cuidado, acabam não ganhando nada — ou pior, acabam devendo dinheiro. Traders nunca devem arriscar mais do que podem se dar ao luxo de perder. Para tal, não há atalho: estratégias que oferecem altos retornos contam com altos riscos. Não confie em ninguém que disser o contrário.

O risco é inerente ao trading, mas é algo gerenciável.

Trading é um trabalho: quanto mais você souber a respeito dos riscos e das fontes de seu retorno potencial, melhor. Seu risco é não obter o retorno esperado, e sua recompensa é receber uma compensação justa pelo risco que corre.

Se você não quer correr riscos, seu retorno será muito baixo. A taxa de juros de um certificado de depósito bancário segurado pelo governo federal é um exemplo de retorno sem risco, mas, se você estivesse procurando por isso, não estaria lendo este livro. Como obter retorno exige assumir riscos, entender o que é risco e como gerenciá-lo é a chave para o sucesso no day trading.

O que é risco?

Risco é a probabilidade mensurável da perda. Quanto mais arriscado for algo, mais frequentemente ocorrerá uma perda e, provavelmente, maior ela será. Brincar no meio da rua é mais arriscado do que dirigir no meio dela, e saltar de paraquedas é mais arriscado do que fazer jardinagem. Isso não significa que você não possa ter perdas em uma atividade de baixo risco ou grandes ganhos em uma de alto risco. Significa apenas que, no jogo de baixo risco, as perdas são menos prováveis de acontecer e, quando acontecem, geralmente são menores.

PAPO DE ESPECIALISTA

Qual é a diferença entre risco e incerteza? O risco consiste na probabilidade *conhecida* de algo bom ou ruim acontecer de maneira que possa ser determinado o preço. Qual é a probabilidade de você viver até os 100 anos? Ou de sofrer um acidente de carro esta noite? Sua seguradora sabe e calcula suas taxas em função disso. Qual é a probabilidade de alienígenas do espaço sideral invadirem e assumirem o controle da Terra? Quem sabe?! Pode acontecer, mas esse evento é incerto, não arriscado — pelo menos até que alguém prove o contrário.

A capacidade de calcular os riscos viabiliza os negócios modernos. Até que os matemáticos fossem capazes de usar estatísticas para quantificar as atividades humanas, as pessoas presumiam que coisas ruins eram simplesmente o resultado da má sorte ou da ira dos deuses. Porém, o entendimento da probabilidade torna possível aplicar e usá-la para avaliar a probabilidade de um evento acontecer e determinar a compensação proporcional por assumir o risco. Se um marinheiro concordasse em participar de uma viagem de exploração, qual seria a probabilidade de ele voltar para casa vivo? E qual seria a compensação justa por correr esse risco? Qual seria a probabilidade de um silo de grãos pegar fogo? Quanto um fazendeiro deveria cobrar dos compradores de grãos pelo risco que estaria assumindo? E quanto outra pessoa deveria cobrar para segurar o fazendeiro contra um incêndio?

Calculando a probabilidade do fracasso

Ao assumir um risco, assume-se a probabilidade de uma perda. Se conhecer essa probabilidade, determinará se os termos oferecidos são justos e se a expectativa é razoável em função do tamanho da perda.

Digamos que você tenha a seguinte oportunidade: você aposta R$10. Você tem 80% de chance de receber R$11 de volta e 20% de chance de perder tudo. Você aceita a aposta? Para descobrir, basta multiplicar o retorno esperado pela probabilidade e os somar: (80% × R$11) + (20% × R$0) = R$8,80. Seu retorno esperado de R$8,80 é menor do que o custo de R$10 da aposta, logo, você deve recusar.

Agora suponha que ofereçam a você a seguinte oportunidade: você aposta R$10. Você tem 90% de chance de receber R$11 e 10% de chance de receber R$6. Seu retorno esperado é (90% × R$11) + (10% × R$6) = R$10,50. Essa aposta é mais interessante, logo, você deve aceitar.

Eis uma terceira proposta: você aposta R$10. Você tem 90% de chance de receber R$13,89 e 10% de chance de perder R$20 — um valor maior do que apostou. Seu retorno esperado é (90% × R$13,89) + (10% × -R$20) = R$10,50. O retorno esperado é o mesmo da proposição anterior, mas parece tão interessante quanto? Muitas pessoas não gostariam dessa aposta por se concentrarem mais no valor da perda, e não no risco. Pessoas que reagem exageradamente ao risco de perda sem considerar os fatos provavelmente não serão bons traders.

LEMBRE-SE

Ao considerar a perda, a maioria das pessoas tende a dar muita ênfase ao valor da perda, em vez de pensar em sua probabilidade. O problema é que os mercados não operam com base em suas preferências. Esse é um dos obstáculos psicológicos do trading que os traders bem-sucedidos aprenderam a superar. Será que você também consegue? (Veja algumas dicas a respeito no Capítulo 14.)

RESPONSABILIDADE LIMITADA (GERALMENTE)

Os mercados de ativos baseiam-se no conceito de *responsabilidade limitada*. Isto é, não se perde mais dinheiro do que foi investido. Se comprar uma ação, seu valor pode cair a zero, porém, não mais do que isso. Se a empresa falir, ninguém irá até você pedir-lhe que pague as contas. Por outro lado, se o preço das ações subir infinitamente, isso fará com que o retorno possível para seu risco seja enorme. (Enquanto eu escrevia este parágrafo, as ações da Apple e da Amazon aumentaram em uma proporção enorme. Será que sobem ainda mais? Vai saber.)

CUIDADO

Embora a maioria das estratégias de day trading se baseie na responsabilidade limitada — ou seja, você corre o risco de perder o valor da operação e nada mais —, algumas estratégias se baseiam na *responsabilidade ilimitada*. Se você vender uma ação a descoberto (tomar ações emprestadas e vendê-las a um preço inferior, pagando o empréstimo com ações mais baratas, estratégia discutida no Capítulo 5) e o preço da ação subir drasticamente, você tem que pagar o empréstimo com essas ações de alto valor! Provavelmente você fechará sua posição antes que isso aconteça, porém, mesmo que feche suas posições todas as noites, como um bom day trader deve fazer, algumas estratégias têm o potencial de custar mais do que você tem na conta.

LEMBRE-SE

Para se proteger e protegê-lo contra a perda de um valor superior ao que você tem, as corretoras e bolsas de opções exigem que você mantenha fundos suficientes em sua conta para cobrir deficits (conhecido como *margem*, discutida no Capítulo 5). Você precisa ser aprovado antes de operar com determinados ativos. Por exemplo, qualquer pessoa que opere opções precisa preencher um contrato, que a corretora deve aprovar e manter arquivado.

O JOGO DA SOMA ZERO

Diversas estratégias de day trading são jogos de soma zero, o que significa que, para cada vencedor, existe um perdedor. Essa regra se aplica principalmente aos mercados de opções. Obviamente, a pessoa do outro lado da operação pode não se importar em ser o perdedor; ela pode ter entrado na operação para fazer *hedge* (proteger-se contra uma queda nos preços) de outro investimento e ficará feliz por ter uma pequena perda, em vez de uma muito maior.

O problema para você, day trader, é que um jogo de soma zero oferece pouco espaço para erros. Cada operação fará com que você ganhe ou perca, e são suas perdas que compensam os vencedores. Vencer as probabilidades é ainda mais difícil se considerarmos os traders que usam algoritmos. O backtesting e o rastreamento (veja o Capítulo 15) são essenciais para avaliar o risco.

Probabilidade de não obter o retorno esperado

Além das medidas absolutas de risco e responsabilidade, considere também a *volatilidade*, que é o quanto o preço de um ativo pode subir ou descer em determinado período.

A matemática para medir a volatilidade é baseada no desvio-padrão. Um cálculo de desvio-padrão começa com o retorno médio de determinado período. Essa média é justamente o retorno *esperado* — o retorno que, em média, você obterá se operar de acordo com a estratégia definida. Porém, em dada semana, mês ou ano, o retorno pode ser muito diferente do que você espera. Quanto maior a probabilidade de você obter o que espera, menor será o risco sob a forma de volatilidade.

DICA

O desvio-padrão aparece em diversos contextos no trading, e você pode encontrar uma explicação detalhada sobre ele no Capítulo 13. O principal a se saber é: quanto maior o desvio-padrão dos ativos subjacentes, maior o risco que você assumirá. No entanto, a mesma volatilidade gera oportunidades para day traders. Um ativo com desvio-padrão baixo não oferece muitas chances de ganhar dinheiro ao longo do dia.

O desvio-padrão é usado para calcular outra estatística: o *beta*. O beta informa o quão arriscado um ativo é com base no risco do próprio mercado. Se você comprar uma ação que tem beta superior a 1, espera-se que o preço dessa ação suba a uma proporção maior do que a do mercado quando o mercado está em alta, e espera-se que caia a uma proporção maior do que a do mercado quando o mercado está em baixa.

LEMBRE-SE

Quanto maior o beta, mais arriscada é a ação — e maior é o potencial de retorno que ela tem.

PAPO DE ESPECIALISTA

A palavra *beta* vem do *modelo de precificação de ativos financeiros*, uma teoria acadêmica que define o retorno sobre um investimento como uma função da taxa de retorno livre de risco (discutida na próxima seção), o risco extra de se investir no mercado como um todo e, em seguida, a volatilidade — beta — do ativo em relação ao mercado. No modelo de precificação de ativos financeiros, não existem outras fontes de risco e retorno. Qualquer outra fonte seria chamada de *alfa*, mas, em teoria, o alfa não existe. Nem todos concordam, mas os termos *alfa* e *beta* se consolidaram.

Recompensa pelo risco

Quando você assume um risco, espera obter um retorno. Justo, não é mesmo? Esse retorno apresenta formas diferentes em relação ao risco assumido. Embora você não se importe com a forma do retorno, desde que o obtenha, considerar a divisão dos retornos o ajuda a elaborar e revisar sua estratégia de operação.

Custo de oportunidade

O *custo de oportunidade* de seu dinheiro é o retorno que obteria fazendo outra coisa. O que você prefere: viver de day trading ou permanecer no emprego atual? Seu custo de oportunidade para tentar a primeira opção são seu salário e seus benefícios atuais. Você precisaria abrir mão desses recursos se pedisse demissão para se dedicar exclusivamente ao day trading. O custo de oportunidade é baixo o suficiente para valer a tentativa? Pode ser. Só porque aproveitar uma oportunidade acarreta um custo, não significa que a oportunidade não valha a pena.

LEMBRE-SE

Ao fazer day trading, você precisa cobrir seu custo de oportunidade. Esse custo será diferente daquele de outra pessoa. Se mensurá-lo logo no início, ficará mais claro se o retorno vale o risco.

Eis outra maneira de conceber o custo de oportunidade: ao fazer uma operação, você abre mão da oportunidade de usar esse dinheiro para outra operação. Isso significa que uma operação só vale a pena se a probabilidade de dar certo for maior do que de dar errado. É por isso que você deve planejar suas operações (veja o Capítulo 7), fazer *backtesting* (simular a aplicação da estratégia sobre os históricos de preços) e avaliar seu desempenho (veja o Capítulo 13). Ao implementar essas técnicas, você saberá que está operando pelos motivos certos, e não apenas para matar o tédio.

Taxa de retorno livre de risco e valor do dinheiro no tempo

O valor do dinheiro muda com o tempo. Na maioria dos casos, essa mudança é resultado da *inflação*, que é o aumento geral nos níveis de preços em uma economia. Porém, o valor do dinheiro também muda quando você desiste de usá-lo por algum tempo. É por isso que qualquer investimento ou oportunidade para operar deve incluir uma compensação pelo *valor do seu dinheiro no tempo*.

No day trading, o retorno do valor do dinheiro no tempo é pequeno, pois as operações costumam ter períodos muito curtos e, certamente, fecham antes do mercado. Ainda assim, o tempo influencia o dinheiro que você ganha. Esse retorno menor é conhecido como *taxa de retorno livre de risco*. É isso que você exige ao abrir mão da posse do seu dinheiro, mesmo tendo a certeza de que o receberá de volta. Na prática, os investidores concebem a taxa de retorno livre de risco como a taxa dos títulos do tesouro do governo do país em que a operação foi realizada, que são títulos com vencimento inferior a um ano. Essa taxa pode ser facilmente consultada no site do Banco Central do Brasil e nos sistemas eletrônicos de cotação de preços.

DICA

Se você não consegue gerar um retorno que seja pelo menos equivalente à taxa de retorno livre de risco, talvez o trading não seja para você, pois seu retorno não seria apropriado para o risco.

Compensação risco-retorno

Os economistas dizem que não existe almoço grátis. Isso porque tanto o almoço quanto aquele cafezinho que costumam oferecer a você sempre têm um preço. Seja lá qual for o retorno que você obteve, ele provém de algum risco que correu e da desistência de outra oportunidade para usar seu tempo e dinheiro. Nesse sentido, não há segredo para ganhar dinheiro. É tudo uma questão de trabalho e risco.

Esse conceito é conhecido como *compensação risco-retorno*. Quanto maior a recompensa potencial, maior o risco e, portanto, maior o potencial de perda. Porém, se você entender os riscos, descobre se valem a pena ou não. É por isso que você deve considerar os riscos e recompensas desde o início.

Eficiência de mercado no mundo real

A razão pela qual existe um equilíbrio entre risco e recompensa é que os mercados são razoavelmente eficientes. Essa eficiência significa que os preços refletem as informações divulgadas sobre as empresas e a economia, e que seus participantes entendem as opções que estão disponíveis. Caso contrário, você teria oportunidades de obter lucro sem risco, o que não é possível de acordo com a maioria dos economistas. "Dinheiro não dá em árvore", eles dizem. Em um mercado eficiente, se existisse uma oportunidade de ganhar dinheiro sem risco, alguém já a teria aproveitado.

Veja como funciona a eficiência de mercado: há informações que dizem que a empresa A anunciará bons lucros amanhã, então você compra as ações. O aumento da demanda faz com que o preço suba, e rapidamente o preço das ações emerge, visto que a empresa está indo bem. A vantagem da informação logo desaparece. Na maioria dos casos, todos recebem a notícia — ou ouvem o boato — dos bons lucros ao mesmo tempo, fazendo com que o ajuste dos preços aconteça rapidamente.

CUIDADO

Não seria ótimo receber a notícia de que uma empresa teve bons lucros antes de todo mundo e fazer aquela operação sensacional? Claro. Pelo menos até que os federais descubram e o prendam — "fale sobre seus custos de oportunidade...". Operar com base em *informações privilegiadas* (informações que geralmente não são de conhecimento público e afetam o preço do ativo) é ilegal. E, sim, a Comissão de Valores Mobiliários (CVM) e as bolsas monitoram as operações para verificar se os padrões sugerem atividades ilegais com base em informações privilegiadas, pois desejam que todos os investidores e traders tenham a certeza de que investir é seguro. Tenha muito cuidado com dicas que parecem boas demais para ser verdade.

Os mercados têm sua eficiência, mas isso não significa que funcionam por mágica. As mudanças de preços acontecem porque as pessoas agem de acordo com as notícias, e os que agem mais rápido são os day traders. No exemplo, observe que foi a atividade dos traders que fez com que o preço das ações da Empresa A subisse em resposta ao relatório de bons lucros divulgado.

Em termos econômicos, a *arbitragem* é um lucro sem risco. Um acadêmico muito cético diria que oportunidades de arbitragem não existem. Na prática, porém, elas existem. Veja como funciona a arbitragem: embora se espere que a Empresa A faça um anúncio de bons lucros amanhã, você percebe que o preço das ações em si subiu mais rápido do que o preço de uma opção call das ações da Empresa A, embora o prêmio devesse refletir o preço das ações. Então você vende as ações da Empresa A (por meio de vendas a descoberto, se necessário) e, em seguida, usa o dinheiro para comprar opções. Quando o preço da opção sobe, refletindo o preço das ações, você vende a opção (ou seja, fecha sua posição vendida) e obtém um lucro sem risco — se desconsiderarmos os custos da operação em si. O Capítulo 10 fala sobre arbitragem com mais detalhes.

A eficiência de mercado não é perfeita. Demora um pouco até que as pessoas tomem uma decisão lógica sobre o valor de um ativo, e até que isso aconteça, operar é incerto e ineficiente. Sejam ações japonesas, ações de internet, condomínios na Barra da Tijuca ou ouro, os mercados têm picos de loucura que ignoram as regras comuns. No curto prazo, uma onda de pânico ou euforia domina o mercado durante um único dia, levando os preços para uma região de ineficiência. Em dias assim, sua capacidade de manter a calma e acompanhar a tendência, em vez de ser arrastado pela multidão enfurecida, o ajudará a fazer operações bem-sucedidas.

> ## A BOA E VELHA PIADA DO CAFEZINHO
>
> Depois de se tornar um especialista em risco e retorno, provavelmente esta piada fará mais sentido para você:
>
> Dois economistas caminham pela rua. Um deles vê uma nota de R$20 na calçada e se abaixa para pegá-la. "Não se incomode em abaixar", diz o outro economista. "Se fosse de verdade, alguém já teria levado."
>
> "Não tenha tanta certeza disso", diz o primeiro economista. Ele pega a nota, vê que é real, vira-se para o amigo e pergunta: "Tá afim de um cafezinho? Eu pago."

LEMBRE-SE

Bolhas e ataques de pânico acontecem com mais frequência do que os economistas gostariam de admitir. No entanto, na maioria dos dias, operar é uma atividade eficiente. Sua vantagem é oriunda de seu conhecimento dos mercados, de uma boa gestão de risco e de sua capacidade de abandonar uma posição ruim. Não conte com preços fora do comum todos os dias.

Trading Não É Investimento ou Aposta

O day trading é primo tanto dos investimentos quanto das apostas, mas não é a mesma coisa. O day trading é fundamentado em respostas ágeis aos mercados, não em considerações amplas de longo prazo que orientam um investimento. No day trading, as probabilidades estão a seu favor, ou pelo menos par a par, em vez de estar contra você.

Ainda assim, as três atividades se confundem. Muitos day traders também são investidores, e alguns passaram a operar diariamente depois de anos observando os mercados como investidores. Além disso, muitos day traders afirmam que boas habilidades no pôquer são úteis para compreender a psicologia dos mercados, e muitos deles apontam operações lucrativas feitas sem nenhuma razão específica. Para ajudá-lo a entender as diferenças entre fazer day trading, investir e apostar, esta seção explica qual é qual, de maneira que você compreenda o que está fazendo quando estiver operando. Afinal, você aumentará suas chances de sucesso se estiver atento ao negócio em questão.

Investir é uma atividade lenta e estável

Investir é o processo de colocar dinheiro em risco para obter retorno. É a matéria-prima do capitalismo. É o que viabiliza empreendimentos, a construção de estradas e as pesquisas científicas. É assim que nossa economia correlaciona pessoas que têm mais dinheiro do que precisam, pelo menos durante parte da vida, com pessoas que precisam de dinheiro, ampliando as capacidades da sociedade.

Investir é inebriante. E é uma atividade voltada ao longo prazo. Bons investidores pesquisam muito antes de comprometer seu dinheiro, pois sabem que o retorno demorará muito. Mas a ideia é essa mesmo. Investidores costumam comprar ativos subvalorizados, pois sabem que, com o tempo, outros reconhecerão seu valor e responderão na mesma moeda. No longo prazo, investir é um jogo de soma positiva: a maioria dos investidores ganhará dinheiro, a única questão é quanto.

DICA

Um dos maiores investidores de todos os tempos é Warren Buffett, CEO da Berkshire Hathaway. Suas cartas anuais aos acionistas oferecem uma ampla visão e são uma excelente introdução para escolher e gerenciar investimentos. Para ler essas cartas, visite: www.berkshirehathaway.com/letters/letters.html [conteúdo em inglês].

Qual é a diferença entre investir e poupar? Quando você poupa, não corre nenhum risco. Sua compensação é baixa: apenas o suficiente para cobrir o valor do dinheiro no tempo. Geralmente, o retorno da poupança é equivalente à inflação e nada mais. Na verdade, muitos bancos pagam bem menos do que a taxa de inflação pelos rendimentos de uma conta poupança vinculada ao Fundo Garantidor de Crédito (FGC), o que significa que você está pagando ao banco para usar seu dinheiro.

Diferentemente dos investimentos, o day trading é dinâmico. Day traders reagem apenas ao que está na tela. Não há tempo para pesquisar, e o mercado está sempre certo. Você não tem dois meses ou dois anos para esperar que os fundamentos deem resultados e o resto de Wall Street veja o quão inteligente você foi. Você tem hoje. E se você não consegue lidar com isso, é melhor não ser day trader.

O trading é ágil

Trading é a atividade de comprar e vender ativos. Todos os investidores fazem trade, pois precisam comprar e vender seus investimentos. Porém, os trades de investidores são ocasionais, pois seu foco é uma boa oportunidade de lucrar comprando barato e vendendo a um preço muito mais alto em algum momento futuro. Traders, por sua vez, não são investidores.

Traders tiram vantagem das variações de preço no curto prazo. Em geral, não assumem muitos riscos em cada operação, portanto, também não obtêm muito retorno em cada operação. Traders agem rapidamente. Eles veem o que o mercado diz e respondem. Eles sabem que muitas de suas operações não funcionarão, mas, desde que avaliem o risco adequadamente em relação ao retorno, estarão bem. Eles não pesquisam muito a respeito dos ativos que operam, mas conhecem os padrões de preço e volume bem o suficiente para reconhecer oportunidades de lucrar.

Os traders mantêm os mercados eficientes porque geram a oferta e a demanda de curto prazo que suprime as pequenas variações nos preços. Também geram muito estresse para outros traders, que precisam reagir imediatamente. Os traders abrem mão do luxo do tempo em troca de um lucro rápido.

PAPO DE ESPECIALISTA

A *especulação* está relacionada ao trading por frequentemente envolver transações de curto prazo. Os especuladores assumem riscos, presumindo um retorno muito maior do que o comumente esperado, e inúmeros "e se?" precisam ser satisfeitos para que a transação seja compensada. Muitos especuladores protegem seus riscos com outros ativos, como opções ou futuros.

Apostar é uma questão apenas de sorte

Um *apostador* arrisca seu dinheiro na esperança de ser recompensado pela ocorrência de um evento aleatório. As probabilidades estão sempre contra o apostador e a favor da casa, mas as pessoas gostam de apostar porque gostam de esperar que, se tiverem sorte e acertarem, seu retorno será tão grande quanto sua perda. Trata-se de um jogo de soma zero com um grande vencedor — a casa — e um monte de perdedores.

Alguns apostadores acreditam que as probabilidades serão superadas, mas estão errados. Certos jogos de cartas dependem mais da habilidade dos jogadores do que da sorte, supondo que você encontre um cassino que jogue de acordo com as regras-padrão. Sim, você pode até contar cartas ao jogar blackjack com seus amigos, mas fazer isso é muito mais difícil em um cassino administrado profissionalmente. Apostadores ficam entusiasmados com o potencial de uma grande vitória e são capturados pelo glamour de um cassino, e logo as probabilidades começam a dar as caras e esvaziar seus bolsos.

Existem evidências de que day traders são apostadores natos. Por exemplo, em 2016, alguns pesquisadores da University of Adelaide publicaram o artigo "Day Traders in South Australia: Similarities and Differences with Traditional Gamblers" [Day traders do Sul da Austrália: As Diferenças e Semelhanças com Apostadores Comuns, em tradução livre]. Eles descobriram que quase 91% dos day traders que participaram da pesquisa também eram apostadores e que 7,6% deles tinha problemas com apostas, uma parcela significativamente maior do que entre as pessoas que não eram day traders. Os pesquisadores concluíram que muitos day traders são, na verdade, apostadores que consideram os mercados financeiros como mais um ambiente para apostar.

CUIDADO

Trading não é aposta, mas os traders que não prestam atenção a sua estratégia e desempenho acabam apostando. Eles entendem os blips no monitor como parte de um jogo. Começam a fazer operações sem nenhuma consideração pelas características de risco e retorno. Passam a acreditar que a maneira como fazem certas coisas afeta a operação. E logo passam a usar os mercados como um cassino virtual, aplicando técnicas para operar que lhes arrancam tanto dinheiro quanto um caça-níqueis.

Se você perder dinheiro no day trading, não ganhará um drink ou ingressos para o show da Celine Dion em Las Vegas.

Gerenciando os Riscos do Day Trading

Se conhece os riscos, os retornos potenciais e as atividades relacionadas ao day trading, pode elaborar melhores estratégias para operar. Antes que se empolgue e pule para a parte sobre como começar, considere mais dois tipos de risco:

» O risco do negócio.

» O risco pessoal.

Entenda e gerencie ambos para ter mais segurança no day trading.

Trata-se do seu negócio

O *risco do negócio* é a incerteza do timing do fluxo de caixa. Nem todo mês de trading será bom, mas suas contas chegarão de qualquer maneira. Você terá que cobrir as despesas da corretora, das luzes acesas e do computador conectado à internet. O aluguel vence todos os meses, e os teclados sentem uma atração peculiar por bebidas cafeinadas, fazendo com que entrem em curto nos momentos mais inoportunos.

Monitore suas despesas de trade e as reduza tanto quanto for razoável. Você deve investir em seu empreendimento, obviamente, mas apenas à medida que possa pagar suas contas mesmo com um mês inteiro longe dos mercados.

DICA

Independentemente do que aconteça com sua conta na corretora, você precisará de dinheiro em caixa para pagar suas contas, ou estará fora do mercado. A melhor maneira de se proteger é começar com uma reserva de caixa apenas para cobrir suas despesas operacionais. Mantenha essa reserva separada de seus fundos de trading, complete-a sempre que o mês terminar no verde e afaste-se dos mercados se ela chegar a zero.

Trata-se de sua vida

O *risco pessoal* do trading é ter potencial para virar uma obsessão que exclui tudo e todos de sua vida. Fazer trading é um negócio estressante, e a diferença entre quem tem sucesso e quem fracassa costuma ser psicológica. Você precisa estar alerta quando estiver operando e, ao final do dia, encerrar as emoções da mesma forma que encerra suas posições. Não é fácil, logo, você precisa encontrar maneiras de administrar seu humor. Descubra como fazer isso antes de começar a operar e você estará à frente da maioria.

Na verdade, o risco pessoal é tão importante, que dedico o Capítulo 14 inteiro a como gerenciá-lo. Dê uma olhadinha lá se ficou assustado com alguma coisa que leu neste capítulo.

CAPÍTULO 2 **Mercados Financeiros** 37

> **NESTE CAPÍTULO**
>
> » Encontrando ativos para trading
> » Descobrindo o básico sobre ações
> » Entendendo títulos
> » Contando notas e moedas
> » Lucrando com commodities

Capítulo **3**

Introdução aos Ativos: Ações, Títulos, Moedas e Commodities

Existe uma infinidade de alternativas para você operar. Dentre elas, foque aquelas que entenda com clareza. Este capítulo e o próximo detalham os diferentes ativos usados por day traders. Aqui, abordo o básico, e no Capítulo 4 falo sobre os recursos mais elaborados.

Não é possível operar com tudo. Um dia tem apenas algumas horas, e a capacidade de seu cérebro se limita a algumas atividades de cada vez. Além disso, algumas estratégias de operação se adéquam melhor a certos ativos. Ao entender os vários ativos de investimento disponíveis para um day trader, há mais propriedade para decidir o que e como operar.

Vai Operar o quê?

Nos mercados financeiros, as pessoas compram e vendem valores mobiliários diariamente, mas o que exatamente estão comprando e vendendo? *Valores mobiliários* são instrumentos financeiros. Antigamente, eram pedaços de papel, mas hoje, na era digital, são entradas eletrônicas que representam direito legal sobre algum tipo de ativo. Ele pode ser uma empresa, se o valor mobiliário for uma ação, ou um empréstimo para um governo ou corporação, se for um título. Nesta seção, explico os diferentes valores mobiliários que os day traders costumam operar e indico o que você precisa para mergulhar de cabeça no trade.

LEMBRE-SE

Para fins desse livro, trataremos ativo e valor mobiliário como sinônimos, e derivativo como um tipo de valor mobiliário. Contudo, para ser mais específica, eis a definição dos três:

» *Ativo* é um item palpável, como uma empresa, uma casa, barras de ouro ou um empréstimo.

» *Valor mobiliário* é um contrato que dá a alguém o direito de posse sobre um ativo, como parte de uma ação, um título ou uma nota promissória.

» *Derivativo* é um contrato cujo valor é determinado pelo preço de um valor mobiliário ou de um ativo subjacente.

Ativos para Day Trading

Em termos acadêmicos, o universo de ativos investíveis inclui quase tudo que você compra por um preço e vende por outro potencialmente mais alto. Obras de arte, itens colecionáveis, imóveis e empresas privadas, por exemplo, são todos considerados ativos de investimento.

Day traders trabalham com um grupo bem mais restrito de ativos. Lucrar em minutos com a variação de preços do mercado imobiliário não é um objetivo realista. Os leilões online de itens colecionáveis duram dias, não minutos. Se você pretende fazer day trading, precisa encontrar ativos que sejam operados facilmente, várias vezes ao dia, em mercados simples. Em outras palavras, a *liquidez* é necessária. Como trader particular, é preciso comprar ativos sem comprometer grandes quantias. E, em última instância, há a *alavancagem* — o uso de dinheiro emprestado — para aumentar o retorno, por isso, busque ativos que possam ser comprados com dinheiro alheio. As seções a seguir abordam as características de bons ativos para day trading.

Liquidez

Liquidez é a capacidade de comprar ou vender um ativo em grande quantidade sem afetar seu preço. Day traders procuram ativos com alta liquidez para que entrem e saiam do mercado facilmente, sem afetar os preços. Caso contrário, eles podem não comprar a um bom preço ou vender quando quiserem.

Em suma, mercados financeiros são movidos por oferta e demanda. Quanto maior a disponibilidade de determinado ativo no mercado, menor o preço, e quanto menor a disponibilidade do ativo, maior o preço. Em um mercado perfeito, a oferta e a demanda se equilibram, estabilizando os preços. Essa situação ocorre se um grande volume de pessoas opera, de forma que a oferta e a demanda se equilibrem, ou se a frequência das pessoas for muito baixa, o que inibe as variações nos preços.

LEMBRE-SE

Talvez você esteja pensando: "Espera aí, não é com as grandes variações de preços que eu ganharei dinheiro?" Sim, desde que não seja o causador delas. Quanto menos líquido o mercado, maior a probabilidade de suas operações afetarem os preços e menor será seu lucro.

Volume

O *volume* é a quantidade de um ativo operada em determinado período. Quanto maior o volume, mais compradores e vendedores se interessam pelo ativo, e mais facilmente a compram e a vendem sem afetar seu preço.

Day traders devem ficar atentos à relação entre volume e preço. Esse indicador técnico essencial é abordado com mais detalhes no Capítulo 7. Eis um resumo:

» Volume alto com preços estáveis significa equilíbrio entre compradores e vendedores.

» Volume alto com aumento nos preços significa que a quantidade de compradores supera a de vendedores e que os preços continuarão a subir.

» Volume alto com diminuição dos preços significa que a quantidade de vendedores supera a de compradores e que os preços continuarão a cair.

Frequência

Outra medida de liquidez é a *frequência*, ou a constância com que um ativo é operado. Alguns ativos, como os futuros do mercado de ações, são operados constantemente, desde a abertura até o fechamento dos mercados, e continuam durante a noite. Outros, como commodities agrícolas, são operados apenas durante o horário do mercado ou em certas épocas do ano. Outros ativos, como ações, são operados com frequência, mas o volume varia em intervalos regulares, influenciado por fatores como o *vencimento de opções* (data em que as opções de ações expiram).

Grande parte do mercado é dominado por *traders de alta frequência*, que são sistemas computadorizados particulares que abrem, executam ou cancelam ordens de compra e venda em um piscar de olhos — ou menos. Esses traders conturbam os mercados em certos dias, mas são apenas parcialmente responsáveis pelo tipo de frequência que está sendo discutido aqui. Isso porque os traders de alta frequência procuram ativos que são operados com frequência suficiente para fazer os programas funcionarem com excelência.

Alta volatilidade

A *volatilidade* de um ativo é quanto o preço de um ativo varia ao longo de um período. Ela informa o quanto os preços flutuam e, portanto, a probabilidade de tirar vantagem disso. Por exemplo, se um ativo tem preço médio de R$5, mas é operado entre R$1 e R$14, ele é mais volátil do que um com preço médio de R$5 que é operada entre R$4 e R$6.

ENCONTRANDO O DESVIO-PADRÃO NO MODO HARD

Esta é a equação para calcular o desvio-padrão:

$$\sigma = \sqrt{\frac{1}{N}\sum_{i=1}^{N}(x_i - \overline{x})^2}$$

Nessa equação, N é o número de cotações de preços, x é uma das cotações, e o x com a linha em cima é a média de todos os preços do período.

Para medir o desvio-padrão, calcule a diferença entre um dos preços e o preço médio. Portanto, se o preço médio é R$5 e o preço em questão é R$8, a diferença é R$3. (É muito provável que seu serviço de pesquisa calcule a diferença. Veja mais sobre serviços de pesquisa no Capítulo 12.)

Depois de calcular as diferenças entre os preços e a média do período, encontre o quadrado dessas diferenças. Se a diferença de determinado dia é R$8, o quadrado é R$64. Some o quadrado de todas as diferenças do período e, em seguida, encontre a média entre elas. Esse número é chamado de *variância,* ou σ^2. Por último, calcule a raiz quadrada da variância e terá o desvio-padrão.

LEMBRE-SE

O *desvio-padrão* é uma medida padrão de volatilidade e risco, que é o quanto uma cotação de preço varia em relação ao preço médio. Se está se mordendo de vontade de entender o cálculo, a fórmula é explicada no box "Encontrando o desvio-padrão no modo hard", mas a maioria dos programas de planilha e as diversas plataformas de trading conseguem fazê-lo.

Quanto maior o desvio-padrão, maior a volatilidade. Quanto mais alta a volatilidade, mais o preço flutua e mais oportunidades de lucro — e perda — existem para um day trader.

O desvio-padrão também é uma medida de risco que pode ser usada para avaliar o desempenho de suas operações. Esse uso é discutido no Capítulo 16.

De olho no orçamento

Não é preciso muito dinheiro para começar no day trading, mas é necessário muito dinheiro para comprar certos ativos. As ações geralmente são operadas em *lotes redondos*, que são ordens de pelo menos 100 ações. Se quiser comprar ações que custam R$40, precisa de R$4 mil em sua conta. Sua corretora deve deixá-lo pegar metade desse dinheiro emprestado, mas ainda faltam os outros R$2 mil.

Opções e futuros são operados por contratos. Um contrato representa uma unidade do ativo subjacente. Por exemplo, no mercado de opções, um contrato vale cem ações. É possível operar apenas um contrato, mas a maioria dos traders trabalha com lotes redondos de cem contratos por ordem.

CUIDADO

Ninguém o impedirá de comprar uma quantidade menor do que o lote, mas provavelmente você pagará uma comissão alta e terá uma execução pior para a sua ordem. Como os retornos de cada operação tendem a ser pequenos, não comece a fazer day trading até que tenha dinheiro suficiente para operar seu ativo alvo com eficácia. Caso contrário, pagará muito à corretora e ficará com pouco.

Títulos não são operados em quantidades fracionárias. Eles são operados segundo uma base por título, e cada um tem valor de face de R$1 mil. Alguns são operados por mais ou por menos, dependendo de como a taxa de juros do título difere da taxa de juros do mercado, mas o valor de R$1 mil é adequado para se ter em mente ao considerar os requisitos de capital. Muitos traders operam um mínimo de dez títulos, portanto, uma ordem custaria R$10 mil.[1]

---

1 N.R.: No Brasil é muito difícil para um trader conseguir operar títulos de dívida e este parágrafo pode ter pouca aplicação por aqui.

Usando margem

A maioria dos day traders ganha dinheiro com um grande volume de pequenos lucros. Uma maneira de aumentar o lucro por operação é usar dinheiro emprestado para comprar mais ações, contratos ou títulos. *Margem* é o dinheiro que se pede emprestado, e quase todas as corretoras ficarão felizes em providenciar um empréstimo de margem, principalmente se for usar o dinheiro para fazer mais operações e gerar mais comissões. No Capítulo 5, discuto como a margem é usada em uma estratégia de investimento. Aqui, porém, o foco é como a margem afeta sua escolha de ativos para day trading.

A seção a seguir apresenta mais informações sobre como a margem funciona e o que é preciso considerar ao selecionar ativos para operar, mas eis o essencial por enquanto: a maioria das ações e títulos é marginável (podem ser comprados com margem), e o Federal Reserve Board permite que os traders tomem emprestado até 50% de seu valor. Mas nem todos os ativos são margináveis. Ações com preços abaixo de R$3, operadas no OTC Bulletin Board ou no OTC Link (discutido mais adiante neste capítulo), assim como as de empresas de capital aberto, costumam não poder ser operadas com margem. Sua corretora deve ter uma lista de ativos não margináveis.[2]

LEMBRE-SE

Se a alavancagem fará parte da sua estratégia de day trading, certifique-se de que os ativos que planeja operar são margináveis.

Geralmente, sua conta precisa conter mais de R$2 mil ou 50% do preço de compra dos ativos quando pega o dinheiro emprestado. Então, por exemplo, se quiser comprar R$5 mil na margem, precisa ter R$2.500 em sua conta. O preço pode cair, mas, se cair tanto a ponto de sua conta ficar com apenas 25% do valor do empréstimo, receberá uma *chamada de margem*. Isso significa que se deve adicionar dinheiro ou ativos a sua conta imediatamente. Caso contrário, sua posição será liquidada.[3]

Excesso de margem é a quantidade de dinheiro em sua conta acima do mínimo. Por exemplo, se tem R$100 mil em conta e precisa de 30% como margem de manutenção, pode pedir um empréstimo adicional de R$70 mil, o valor que excede os 30% usados para manutenção.

Para derivativos, as regras de margem são ligeiramente diferentes. Cada contrato tem a própria exigência de margem inicial e níveis de manutenção que devem ser mantidos em conta. Se você opera contratos do índice E-mini MSCI Emerging Markets da Chicago Mercantile Exchange, por exemplo, sua margem inicial por contrato é de US$10 mil e sua margem de manutenção é de US$8 mil. Os requisitos de margem dos produtos da Chicago Mercantile

---

2 N.R.: No Brasil, as regras de margem são diferentes. Consulte sua corretora para verificar os limites e exigências de margem para cada ativo.

3 N.R.: No Brasil, corretoras têm exigências diferentes de depósito mínimo e de garantias a serem dadas em margem. Veja com sua corretora as regras para os ativos que deseja operar.

Exchange e da Chicago Board of Trade estão no site da Chicago Mercantile Exchange: www.cmegroup.com [conteúdo em inglês].[4]

PAPO DE ESPECIALISTA

Os requisitos de margem não são definidos pelas corretoras. Em vez disso, o valor mínimo em sua conta — e, portanto, o máximo que é possível pegar emprestado — é definido pelo Federal Reserve Board sob a Regulation T. Isso serve para evitar que, caso haja muitos empréstimos, os mutuários entrem em pânico e desencadeiem uma crise financeira, arrastando o mercado ainda mais para baixo. (O excesso de operações com margem foi um fator que contribuiu para o crash do mercado de ações de 1929, em que o Dow Jones Industrial Average caiu 13% em um dia, e o mercado não se recuperou totalmente até 1954. A crise financeira de 2008 não foi causada pela alavancagem no mercado de ações, mas pelo endividamento excessivo no mercado do real estate.)

Regras de margem para day traders padrão

A Financial Industry Regulatory Authority (FINRA), que supervisiona as atividades das corretoras afiliadas (que praticamente inclui todas as corretoras dos Estados Unidos), tem regras sobre margem para contas de day trading, para ajudar as corretoras a gerenciar seus riscos enquanto atende às necessidades dos clientes ativos. Suas regras complementam as do Federal Reserve Bank.

Os regulamentos da FINRA incluem uma categoria de clientes de corretoras conhecida como *day trader padrão*. São pessoas que operam diariamente — o que a FINRA define como comprar, vender ou vender a descoberto — e, em seguida, compram o mesmo ativo no mesmo dia quatro ou mais vezes, durante cinco dias. Além disso, a atividade dos day traders padrão, de acordo com a FINRA, representa mais de 6% de sua atividade total no mesmo período de cinco dias. As corretoras podem classificar os clientes como day traders padrão antes mesmo de fazerem uma única operação. Por exemplo, se a empresa oferece treinamento específico ou serviços voltados aos traders, ela o alocará nessa categoria.

Os day traders padrão precisam atender a um requisito de margem diferente. Eles precisam começar o dia com pelo menos US$25 mil em dinheiro e ativos e manter esse valor o dia inteiro. A razão para esses requisitos é que os requisitos de margem para outros clientes são baseados no valor da conta ao final do dia, mas a maioria dos day traders fecha suas posições antes disso, o que significa que, sem esses requisitos específicos, as corretoras não gerenciariam seu risco intradiário. Esses valores mínimos permitidos ajudam a proteger a corretora, limitando a quantia a ser emprestada se houver menos de US$25 mil na conta de day trading.

---

4 N.R.: As regras de margem inicial e de margem de manutenção são diferentes para derivativos operados no Brasil.

Ser um day trader padrão com a FINRA oferece algumas vantagens, a maior delas é poder pedir mais dinheiro emprestado. Satisfaça os requisitos e consiga pegar emprestado quatro vezes sua margem excedente, desde que feche suas operações junto com o mercado ou antes. Um cliente regular só pode pedir emprestado uma vez o excedente. Se exceder o limite de margem, tem cinco dias para depositar mais dinheiro ou ativos em sua conta.

Políticas de margem

O Fed limita o valor que pode ser emprestado, e a FINRA monitora se as corretoras afiliadas o cumprem. Todas as corretoras precisam atender a essas regras, mas algumas estabelecem limites ainda mais rígidos para seus clientes.

As corretoras também definem taxas de juros para margem e os requisitos para clientes que desejam tomar dinheiro emprestado para operar. As taxas podem ser altas. Em 2018, a corretora Charles Schwab cobrou uma taxa anual de 8,825% sobre empréstimos de margem entre US$25.000 e US$49.999. (Essa é uma forma de as corretoras ganharem dinheiro, portanto, lembre-se disso quando as estiver comparando.)

Os day traders precisam pagar juros de margem, ainda que seus empréstimos sejam de curta duração. Como leva três dias para que uma operação de ativos seja liquidada, para os contadores, parece que você ficou com o dinheiro emprestado durante três dias, não três horas. Algumas corretoras cobram juros pelos três dias inteiros.

LEMBRE-SE

A taxa de juros não é paga diariamente, pois a cotação da taxa costuma ser anual. Divida a taxa anual por 365 para encontrar a taxa diária. Se a taxa anual é de 8,825%, a taxa diária é de 8,825 ÷ 365 = 0,024%. Verifique com sua corretora os detalhes do cálculo de juros de margem para day traders, para entender o quanto será cobrado antes de começar a operar.

Compreendendo as Ações

Uma *ação*, também conhecida como *participação*, é um ativo que representa uma participação fracionária na propriedade de uma empresa. Compre uma ação da Microsoft e você será dono da empresa, assim como Bill Gates. É fato que ele detém uma parcela um pouco maior do negócio, mas vocês dois têm uma participação nele. Os acionistas elegem um conselho administrativo para representar seus interesses sobre a forma como a empresa é gerenciada. Cada ação é um voto, então boa sorte se não estiver satisfeito com a gestão do atual proprietário.

Uma ação tem *responsabilidade limitada*, o que significa que você pode perder todo o investimento, mas não mais do que isso. Se a empresa declarar falência, os credores não podem cobrar dinheiro dos acionistas.

Algumas empresas pagam *dividendos* a seus acionistas, que são pequenos pagamentos oriundos dos lucros da empresa. Como os day traders mantêm ações por períodos muito curtos, normalmente não recebem dividendos.

Como as ações são operadas?

As ações são precificadas a partir de um raciocínio unitário, mas a maioria das corretoras cobra comissões com base em lotes de cem ações, pois quase sempre são operadas em lotes redondos, esses de cem ações. A oferta e a demanda por determinada ação são definidas pelo desempenho esperado da empresa.

O preço de uma ação é cotado com um bid e um ask.

» O *bid* é o preço que um comprador está disposto a pagar por um ativo.

» O *ask* é o preço que um vendedor quer receber para entregar esse ativo.

DICA

Um macete para se lembrar da diferença entre bid e ask é o seguinte: *o broker barganha com o bid*. Deixe que as aliterações ajudem![5] A diferença entre bid e ask é o *spread*, que representa o lucro do trader.

Eis um exemplo de cotação de preço:

AMZN US$1971,72 US$1972,45

Essa cotação é da Amazon (símbolo: AMZN). O bid, listado primeiro, é de US$1.971,72, e o ask é de US$1.972,45. O spread é de US$0,73. (O menor spread possível é um centavo.) O spread aqui é pequeno em relação ao preço, pois a Amazon é uma ação de alta liquidez, e nenhuma grande notícia foi divulgada nesse período para influenciar o equilíbrio entre compradores e vendedores.

DICA

A corretora ganha dinheiro com a comissão e com o spread. Muitos day traders novatos se concentram no valor da comissão e se esquecem de que algumas corretoras executam a ordem melhor do que outras, estreitando o spread. Considere o custo total da operação ao elaborar uma estratégia e escolher uma corretora, e as corretoras devem divulgar dados a respeito da qualidade de suas execuções, caso solicite.

PAPO DE ESPECIALISTA

Costumo usar as palavras *corretora* e *trader* indistintamente, mas há uma diferença. A *corretora* simplesmente conecta compradores e vendedores de ativos, enquanto o *trader* compra e vende ativos por conta própria. Praticamente todas as corretoras são também traders.

---

5 N.R.: A aliteração faz alusão a uma figura dos mercados norte-americanos, o broker, que é um operador intermediário de valores mobiliários.

Onde as ações são operadas?

Falo sobre os mercados financeiros com detalhes no Capítulo 2. Aqui, examino algumas especificidades do mercado de ações. Praticamente todas as negociações de ações no Brasil são feitas no ambiente da B3, que com o tempo se tornou a única bolsa que opera esse tipo de ativo. Quando alguém menciona bolsas de valores, as tradicionais podem vir à mente: prédios de tijolo e argamassa com muitas pessoas correndo para executar ordens pessoalmente. Elas ainda têm sua importância no mercado, mas hoje concorrem com as redes de comunicação eletrônica, que foram criadas sob a perspectiva de que mais concorrência faria os mercados funcionarem ainda melhor. Não foi bem assim que aconteceu. Os spreads entre os preços de compra e venda diminuíram, mas a volatilidade aumentou desde que se tornaram um fator no mercado. Por outro lado, a volatilidade gera oportunidades para os day traders, o que não é, necessariamente, uma coisa ruim.

Quando abre uma ordem, o computador da corretora a executa conforme a melhor configuração. Mas essa configuração é a melhor para você ou para a corretora? É difícil dizer. (Para saber mais sobre como escolher corretoras, veja o Capítulo 15.)

LEMBRE-SE

Os mercados financeiros estão sob constante mudança, com muitas fusões e aquisições entre as bolsas. Enquanto você lê este livro, o cenário pode ter mudado outra vez, o que acho fascinante. Não faz muito tempo que essas bolsas eram organizações represadas, administradas como clubes privados.[6]

New York Stock Exchange (NYSE)

A Bolsa de Valores de Nova York (NYSE) é a mais famosa de todas as bolsas de valores. As maiores empresas dos EUA são afiliadas a ela e pagam uma taxa por esse privilégio.

Para ser listada na NYSE, uma empresa precisa ter pelo menos 2.200 acionistas, excluindo os insiders, ter operado pelo menos 100 mil ações por mês nos últimos 6 meses, ter *capitalização de mercado* (número de ações em circulação multiplicado pelo preço por ação) de pelo menos US$100 milhões, e o lucro total bruto de US$10 milhões nos três anos anteriores.

A NYSE foi fundada a mais de duzentos anos, mas tem passado por grandes mudanças corporativas a fim de preservar sua relevância. É uma *bolsa de pregão*. A área de trade é um grande espaço aberto no edifício, conhecido como *pregão*. O broker do pregão que trabalha para a corretora afiliada recebe a

---

6 N.R.: A Brasil Bolsa Balcão (B3) é a única bolsa de valores do mercado brasileiro. Ao longo da história do mercado de capitais brasileiro já existiram outras, mas todo o mercado de capitais aos poucos se consolidou em São Paulo. A B3 foi formada em 2017, quando a BM&F Bovespa se fundiu com a CETIP. Na B3 são negociadas ações, derivativos, fundos e títulos de renda fixa.

ordem eletronicamente e, em seguida, a leva para o trading post, que é a área do pregão onde as ações são operadas. No trading post, o broker do pregão executa a ordem ao melhor preço disponível.

Obviamente, a proporção de operações presenciais, que ocorrem em um pregão físico, diminuiu continuamente ao longo dos anos. A maior parte das operações é feita eletronicamente por day traders particulares e grandes instituições com algoritmos, que representam uma parcela cada vez maior das operações.

Para lhe dar uma ideia sobre a importância da operação computadorizada, a NYSE permite que as corretoras coloquem seus servidores no pregão — por um preço, obviamente. Para alguns, a vantagem de um milissegundo vale a pena.

Nasdaq

Nasdaq significa National Association of Securities Dealers Automated Quotation System, mas hoje é usado como o próprio nome, não um acrônimo, pronunciado exatamente como se escreve. Quando a Nasdaq foi fundada, era uma rede de comunicação eletrônica (veremos mais sobre isso à diante) que lidava com empresas muito pequenas ou muito especulativas para atender aos requisitos de listagem da NYSE. O que aconteceu foi que as corretoras gostaram de usar a rede Nasdaq, e as empresas de tecnologia da bolsa (Microsoft, Intel, Apple), que antes eram pequenas e especulativas, tornaram-se gigantes internacionais.

Quando um cliente abre uma ordem, o computador da corretora verifica se há uma ordem correspondente na rede. Às vezes, a ordem pode ser executada eletronicamente. Em outros casos, o trader da corretora precisa ligar para outros traders de outras corretoras para verificar se o preço ainda é praticável. Um aspecto fundamental da Nasdaq é a presença de *criadores de mercado*, que são funcionários de corretoras afiliadas que concordam em comprar e vender ações para garantir um nível mínimo de operações, pelo menos.

A Nasdaq classifica as empresas listadas em três categorias:

» **O Nasdaq Global Select Market** inclui as mil maiores empresas da bolsa. As empresas que fazem parte dessa lista têm capitalização de mercado média mínima de US$550 milhões e lucro total de pelo menos US$11 milhões nos três anos fiscais anteriores.

» **O Nasdaq Global Market** inclui empresas que são muito pequenas para o Global Select Market, mas que não são exatamente pequenas. Para integrar o Nasdaq Global, as empresas precisam ter capitalização de mercado de pelo menos US$75 milhões, 1,1 milhão de ações em circulação, 400 acionistas e um preço mínimo por ação de US$4.

» **O Nasdaq Capital Market** é para empresas que não se qualificam para o Nasdaq Global Market. Para se qualificar aqui, as empresas precisam de

> capitalização de mercado de pelo menos US$50 milhões, um milhão de ações em circulação, trezentos acionistas e um preço mínimo por ação de US$4.

DICA

Como day trader, você descobrirá que as empresas do Nasdaq Global Select Market são as mais líquidas. Também constatará mudanças nos padrões de operações quando uma empresa estiver perto de passar a uma outra categoria. Subir de classificação é sinal de boas notícias e de aumento do interesse do mercado. Descer significa que a empresa provavelmente não está indo bem e despertará menos interesse dos investidores.

Bolsas alternativas[7]

A Nasdaq foi a primeira bolsa de valores eletrônica, e agora é uma instituição. Várias bolsas surgiram para competir com a NYSE e a Nasdaq, a maioria começando como *redes de comunicações eletrônicas* (também conhecidas como ECNs). Elas são grupos de corretoras e empresas de investimento que concordam em operar entre si antes de enviar a ordem para outra bolsa, mas cresceram o suficiente para se tornar algo mais. Elas criaram novas oportunidades de operações e reduziram custos, assim como aumentaram a volatilidade do mercado.

Como resultado, sua operação pode ser executada por meio da ARCA, BYX, BZX, Edgx, Intercontinental Exchange ou qualquer outra bolsa que surgiu ao longo dos anos. Muitas dessas bolsas são projetadas para combinar ordens automaticamente. Se tem cem ações para vender e alguém deseja comprar cem ações, suas ordens são combinadas e executadas. As operações que ocorrem nessas bolsas geralmente o fazem com spreads e taxas menores do que as operações das bolsas tradicionais, embora o volume seja menor.

De qualquer maneira, uma corretora que trabalha com ECNs e bolsas alternativas costuma conseguir melhores operações, o que é importante, pois, no trading, somam-se pequenas diferenças de preço.

Mercado de balcão

Quando as bolsas de valores tradicionais eram o que havia de mais moderno, algumas empresas surgiram para operar ações não elegíveis para estar na bolsa. Os mercados de balcão são empresas reguladas pela Comissão de Valores Mobiliários (CVM), e apesar de o trader pessoa física não participar diretamente de suas operações, é preciso conhecer esses participantes essenciais para o funcionamento do mercado financeiro. Quando compramos um Certificado de Depósito Bancário (CDB), por exemplo, o investidor apenas vê

---

7 N.R.: O Brasil não tem outras bolsas que não a B3. Por isso, esse item somente se aplica aos mercados norte-americanos.

seu saldo em conta na corretora ser substituído pela titularidade do papel. Contudo, é no mercado de balcão que a propriedade desse título é registrada.

CETIP

A CETIP foi fundada em 1984, para executar transações em ambiente eletrônico. Ela é responsável pelo processamento, registro, guarda e liquidação de diversos ativos do mercado financeiro, como CDBs, LCIs, LCAs e outros. Além disso, é responsável pelo cálculo da taxa DI, que baliza grande parte dos investimentos em renda fixa no Brasil. Em 2017, passou por uma fusão com a BM&FBovespa, formando a atual B3 (Brasil, Bolsa, Balcão).

Over-the-Counter Bulletin Board (OTC BB)[8]

O Over-the-Counter Bulletin Board é o mercado para empresas que declaram seus rendimentos à SEC, mas que não se adequam a nenhuma categoria da Nasdaq. Ele também inclui alguns emissores estrangeiros não listados no mercado norte-americano. As empresas do American Bulletin Board têm símbolos com quatro letras seguidos por *.OB*. Por exemplo, o ticker da Sanborn Resources é SANB.OB. Os emissores estrangeiros têm símbolos com cinco letras: quatro letras seguidas por um *F*. O símbolo da ACS Motion Control, com sede em Israel, é ACSEF.

As corretoras fazem cotações de ações do OTC BB por meio de suas estações de trabalho na Nasdaq ou outros serviços de cotação, permitindo-lhes encontrar os preços mais recentes e localizar compradores e vendedores para quaisquer ordens. As cotações também são divulgadas no site do OTC BB: www.otcbb.com.

DICA

Em muitos casos, as empresas do OTC BB são as que costumavam estar na Nasdaq, mas cujos preços das ações perderam muito valor, inibindo a listagem. Ser listada no Bulletin Board costuma ser um último alento antes do esquecimento.

OTC Link

Era uma vez uma época em que poucas redes eletrônicas existiam, e elas não tinham espaço suficiente para muitas empresas operarem com elas. As empresas menores não operavam diariamente. Para encontrar os preços mais recentes, as corretoras assinavam um serviço de preços que enviava um boletim informativo semanal listando os preços dessas empresas. O boletim informativo era impresso em papel rosa, por isso ficou conhecido como *pink sheets* [folhas rosa, em tradução livre]. Na era mais moderna, o boletim informativo é online e mudou seu nome para OTC Link (www.otcmarkets.com).

---

8 N.R.: O Over-the-Counter Bulletin Board e o OTC Link são instituições norte-americanas.

O OTC Link não tem requisitos de listagem. A maioria das empresas não se qualifica para listagem na Nasdaq ou no OTC BB, geralmente porque não estão em dia com seus registros na SEC. Essas empresas têm símbolos com quatro ou cinco letras e, às vezes, são mostradas com o sufixo .PK após o ticker. As ordens de empresas do OTC Link são realizadas por meio de corretoras que usam o serviço para encontrar preços e combinar compradores e vendedores.

CUIDADO

Nem todas as empresas do OTC Link são legítimas. Por causa dos requisitos mínimos de listagem, ele tende a ser o refúgio de penny stocks (ações operadas a menos de R$1), de empresas fraudulentas e ativos operados por vendedores charlatões. Pode ser um desafio, e muitos não o superam.

Penny stocks

As penny stocks são operadas abaixo de R$1 por ação e são populares entre os day traders por causa do preço baixo e das pequenas variações de preço representarem uma porcentagem enorme em relação ao total. Infelizmente, as penny stocks são fraudes. Ainda que a empresa seja legítima, o mercado é tão fácil de manipular, que as pessoas podem ser roubadas. O tipo mais comum de fraude envolvendo penny stocks é o *pump and dump*: alguém compra determinada penny stock a um preço baixo e, em seguida, divulga a empresa em um canal de comunicação. Outras pessoas compram, aumentando o preço. O comprador original então vende as ações, largando a bomba nas mãos dos demais, que logo descobrem que estão extremamente supervalorizadas.

CUIDADO

Moral da história: entre com calma no mercado de penny stocks — se por acaso entrar — e tome cuidado com as recomendações milagrosas.

Dark pools

Não fique desanimado com a palavra *dark* — os dark pools, também conhecidos como *liquidez escura*, são bons para os traders. Essas bolsas permitem que as pessoas abram ordens de compra e venda que serão executadas apenas se alguém assumir o outro lado. Obviamente, é assim que a maioria dos mercados funciona, mas os dark pools não publicam os preços ou o tamanho das ordens. Os traders os usam para execução de baixo custo, não para análise de preços. A desvantagem é que as listas de preços contêm informações sobre a direção que o mercado está seguindo. Se estiver interessado em saber mais, leia *Dark Pools & High Frequency Trading For Dummies*, de Jay Vaananen (John Wiley & Sons, Inc.), para obter mais informações.

Entendendo os Títulos

Títulos são quase impossíveis de operar no day trading, mas existem duas boas razões para entendê-los:

» Day traders geralmente operam opções, futuros e ETFs com base em títulos (veja o Capítulo 4).

» O mercado de títulos exerce um grande efeito sobre o restante dos mercados financeiros.

Um *título* é um empréstimo. O comprador do título dá dinheiro ao emissor. O emissor do título promete pagar juros regularmente. Os pagamentos regulares são o motivo pelo qual os títulos são considerados *investimentos de renda fixa*. Emissores de títulos reembolsam o dinheiro emprestado — o principal — em uma data predeterminada, conhecida como *maturidade*. Os títulos geralmente têm vencimento superior a dez anos, enquanto títulos de curto prazo são geralmente chamados de *notas*, e títulos com vencimento inferior a um ano são geralmente chamados de *contas*. A maioria dos títulos do Brasil é emitida por empresas (títulos corporativos) ou pelo governo federal (títulos do tesouro direto).

Com o tempo, os emissores perceberam que alguns investidores precisavam de pagamentos regulares, enquanto outros preferiam uma única quantia no futuro. Então eles separaram os *cupons* — pagamentos de juros sobre um título — do principal. O pagamento principal, conhecido como *título de cupom zero*, é vendido a um investidor, enquanto os cupons, chamados *tiras*, são vendidos a outro investidor. O devedor faz os pagamentos da mesma forma que com um título normal. (Títulos normais, aliás, às vezes são chamados de *plain vanilla*.)

O mutuário que deseja fazer uma série de pagamentos sem reembolso de montante fixo principal emitirá um título de *amortização* para retornar o principal e os juros em uma base regular. É como uma hipoteca comum: o devedor fará um pagamento regular do principal e dos juros. Dessa forma, o valor devido diminui com o tempo, para que o devedor não precise fazer uma grande amortização do principal no vencimento.

Outros mutuários preferem fazer um único pagamento no vencimento e, por isso, emitem *títulos de desconto*. O preço de compra é o principal menos o valor dos juros, que será pago no vencimento.

LEMBRE-SE

Se uma empresa vai à falência, os detentores dos títulos são pagos antes dos acionistas. Em algumas falências, os proprietários de títulos assumem o controle do negócio, deixando os atuais acionistas sem nada.

Como os títulos são operados?

Os títulos costumam ser operados como títulos simples, com valor de face de R$1 mil, embora algumas corretoras aceitem ordens mínimas de dez títulos. Os títulos não são operados com tanta frequência quanto as ações porque a maioria dos investidores de títulos busca renda estável e, portanto, os mantém até o vencimento. Os títulos têm menos risco do que as ações, portanto, apresentam menos volatilidade de preço. O valor de um título é determinado principalmente pelo nível das taxas de juros da economia. À medida que as taxas sobem, os preços dos títulos caem, e quando as taxas caem, os preços dos títulos sobem. Os preços dos títulos também são afetados pela probabilidade de reembolso do empréstimo. Se os traders acham que o emissor do título não pagará, o preço do título cai.

LEMBRE-SE

De modo geral, apenas os títulos corporativos apresentam risco de não reembolso. O governo federal pode declarar calote, mas esse cenário é improvável desde que o governo possa imprimir dinheiro. A maioria dos títulos dos governos internacionais tem risco de inadimplência igualmente baixo, mas alguns países *declararam* calote. O mais notável foi a Rússia, que se recusou a imprimir dinheiro para pagar suas dívidas no verão de 1998 — uma decisão que causou enorme turbulência nos mercados financeiros mundiais, incluindo o colapso de um grande fundo de hedge, o Long-Term Capital Management.

Os bancos de investimento e o governo federal vendem títulos diretamente para os investidores. Depois de emitidos, os títulos são operados no mercado secundário. Alguns estão listados e alguns são operados no mercado de balcão, o que significa que os revendedores os operam entre si, em vez de em uma bolsa organizada.

Eis um exemplo de cotação de preço de um título:

2.250 30/04/2021 n 98:6016 98:6125

Tradução: Esse título é uma nota do Tesouro dos Estados Unidos com vencimento em 30 de abril de 2021 e taxa de juros de 2,250%. De modo semelhante às ações, os números logo após o n (de *nota*) indicam o bid e o ask. O primeiro número é o bid, o preço que o trader paga para comprar o título de você. O segundo é o ask, o preço que o trader lhe cobra se quiser vendê-lo. A diferença é o spread.

Títulos listados

Alguns títulos corporativos maiores são operados na Bolsa de Valores. Aqueles que desejam comprar ou vender abrem uma ordem por meio da corretora, que a envia ao broker do pregão. O processo é quase idêntico ao da operação de ações listadas.

Trading de balcão

A maioria dos títulos corporativos é operada no mercado de balcão, ou seja, sem uma bolsa organizada. Em vez disso, as corretoras usam serviços eletrônicos de preços para descobrir onde estão os compradores e vendedores. Os títulos de balcão não são muito operados. Os compradores costumam estabelecer seus requisitos, taxa de juros e vencimento para a corretora, que espera até que um título correspondente chegue ao mercado.

Traders do tesouro

Diferentemente do mercado de títulos corporativos e municipais, o mercado do tesouro direto é um dos mais líquidos do mundo. A melhor maneira de comprar um título do tesouro é diretamente com o governo, porque nenhuma comissão está envolvida. Caso queria saber mais sobre o tesouro direto, obtenha informações no site https://www.tesourodireto.com.br/. Ele contém informações sobre todos os tipos de títulos do governo para todos os tipos de compradores.

Depois que os títulos são emitidos, eles são operados em um mercado secundário de corretoras do tesouro. Elas são grandes corretoras registradas no governo que concordam em comprar e vender títulos para manter o mercado estável. Caso sua corretora não seja uma corretora do tesouro, muito provavelmente ela enviará sua ordem para uma corretora parceira.

As corretoras do tesouro operam bastante os títulos do tesouro por conta própria. Afinal, é a alta liquidez do mercado que viabiliza o day trading. No entanto, poucos day traders operam no mercado do tesouro, pois demanda uma grande quantidade de capital e alavancagem para ter um retorno alto.

Lucrando com as Moedas

O dinheiro é rei, como dizem. É ele que possibilita a compra de mais ativos. Na maioria das vezes, a taxa de juros sobre o dinheiro é muito baixa, mas se fechar suas posições todos os dias, sempre terá saldo positivo em sua conta de trading. A empresa provavelmente lhe pagará um pouco de juros sobre esse dinheiro, o que contribui para seu retorno total, mas não muito.

Contudo, existe um tipo de investimento em dinheiro que pode ser muito empolgante para um day trader: as moedas. Todos os dias, trilhões (sim, trilhões, com *t*) de dólares são trocados entre governos, bancos, viajantes, empresas e especuladores. Cada trade e variação nas taxas de câmbio é uma nova oportunidade para ganhar dinheiro. A moeda é um mercado maior e mais líquido do que os mercados de ações e títulos dos EUA juntos. Comumente, é conhecido como mercado de *forex*, abreviação de *foreign exchange*.

O forex pode ser uma alternativa interessante para armazenar seu caixa de trading e pode ser um grande trunfo para as operações diárias.

Eis outro fator interessante sobre o mercado de câmbio: alguns tipos de transações com moedas são isentos de impostos. (Falo mais sobre impostos no Capítulo 17.) Esses trades costumam ser de longo prazo, envolvendo a própria moeda, não operações de day trading, do mercado de futuros ou a termo. Mas ainda assim, são isentas de impostos! Em outras palavras, não seja enganado por anúncios de empresas de câmbio que prometem retornos isentos de impostos até ler o contrato inteiro.

Como as moedas são operadas?

A taxa de câmbio é o preço do dinheiro. Ela informa quantos dólares são necessários para comprar ienes, libras ou euros. O preço que as pessoas estão dispostas a pagar por uma moeda depende das oportunidades de investimento, de negócios e da segurança transmitida pelo país. Se as empresas norte-americanas veem grandes oportunidades na Tailândia, por exemplo, elas têm que trocar seus dólares por baht para cobrir despesas como aluguel, suprimentos e mão de obra. Essa situação aumenta a demanda por baht e faz com que o preço do baht suba em relação ao dólar.

As taxas de câmbio são cotadas na base de compra e venda, assim como títulos e ações. Eis um exemplo de cotação:

    USDJPY = 111,98 111,99

Essa é a taxa de câmbio para a conversão do dólar norte-americano em ienes japoneses. O preço bid de 111,98 é a quantidade de ienes que um trader lhe oferece em troca de um dólar. O preço ask de 111,99 é a quantidade de ienes que o trader cobra em troca de um dólar. A diferença é o lucro do trader, e, naturalmente, há também a taxa de comissão.

Observe que, no caso da moeda, você é comprador e vendedor ao mesmo tempo, o que aumenta as oportunidades de lucro, assim como o risco.

Day traders operam moedas sob as taxas de câmbio do momento, conhecidas como *operações no spot market*. Ao trocar dinheiro para tirar férias em um país estrangeiro, você está operando no spot, e pode fazê-lo como trader ou investidor. Os day traders também operam fundos de moedas operados em bolsa (discutidos anteriormente neste capítulo) ou futuros de moeda (discutidos posteriormente neste capítulo) para lucrar com a variação dos preços.

Onde as moedas são operadas?

A moeda spot — o valor do dinheiro em tempo real — não é operada em uma bolsa organizada. Em vez disso, bancos, corretoras, fundos de hedge e traders de moedas compram e vendem entre si o dia todo, todos os dias.

DICA

Day traders podem abrir contas de forex exclusivas por meio da corretora ou de traders de moedas e operar conforme encontrarem oportunidades.

Se estiver interessado em operar moedas, certifique-se de verificar as taxas. Alguns bancos e corretoras são especializados em trocar moedas para trabalhadores e viajantes, cobrando taxas muito altas para ter um potencial decente de lucro. Aprenda mais no Capítulo 15 sobre os tipos de contas que os day traders podem ter.

Commodities: Como São Operadas?

Commodities são bens fundamentais intercambiáveis vendidos a granel e usados na fabricação de outros bens. Entre os exemplos estão petróleo, ouro, trigo e madeira. As commodities são populares entre os investidores como hedge contra a inflação e a insegurança. Os preços das ações podem chegar a zero, mas as pessoas ainda precisarão comer se isso acontecer! Embora os preços das commodities geralmente tendam a aumentar na mesma proporção que a economia geral, preservando seu valor real (ajustado pela inflação), eles também ficam suscetíveis a mudanças de curto prazo na oferta e na demanda. Um inverno frio aumenta a demanda por petróleo, um verão seco reduz a produção de trigo, e uma guerra civil pode impedir o acesso às minas de platina.

Os day traders não compram as commodities em si. Se realmente deseja transportar alqueires de grãos o dia todo, faça-o sem correr os riscos do day trading (embora precise dedicar bastante energia para tal). Em vez disso, os day traders que desejam se basear em commodities podem buscar outros investimentos. A forma mais popular é comprar contratos futuros, que mudam de preço conforme a mercadoria subjacente. Cada vez mais pessoas operam commodities por meio de fundos operados em bolsa que se baseiam no valor de uma cesta de commodities.

Então, por que falo sobre commodities neste capítulo? Porque este capítulo aborda o básico, e o Capítulo 4 aborda os derivativos e suas derivações.

LEMBRE-SE

Os preços das commodities afetam a economia geral, não apenas os preços dos contratos de commodities nas bolsas de futuros. Se você opera diariamente ações específicas, perceberá que as mudanças no preço do petróleo ou das commodities agrícolas afetam muitas das empresas com as quais lida, assim como os índices mais amplos do mercado de ações.

NESTE CAPÍTULO

» Expandindo os recursos de trading

» Operando as tendências dos ETFs

» Inventando oportunidades com dinheiro inventado

» Lucrando com derivativos

» Arbitrando novas oportunidades

Capítulo **4**

Estudo Intermediário dos Ativos: ETFs, Criptomoedas, Opções e Derivativos

Os ativos financeiros básicos — ações, títulos, moedas e commodities — geram oportunidades para fazer hedge e especular, mas eles têm algumas limitações. Os ativos básicos se resumem a valores mobiliários que representam um empréstimo a um governo ou corporação, a propriedade de uma empresa, de matérias-primas ou dinheiro em espécie. Eles são bons, concretos e fáceis de obter.

Mas não são perfeitos. Nada é perfeito, certo? Algumas pessoas sentiram falta de maneiras alternativas de operar esses ativos, ou partes deles, e de se proteger contra os riscos financeiros decorrentes da posse dos ativos. Algumas pesquisas, demandas do mercado e um pouco de engenharia financeira deram vida a essas alternativas, que abordo neste capítulo.

Essas classes de ativos têm grande importância para day traders. Os títulos, por exemplo, embora desempenhem um papel importante nos mercados financeiros, são difíceis de ser operados por day traders. Ao operar futuros de taxas de juros ou opções de letras do tesouro direto, o trader entra nos mercados de títulos arriscando valores menores e com mais praticidade nas operações. Outros ativos, como criptomoedas, hoje existem basicamente para a alegria dos traders, mas talvez possam ser usados como dólares e ienes em algum futuro talvez não tão distante.

Algumas dessas alternativas têm maior liquidez do que suas contrapartes no mercado tradicional, o que é fundamental para os traders. Outras lhe permitem operar com base em conceitos financeiros mais abstratos, como volatilidade ou o futuro do dinheiro. À medida que você as conhecer, descobrirá ideias para operar e compreenderá melhor os mercados financeiros.

Explicando os ETFs (Exchange-Traded Funds)

Um *fundo operado em bolsa* (ETF) é um ativo operável que representa uma ação em um conjunto de ações, títulos ou outros ativos subjacentes.

Em suma, ETFs são uma mistura de fundos mútuos e ações e facilitam a entrada de day traders em segmentos de mercado que, de outra forma, seriam difíceis de operar. A categoria é, às vezes, chamada de *produtos operados em bolsa*, porque alguns dos fundos são estruturados mais como uma estratégia de trade do que como fundos mútuos em si.

Para dar origem a um ETF, uma empresa de gestão financeira compra um grupo de ativos — ações, títulos etc. — e lista as ações que são operadas no mercado. Na maioria dos casos, os ativos adquiridos são projetados para imitar o desempenho de um índice, e os investidores sabem quais são esses ativos antes de comprar ações do fundo. A grande vantagem para os day traders é que um ETF pode ser comprado ou vendido a qualquer momento do dia, mesmo a descoberto, com dinheiro ou margem, por uma conta normal de corretagem. Essa flexibilidade é excelente para day traders.

Embora um ETF se pareça um pouco com um fundo mútuo de índice ou com um contrato futuro de índice de mercado, ele tem uma estrutura muito diferente. Os ETFs têm dois tipos de ações:

» **Unidades de criação:** Estas ações são mantidas por participantes autorizados, que são diferentes traders e corretoras que concordam em atrelar dinheiro ao fundo. Quem mantém as unidades de criação pode trocar suas ações pelos ativos em si ou pode adicionar os ativos apropriados ao fundo para fazer novas unidades de criação. Eles fazem isso para alinhar o valor do ETF ao índice de mercado subjacente. Assim, se o preço do ETF estiver inferior ao valor dos títulos nele contidos, os participantes autorizados operarão em suas unidades de criação pelos títulos e farão suas vendas no mercado aberto. Se o preço de um ETF estiver acima do valor dos títulos, os participantes autorizados comprarão os títulos e os trocarão por mais unidades de criação, que venderão com uma boa margem de lucro.

» **Ações de varejo:** Estas ações de ETF são listadas na bolsa para ser compradas e vendidas por investidores e traders ativos. Se você opera ETFs, está trabalhando com ações de varejo.

Na maioria das vezes, o preço das unidades de criação e das ações de varejo está alinhado com o preço dos títulos. Ocasionalmente, porém, o valor do ETF e seus investimentos podem divergir. Isso geralmente acontece em momentos de estresse extremo do mercado, então você talvez nunca veja essa configuração. Caso aconteça, lembre-se de que é uma boa oportunidade de ganhar dinheiro.

LEMBRE-SE

Alguns fundos que parecem ETFs são, na verdade, *notas operadas em bolsa* (ETN). Esses fundos são organizados de acordo com uma legislação diferente. Sob a perspectiva de um day trader, não há diferença entre ETF, ETN ou outros produtos operados em bolsa.

Os ETFs têm estilos de investimento diferentes que afetam a forma como são operados, e as próximas seções explicam como eles funcionam. Compreender as diferenças entre ETFs o ajuda a se orientar pelos mercados sob constante mudança — e a evitar erros caros. Descubra mais sobre os ETFs negociados no Brasil em: https://statusinvest.com.br/.

ETFs tradicionais

Os ETFs tradicionais estão disponíveis nos grandes índices de mercado, como o Standard & Poor's 500 e o Dow Jones Industrial Average. Eles também estão disponíveis em uma variedade de índices de títulos domésticos, índices de ações internacionais, moedas estrangeiras e commodities. Como os traders geralmente estão interessados em um segmento de mercado que não tem índice, algumas empresas de ETFs desenvolvem os próprios índices de nicho e emitem ETFs com base neles. Logo, é possível encontrar ETFs para mercados como energia verde e investimento islâmico, por exemplo. Entretanto, a liquidez dos títulos do índice subjacente pode ser baixa, aumentando a volatilidade desses fundos nas operações — e podem até mesmo ter oportunidades de arbitragem.

Os ETFs tradicionais podem ser usados como investimentos de longo prazo, tanto para traders quanto para investidores. As ações de varejo podem ser operadas a descoberto, com ou sem margem, constituindo uma maneira prática de operar amplas tendências ou aproveitar oportunidades técnicas de curto prazo.

ETFs estratégicos

Nem todos os ETFs são operados sob índices de ações. Muitos são conhecidos como *ETFs estratégicos*, fundos que se baseiam em uma estratégia de investimento de fundos de hedge, em vez de em um índice. Eles podem ser perigosos para investidores de longo prazo que não sabem o que estão comprando, mas, espera... este livro é para traders! Tal como acontece com os ETFs tradicionais, um ETF estratégico pode tanto ser mantido no longo prazo quanto suas ações podem ser operadas a descoberto, dentro ou fora da margem.

Em vez de elaborar uma carteira de ações e títulos para corresponder a um índice, um ETF estratégico pode contar com um gerente de carteira que seleciona os investimentos. Ele pode usar opções, futuros, alavancagem ou venda a descoberto para gerar um resultado de investimento que corresponda a um índice — ou que se desvie dele de maneiras mais ou menos previsíveis. Sua estrutura de risco e retorno é diferente, e reconhecer informações antecipadamente pode reduzir dores de cabeça e aumentar os lucros.

Os traders costumam encontrar grandes oportunidades com ETFs estratégicos. Eles oferecem uma caixa de ferramentas maior para enfrentar os mercados, principalmente em momentos em que o mercado está volátil. Lembre-se de que um ETF estratégico pode se mover de maneiras peculiares, principalmente se você se ativer a ele durante alguns minutos de operação.

ETFs inversos

Um *ETF inverso* é projetado para se mover contrariamente ao índice subjacente. Se o índice estiver subindo, o ETF inverso estará caindo, e vice-versa. Um ETF inverso serve para especular um declínio no mercado de ações ou remover o risco do mercado de uma carteira (algo que alguns fundos de hedge tentam fazer).

ETFs alavancados

Um *ETF alavancado* é projetado para retornar um múltiplo do retorno de um índice. Um ETF 5x terá um retorno cinco vezes maior do que o índice subjacente, o que é ótimo se o mercado estiver em alta de 10%, porém devastador se o mercado estiver em baixa correspondente. ETFs alavancados são usados para aumentar o risco das carteiras de investimento.

ETFs de opções e de futuros

Alguns ETFs são projetados para oferecer aos traders de ações uma maneira de entrar nos mercados de commodities. Esses tipos de ETFs o fazem investindo em opções e futuros, em vez de em ações ou títulos, o que gera boas oportunidades de operação, mas também pode gerar tendências de trade incomuns.

Como os ETFs são operados?

Para day traders, a vantagem dos ETFs é que eles podem ser comprados e vendidos exatamente como as ações. Os clientes abrem ordens, geralmente em lotes-padrão, por meio de suas corretoras. As cotações de preços aparecem em números decimais.

O fato de os ETFs serem operados da mesma maneira que as ações os torna relativamente fáceis para começar. Basta ter uma conta de corretora e um limite de margem.

DICA

Algumas corretoras renunciam a comissões para operações com certos ETFs, mas esse benefício é projetado para investidores de longo prazo. Como a comissão raramente é dispensada para day traders, melhor comparar os custos totais, incluindo a execução, em vez de simplesmente se ater à taxa de comissão.

O QUE É UM FUNDO DE HEDGE?

Um *fundo de hedge* é um tipo de cesta de investimentos que reúne o dinheiro de vários investidores. Em um fundo de hedge típico, o objetivo é administrar os ativos de maneira que o risco seja diferente do mercado geral. Essa configuração pode gerar mais risco, menos risco, o efeito contrário (como investimentos que sobem quando o mercado cai), ou algum tipo de risco *não correlacionado* (desempenho que não tem nada a ver com os mercados financeiros padrão).

A maioria dos investidores de fundos de hedge são pensões, instituições de caridade e outras instituições que também estão relacionadas a ações, títulos e imóveis. Eles procuram os fundos de hedge para obter um desempenho estável e positivo de longo prazo. Embora os primeiros fundos de hedge tenham sido projetados para gerenciar riscos (é por isso que eles têm a palavra "hedge" no nome, que significa "proteção"), os fundos de hedge modernos não são necessariamente investimentos seguros, nem os ETFs são baseados em estratégias de hedge.

Confira a última edição do meu livro *Hedge Funds For Dummies* (John Wiley & Sons, Inc.) se quiser saber mais a respeito deles.

CAPÍTULO 4 **Estudo Intermediário dos Ativos...** 63

Traders podem usar os ETFs para operar tendências de determinados setores. Por exemplo, digamos que você perceba um amplo índice de mercado se encaminhando para um rompimento na próxima hora ou algo do tipo. Lucre com ele ao assumir uma posição comprada em um ETF vinculado a esse índice. Outros traders preferem observar os padrões de operações e indicadores de um determinado ETF, operando com base no desempenho do ETF em si, em vez do desempenho do índice subjacente.

Riscos dos ETFs

Os ETFs mudaram o jogo das operações ao longo dos anos, e novos produtos são acrescentados o tempo todo, expandindo a gama de maneiras pelas quais os investidores e traders gerenciam suas entradas no mercado. Contudo, apesar de toda sua popularidade, dois grandes riscos continuam presentes:

» O primeiro risco é o *erro de rastreamento* (*tracking error*), ou a diferença entre o valor de um ETF e o do índice ou estratégia que deve rastrear. As unidades de criação são projetadas para gerenciar o erro de rastreamento: a ideia é a de que as grandes empresas de trading, que constituem os participantes autorizados, se engajem na arbitragem (veja a seção posterior: "Arbitragem e a Lei do Preço Único") para forçar o alinhamento dos valores. Na maioria das vezes, o processo funciona perfeitamente, mas de vez em quando, a orientação dos valores do ETF se perde. Isso costuma acontecer quando os mercados estão em um dia turbulento e os traders estão usando os ETFs para lucrar com a volatilidade.

» O segundo risco é *escolher o ETF errado*. O aumento dos ETFs estratégicos ampliou esse risco. Um trader que não presta atenção pode assumir uma posição em um ETF que não responderá como esperado ou não seguirá a mesma lógica de uma ação ou título ordinário. Na pior das hipóteses, os anais das finanças estão cheios de tristes histórias de investidores que assumiram grandes posições em ETFs inversos após um ano de mercado em baixa porque esses fundos demonstraram bom desempenho, esquecendo-se de que um ETF inverso cairia no ano em que o mercado subisse. Essa deve ter doído!

Familiarizando-se com Criptomoedas

Uma moeda — seja dólar americano, dólar canadense ou peso mexicano — é simplesmente uma ferramenta que ajuda as pessoas a comprar e vender bens e serviços. Os governos (ou grupos de governos, no caso do euro ou do franco CFA da África Central) emitem moedas. Como acontece com qualquer outro ativo, o valor de uma moeda é determinado pela oferta e demanda.

A maioria das moedas funciona bem, mas a oferta e a demanda são influenciadas pelas decisões políticas e econômicas dos líderes de um país. Por exemplo, digamos que os líderes de um país decidam pagar a dívida do governo imprimindo dinheiro. Essa solução aparentemente simples aumenta a oferta da moeda em relação à demanda, e assim, cada unidade monetária passa a valer menos. Na pior hipótese, a hiperinflação extrema acaba destruindo uma moeda e desestabilizando um país, como aconteceu na Argentina, na Venezuela e no Zimbábue.

A questão da desvalorização da moeda por decisões governamentais levou a todos os tipos de ideias criativas a respeito de como separar a riqueza da moeda de um país. A tentativa mais recente, realizada em 2009, é o Bitcoin, uma moeda digital que foi seguida por muitas outras moedas digitais, também conhecidas como *criptomoedas*. Essas moedas digitais passaram a sofrer grandes oscilações de preço à medida que as pessoas começaram a especular seu valor, e essas oscilações de preço atraíram investidores.

CUIDADO

A criptomoeda é uma revolução nas finanças ou uma grande bolha. Quando a bolha do Beanie Baby estourou, no final dos anos 1990, pelo menos as pessoas ficaram com brinquedos bonitinhos. Notas zimbabuenses de 100 trilhões de dólares são uma novidade popular entre os tipos financeiros. No caso da Bitcoin, você poderia ficar com nada mais do que algumas linhas de código eletrônico, então vá com calma.

Aqui, falo sobre o funcionamento das criptomoedas. Depois de compreendê-las melhor, decida se são adequadas para suas estratégias de operação.

Bitcoin e o blockchain

O Bitcoin surgiu em 2009 em um artigo acadêmico escrito por um autor ou grupo de autores usando o nome Satoshi Nakamoto. (O artigo original está em `https://bitcoin.org/bitcoin.pdf`.) Nakamoto desenvolveu a ideia de uma moeda eletrônica que era, na verdade, uma cadeia de assinaturas digitais — um *blockchain*. Quando uma moeda é transferida de um proprietário para outro, um código é adicionado ao blockchain, conhecido como *hash*. O hash inclui dados sobre a transação anterior e a chave pública do proprietário seguinte. É possível verificar esses hashes para saber a cadeia de propriedade.

O Bitcoin foi projetado principalmente como uma recompensa por resolver uma série de equações complexas (que consomem muita eletricidade e demandam computadores muito potentes). O número total de bitcoins existentes é limitado. O conceito da moeda é operar independentemente do sistema bancário, não ter seu estoque manipulado por governos e ter proteção inerente contra fraudes e desvios.

Nota: Blockchain não é o mesmo que criptomoeda. O blockchain em si tem diversas aplicações para rastrear o movimento de mercadorias, documentos

CAPÍTULO 4 **Estudo Intermediário dos Ativos...** 65

ou títulos. É uma grande inovação, mas não é um ativo operável. Não é preciso usar bitcoins para usar o blockchain.

Em tese, o Bitcoin poderia substituir todo o dinheiro do mundo. Nesse caso, cada Bitcoin seria realmente valioso ou se tornaria completamente inútil, pois as pessoas passariam a encará-lo como um jogo desenvolvido por programadores. É muito cedo para saber. Se eu tivesse que chutar, diria que as moedas tradicionais ainda funcionam bem e não desaparecerão tão cedo — embora contas bancárias possam ser gerenciadas pelo blockchain algum dia.

Outras criptomoedas

À medida que o Bitcoin se popularizou, outras criptomoedas foram desenvolvidas para atender à demanda crescente ou fazer aprimoramentos no conceito de moeda digital. Algumas delas se baseiam no blockchain, enquanto outras têm abordagens diferentes. Algumas até começaram como piadas, como é o caso do Dogecoin. Porém, todas têm o mesmo problema do Bitcoin: não serem aceitas no comércio diário. Em contrapartida, todas têm o mesmo retorno potencial, se é que existe uma mudança fundamental na maneira como o dinheiro é criado e usado mundialmente.

As unidades de criptomoeda são frequentemente chamadas de moedas ou tokens. As seções a seguir explicam as duas principais maneiras de se criar criptomoedas:

Forks

Fork, do inglês "garfo", é uma mudança no blockchain que inicia uma nova série de blocos para registrar a transferência de um novo conjunto de moedas. Os programadores que detêm as moedas desenvolvem forks, geralmente para melhorar a maneira como o blockchain funciona. Por exemplo, o Litecoin foi forkeado do Bitcoin para dar origem a um blockchain mais rápido.

LEMBRE-SE

Como day trader, os forks provavelmente não o afetarão, mas geram algumas variações de valor no curto prazo. Se perceber que o preço de uma determinada moeda está radicalmente mais baixo do que antes, certifique-se de que um fork não reconfigurou seu valor.

Initial coin offerings (ICOs)

Uma *initial coin offering* — *oferta inicial de moedas (ICO)* é uma forma de as empresas arrecadarem dinheiro sem emitir ações. Em vez disso, assumem um blockchain e vendem as moedas que correm nele. O objetivo é aumentar o valor das moedas à medida que o empreendimento decola. Em outros casos, as moedas oferecidas se destinam à compra de bens ou serviços da empresa assim que entrarem no mercado.

66 PARTE 1 **Começando**

DESCOBERTA DE PREÇOS

A oferta e a demanda determinam o preço de um ativo. Simples, certo? Ao aproximar a oferta e a demanda, os mercados financeiros fornecem a *descoberta de preços*, o que significa que o preço no mercado reflete todas as diferentes fontes de informação e necessidade do mundo, o que é uma das funções mais importantes dos mercados. Em um setor como o da criptomoeda, determinar o valor de longo prazo é complicado, pelo menos até que as criptomoedas sejam aceitas da mesma forma que as moedas tradicionais.

CUIDADO

Esse processo gerou diversas criptomoedas, mas não há uma correlação forte entre o sucesso das empresas e a utilização dessa estratégia. A Securities and Exchange Commission (SEC) teme que algumas dessas ofertas devam ser consideradas como ofertas registradas de valores mobiliários e que outras não passem de fraudes absolutas. Se quiser participar de um ICO, tome cuidado e fique atento a uma moeda que pareça ser operada de maneira estranha.

Como as criptomoedas são operadas?

O mercado das criptomoedas é selvagem. Obviamente, ele é baseado na oferta e demanda, mas a oferta e a demanda são impulsionadas principalmente pelo interesse dos traders. Diferentemente das moedas normais, as pessoas não estão fornecendo ou exigindo criptomoeda para importar peças de máquinas, pagar por um quarto de hotel em outro país ou comprar ações operadas em mercados emergentes. Muitas pessoas que fazem parte do mundo das criptomoedas acreditam que a substituição do dinheiro normal por criptomoeda acontecerá cedo ou tarde e, por isso, tendem a comprar e guardar seus tokens.

LEMBRE-SE

Alguns comerciantes aceitam criptomoedas, embora a maioria deles as troque imediatamente por moedas comuns. Algumas pessoas envolvidas em atividades ilegais preferem as criptomoedas, porque alguns blockchains podem ser anônimos. É por isso que as criptomoedas costumam ser usadas para efetuar resgates em sequestros de dados ou pagamentos em lojas online de drogas. Algumas pessoas tentaram usar as criptomoedas em países sem moeda estável, como Argentina ou Venezuela, mas elas representam uma parte extremamente pequena da economia global.

Nas próximas seções, abordo alguns aspectos exclusivos das criptomoedas que são importantes para day traders. As criptomoedas são quase, mas não exatamente, iguais aos outros ativos operáveis.

Avaliando com análise técnica

Se a maior parte das operações de criptomoedas é influenciada pela oferta e demanda dos traders, então este é o fator mais importante a ser considerado. As variações na oferta e demanda de todos os traders do mercado aparecem nos gráficos. Não é obrigatório saber o motivo da variação para lucrar a curto prazo.

Em última análise, então, as criptomoedas são operadas com base em análises técnicas — e assim será até que seu valor no resto da economia seja, de fato, relevante.

De olho no pump and dump

O *pump and dump* é comum no mundo das criptomoedas, assim como no mundo das penny stocks (veja o Capítulo 3 para obter mais informações). Trata-se do processo de comprar um ativo, promovê-lo e vendê-lo quando a demanda dos novos compradores aumentar o preço. O pump and dump é ilegal, mas nem sempre é detectado. Digamos que algumas pessoas comprem uma moeda e comecem a promovê-la no Reddit, YouTube ou outra rede social. Quando outros começam a comprar o token, essas pessoas o vendem. Alguns golpistas cobram assinaturas pela participação. Com tantos tipos diferentes de criptomoeda circulando e tão pouca regulamentação sobre quem as opera, não é de se admirar que essas coisas aconteçam. Sugiro que não se envolva nesse tipo de coisa, pois arrisca perder seu dinheiro e até sua liberdade.

Coçando o bolso

Se decidir comprar criptomoedas, siga estas etapas:

1. **Crie uma conta chamada wallet.**

Uma *wallet*, do inglês "carteira", é uma conta para guardar e operar criptomoedas. Ela fornece um número a ser usado para registrar suas transações no blockchain, chamado de *endereço*. `Bitcoin.org`, o site de um consórcio de usuários da Bitcoin, tem uma lista de carteiras em `https://bitcoin.org/en/choose-your-wallet` [conteúdo em inglês]. Carteiras diferentes têm políticas de transação e segurança diferentes, portanto, compare-as com atenção. Algumas são gratuitas, enquanto outras cobram taxas para fazer downloads ou transações.

CUIDADO

Embora o blockchain não possa ser hackeado, as carteiras podem. Alguns clientes desse serviço perderam suas criptomoedas por conta de má gestão, e outros porque o próprio serviço de carteira os roubou.

2. **Depois de escolher sua carteira, transfira dinheiro de sua conta bancária e use-o para comprar a criptomoeda que deseja.**

Esse processo é conhecido como *troca fiduciária*.

A negociação de criptomoedas não tem regulação específica no Brasil, o que quer dizer que qualquer empresa pode iniciar esse tipo de atividade sem uma licença especial. As corretoras que lidam com criptomoedas costumam se denominar Plataformas de Criptomoedas. Elas são plataformas de software que o ajudam a encontrar outras pessoas que estão comprando ou vendendo tokens de seu interesse. Elas geralmente cobram uma porcentagem da transação como taxa.

Onde derivativos de criptomoedas são operados?

Há diferentes maneiras de operar criptomoedas nos mercados financeiros tradicionais. Aqui estão algumas delas. As primeiras são as mais fáceis:

» Por meio de futuros de Bitcoins da Chicago Board Options Exchange.

» Por meio de fundos de investimento, como os mantidos pela Hashdex.

» Mediante empresas de capital aberto com grande exposição à criptomoeda e blockchain, indo desde a IBM até uma penny stock chamada Long Blockchain Corp., que na verdade fabrica chá gelado engarrafado, mas teve um pico no preço de suas ações quando mudou de nome. (Bem que podia ser piada, mas não é.)

» Por ETFs que mantêm criptomoedas. Enquanto você lê, a SEC rejeita pedidos de grupos de investidores que propõem ETFs de criptomoedas em si, mas eles deverão estar no mercado em algum futuro próximo.[1]

Cuidado com os riscos das criptomoedas

Day trading é arriscado, e operar criptomoedas é ainda mais. Obviamente, esse risco gera oportunidades de conhecer os maiores riscos melhor do que os outros. Aqui estão alguns deles:

» As criptomoedas podem ter valor absolutamente nulo. Simplesmente não dá para enfatizar o quanto isso é importante. Ninguém sabe se as criptomoedas, em geral, serão aceitas, muito menos alguma moeda específica.

» A segurança da carteira é outro risco. Como o blockchain é anônimo, quem "encontrar" uma moeda pode ficar com ela. Não houve muitos roubos de criptomoedas, mas o suficiente para que você se preocupe com sua segurança ao analisar carteiras e plataformas de negociação.

DICA

Muitas pessoas se interessam por criptomoedas devido a seus ideais políticos. Elas acham que o governo não deveria se meter com dinheiro pelas razões mais diversas possíveis. No entanto, independentemente da quantidade de

---

1 N.R.: Apesar de nos EUA ainda não existirem ETFs, recentemente a CVM permitiu a negociação do primeiro ETF de criptomoedas da América Latina, o QBTC11, que será administrado pela QR Capital.

pessoas com essas convicções políticas, o mercado de criptomoedas não deve decolar tão cedo. Opere com base no que vê, não com base no que deseja que aconteça. Um ideal político, por mais bonito que seja, nada mais é do que um desejo, e o mercado não funciona com base em desejos. Proponha mudanças políticas por meio do voto, não operando criptomoedas.

Lidando com Derivativos

Derivativos são contratos financeiros cujo valor deriva de um ativo, título ou índice. Por exemplo, um contrato futuro Ibovespa dá ao comprador um pagamento à vista com base no preço do Ibovespa no dia em que o contrato expira. Seu valor, portanto, depende do valor do índice. Não se opera o índice em si, mas um contrato com um valor derivado do preço dele. O valor do índice muda o tempo todo, oferecendo inúmeras oportunidades para os day traders operarem.

Inúmeros day traders optam pelos derivativos porque esses produtos oferecem acesso a grande parte do universo econômico, incluindo ações, títulos, commodities e moedas. Continue lendo para descobrir se os derivativos são a melhor alternativa!

Tipos de derivativos

Se é day trader, já ouviu ou ouvirá falar sobre três tipos de derivativos: opções, futuros e warrants. As opções e os futuros são operados em bolsas de derivativos exclusivas, e as warrants são operadas nas bolsas de valores.

Opções

Uma *opção* é um contrato que dá ao detentor o direito, mas não a obrigação, de comprar ou vender determinado ativo a um preço e data estipulados. Uma opção que lhe dá o direito de compra é um *call*, e a que lhe dá o direito de venda é um *put*. Uma opção de compra é mais valiosa se o preço da ação estiver subindo, enquanto uma opção de venda terá mais valor se o preço da ação estiver caindo.

DICA

Eis um macete para lembrar a diferença: *call* começa com *c* de compra.

Por exemplo, um call MSFT 2019 June 105 lhe dá o direito de comprar ações da Microsoft por US$105 na terceira sexta-feira de junho de 2019. Se o valor das ações da Microsoft estiver acima de US$105, a opção está *in the money*.[2] Exer-

---

[2] N.R.: O termo em inglês é muito usado no Brasil também, mas às vezes o leitor pode se deparar com a tradução "dentro do dinheiro".

70 PARTE 1 **Começando**

ça-a e lucre. Se o preço estiver abaixo de US$105, a alternativa de comprar a ação mais barata faz com que a opção não seja vantajosa.

Para verificar excelentes informações sobre opções e derivativos em geral, veja o guia da CVM sobre o assunto, o "Caderno 9: Mercados de Derivativos", disponível no link: https://www.investidor.gov.br/publicacao/ListaCadernos.html.

Poucas pessoas que operam opções têm a intenção de mantê-las até o vencimento. Elas as compram para especular sobre as mudanças de preços ou para se proteger delas. O preço de uma opção é influenciado por quatro fatores:

» **Preço da ação subjacente:** A oportunidade de comprar uma ação a um valor predeterminado (uma *opção call*) é mais valiosa se o preço da ação subir. Se em junho de 2019 as ações da Microsoft estiverem a US$180, não seria incrível a oportunidade de comprá-las por apenas US$105? Da mesma forma, uma *opção put*, que lhe dá o direito de vender um ativo, é mais valiosa se o preço do ativo cair.

» **Volatilidade:** Quanto maior a oscilação, mais provável que a opção esteja in the money no vencimento — e mais provável que outro trader queira proteção contra as variações de preço.

» **Período até o vencimento:** Quanto maior o período, mais provável que algo — qualquer coisa — aconteça para deixar a opção in the money.

» **Taxas de juros:** Se as taxas de juros estão mais altas, um trader de ações lucra mais comprando uma opção call e colocando o restante do dinheiro na conta, em vez de usá-lo para comprar as ações em si. Esse aumento nas taxas de juros torna a opção mais valiosa.

Traders analisam esses fatores e compram puts e calls com base nas considerações de curto prazo. As atividades frequentes e a exposição alavancada ao ativo em questão tornam os derivativos populares entre os day traders.

Futuros

Um contrato *futuro* obriga a comprar determinada quantidade de um ativo a um preço e data preestabelecidos. Os futuros têm origem no setor agrícola, pois permitem que agricultores e empresas de alimentos preservem os preços no início da estação de cultivo, reduzindo a incerteza do custo. Os futuros já foram aplicados a diversos ativos, de costelas de porco (que são operadas na prática, além de usadas para fazer bacon) a valores de moedas. Um exemplo comum é um bloqueio no financiamento de uma casa: o mutuário sabe a taxa que será aplicada antes que a venda seja fechada, e o empréstimo, finalizado. Os day traders usam futuros para operar commodities sem lidar com os ativos em si.

OPÇÕES BINÁRIAS

Com o passar dos anos, um novo tipo de opção surgiu, denominado *opção binária*. As opções binárias pagam em função do aumento ou da diminuição no valor do ativo. Por exemplo, digamos que compre uma opção binária sobre um ativo, acreditando que valerá pelo menos R$20 no vencimento. Se acontecer, você ganha dinheiro. Se não, então perde. Essa especulação não oferece outras alternativas, o que a torna muito arriscada. Se deseja operar opções binárias, trabalhe com as opções que são operadas em bolsas formais dos Estados Unidos. Muitas empresas offshore operam online, dispostas a operar opções binárias, mas o deixam com pouca proteção contra fraude ou manipulação de mercado.

A maioria dos contratos futuros é quitada com dinheiro antes do vencimento. Contratos financeiros — futuros de moedas, taxas de juros ou valores de índice de mercado — só podem ser quitados com dinheiro. Os contratos de commodities podem ser quitados com os itens físicos, mas quase todos são quitados com dinheiro. Ninguém joga uma peça de carne no chão da B3!

Tal como acontece com as opções, os contratos futuros são importantes para hedgers e especuladores. A maioria dos futuros é quitada com um contrato de compensação antes do vencimento, e o valor pode oscilar bastante entre o momento em que o contrato é lançado e o vencimento, gerando muitas oportunidades para day traders.

Warrants

O warrant é um título de garantia que representa um crédito e indica o valor de mercadorias em depósito que garantirão esse crédito. Ou seja, é um título de venda com lastro físico, muito usado com commodities. No mesmo ato de emissão de um warrant, é emitido um Conhecimento de Depósito. O portador desse Conhecimento de Depósito se torna o novo proprietário do objeto em custódia. É um dos ativos financeiros mais antigos do Brasil, sendo regulamentado desde 1903. Atualmente, é regulado pelo Decreto 1.102/03.

O pagamento de um warrant é feito no dia de seu vencimento. Caso não haja pagamento, haverá um leilão da mercadoria dada em garantia. Normalmente, o prazo de um warrant é de 180 dias, mas pode ser estendido.

Vale notar também que o conceito de warrant no Brasil é diferente do mesmo conceito nos EUA. Lá, a chamada "warrant" é um contrato emitido por empresas listadas em Bolsa que dá o direito de comprar ações a seus detentores a um preço preestabelecido. Se quiser pesquisar mais sobre o assunto, recomendamos que tome cuidado com essa diferença, já que muitos dos conteúdos em português não fazem essa distinção entre o conceito norte-americano e o brasileiro.

Comprando e vendendo derivativos

Os derivativos são operados de maneira ligeiramente diferente de outros tipos de securities, pois são baseados em promessas. Quando alguém compra uma opção sobre uma ação, não opera a ação em si, mas adquire o direito de comprar ou vender no futuro. Isso significa que o comprador da opção precisa saber que a pessoa do outro lado pagará. Por causa disso, as bolsas de derivativos têm sistemas para garantir que aqueles que compram e vendem os contratos cumpram suas obrigações. Os requisitos para operar derivativos são diferentes daqueles de outros mercados.

As bolsas, não as empresas ou setores envolvidos nos contratos, emitem opções e futuros. Opere-os por meio de qualquer corretora registrada nas bolsas. Sua corretora exigirá que concorde com certos termos antes de operar derivativos, para se certificar de que você compreende os riscos envolvidos.

DICA

As bolsas de opções e futuros têm interesse em fazer com que mais pessoas negociem seus produtos, por isso oferecem excelentes conteúdos educacionais. O CME Institute tem muitas informações que o ajudam a começar: `https://institute.cmegroup.com/` [conteúdo em inglês].

Como os derivativos são operados?

Aqui, a palavra *margem* tem um significado diferente do conteúdo do Capítulo 3, principalmente porque os derivativos já são alavancados. Não se compra o ativo, podemos apenas expô-lo à mudança de preço, o que gera grandes retornos para o investimento. (Falo sobre os riscos e recompensas da alavancagem em detalhes no Capítulo 5.) A margem aumenta seu retorno potencial, bem como seu risco, razão pela qual é popular entre day traders.

LEMBRE-SE

No mercado de derivativos, a *margem* é o dinheiro que se precisa colocar em jogo para garantir o cumprimento do contrato na hora do vencimento. No mercado de ações, a margem é um respaldo da corretora sobre um empréstimo. Nos mercados de derivativos, a margem é um respaldo do valor para quitar o contrato. Quanto maior a probabilidade de que precise pagar a quem comprou ou vendeu o contrato, mais margem de lucro terá que colocar como garantia na sua posição.

Para comprar um derivativo, coloque margem o suficiente em sua conta na corretora que escolheu para operar. Dessa forma, a bolsa sabe que há o suficiente para cumprir sua parte no negócio — se, digamos, você executou uma opção call que vendeu ou perder dinheiro com uma moeda a termo que comprou.

Ao final do dia, os contratos de derivativos são *marcados a mercado*, o que significa que são reavaliados. Os lucros são creditados na conta de margem do trader, e as perdas, deduzidas. Se a margem estiver abaixo do necessário, o trader recebe uma notificação para depositar o dinheiro que falta.

CAPÍTULO 4 **Estudo Intermediário dos Ativos...** 73

Pela essência da atividade, os day traders fecham suas operações no final do dia, assim, suas opções não são marcadas a mercado. Os contratos são problema de outra pessoa, e os lucros ou perdas da operação vão direto para a conta de margem, que está pronta para as operações do dia seguinte.

Onde os derivativos são operados?

Antigamente, o trading de derivativos contava com o *pregão viva-voz* nas bolsas presenciais. Os traders presentes no pregão recebiam ordens e as executavam entre si, gritando e fazendo gestos com as mãos para indicar o que queriam fazer. Enquanto você lê estas linhas, resquícios de pregões ainda resistem em algumas bolsas de derivativos, mas há cada vez menos deles.

As bolsas de valores tradicionais, como a Bovespa e a BM&F, ainda existem, embora a maioria de suas operações seja online. À medida que as operações eletrônicas se popularizaram, muitos traders de pregão experientes tiveram sua aposentadoria forçada por não conseguirem se adaptar, o que reestruturou e consolidou as bolsas.

Arbitragem e a Lei do Preço Único

Arbitragem significa lucro sem risco. De certa forma, é possível consegui-lo. Funciona assim: nos mercados financeiros, o pressuposto geral é o de que, pelo menos no curto prazo, o preço de mercado é o preço certo. Somente os investidores, aqueles nerds sofredores que mantêm investimentos por anos, veem as diferenças entre o preço de mercado e o verdadeiro valor de um investimento. Para todos os outros, principalmente day traders, se o lucro não pode ser visto aqui e agora, é porque não existe.

Segundo a *lei do preço único*, o mesmo bem tem o mesmo valor em todos os lugares. Se os mercados facilitam o trade — e os mercados financeiros certamente o fazem —, então qualquer discrepância de preços terá vida curta, pois os traders imediatamente entram em ação para comprar pelo preço baixo e vender pelo preço alto. Nas seções a seguir, explico como a eficiência do mercado limita as oportunidades de arbitragem e como entrar no momento certo.

Arbitragem e eficiência de mercado

A lei do preço único é válida enquanto os mercados forem eficientes, embora este seja um tópico controverso em finanças. Na teoria acadêmica, os mercados são perfeitamente eficientes, e a arbitragem simplesmente não é possível. Até que faz sentido se estiver testando suposições sobre como os mercados funcionariam em um mundo perfeito. Os investidores de longo prazo diriam que os mercados são ineficientes no curto prazo, mas perfeitamente eficientes no longo prazo, e, por isso, acreditam que seus esforços mudarão o resto do mundo, o que fará com que ganhem um bom dinheiro.

Os traders, por sua vez, dividem-se quanto à sua perspectiva de eficiência dos mercados. O preço e o volume são basicamente as únicas informações que têm. O preço pode ser irracional, mas isso não importa. A única coisa que um trader deseja saber é se existe uma oportunidade para ganhar dinheiro com base no que está acontecendo hoje.

No mundo acadêmico, a eficiência dos mercados está disponível em três sabores, e nenhum deles leva arbitragem na massa:

» **Eficiência forte:** Tudo, até mesmo informações privilegiadas conhecidas apenas pelos executivos da empresa, se reflete no preço do ativo.

» **Eficiência semiforte:** Os preços refletem todas as informações públicas, portanto, lucrar com informações privilegiadas é possível.

» **Eficiência fraca:** Os preços refletem as informações históricas, portanto, pesquisas que revelem novas tendências podem ser benéficas.

Os crentes mais cegos do mercado eficiente estão convencidos de que a arbitragem é imaginária, porque alguém teria percebido a diferença nos preços antes e reagido imediatamente, voltando os preços à normalidade. Mas quem é esse alguém misterioso? É o day trader! Mesmo os adeptos dos mercados eficientes mais devotos admitiriam, se pressionados, que os day traders prestam um serviço valioso em nome da eficiência do mercado. A crise financeira de 2008 e o crash repentino de 2010 estreitaram as fileiras dos verdadeiros adeptos dos mercados eficientes.

Aqueles com uma visão menos rígida da atividade dos mercados admitem que as oportunidades de arbitragem existem, apesar de poucas e raras. Um trader que espera ganhar dinheiro com arbitragem deve prestar muita atenção aos mercados para agir rapidamente quando uma oportunidade surgir.

Por último, as pessoas que não acreditam na eficiência dos mercados acreditam que os preços geralmente estão fora de sincronia com os valores dos ativos. Essas pessoas pesquisam, buscando informações que outras pessoas não têm. Essa mentalidade favorece mais os investidores do que os traders, pois pode levar algum tempo até que essas discrepâncias de preços se resolvam.

DICA

Como a arbitragem exige que os traders trabalhem rápido, ela tende a funcionar melhor para traders que automatizam seus trades. Se você está familiarizado com a programação e confia no software que usa, a arbitragem é uma excelente estratégia. Lembre-se de que os campeões são os que se destacam.

CAPÍTULO 4 **Estudo Intermediário dos Ativos...** 75

Gerando ativos sintéticos

Se você for o tipo de pessoa criativa, considere criar ativos sintéticos ao procurar oportunidades de arbitragem. Um *ativo sintético* é uma combinação de ativos que têm o mesmo perfil de lucros e perdas que outro ativo ou grupo de ativos. Por exemplo, uma ação é uma combinação de uma *opção put*, que vale a pena se o valor da ação diminuir, e uma *opção call*, que vale a pena se o valor do preço da ação subir. Ao cogitar maneiras de imitar o comportamento de um ativo por meio de um ativo sintético, haverá situações em que um ativo é mais barato em um mercado do que em outro, o que oferece mais oportunidades de arbitragem.

Uma operação de arbitragem típica baseada em um ativo sintético, por exemplo, consiste em vender a descoberto o ativo em si e, em seguida, comprar um pacote de derivativos de risco e retorno correspondentes. Muitas das técnicas de arbitragem de risco são fundamentadas na criação de ativos sintéticos.

Uma das razões pelas quais abordo alguns ativos sintéticos neste capítulo é ajudar os traders a elaborar ativos sintéticos para gerenciar riscos e aproveitar oportunidades de lucrar. Além disso, a própria existência deles gera oportunidades de arbitragem a ser aproveitadas.

Estratégias complexas para operar com arbitragem requerem ainda mais testes e simulação (veja o Capítulo 13 para saber mais informações) e geram perdas enquanto os métodos são ajustados. Certifique-se de estar seguro com seu método de operar antes de comprometer grandes quantias com ele.

Discrepância de preço: Aí eu vi vantagem!

Então como o day trader usa o que sabe sobre a lei do preço único? Suponha que veja em Nova York algumas coisas que não vê em Londres, ou que observe que os preços futuros não estão rastreando os movimentos do ativo subjacente. E se perceber que os valores das ações de todas as empresas, exceto uma, foram afetados por uma notícia?

Bem, então há uma oportunidade de ganhar dinheiro, mas é melhor agir rápido, porque outras pessoas provavelmente também já enxergaram a discrepância. Faça o seguinte: venda o máximo possível do ativo de alto preço pelo maior valor que puder, alugando as ações, se necessário, e logo depois compre o máximo do ativo que está com o preço baixo ao menor valor possível.

Pense nos mercados como uma balança: você, o arbitrador, deve os equilibrar. Quando um lado estiver pesando mais, tire do mercado de alto preço (lado mais pesado) e o devolva ao mercado de baixo preço (lado mais leve), até que a balança se reequilibre e os preços pairem em torno da média do mercado.

Se começar com o valor do ativo de preço mais alto em R$8 e o valor do ativo de preço mais baixo em R$6, comprando a R$6 e vendendo a R$8, seu lucro máximo será de R$2 — sem risco. Até o momento em que ambos se equilibrarem em R$7, essa diferença gerará lucro.

É claro que a maioria das diferenças de preço é de centavos, mas se encontrar o suficiente dessas ligeiras variações de preços e operar em grandes quantidades, lucrará bastante.

DICA

Às vezes, a diferença entre os preços é inferior a um centavo, situação que os traders chamam de *subpennying*. Um day trader não consegue operar com tão pouco. Para verificar se o ativo se encontra nessa situação, defina seus indicadores de preço para exibir quatro casas decimais, em vez de apenas duas.

Reduzindo oportunidades de arbitragem: Trading de alta frequência

A maioria das grandes corretoras e muitos dos grandes fundos de hedge investiram uma quantidade absurda de tempo e dinheiro para desenvolver estratégias de operações *algorítmicas* de *alta frequência*. Essas estratégias usam programas que controlam bilhões de dólares e realizam operações de curtíssimo prazo — algumas delas duram apenas alguns segundos — sempre que os programas detectam discrepâncias de curto prazo no mercado. De certa forma, essa prática aumentou a eficiência do mercado, pois esses traders automatizados reajustam rapidamente os preços que estão fora de sintonia. Porém, eles também aumentam a volatilidade, às vezes por falhas no programa, e outras, porque as operações continuam mesmo depois que a oportunidade passa, porque nenhuma mão humana está lá para impedi-las.

Na verdade, diversos analistas da *microestrutura de mercado*, que é o ambiente das operações de trading, acreditam que as operações algorítmicas e de alta frequência reduziram a eficiência. Eles encontraram evidências de que a maioria dos participantes do mercado reage impulsivamente quando os programas funcionam mal ou sistemas falham. A desvantagem para o day trader é que esses programas acabaram com muitas oportunidades de arbitragem que antes pagavam as contas de inúmeros deles.

CAPÍTULO 4 **Estudo Intermediário dos Ativos...** 77

> **NESTE CAPÍTULO**
>
> » Ganhando dinheiro com o dinheiro alheio
>
> » Obtendo grandes lucros com vendas a descoberto
>
> » Usando alavancagem em todos os mercados possíveis
>
> » Pegando dinheiro emprestado para o negócio e necessidades pessoais
>
> » Levando em conta as consequências da alavancagem

Capítulo **5**

Riscos e Retornos com Alavancagem e Vendas a Descoberto

De certa forma, fazer day trading não é nem um pouco arriscado. Os day traders fecham suas posições antes de o mercado fechar, para minimizar a possibilidade de algo dar errado enquanto dormem. Cada operação é baseada na descoberta de uma mudança de preço em um curto período, portanto, o mais provável é que nada mude drasticamente. Entretanto, a chave da questão é que operar dessa forma leva a pequenos retornos. Operar em tempo integral não é interessante se não ganhar uma quantia considerável ao fazê-lo, não importa quão baixo seja o risco.

Além disso, alguns dias simplesmente não oferecem boas operações. Você espera ansiosamente pela alta dos preços, mas ela não acontece. Não operar o isenta do risco — e também dos retornos. Por esse motivo, traders experientes pensam em outras maneiras de ganhar dinheiro com suas operações, mesmo que isso consista em assumir um risco maior. Esse risco é o que gera o tão esperado retorno.

Neste capítulo, abordo duas técnicas para encontrar oportunidades de operar e aumentar os retornos: *venda a descoberto* e *alavancagem*. Ambas envolvem empréstimos e aumentam o risco. Elas são comuns no day trading e usadas também por outros tipos de traders do mercado, portanto, são confiáveis.

Margem É Pura Magia

Os reais ganhos com os trades dependem de dois fatores: o percentual de retorno sobre as operações e a quantia com que começa. Se dobrar seu dinheiro, mas tiver apenas uma conta de R$1 mil, ficará com R$2 mil. Se obtiver um retorno de 10%, mas tiver uma conta de R$1 milhão, ganhará R$100 mil. Qual dessas circunstâncias você prefere? (Sim, eu sei, você prefere dobrar a conta de R$1 milhão, só que eu não lhe dei essa alternativa, infelizmente.)

A questão é que, quanto mais dinheiro tiver para operar, mais poderá fazer, mesmo que o retorno sobre a operação em si seja pequeno. Se tem R$500 mil e pede emprestado mais R$500 mil, seu retorno de 10% dará R$100 mil para levar para casa, em vez de R$50 mil. O retorno foi dobrado a partir do dinheiro que você usou para fazer os trades, não do desempenho da operação em si. Jogada de mestre, não é?

LEMBRE-SE

Existem dois fatores importantes de que deve se lembrar a respeito ao pedir dinheiro emprestado, o que, em trading, é conhecido como *alavancagem*:

» A alavancagem oferece mais dinheiro para operar, o que o ajuda a obter maiores retornos — ou maiores perdas, se não for cuidadoso ou pegar uma série de reversões.

» Quando pede dinheiro ou ações emprestadas, precisa quitar o empréstimo, não importa o que aconteça. É por isso que pegar emprestado é arriscado.

Traders de curto prazo não procuram ganhar muito dinheiro com uma operação. Em vez disso, o objetivo é ganhar pouco dinheiro em um monte de operações. Infelizmente, essas pequenas operações não oferecem grandes valores tão facilmente. É por isso que muitos day traders recorrem à alavancagem, pegando dinheiro ou ações emprestado com a corretora ou operando ativos com alavancagem embutida, como os mercados de futuros e de câmbio.

Acordos de margem[1]

A alavancagem não aumenta o risco apenas sobre sua conta, mas sobre todo o sistema financeiro. Se todos pedissem dinheiro emprestado e acontecesse

---
[1] N.R.: Essa seção descreve como funcionam os empréstimos de margem nos Estados

uma grande catástrofe nos mercados, ninguém seria capaz de pagar esses empréstimos, fazendo com que as pessoas que emprestaram o dinheiro também fossem à falência.

Para evitar essa tragédia, existe uma supervisão muitíssimo criteriosa sobre as estratégias de alavancagem. A Comissão de Valores Mobiliários e a bolsa regulam quanto dinheiro um trader pode tomar emprestado. Muitas corretoras têm regras ainda mais rígidas como parte de sua gestão de risco, devendo comprovar aos órgãos reguladores e autorreguladores do mercado o seguimento dessas práticas.

Essa ampla supervisão significa que há tanta flexibilidade para pegar dinheiro emprestado com a corretora e usar para operar ativos quanto haveria com aquele agiota da vizinhança para jogar uma partida de pôquer. Em outras palavras, não muita.

Os empréstimos de margem, que aumentam seu poder de compra, são rigidamente regulamentados, obrigando-o a cumprir os termos da corretora. Se deixar de pagar o empréstimo, suas posições serão encerradas até atingir valores negativos. Se pedir muito dinheiro, será cortado. Aqui, pedir e implorar não o ajudará.

Sua corretora o faz assinar um contrato de margem, que diz que entende os riscos e os limites de suas atividades. O mais provável é que você não possa ter uma conta de margem a menos que atenda aos pré-requisitos de capital, e o valor a ser emprestado depende do tamanho de sua conta. Geralmente, uma conta de ações ou títulos precisa ter 50% do preço de compra dos títulos quando pega o dinheiro emprestado. O preço desses títulos pode cair, mas, caso caia tanto a ponto de deteriorar sua conta, deixando-o com algo em torno de 25% do valor do empréstimo, você receberá uma chamada de margem. (Algumas corretoras solicitam que os empréstimos sejam quitados mais rápido do que outras. Essas políticas estão nos acordos de margem.)

DICA

As corretoras lidam com operações margeadas o tempo todo. Basta cumprir as burocracias uma vez, quando assina o acordo de margem. Então, cada vez que abre uma ordem, é oferecida a opção de fazê-lo com dinheiro ou margem. Assim, basta selecionar a segunda opção e terá acabado de pedir dinheiro emprestado. Simples assim. O empréstimo é quitado automaticamente ao fechar a posição ou ao depositar mais dinheiro na conta.

Unidos. Optamos por manter a seção como está caso o trader opte por realizar operações nos mercados norte-americanos, o que se torna cada dia mais fácil. Contudo, é preciso notar que, no Brasil, as regras são diferentes. Aqui, para operar ações como está sendo descrito no livro, você geralmente encontrará a opção "Alavancagem" na sua corretora. Usando essa ferramenta, você colocará um valor como garantia, e esse valor permitirá que você opere com mais ações do que teria capacidade em um determinado dia. Geralmente as corretoras disponibilizam essa ferramenta apenas para algumas ações com mais liquidez. Cada ação tem um limite de alavancagem próprio, dependendo de seu risco. Cada corretora tem regras próprias de gerenciamento de risco, que definem o limite de alavancagem por ativo. Você poderá encontrar esses limites no Manual de Risco da corretora de sua preferência.

CAPÍTULO 5 Riscos e Retornos com Alavancagem e Vendas a Descoberto 81

Custos e taxas de margem[2]

Toda corretora cobra juros sobre a margem. O valor informado geralmente é a taxa anual. Se a taxa fornecida for de 8%, por exemplo, será esse o percentual que incidirá sobre o valor do empréstimo se o mantiver durante um ano. (Alguns investidores, de fato, o mantêm por todo esse tempo.) Um day trader, cujo empréstimo pode estar pendente por apenas algumas horas, costuma também ter que pagar juros. Algumas corretoras cobram por dia, outras, a cada três dias, visto que esse é o período que leva para que uma operação seja liquidada.

Determinando as taxas de margem[3]

A taxa de juros cobrada por uma corretora varia com o tempo. Diversas empresas vinculam sua taxa de margem a uma taxa de juros subjacente ao mercado, como a *Libor* (a taxa interbancária do mercado de Londres, que os bancos internacionais cobram uns dos outros por empréstimos), a *prime rate* (a taxa que os bancos norte-americanos cobram de seus melhores clientes por empréstimos), ou outra taxa que seja cotada nos mercados financeiros. Na verdade, elas são frequentemente usadas como taxas de margem que os principais bancos cobram de seus melhores clientes traders.

Se é um day trader com alguns milhares de reais na conta e não dono de um banco mundial com alguns bilhões, pagará um markup sobre a taxa de margem básica. Essas taxas variam em função da taxa de juros do mercado, portanto, se as taxas de juros subirem na economia como um todo, também aumentarão para os day traders.

LEMBRE-SE

Algumas corretoras não cobram comissões por operação, mas costumam cobrar taxas de margem mais altas. Como a maioria das operações de day trading é feita sobre margem, certifique-se de considerar o custo total da operação ao comparar o custo-benefício entre corretoras.

Além dos juros de margem, algumas corretoras cobram uma comissão mais alta sobre as operações com margem do que sobre as operações realizadas com dinheiro da conta. Elas justificam essa política com a maior burocracia e gerenciamento de risco exigidos pelas contas de margem. Algumas delas optam por uma comissão mais alta, em vez de cobrar juros sobre os empréstimos intradiários. Sua vida como trader será mais fácil se conhecer as políticas e taxas da corretora antes de abrir uma conta de margem.

---

2 N.R.: Aqui novamente o texto trata de como funciona o mercado norte-americano, que mantivemos caso o trader opte por operar por lá. No Brasil, não é costumeiro que as corretoras cobrem taxas de juros sobre a alavancagem. A taxa que geralmente é cobrada é a chamada "Cobertura de Margem". Essa taxa é cobrada pela corretora para a colocação de garantias aceitas pela B3. Ou seja, ela coloca seus próprios ativos em jogo. A taxa não é cobrada de day traders, por isso, é muito importante que encerre as suas operações alavancadas até o horário limite estipulado pela sua corretora. Caso deixe sua operação aberta de um dia para outro, sua posição abrirá no dia seguinte com esse desconto, que costuma ser de 0,3% ao dia.

3 N.R.: Novamente, não é costumeiro no Brasil cobrar juros de posições alavancadas.

Margem nos mercados de derivativos

Se quiser operar derivativos, saiba que a margem funciona de maneira diferente. Os próprios contratos futuros e as opções são alavancados, portanto, não há juros. No entanto, é preciso encerrar seus lucros e perdas ao final do dia (não se preocupe, a câmara de compensação da bolsa faz isso por você). O dinheiro mantido como margem não pode ser usado para outras operações.

Traders de derivativos não pagam e nem recebem juros sobre o valor em suas contas de margem porque a taxa de juros de mercado está incluída no valor da opção ou do futuro.

Gerenciando chamadas de margem

Se o valor da sua garantia começar a cair e der sinais de que ficará abaixo da margem mínima estipulada pela corretora, você receberá uma *chamada de margem*, que é uma chamada da corretora para que deposite mais dinheiro na conta. Se você não puder fazer o depósito necessário, a corretora começará a vender seus títulos para quitar o empréstimo. E se não tiver o suficiente para quitar o empréstimo, a corretora fechará sua conta, e você poderá ficar devendo a ela.

DICA

A maioria das corretoras tem limites de gerenciamento de risco. Por isso, você provavelmente receberá muitos avisos antes de receber uma chamada de margem ou ver sua conta encerrada. Afinal, nem você e nem sua corretora querem perder dinheiro. Basta ter em mente que uma chamada de margem é uma possibilidade. Se sua conta diminuir ao nível de manutenção, pergunte-se, da forma mais sincera possível, se essa opção foi uma boa escolha ou não.

Pelo menos a corretora, prestando-lhe um serviço, avisa que encerrará sua conta assim que você perde o valor contido nela, para evitar mais perdas. Esse serviço ajuda tanto a corretora quanto você, pois evita que ela precise lidar com o aborrecimento de buscar margem adicional. Esse é um dos exemplos das políticas de gerenciamento de risco embutidas que as corretoras usam para limitar os riscos de todos.

Aproveitando as pechinchas de margem

Os day traders muitas vezes evitam chamadas de margem porque tomam dinheiro emprestado durante períodos curtos. Os bons day traders procuram pequenos movimentos de mercado e cortam suas perdas antecipadamente, o que minimiza o risco de usar o dinheiro alheio. E, por essência, day traders encerram suas posições todos os dias.

Se você se qualificar como day trader padrão, terá dois benefícios. Em primeiro lugar, sua corretora provavelmente não cobrará juros, desde que você não mantenha um saldo de empréstimo de um dia para o outro. Em segundo lugar, você poderá ter limites de alavancagem maiores. Algumas corretoras permitem que day traders padrão peguem emprestado 75% ou mais do valor em conta.

A Financial Industries Regulatory Association define *day trader padrão* como aquele com uma conta de margem de pelo menos US$25 mil. Além disso, também é necessário operar o mesmo ativo quatro ou mais vezes no mesmo dia, durante cinco dias seguidos de operação. O número de operações diárias deve ser superior a 6% das operações no mesmo período.[4]

Reviravolta das Vendas a Descoberto

Resumidamente, investidores e traders querem comprar na baixa e vender na alta. Eles compram uma posição em um ativo e esperam que o preço suba. Essa estratégia não é uma forma ruim de ganhar dinheiro, até porque, se a economia do país continuar crescendo, mesmo que pouco, os empreendimentos continuarão crescendo, assim como o valor das ações.

Contudo, mesmo em uma economia forte, o valor de alguns ativos cai. A empresa pode estar sendo mal administrada, pode operar um produto que não está sendo usado ou talvez esteja passando por maus bocados. Ou talvez o preço tenha subido um pouco demais e os investidores estejam recuperando o juízo. Nessas situações, não há como ganhar dinheiro comprando na baixa e vendendo na alta. Em vez disso, é preciso buscar uma maneira de reverter a situação.

A solução? Vender a descoberto — sem ter medo de ser descoberto, ahá! Em suma, *vender a descoberto* significa pedir um ativo emprestado e vendê-lo na esperança de pagar seu empréstimo com unidades mais baratas.

Na linguagem trader, ter algo é estar *comprado*. Quando você vende, principalmente algo que ainda não tem, está *vendido*. Não é preciso estar comprado para operar vendido.

Vendendo a descoberto

A maioria das corretoras facilita a venda a descoberto. Basta abrir uma ordem de venda das ações, e o broker lhe pergunta se está vendendo ações que tem ou a descoberto. Depois que faz o pedido, a corretora pega ações emprestadas para você vender. Ela as empresta para sua conta e executa a ordem de venda.

Só se vende a descoberto se a corretora tomar as ações emprestadas. Às vezes, tantas pessoas vendem a descoberto, que não sobram ações para emprestar. Nesse caso, opere outra ação ou estratégia.

---

4 N.R.: Essa é a definição norte-americana de day trader, que não se aplica no Brasil. Mantivemos para aqueles que operarão no mercado dos EUA.

LEMBRE-SE

Quando as ações forem vendidas, espere até que o preço caia, e, então, compre-as por uma pechincha. Em seguida, devolva-as à corretora para pagar o empréstimo e fique com a diferença entre o valor de venda e o de compra — menos os juros, é claro.

O negócio das bolsas de valores é ajudar as empresas a levantar dinheiro, por isso, as bolsas têm regras para preservar um viés de alta no mercado de ações. Essas regras podem desfavorecer o vendedor a descoberto. O principal regulamento é a chamada *regra do uptick*, que significa só poder vender uma ação a descoberto quando a última operação foi um movimento de alta. Não dá para vender uma ação cujo preço está caindo.[5]

A Figura 5-1 mostra como funciona a venda a descoberto. O trader toma emprestado 400 ações vendidas a R$25 cada e as vende. Se a ação cair, ele pode recomprá-la pelo preço mais baixo, obtendo um lucro considerável. Se o preço da ação se mantiver, ele perderá dinheiro, porque a corretora cobrará juros com base no valor das ações emprestadas. E se o preço das ações subir, ele não perderá dinheiro apenas com as despesas da operação, mas também com o investimento em si.

PAPO DE ESPECIALISTA

Os juros e taxas que a corretora cobra dos traders que tomam ações emprestadas ficam para a corretora, não para a pessoa que tem as ações. Na verdade, o mais provável é que o dono das ações nem fique sabendo que suas ações foram emprestadas.[6]

FIGURA 5-1: Analisando a venda a descoberto no mercado de ações.

O trader toma emprestado 400 ações da SuperCorp para vender. As ações são negociadas a US$25 cada. Ele as vende por US$10 mil. A corretora cobra 10% de juros.

Preço Inicial	Ações Emprestadas	Produto da Venda	Preço de Recompra	Custo de Recompra	Valor do Empréstimo	Lucro Líquido	Despesa de Juros	Taxa de Retorno	Variação do Preço em %
US$ 25	400	US$ 10.000	US$ 40	US$ (16.000)	US$ 10.000	US$ (6.000)	US$ 1.000	-70%	60%
US$ 25	400	US$ 10.000	US$ 25	US$ (10.000)	US$ 10.000	US$ -	US$ 1.000	-10%	0%
US$ 25	400	US$ 10.000	US$ 15	US$ (6.000)	US$ 10.000	US$ 4.000	US$ 1.000	30%	-40%

© John Wiley & Sons, Inc.

Quando vender?

Os investidores — aqueles caras que pesquisam a fundo e esperam permanecer em suas posições por meses ou mesmo anos — ficam atentos a empresas que estejam com expectativas muito infladas. Investidores que operam do lado vendido do mercado passam horas fazendo pesquisas contábeis, buscando empresas cujas ações têm maior probabilidade de cair de preço no futuro.

---

5 N.R.: A uptick rule não existe no Brasil. Mantivemos o texto caso o trader queira operar em mercados norte-americanos.

6 N.R.: No Brasil, as corretoras cobram uma taxa de aluguel do tomador e ficam com um percentual da taxa de aluguel de quem estiver emprestando. Contudo, a operação deve ser feita com a ciência e autorização do dono das ações.

Day traders não se preocupam com contabilidade. Eles não têm tempo de esperar uma queda para operar. Em vez disso, traders procuram ações que caem de preço por motivos mais banais, como a presença de mais vendedores do que compradores nos dez minutos seguintes. A maioria dos day traders que vende a descoberto simplesmente inverte sua estratégia de compra. Por exemplo, alguns day traders gostam de comprar ações cujos preços caíram por três dias consecutivos, presumindo um aumento no quarto dia, ou vender ações que subiram por três dias consecutivos, presumindo uma queda no quarto dia. Não é preciso de um contador para fazer isso!

As estratégias de trading são abordadas com mais detalhes nos Capítulos 9 e 10, caso queira algumas ideias.

Perdendo sua posição a descoberto?

A venda a descoberto acarreta certos riscos por ser um palpite de que as coisas darão errado. Isso porque, na teoria, não há limite de o quanto uma ação pode subir e nem de quanto dinheiro um vendedor a descoberto pode perder. Existem duas armadilhas para um vendedor a descoberto. A primeira é um ligeiro desvio devido a boas notícias, e a segunda é uma iniciativa para prejudicar os traders que estão vendidos.

Short squeeze

Um short squeeze é o que ocorre quando uma empresa popular entre vendedores a descoberto divulga notícias que elevam o preço das ações. Ou então quando alguns compradores simplesmente aumentam o preço para forçar a venda das posições vendidas, uma forma comum de manipulação do mercado. Quando o preço sobe, os vendedores a descoberto perdem dinheiro, e alguns têm até problemas de margem. Pode acontecer também de o motivo de operar vendido se mostrar equivocado. Outra possibilidade é aqueles que estão vendidos começarem a comprar as ações de volta para reduzir suas perdas, o que aumenta a demanda e, consequentemente, o preço das ações, causando perdas ainda maiores para quem está vendido. Que situação!

Desvantagens da posição a descoberto

Nem tudo são flores no mundo das vendas a descoberto. Muitos participantes do mercado não confiam nas pessoas que estão fazendo as pesquisas, em parte porque, muitas vezes, elas têm razão. Os executivos da empresa costumam ser verdadeiros otimistas que não gostam de ouvir más notícias, e culpam os vendedores a descoberto pelo preço de suas ações. Enquanto isso, alguns vendedores a descoberto ficam impacientes e começam a espalhar boatos para que as operações deem lucro.

Diversas empresas, corretoras e investidores odeiam os vendedores a descoberto, criando táticas para tirá-los do mercado. Às vezes, divulgam boas notícias ou espalham boatos positivos para gerar um short squeeze. Outras vezes, pedem aos acionistas que solicitem a suas corretoras que não emprestem suas ações, forçando os que venderam as ações a recomprá-las e devolvê-las, mesmo que isso não faça sentido.

Alavancando Tudo

Alavancagem é o uso de dinheiro emprestado para aumentar os retornos. Day traders usam muito a alavancagem para obter retornos maiores sobre mudanças de preço relativamente pequenas. E, desde que fechem suas posições ao final do dia, os day traders podem tomar mais dinheiro emprestado e pagar menos juros do que as pessoas que mantêm ativos por períodos maiores.

O empréstimo funciona de maneira diferente para cada mercado. Nos mercados de ações e títulos, é simples: ao abrir a ordem, basta abrir sua ordem na aba de alavancagem da sua corretora. Nos mercados de opções e futuros, os contratos que compra e vende têm alavancagem embutida. Embora não se trate de um empréstimo de dinheiro em si, é possível operar grandes valores com relativamente pouco dinheiro. As seções a seguir apresentam mais detalhes sobre esses aspectos.

Mercados de ações e títulos

A alavancagem é direta para compradores de ações e títulos: basta selecionar a opção "Alavancagem" ao abrir sua ordem, e a corretora lhe empresta dinheiro. Assim, quando o preço do ativo sobe, você obtém uma porcentagem de retorno maior, potencializando sua operação. Obviamente, isso também potencializa suas perdas. (Para saber mais detalhes sobre margem, veja a seção anterior "Margem É Pura Magia".)

A Figura 5-2 mostra como funciona a alavancagem. O trader pede dinheiro emprestado para comprar 400 ações da SuperCorp. Se a ação subir 4%, ele ganha 8%. Maravilha! Porém, se a ação cair 4%, ele ainda terá que pagar o empréstimo pelo valor total, então acaba perdendo 8%. Aí sujou.

LEMBRE-SE

Se mantiver a posição de margem de um dia para o outro ou durante mais tempo, terá de pagar juros, o que diminui seus retornos e aumenta suas perdas.

CAPÍTULO 5 **Riscos e Retornos com Alavancagem e Vendas a Descoberto** 87

Um trader compra US$10 mil em ações da SuperCorp com US$5 mil do próprio dinheiro e US$5 mil emprestado. As ações são negociadas a US$25 cada, então o trader compra 400 ações. Essa posição é encerrada ao final do dia e, por isso, não são cobrados juros. O que acontece à medida que o preço das ações muda?

	Preço Final	Valor Final	Valor do Empréstimo	Equidade Líquida	Taxa de Retorno do Trader	Variação do Preço em %
FIGURA 5-2: Um exemplo de ações operadas com margem.	US$ 26,00	US$ 10.400	US$ 5.000	US$ 5.400	8%	4%
	US$ 25,50	US$ 10.200	US$ 5.000	US$ 5.200	4%	2%
	US$ 25,00	US$ 10.000	US$ 5.000	US$ 5.000	0%	0%
	US$ 24,50	US$ 9.800	US$ 5.000	US$ 4.800	-4%	-2%
	US$ 24,00	US$ 9.600	US$ 5.000	US$ 4.600	-8%	-4%

© John Wiley & Sons, Inc.

Mercado de opções

Uma *opção* lhe dá o direito, mas não a obrigação, de comprar ou vender uma ação ou outro item a um preço definido quando o contrato vencer. Uma *opção call* lhe dá o direito de comprar, portanto, compre uma opção call se achar que o valor do ativo em questão está subindo. Uma *opção put* lhe dá o direito de vender, portanto, compre uma opção put se achar que o valor do ativo está caindo. (Veja mais sobre as opções no Capítulo 4.) Ao operar uma opção, você fica exposto a mudanças no preço do ativo sem adquirir o ativo em si. Essa é a fonte da alavancagem.

Um day trader pode usar opções para aproveitar as variações de preço de uma ação por muito menos dinheiro do que custaria a compra das ações em si. Suponha que uma opção call esteja *profundamente in the money*: o preço de exercício (preço pelo qual compraria a ação se exercesse a opção) está muito abaixo do preço da ação em si. Neste caso, o óbvio a fazer é fixar o preço da opção pela diferença entre o preço atual da ação e o preço de exercício, que é mais ou menos o que acontece — mais na teoria, menos na prática. Quando o preço da ação varia, o preço da opção varia praticamente o mesmo, permitindo que compre o desempenho do preço da ação com desconto, que é o preço de exercício da opção.

A Figura 5-3 mostra a alavancagem de aumento de desempenho dessa estratégia. O trader compra opções call com preço de exercício a US$10 sobre ações operadas a US$25. O preço da opção muda de acordo com o preço da ação, mas o comprador do call obtém um retorno percentual maior do que o do dono da ação.

Um trader compra opções call da SuperCorp, que estão profundamente in the money. O preço de exercício é de US$10, e as ações são negociadas a US$25.

	Preço da Ação	Preço Inicial da Ação	Preço de Exercício (Strike)	Preço da Nova Opção	Variação do Preço das Ações	Variação do Preço das Opções
FIGURA 5-3: O valor da opção muda com o preço da ação.	US$ 26,00	US$ 15,00	US$ 10,00	US$ 16,00	4%	7%
	US$ 25,50	US$ 15,00	US$ 10,00	US$ 15,50	2%	3%
	US$ 25,00	US$ 15,00	US$ 10,00	US$ 15,00	0%	0%
	US$ 24,50	US$ 15,00	US$ 10,00	US$ 14,50	-2%	-3%
	US$ 24,00	US$ 15,00	US$ 10,00	US$ 14,00	-4%	-7%

© John Wiley & Sons, Inc.

Day traders podem usar inúmeras estratégias de opções, mas discuti-las excede o escopo deste livro. O Apêndice contém alguns recursos que devem ajudá-lo.

Operando futuros

Um contrato *futuro* lhe dá a obrigação de comprar ou vender uma commodity financeira ou agrícola, supondo que ainda tenha o contrato na data de vencimento. Essa commodity varia desde o valor do tesouro direto a barris de petróleo e cabeças de gado, e basta puxar a carteira do bolso uma vez, que é quando adquire o contrato. Não é preciso chegar ao valor total até que o contrato vença — praticamente todos os traders de opções e futuros fecham suas operações muito antes da data de vencimento. Os futuros são abordados no Capítulo 4. O foco aqui é o funcionamento da alavancagem no mercado de futuros.

PAPO DE
ESPECIALISTA

Embora a maioria dos contratos de opções e futuros seja liquidada com dinheiro muito antes do vencimento, seus detentores têm o direito de mantê-los até o vencimento, e no caso de opções de ações ordinárias e derivativos agrícolas, demanda entrega física. É raro acontecer, mas as bolsas de commodities têm sistemas que determinam as diretrizes, como o tipo de transporte e as especificações para entrega de grãos, gado ou etanol. Uma vantagem do day trading é fechar as operações no mesmo dia, sem nem mesmo considerar essas diretrizes.

Como os *derivativos* têm alavancagem embutida que permite ao trader uma grande exposição ao mercado com relativamente pouco dinheiro, eles se tornaram populares entre os day traders. A Figura 5-4 mostra como funciona a alavancagem nos derivativos. Aqui, um trader está comprando o contrato futuro E-mini S&P 500 da Chicago Mercantile Exchange, que lhe dá exposição ao desempenho do Índice Standard and Poor's 500, comumente usado para medir o desempenho das ações de uma lista diversificada de 500 grandes empresas norte-americanas. O contrato futuro é operado a 50 vezes o valor do índice, arredondado para os US$0,25 mais próximos. A margem mínima que esse trader deve colocar no contrato é de US$3.500. Cada variação de US$0,25 no índice leva a US$12,50 (US$0,25 × 50) de variação no valor do contrato, com esse valor de US$12,50 sendo adicionado ou subtraído da margem de US$3.500.[7]

---

7 N.R.: No mercado brasileiro, a lógica é a mesma — mantivemos o exemplo usado no livro original para manter a didática. Um contrato equivalente por aqui seria o Contrato de Índice Futuro de Ibovespa, que acompanha o principal índice da B3. Ao contrário do contrato dado como exemplo aqui, que é negociado a 50 vezes o valor do índice, o contrato cheio de futuro do Ibovespa é calculado a partir dos pontos de índice, e cada ponto equivale a R$1,00.

FIGURA 5-4:
A margem e os derivativos são operados com alavancagem embutida.

Um day trader compra um contrato futuro E-Mini S&P 500 da Chicago Mercantile Exchange. O preço do contrato é US$50 × o índice. Para comprá-lo, o trader precisa de US$3.500 de margem.

Valor Inicial do Índice	Valor Final do Índice	Multiplicador	Valor Inicial do Contrato	Valor do Contrato	Variação do Valor em Dólares	Variação do Valor em Porcentagem	Margem Inicial	Margem Final	Percentual de Variação da Margem
1.457,50	1.458,50	US$ 50,00	US$ 72.875,00	US$ 72.925,00	US$ 50,00	0,07%	US$ 3.500,00	US$ 3.550,00	1,43%
1.457,50	1.458,00	US$ 50,00	US$ 72.875,00	US$ 72.900,00	US$ 25,00	0,03%	US$ 3.500,00	US$ 3.525,00	0,71%
1.457,50	1.457,50	US$ 50,00	US$ 72.875,00	US$ 72.875,00	US$ -	0,00%	US$ 3.500,00	US$ 3.500,00	0,00%
1.457,50	1.457,00	US$ 50,00	US$ 72.875,00	US$ 72.850,00	US$ (25,00)	-0,03%	US$ 3.500,00	US$ 3.475,00	-0,71%
1.457,50	1.456,50	US$ 50,00	US$ 72.875,00	US$ 72.825,00	US$ (50,00)	-0,07%	US$ 3.500,00	US$ 3.450,00	-1,43%

© John Wiley & Sons, Inc.

LEMBRE-SE

As corretoras costumam usar o termo alavancagem, e para operar alavancado, é preciso depositar ativos em margem como garantia. Isso se refere ao dinheiro colocado na mesa para garantir o cumprimento dos termos do contrato no vencimento. Se mantiver o contrato de um dia para o outro, sua conta é ajustada, refletindo, positiva ou negativamente, os lucros do dia. Caso os recursos fiquem muito escassos, será preciso depositar mais dinheiro.

Forex

O mercado de *câmbio*, ou de *forex*, é guiado pela alavancagem. Apesar das notícias alarmantes que você deve ver e ouvir nos jornais, as taxas de câmbio tendem a se mover lentamente, em apenas um décimo ou mesmo um centésimo de centavo de dólar por dia. E os mercados são tão grandes, que o risco de hedge é mais fácil nos mercados de câmbio do que em outros mercados financeiros. Você pode ter problemas para pedir emprestado ações que deseja vender, mas nunca terá problemas para pedir ienes emprestados. Para obter um grande retorno, os traders de forex quase sempre pedem grandes quantias de dinheiro emprestadas.

No mercado de ações, os day traders podem pegar emprestado até três vezes a quantidade de dinheiro e ativos de suas contas (embora nem todas as corretoras lhe permitam tomar emprestado essa quantia). Esse valor é definido por organizações regulatórias externas. No mercado cambial, não há regulamentação sobre empréstimos, e algumas corretoras de câmbio permitem que os traders tomem empréstimos de até quatrocentas vezes o valor da conta.

As corretoras de forex permitem empréstimos enormes porque podem proteger seus riscos de forma que, se você perder dinheiro, elas ganham. Se você vende dólares para comprar euros, por exemplo, a corretora pode facilmente vender euros para comprar dólares. Essa capacidade torna sua posição neutra. Se o euro cair em relação ao dólar, você perde dinheiro, mas a corretora pode compensar seu risco devida à contraoperação ter sido benéfica. Além disso, obviamente, a corretora recebe juros pela margem que você usa.

CUIDADO

A razão pela qual uma corretora de forex faz hedge de seus riscos contra seus clientes day traders é que a maioria deles perde dinheiro. A corretora sabe que, se apostar contra as operações agregadas realizadas por seus clientes, provavelmente sairá na frente. Não opere forex ou qualquer outro mercado sem uma estratégia e uma prática prévia para não virar estatística. O Capítulo 13 contém informações sobre como avaliar e testar estratégias de trading.

A Figura 5-5 mostra como a alavancagem no forex possibilita bons retornos. Aqui, o trader começa com uma conta de US$1 mil e toma emprestado o valor máximo permitido pelas corretoras de câmbio, que é de US$400 para cada dólar na conta. Todos os US$401 mil são usados para comprar euros. Observe que o valor do euro permanece estável, mas o valor equivalente em dólares desses euros varia centésimos de centavo de dólar. Graças à alavancagem, o retorno é de 11% — nada mal para um dia de operações! Obviamente, você pode perder 11%, o que não seria tão bacana.

FIGURA 5-5: Operando forex com margem.

m trader tem uma conta de forex com US$1 mil. Ele toma emprestado 400 vezes o valor da conta — US$400 mil — para comprar euros.

Taxa Inicial ólar/Euro	Taxa Final Dólar/Euro	Valor Inicial em Conta (US$)	Montante Adquirido (US$)	Montante Adquirido (€)	Montante Adquirido (€)	Montante Adquirido (€)	Valor do Empréstimo	Valor Final em Conta	Taxa de Retorno do Trader	Variação da Taxa Cambial em
0,7477	0,7475	US$ 1.000	US$ 401.000	€ 299.828	€ 299.828	US$ 401.107	US$ 400.000	US$ 1.107	11%	-0,03%
0,7477	0,7476	US$ 1.000	US$ 401.000	€ 299.828	€ 299.828	US$ 401.054	US$ 400.000	US$ 1.054	5%	-0,01%
0,7477	0,7477	US$ 1.000	US$ 401.000	€ 299.828	€ 299.828	US$ 401.000	US$ 400.000	US$ 1.000	0%	0,00%
0,7477	0,7478	US$ 1.000	US$ 401.000	€ 299.828	€ 299.828	US$ 400.946	US$ 400.000	US$ 946	-5%	0,01%
0,7477	0,7479	US$ 1.000	US$ 401.000	€ 299.828	€ 299.828	US$ 400.893	US$ 400.000	US$ 893	-11%	0,03%

© John Wiley & Sons, Inc.

LEMBRE-SE

A taxa de câmbio é apenas o preço do dinheiro. Se a taxa entre o dólar e o euro for de 0,86, então US$1 comprará €0,86.

Usando Dinheiro Emprestado em Seu Negócio de Trade

A alavancagem é apenas parte dos empréstimos possíveis para seu negócio de day trading. Como qualquer empresário, às vezes você precisa de mais dinheiro do que sua empresa gera. Outras vezes, você encontra oportunidades de expansão que exigem mais dinheiro do que você tem. Nesta seção, discuto como e por que os day traders podem tomar dinheiro emprestado além das operações alavancadas.

Empréstimos para fluxo de caixa

Se o day trading passar a ser seu trabalho, você enfrentará um desafio constante: como cobrir os custos de vida e, ao mesmo tempo, manter dinheiro suficiente na conta para operar? Uma das maneiras de fazê-lo é ter outra fonte de renda — seja de poupança, de um cônjuge ou de um emprego que não coincida com o horário dos mercados. Outros day traders retiram dinheiro de sua conta de operação.

Se o mercado não cooperar, sua conta pode ficar sem o suficiente para permitir a retirada de fundos e ainda manter capital suficiente para operar. Uma alternativa é conseguir empréstimo junto ao seu banco ou instituição financeira. Você pode gastar o dinheiro da maneira que quiser, mas são cobrados juros, e você precisa os reembolsar. Ainda assim, um empréstimo de margem é uma boa opção para entender por que os ganhos do day trading tendem a ser erráticos.

Empréstimos para operar

Alguns day traders usam uma dupla camada de alavancagem: eles pegam dinheiro emprestado para abrir suas contas de operação e pedem dinheiro emprestado para suas estratégias de operação. Se o mercado cooperar, esse tipo de empréstimo constitui uma excelente maneira de ganhar dinheiro, mas se o mercado não o fizer, você pode acabar devendo a muitas pessoas um dinheiro que não tem.

No entanto, se quiser correr o risco, existem algumas pessoas a quem recorrer, além de seus pais: você pode hipotecar sua casa, usar seus cartões de crédito ou encontrar uma corretora de trading que lhe dará algum dinheiro para trabalhar.

Hipotecando sua casa

Sim, você pode usar uma hipoteca ou uma linha de crédito de home equity para conseguir dinheiro para suas atividades de day trading. Em geral, essa opção acarreta baixas taxas de juros, pois a casa é sua garantia. Na maioria dos casos, no entanto, os juros não são dedutíveis do imposto (pergunte ao seu contador, mas geralmente você só pode deduzir os juros usados para comprar ou melhorar sua casa). Ainda assim, hipotecar sua casa é uma forma relativamente simples de aproveitar o valor do imóvel nas suas operações.

CUIDADO

O risco? Se você não conseguir pagar o empréstimo, perderá sua residência. Se você decidir seguir essa estratégia, lembre-se de não hipotecar seu carro junto, pois você precisará de um lugar para morar quando o banco executar a hipoteca.

Cartões de crédito

O mundo dos negócios está repleto de pessoas que começaram empreendimentos usando cartões de crédito. Você também pode fazer isso. Se você tiver um bom crédito, as empresas credoras ficarão felizes em lhe emprestar.

CUIDADO

Obviamente, as empresas de cartão de crédito cobram juros muito altos, que mesmo os traders mais experientes terão dificuldades para cobrir com seus retornos. Se a única maneira de levantar capital para o day trading é por meio do cartão de crédito, considere esperar alguns anos e poupar dinheiro antes de entrar nessa. Como a receita do day trading é irregular, você pode usar seus cartões de crédito para cobrir suas despesas de vida durante alguns meses. Talvez seja melhor reservar esse crédito para isso, em vez de dedicá--lo diretamente às operações.

Assumindo os riscos com uma corretora de trading

Algumas corretoras que trabalham com trading estão dispostas a conquistar novos traders. Você pode precisar ser aprovado em um treinamento, pagar uma taxa para alugar uma mesa no escritório ou usar o software remotamente. A empresa observa seus padrões de operação, incluindo seus lucros e gerenciamento de risco. Se os diretores gostarem do que virem, oferecem-lhe dinheiro para que você opere, recolhendo, obviamente, parte dos lucros.

CUIDADO

Pedir dinheiro emprestado para expandir seu empreendimento de trading pode ser uma boa ideia. Pedir dinheiro emprestado porque você está sentindo que a próxima operação será um sucesso absoluto é uma péssima ideia.

Custos de free riding[8]

A lógica usada por alguns traders é a seguinte: dispensar contas de margem para comprar um ativo com o dinheiro da conta e vendê-la antes de ter que pagar. Isso é conhecido como *free riding*, e a SEC não vê essa atividade com bons olhos. Na verdade, as corretoras são obrigadas a congelar a conta de um cliente por noventa dias quando identificam o free riding. Assim, o cliente só pode operar se pagar por cada operação conforme for feita, em vez de receber os três dias normalmente permitidos.

Se você estiver operando com dinheiro próprio, pode evitar que seus ativos sejam congelados por suspeita de free riding pagando por todas os ativos que comprou nos últimos três dias, sem depender do dinheiro da venda desses ativos para cobrir o pagamento. A alternativa é operar em uma conta de margem.

Riscos e Retornos com Base nas Vendas a Descoberto e Alavancagem

A alavancagem acrescenta risco a suas operações, e isso pode lhe dar retornos muito maiores. A maioria dos day traders usa alavancagem, pelo menos às vezes, para fazer com que suas operações rendam lucros consideráveis. O desafio é usar a alavancagem com responsabilidade. O Capítulo 6 aborda em maiores detalhes a gestão de dinheiro. Aqui, abordo as duas questões mais cruciais da alavancagem: perder seu dinheiro e perder sua paciência. Compreender esses riscos o ajuda a determinar quanta alavancagem usar e com que frequência.

---

8 N.R.: No Brasil, em algumas corretoras não é possível comprar ações sem ter o dinheiro para isso. Contudo, isso pode ser possível em alguns outros tipos de ativos, como renda fixa. Caso não deposite os recursos antes da liquidação, sua operação não será concluída, e você sofrerá penalidades de sua corretora.

Não perca dinheiro

Perder dinheiro é um perigo óbvio. A alavancagem aumenta seus retornos, mas também seus riscos. Qualquer empréstimo deve ser pago de qualquer maneira. Se você compra ou vende um contrato de futuros ou opções, é legalmente obrigado a quitá-lo, mesmo que tenha perdido dinheiro. Isso às vezes é bem difícil.

LEMBRE-SE

Day trading é arriscado em grande parte por causa da quantidade de alavancagem usada. Se você não se sentir confortável com isso, pode querer usar pouca ou nenhuma alavancagem, especialmente quando é novo no day trading ou está começando a testar uma nova estratégia de negociação.

Não perca a paciência

O risco e o retorno de sua estratégia não são afetados pela alavancagem. Se você elabora uma estratégia para obter 60% de acerto, isso deve acontecer, não importa quanto dinheiro esteja em jogo ou de onde tenha vindo. No entanto, operar com dinheiro emprestado *faz* diferença em algum nível subconsciente.

CUIDADO

Operar nos mercados é um jogo psicológico. Se você hesitar em fazer uma operação, cortar perdas ou seguir sua estratégia, certamente terá problemas. Digamos que você esteja operando futuros e decida aceitar três downticks ou cinco upticks antes de fechar a posição. Essa estratégia significa que você está disposto a aceitar algumas perdas, cortá-las se saírem de controle e também ser disciplinado quanto a obter ganhos. Ela mantém o controle sobre suas perdas e força a disciplina sobre os ganhos. Agora, suponha que você esteja lidando com uma alavancagem muito ampla. De repente, cada downtick parece uma verdadeira facada — trata-se de um dinheiro que você não tem. Assim, você resolve aceitar apenas dois downticks antes de fechar a posição. Só que isso reduz suas chances de sucesso. Agora digamos que você decida surfar na onda das altas e, de repente, percebe que não está realizando lucros rápido o suficiente, e suas posições começam a se mover contra você. Seu medo de fracassar o deixa desleixado. É por isso que muitos traders acham melhor pedir menos dinheiro emprestado e seguir sua estratégia, em vez de pedir emprestado o máximo permitido e deixar que a dimensão da operação atrapalhe seu julgamento. Os credores também perdem a paciência. Sua corretora pode fechar sua conta devido a perdas, embora esperar um pouco mais possa transformar uma posição perdedora em lucro. Lembra-se da Bear Stearns, a grande corretora sofisticada que foi fechada em março de 2008? Ou da Lehman Brothers, aquela corretora chique que foi fechada em setembro de 2008? Ambas foram fechadas devido a grandes perdas que motivaram a falta de confiança de seus credores. Eles, por sua vez, não liberaram mais empréstimos.

> **NESTE CAPÍTULO**
>
> » Calculando o retorno esperado
> » Conhecendo a probabilidade do fracasso
> » Refletindo sobre os diversos métodos de gestão de dinheiro
> » Entendendo o que gestão de dinheiro tem a ver com retornos
> » Decidindo o que fazer com seus lucros

Capítulo **6**

Gerenciando Seu Dinheiro e Suas Operações

Você não pode operar sem dinheiro. Obviamente, sua corretora emprestará alguns fundos, mas apenas se você tiver certa quantia de margem. É necessário estar pronto para arcar com suas perdas.

Sendo assim, quanto dinheiro você deve colocar em risco cada vez que operar? Arrisque demais e você será colocado para fora do mercado se perder seu capital. Arrisque de menos e você será colocado para fora do mercado por não conseguir lucro suficiente para cobrir suas despesas e o tempo dedicado.

Diversos teóricos acadêmicos e traders experientes desenvolveram sistemas de gestão de dinheiro projetados para ajudar traders, investidores e até mesmo apostadores a gerenciar seu dinheiro de maneira a maximizar o retorno enquanto protegem seu capital. Neste capítulo, explico como alguns dos sistemas mais conhecidos funcionam para descobrir a melhor forma de aplicá-los às suas operações, o que o ajudará a proteger seus fundos e a dimensionar as operações em que pode atuar. Assim, você continuará operando pelo tempo que desejar.

Nota: parte do material deste capítulo está relacionado à *alavancagem*, que é pedir dinheiro emprestado para operar. Como a alavancagem aumenta consideravelmente a quantia disponível para operar, bem como o risco e o retorno das operações, ela afeta a forma de administrar o dinheiro. Veja o Capítulo 9 para obter mais informações sobre alavancagem e os motivos de usá-la.

Definindo Suas Expectativas

O retorno é uma função do risco. Se você quiser um retorno garantido, vá ao seu banco e abra uma conta poupança. Os retornos são comicamente baixos, mas você não terá nenhum risco. Se você quer retornos mais gordos do que seu banco está cotando, bem, você deve assumir pelo menos um pouco de risco. Quando você assume algum risco, aumenta tanto a probabilidade de retorno quanto a de perda.

Day traders bem-sucedidos perdem dinheiro o tempo todo, mas são capazes de continuar operando. Se estiver diante de uma operação com 0,5% de chance de perda no total de 100%, as probabilidades indicam que você perderia tudo ao longo de 200 operações — mas apenas se você colocasse todo seu dinheiro em cada uma. Se você colocar apenas parte de seu dinheiro em cada operação, nunca perderá tudo. Claro, você não aproveitará todo o potencial de alta, mas conseguirá um bom retorno com mais frequência, pois repetirá a operação.

LEMBRE-SE

O termo-chave em investimentos é *diversificação:* se seu dinheiro for distribuído entre diferentes ativos, o retorno de longo prazo será maior, e o risco, menor do que se você se comprometer com apenas um ativo.

Fazer trading não é investir, mas o conceito também se aplica aqui. Se você dividir seu dinheiro entre algumas operações ou sempre manter algum dinheiro na conta para a próxima operação, certamente ganhará mais dinheiro no longo prazo do que se alocar tudo em apenas uma ideia. Obviamente, arriscar tudo em uma operação pode funcionar, mas será que você é sortudo assim? Quem é inteligente ao gerir seu dinheiro não precisa de sorte.

Definindo a expectativa de retorno

Antes de descobrir como gerenciar seu dinheiro, você precisa definir sua expectativa. Esse montante é o *retorno esperado*, embora alguns traders prefiram a palavra *expectativa* mesmo. Comece estabelecendo e testando seu sistema de operação (veja o Capítulo 16). Em seguida, volte-se a estes quatro números:

» Quantas de suas operações foram fracassadas?

» Qual é a porcentagem de perdas de determinada operação fracassada?

» Quantas de suas operações foram bem-sucedidas?

» Qual é a porcentagem de ganhos de determinada operação bem-sucedida?

Digamos que você defina 40% de fracassos, com taxa de perda de 1% para determinada operação. Em 60% das vezes, essa operação obtém sucesso, gerando ganhos de pelo menos 1,5%. Com esses valores, você pode calcular seu retorno esperado por operação desta maneira:

% de operações fracassadas × prejuízos das operações fracassadas + % de operações bem-sucedidas × lucros das operações bem-sucedidas = retorno esperado

Que, neste exemplo, acaba sendo

0,40 × –0,01 + 0,60 × 0,015 = –0,004 + 0,009 = 0,005, que é o mesmo que 0,5%.

Em média, você esperaria ganhar 0,5% em cada operação. Faça apenas as operações suficientes usando a quantia suficiente, e tudo se encaixará.

LEMBRE-SE

É mais provável que você ganhe mais dinheiro se tiver expectativas de ganhos e sucesso maiores. Enquanto houver probabilidade de perda, você perderá dinheiro.

Definindo a probabilidade de ruína

O retorno esperado é o número feliz. É quanto dinheiro você pode esperar ganhar se continuar operando. Contudo, há uma contrapartida que, embora não seja tão feliz, é pelo menos tão importante quanto: a *probabilidade de ruína*.

Sim, ruína.

Enquanto houver alguma probabilidade de ruína, não importa o quão pequena, existe a probabilidade de você perder tudo. O quanto você pode perder depende do tamanho de cada operação em relação à sua conta, da probabilidade de perda de cada operação e do tamanho das perdas à medida que ocorrem. (Acha que não pode acontecer? Isso é o que disseram os principais executivos da AIG, Bear Stearns, Lehman Brothers e Washington Mutual.)

Diversos traders que têm estratégias de operação bem-sucedidas acabam arruinados por causa de algumas operações ruins. Todo trader perde algumas vezes, mas essas perdas não precisam encerrar sua carreira se ele entender a probabilidade de ruína e como usá-la. A equação para calcular a probabilidade de ruína (R) é:

$$R = \left[\frac{1-A}{1+A}\right]^c$$

Nesta equação, A é a vantagem de cada operação. Essa é a diferença entre a porcentagem de operações bem-sucedidas e a de operações fracassadas. No exemplo de retorno esperado, as operações têm sucesso em 60% das vezes, e fracassam em 40% das vezes. Neste caso, a vantagem do trader seria:

60% - 40% = 20%

Enquanto isso, c é o número de operações em uma conta. Suponha que você esteja dividindo a conta em dez partes iguais, planejando fazer dez operações hoje. A probabilidade de ruína hoje é de 1,7%, conforme mostrado nesta equação:

$$1{,}7\% = \left[\frac{1-0{,}20}{1+0{,}20}\right]^{10}$$

Repare que 1,7% não é uma grande probabilidade de ruína, mas também não é nula. Pode acontecer. Se sua vantagem for menor, se a perda esperada for maior ou se o número de operações for menor, a probabilidade acaba sendo ainda maior.

A Figura 6-1 mostra a relação entre a vantagem do trader, o número de operações e a probabilidade de ruína correspondente, arredondada para a porcentagem mais próxima.

Probabilidade de Fracasso

Quantidade de Operações

Vantagem do Trader	1	2	3	4	5	6	7	8	9	10
2%	96%	92%	89%	85%	82%	79%	76%	73%	70%	67%
4%	92%	85%	79%	73%	67%	62%	57%	53%	49%	45%
6%	89%	79%	70%	62%	55%	49%	43%	38%	34%	30%
8%	85%	73%	62%	53%	45%	38%	33%	28%	24%	20%
10%	82%	67%	55%	45%	37%	30%	25%	20%	16%	13%
12%	79%	62%	49%	38%	30%	24%	18%	15%	11%	9%
14%	75%	57%	43%	32%	24%	18%	14%	10%	8%	6%
16%	72%	52%	38%	27%	20%	14%	10%	8%	5%	4%
18%	69%	48%	34%	23%	16%	11%	8%	5%	4%	3%
20%	67%	44%	30%	20%	13%	9%	6%	4%	3%	2%

FIGURA 6-1: Incluindo a vantagem do trader no panorama geral.

© John Wiley & Sons, Inc.

Quanto maior a margem e quanto mais operações forem possíveis, menor será a probabilidade de ruína. Porém, vale lembrar que esse modelo é simplificado, pois assume que uma operação fracassada termina zerada, e nem sempre isso acontece. Na verdade, se você usar stops (ordens automáticas de compra e venda, descritas no Capítulo 2), nunca terá 100% de perda. Contudo, as operações podem ser encerradas em momentos inoportunos, o que dificultará os lucros. Em virtude disso, a probabilidade de ruína é um cálculo muito útil que mostra se você perderá dinheiro no longo prazo.

Quanto mais operações você puder fazer, menor será sua probabilidade de ruína. É por isso que a gestão de dinheiro é uma parte fundamental da gestão de risco.

Saia na Frente com um Plano de Gestão de Dinheiro

Enquanto houver possibilidade de perder todo seu dinheiro, você deve evitar apostar tudo em uma única operação. Mas enquanto houver chance de ganhar dinheiro, você deve ter exposição suficiente a uma operação bem-sucedida para obter bons lucros. Como você sabe quanto dinheiro arriscar?

Mais à frente neste capítulo, descrevo alguns dos diferentes sistemas de gestão de dinheiro que traders usam para definir quanto dinheiro arriscar por operação. Contudo, antes disso, quero explicar a lógica por trás de um sistema de gerenciamento de dinheiro, para que você entenda por que precisa de um. Dessa forma, você pode gerenciar melhor seus fundos e melhorar os retornos de suas operações.

Minimizando danos e potencializando oportunidades

O retorno esperado oferece uma perspectiva de quanto você pode obter, em média, com uma operação, mas não diz o quanto esse retorno pode variar de uma operação para outra. A média entre 9, 10 e 11 é 10. A média entre −90, 10 e 110 também é 10. A primeira série de números é muito mais estreita do que a segunda. Quanto mais ampla a gama de retornos de uma estratégia, mais *volátil* ela é.

Day traders buscam ativos mais voláteis por oferecer mais oportunidades de ganhar dinheiro diariamente. Por esse motivo, eles precisam de formas de minimizar os danos potenciais e, ao mesmo tempo, lucrar com as altas. Para tal, a gestão de dinheiro ajuda.

No mercado por mais tempo

O dinheiro que você tem para operar é limitado. Quer seja R$1 mil ou R$1 milhão, se o dinheiro acabar, você está fora. O problema é que você pode ter uma longa sequência de operações fracassadas antes que os mercados sigam uma direção favorável a você e seu sistema.

MEDINDO A VOLATILIDADE

É possível medir volatilidade de várias maneiras, e uma medida comum para isso é o *desvio-padrão*, que indica a probabilidade de seu retorno atual ser diferente do que você espera. Quanto maior o desvio-padrão, mais volátil e arriscada é a estratégia.

Nos mercados de derivativos, a volatilidade é medida por um grupo de números conhecido como *numerais gregos:* delta, gama, vega e theta. Esses números são baseados em cálculos, mas não se preocupe se você os esqueceu ou nunca os estudou!

- **Delta** é um índice que indica quanto o valor da opção ou futuro varia em função do valor do ativo ou do índice subjacente. O delta varia com o tempo.
- **Gama** é a taxa de variação do delta. O delta de um derivativo é maior quando está próximo da data de vencimento, por exemplo, do que quando a data de vencimento está distante.
- **Vega** é o valor que o derivativo assume conforme a volatilidade implícita do título subjacente varia 1%.
- **Theta** é a quantidade que o preço de um derivativo diminui à medida que se aproxima do dia do vencimento.

Digamos que você opere com 100% de sua conta. Se tem uma operação que cai 100%, você não tem mais nada. Se você dividir sua conta em dez partes, terá dez fracassos antes de sair. Se você começar com dez partes iguais e dobrar cada vez que perder, sairá após quatro operações fracassadas.

Por outro lado, se você dividir sua conta em cem partes, poderá aguentar até cem operações fracassadas. Se você operar frações de sua conta, poderá continuar indefinidamente, ou pelo menos até chegar a um nível muito baixo para abrir uma ordem. (Essa é a filosofia por trás do critério de Kelly, descrita posteriormente neste capítulo.) A gestão do dinheiro o mantém no jogo por mais tempo, e isso lhe dá mais oportunidades de realizar operações bem-sucedidas.

LEMBRE-SE

Quanto mais arriscada for sua estratégia de operação, mais atenção você precisa dedicar à gestão do dinheiro. Caso contrário, você será expulso do mercado.

Saindo antes de perder tudo

Um sistema de gerenciamento de dinheiro funciona melhor se o trader que o usa sabe quando fechar uma posição. Você tem que ter um plano de operação e saber quando está disposto a sair: na alta mais recente? Alguns pontos abaixo da máxima mais recente? Alguns pontos acima de onde você entrou? Alguns ticks abaixo de onde entrou, para limitar suas perdas?

Às vezes, o mercado surta, e você não consegue sair tão rápido quanto gostaria. Nessas situações, surgem as pequenas chances de perder tudo, e uma boa gestão de dinheiro oferece maior proteção.

Em dias normais de operação, certifique-se de complementar a dimensão da sua posição e da proteção de capital com ferramentas de operação comuns: planejamento e uso de ordens stop e limite. Você pode revisá-los no Capítulo 2.

Contabilização de custos de oportunidade

Custo de oportunidade é o valor do qual você abre mão ao optar por fazer outra coisa. No trading, cada real que você compromete em uma operação é um real que você não pode colocar em outra operação. Assim, cada real que você opera acarreta algum custo de oportunidade, e os bons traders procuram minimizar esse custo. Durante o dia, você encontrará diversas boas operações, e algumas oportunidades aparecerão antes que você esteja pronto para fechar uma outra operação.

Como um sistema de gestão de dinheiro retém parte de seu capital, é mais provável que você tenha fundos para aproveitar essas oportunidades do que se alocar seu dinheiro à toa. Seu plano pode fazer com que você perca algumas operações, mas tudo bem: se você acredita que está perdendo muitas operações, experimente outro sistema para ver se oferece melhores resultados. Faça o que fizer, não ignore a gestão do dinheiro.

LEMBRE-SE

Se você comprometer todo seu capital em uma operação, perderá a próxima. Este, por si só, já é um bom motivo para manter algum dinheiro na mesa cada vez que operar.

Estilos de Gestão de Dinheiro

Ao longo dos anos, os traders desenvolveram diversas maneiras de gerir seu dinheiro. Algumas estratégias de gerenciamento estão enraizadas em superstições, mas a maioria é baseada em teorias de probabilidade estatística. A ideia é a de que você nunca deve colocar todo seu dinheiro em uma única operação. Em vez disso, deve colocar uma quantia apropriada, dado o nível de volatilidade. Caso contrário, você corre o risco de perder tudo.

DICA

Calcular o tamanho da posição, em muitas dessas fórmulas, é complicado. É por isso que as corretoras e os pacotes de software de trading geralmente incluem calculadoras de gestão de dinheiro. Verifique o Capítulo 11 para obter mais informações sobre as corretoras e o Capítulo 12 para mais sobre diferentes softwares e serviços de pesquisa.

Nas seções a seguir, apresento os diversos tipos de métodos de gestão de dinheiro. Existem outros métodos, e nenhum se aplica a todos os mercados. Se você operar opções e ações, convém usar um sistema para operar opções e outro para operar ações. E caso esta seja sua situação, você tem uma grande decisão de gerenciamento de dinheiro a tomar antes de começar: quanto dinheiro alocar em cada mercado!

Limitando porções: Fracionário fixo (Fixed Fractional)

O trading de *fracionário fixo* presume que você deseja limitar cada operação a uma parte de sua conta, geralmente entre 2% e 10%. Dentro dessa faixa, você opera uma porcentagem maior em operações menos arriscadas e uma quantidade menor em operações mais arriscadas. (Em outras palavras, esse método não é tão "fixo", mas ninguém me pediu para dar nome ao sistema!)

Aqui está a equação do fracionário fixo para calcular proporções fracionárias fixas de suas operações.

$$N = f\left(\frac{equidade}{|risco|}\right)$$

N é o número de contratos ou ações que você operará, f é a fração fixa de sua conta que você decidiu operar, *equidade* é o valor total da sua conta, e *risco* é a quantidade de dinheiro que você pode perder na operação. Como o risco é um número negativo, você precisa inverter seu sinal para que a equação funcione. Essas barras verticais na equação (| |) indicam valor absoluto, o que significa mudar o sinal do número que estiver entre elas para positivo.

Eis um exemplo de uso da equação. Suponha que você tenha decidido limitar cada operação a 10% do total de sua conta. Suponha também que você tenha uma conta de R$20 mil e esteja analisando contratos com um valor de R$3.500. Defina sua operação com base na suposição de que o valor dos contratos cairá até zero para analisar o pior cenário possível. Ao substituir os valores na equação e efetuá-la, você terá:

$$0{,}57 = 0{,}10\left(\frac{20.000}{|-3.500|}\right)$$

Obviamente, é mais provável que você não consiga operar 0,57 de um contrato, então arredonde para um.

Protegendo os lucros: Proporção fixa (Fixed Ratio)

Desenvolvido por um trader chamado Ryan Jones, o sistema de gestão de dinheiro da *proporção fixa* é usado para opções e futuros. A ideia por trás do conceito de proporção fixa é aumentar sua exposição ao mercado e proteger seus lucros acumulados.

Para encontrar o número ideal de opções ou contratos futuros, use esta equação

$$N = 0{,}50\left(\sqrt{1+8\left(P/\Delta\right)}+1\right)$$

N é o número de contratos ou ações, P é o lucro acumulado até o momento, e Δ (delta) é o valor de que você precisa antes de operar um segundo contrato ou lote de ações. (Não confunda esse delta com o delta usado para medir a volatilidade. Veja o box "Medindo a volatilidade" para obter mais informações.)

Por exemplo, a margem mínima para o contrato futuro da Chicago Mercantile Exchange E-mini S&P 500, que lhe expõe ao índice de ações Standard & Poor's 500, é de US$3.500. Até que tenha mais US$3.500 em sua conta, você não pode operar um segundo contrato. Se usar o gerenciamento de dinheiro de proporção fixa para operar esse futuro, seu delta será de US$3.500.[1]

Eis um exemplo de cálculo da proporção fixa. Suponha que seu delta seja de R$3.500 e que você tenha R$10 mil em lucros. Se você substituir os valores e calcular, chegará à conclusão de que deve operar 2,94 contratos:

$$2{,}94 = 0{,}50\left(\sqrt{1+8\left(10.000/3.500\right)}+1\right)$$

Isso significa que você pode operar apenas um ou dois contratos. Essa é uma das imperfeições da maioria dos sistemas de gerenciamento de dinheiro.

Ficando nos 10%: Gann

William Gann desenvolveu um sistema complexo para identificar operações de ativos. Parte de seu sistema era uma lista de regras de gestão de dinheiro, e muitos traders a seguem, alguns exclusivamente.

DICA

A regra principal é esta: divida seu dinheiro em dez partes iguais e nunca coloque mais de 10% em uma única operação. Essa estratégia ajuda a controlar seu risco, quer você use ou não o Gann completo. (Discuto o Gann no Capítulo 7.)

---

1 N.R.: Mantivemos o exemplo dado pelo livro no original em inglês, mas a lógica da equação funciona da mesma maneira para ativos brasileiros. Consulte com a sua corretora qual a margem mínima exigida para cada tipo de contrato futuro que quiser operar.

Encontrando a porcentagem ideal: Critério de Kelly

O critério de Kelly permite determinar a porcentagem ideal de seu portfólio a colocar em risco. Para calcular quanto deve ser submetido a risco, você precisa saber qual é a porcentagem de operações de que espera sucesso, o retorno médio de uma operação bem-sucedida e o desempenho da relação entre operações bem-sucedidas e operações fracassadas. A forma abreviada que muitos traders usam para o critério de Kelly é a margem dividida pela probabilidade. Na prática, a fórmula fica assim:

$$\text{Kelly}\% = W - \left(\frac{1-W}{R}\right)$$

W é a porcentagem de operações bem-sucedidas, e R é a proporção de sucessos em relação aos fracassos.

Para ver um exemplo dessa fórmula, considere um sistema que fracassa em 40% das vezes com perda de 1% e que obtém sucesso em 60% das vezes com ganho de 1,5%. (Parece familiar? Usei esse mesmo exemplo no início do capítulo.) Substituindo esses valores na fórmula Kelly, a porcentagem ideal para operar é de 33,3%:

$$\text{Kelly}\% = W - \left(\frac{1-W}{R}\right) = 0{,}60 - \left(\frac{1-0{,}60}{0{,}015 / 0{,}010}\right) = 33{,}3\%$$

Nessa situação, contanto que limite suas operações a não mais do que 33% de seu capital, você nunca ficará sem dinheiro. O problema, claro, é que, se você tiver uma longa série de fracassos, pode acabar com muito pouco dinheiro para executar uma operação. Muitos traders usam uma estratégia "meio Kelly", limitando cada operação à metade do valor indicado pelo critério de Kelly, como uma forma de evitar que a conta de operação encolha rapidamente. É mais provável que façam isso se o critério de Kelly apontar um número maior do que 20%, como acontece nesse exemplo.

PAPO DE ESPECIALISTA

Esse método de gestão de dinheiro surgiu a partir de um trabalho estatístico feito nos Bell Laboratories na década de 1950. O objetivo era descobrir as melhores maneiras de gerenciar problemas de sinal-ruído em comunicações telefônicas de longa distância. Logo os matemáticos envolvidos perceberam que ela poderia ser usada para apostas, e, em seguida, a fórmula estourou. Na verdade, um professor de matemática, Edward O. Thorpe, usou o critério de Kelly com grande sucesso para ganhar muito no blackjack em Las Vegas no início dos anos 1960, o que levou a uma mudança nas regras do cassino.

Em um cassino, as regras estão contra você. Se você encontrar uma vantagem, logo será convidado a deixar o estabelecimento, que mudará as regras. Nos mercados financeiros, as chances são justas e podem estar até mesmo a seu favor, mostrando uma melhor oportunidade de ganhar dinheiro praticando suas estratégias.

Dobrando: Martingale

O estilo *martingale* de gestão de dinheiro é comum entre apostadores veteranos, e muitos traders também o usam. Ele foi projetado para aumentar os retornos em um jogo com chances iguais. A maioria das probabilidades de cassino favorece a casa (as rodas da roleta costumavam ser uniformemente pretas e vermelhas, mas os cassinos descobriram que poderiam ganhar mais dinheiro se inserissem uma parte verde para zero, descartando assim as probabilidades). O day trading, por outro lado, é um jogo de soma zero, principalmente nos mercados de opções e futuros. Para cada vencedor, há um perdedor: as chances de qualquer operação ser bem-sucedida são iguais. O sistema de martingale é projetado para funcionar em mercados nos quais as chances são iguais ou estão a seu favor.

Na estratégia de martingale, você começa com um valor definido por operação, digamos R$2 mil. Se sua operação for bem-sucedida, você opera outros R$2 mil. Se sua operação fracassar, você dobra sua próxima ordem (depois de fechar ou limitar a primeira operação) para que possa recuperar a perda. (Você já deve ter ouvido apostadores dizendo *eu dobro*. Bem, é isso que eles estão fazendo.)

LEMBRE-SE

No sistema de martingale, você sempre sai na frente, *contanto que tenha uma quantidade infinita de dinheiro para operar*. Entende o problema? Você pode ficar sem dinheiro antes de encontrar uma operação que funcione. O mercado, por outro lado, tem recursos quase infinitos devido ao grande volume de participantes pelo mundo. Resumindo, você está em uma desvantagem enorme. Enquanto você tiver uma desvantagem, uma gestão cuidadosa do dinheiro é essencial.

Tecnologia na área: Simulação de Monte Carlo

Se você tiver experiência em programação ou comprar o software certo, pode executar o que é conhecido como *simulação de Monte Carlo*, nomeado em homenagem à famosa cidade-cassino. Nesse cálculo, você insere os parâmetros de risco e retorno, bem como o valor da conta, e deixa o programa rodar. Em seguida, ele apresenta o tamanho de operação ideal. O sistema não é perfeito: não calcula todas as situações de mercado que você enfrentará e tem o mesmo problema do trading fracionário que os outros sistemas. Porém, há uma grande vantagem: ele pode calcular mudanças aleatórias nos mercados de um modo que os modelos-padrão de gestão do dinheiro não fazem.

Existem diferentes escolas de pensamento a respeito das teorias estatísticas que entram em uma simulação de Monte Carlo. Felizmente, você não precisa conhecê-las para usar as estimativas do sistema de retorno do mercado para determinar a dimensão das operações à medida que o mercado muda.

DICA

Uma simulação de Monte Carlo é mais dinâmica do que a maioria dos outros sistemas de gerenciamento, mas não é tão fácil de usar. Por esse motivo, não é um projeto do tipo "faça você mesmo", a menos que você tenha ampla experiência no desenvolvimento desses programas. Se você estiver interessado, precisa encontrar um programa adequado. Muitas corretoras incluem pacotes de simulação Monte Carlo em suas plataformas de day trading.

Considerando o desempenho anterior: O F ideal (Optimal F)

O sistema *F ideal* de gerenciamento de dinheiro foi desenvolvido por Ralph Vince, e ele escreveu vários livros sobre essa e outras questões de gerenciamento de dinheiro (veja o Apêndice para obter mais informações). A ideia é a de que você determine a fração ideal de seu dinheiro para alocar em cada operação com base no desempenho anterior. Se o seu F ideal é de 18%, cada operação deve representar 18% da sua conta, nem mais, nem menos. O sistema é semelhante aos métodos de fracionário fixo e proporção fixa discutidos anteriormente, mas com algumas diferenças.

Para encontrar o número N de ações a ser operadas sob o F ideal, use esta equação:

$$N = \frac{\left(F \times \dfrac{equidade}{risco}\right)}{preço}$$

F é um fator baseado em dados de históricos, *risco* é a maior perda percentual que você teve, *equidade* é a quantidade de dinheiro em sua conta, e *preço* é o preço atual. Usando esses valores, você encontra os contratos ou ações a serem comprados.

Eis um exemplo: suponha que sua conta tenha R$25 mil, sua maior perda (risco) foi de 40%, seu F é de 30% e você deseja uma ação operada a R$25 por ação. Substitua os valores para descobrir que deve comprar 750 ações:

$$750 = \frac{\left(0{,}30 \times \dfrac{25.000}{0{,}40}\right)}{25}$$

O próprio F ideal é uma média baseada em resultados do histórico de trading. O risco também é baseado em retornos obtidos, evidenciando o problema desse método: ele entra em ação somente depois que você já tem alguns dados de atividade. Outro problema é ter que configurar uma planilha para calculá-lo (leia o livro de Ralph Vince se quiser tentar). Alguns traders usam apenas o F ideal em certas condições, pois o histórico muda cada vez que uma operação é feita, e nem sempre mostra valores praticáveis.

Entendendo como a Gestão do Dinheiro Afeta Seus Retornos

Explicar por que você precisa de gerenciamento de dinheiro é uma coisa, agora, mostrar como funciona é mais divertido. E como adoro planilhas (todos precisamos de um hobby, certo?), criei uma para mostrar a você como diferentes maneiras de gerir seu dinheiro afetam seus retornos.

Na Figura 6-2, comecei com as suposições de retorno esperado que usei no exemplo anterior: em 40% das vezes, dada operação fracassa, e perde 1%. Outra operação obtém sucesso em 60% das vezes, gerando 1,5% de lucro. Trabalho com um valor em conta de R$20 mil e configuro operações simuladas usando esses valores de retorno esperado. Em seguida, comparo o desempenho do gerenciamento de dinheiro de martingale e de Kelly operando a conta inteira a cada vez.

Como mostram os cálculos da Figura 6-2, você lucra mais se operar a conta inteira. Isso não significa que você sempre obterá mais dinheiro dessa forma, apenas que é assim que os números funcionam nesse caso, dada a proporção de sucessos de 60/40 e uma proporção de ganhos de 3/2. (Lembre-se de que, se você estivesse usando um sistema Kelly ou martingale, provavelmente faria algo com o resto da conta, em vez de apenas deixá-la parada.)

Esse é apenas um exemplo aplicando estratégias diferentes a retornos hipotéticos diferentes. Não estou recomendando nenhum sistema em detrimento de outro. O melhor sistema depende de quais ativos você quer operar, do seu estilo de operar e de quanto dinheiro você tem para tal.

Martingale: Começando com 10% e Dobrando as Perdas

Desempenho		Valor Inicial em Conta	Porcentagem Operada	Montante Operado	Valor Final em Conta	Porcentagem de Variação
Trade 1	1,5%	$ 20.000	10%	$ 2.000	$ 20.030	
Trade 2	1,5%	$ 20.030		$ 2.000	$ 20.060	
Trade 3	-1,0%	$ 20.060		$ 2.000	$ 20.040	
Trade 4	-1,0%	$ 20.040		$ 4.000	$ 20.000	
Trade 5	1,5%	$ 20.000		$ 8.000	$ 20.120	
Trade 6	1,5%	$ 20.120		$ 2.000	$ 20.150	
Trade 7	-1,0%	$ 20.150		$ 2.000	$ 20.130	
Trade 8	-1,0%	$ 20.130		$ 4.000	$ 20.090	
Trade 9	1,5%	$ 20.090		$ 8.000	$ 20.210	
Trade 10	1,5%	$ 20.210		$ 2.000	$ 20.240	1,20%

Kelly: Operando 33%

Desempenho		Valor Inicial em Conta	Porcentagem Operada	Montante Operado	Valor Final em Conta	
Trade 1	1,5%	$ 20.000	33%	$ 6.660	$ 20.100	
Trade 2	1,5%	$ 20.100	33%	$ 6.693	$ 20.200	
Trade 3	-1,0%	$ 20.200	33%	$ 6.727	$ 20.133	
Trade 4	-1,0%	$ 20.133	33%	$ 6.704	$ 20.066	
Trade 5	1,5%	$ 20.066	33%	$ 6.682	$ 20.166	
Trade 6	1,5%	$ 20.166	33%	$ 6.715	$ 20.267	
Trade 7	-1,0%	$ 20.267	33%	$ 6.749	$ 20.199	
Trade 8	-1,0%	$ 20.199	33%	$ 6.726	$ 20.132	
Trade 9	1,5%	$ 20.132	33%	$ 6.704	$ 20.233	
Trade 10	1,5%	$ 20.233	33%	$ 6.738	$ 20.334	1,67%

Apostando Tudo

Desempenho		Valor Inicial em Conta	Porcentagem Operada	Montante Operado	Valor Final em Conta	
Trade 1	1,5%	$ 20.000	100%	$ 20.000	$ 20.300	
Trade 2	1,5%	$ 20.300	100%	$ 20.300	$ 20.605	
Trade 3	-1,0%	$ 20.605	100%	$ 20.605	$ 20.398	
Trade 4	-1,0%	$ 20.398	100%	$ 20.398	$ 20.194	
Trade 5	1,5%	$ 20.194	100%	$ 20.194	$ 20.497	
Trade 6	1,5%	$ 20.497	100%	$ 20.497	$ 20.805	
Trade 7	-1,0%	$ 20.805	100%	$ 20.805	$ 20.597	
Trade 8	-1,0%	$ 20.597	100%	$ 20.597	$ 20.391	
Trade 9	1,5%	$ 20.391	100%	$ 20.391	$ 20.697	
Trade 10	1,5%	$ 20.697	100%	$ 20.697	$ 21.007	5,04%

© John Wiley & Sons, Inc.

FIGURA 6-2: Como a gestão do dinheiro afeta seus retornos.

Organizando Seus Lucros

Além de determinar quanto operar a cada vez que abrir uma ordem, você precisa de um plano sobre o que fazer com os lucros que se acumularem em sua conta. Isso faz parte da gestão do dinheiro tanto quanto calcular sua probabilidade de ruína e determinar a dimensão da operação.

O que você fará: usará os lucros para operar? Alavancará seus lucros operando-os de forma mais agressiva do que antes? Recolherá os lucros e os aplicará em investimentos de longo prazo? Ou uma combinação dos três? As seções a seguir exploram algumas alternativas.

Juros compostos

Juros compostos são um conceito simples: toda vez que você obtém um retorno, ele vai para sua conta. Você continua ganhando retornos, o que aumenta o tamanho da sua conta. Você continua ganhando retorno sobre retorno, e logo os números começam a ficam bem grandes.

Para se beneficiar dos juros compostos, muitos traders adicionam seus lucros de volta a suas contas e continuam os operando para aumentar o tamanho da conta. Embora os day traders ganhem pouco ou nada de juros (uma compensação por emprestar dinheiro — digamos, para compra de títulos), o princípio se mantém: retornar os lucros à conta de operação, gerando ainda mais lucros, aumentará o tamanho da conta.

Essa prática de manter os lucros na conta para operar faz muito sentido para traders que operam quantias menores e desejam desenvolver suas contas e assumir posições mais significativas ao longo do tempo.

Poder piramidal

Pirâmide significa obter lucros e usá-los como garantia de empréstimos que gerarão ainda mais lucros. Os traders geralmente fazem isso durante o dia, usando os lucros não realizados de operações que ainda não foram fechadas como garantia para empréstimos usados para estabelecer novas posições. Se as novas posições forem lucrativas, o trader pode continuar tomando emprestado até o fechamento dos mercados.

A pirâmide funciona muito bem, desde que os mercados estejam se movendo na direção certa. Se todas as posições da pirâmide permanecerem lucrativas, você ganhará muito dinheiro. Mas, se uma dessas posições se voltar contra você, a estrutura desmorona, e você acaba com uma chamada de margem.

A Figura 6-3 começa com uma operação inicial de R$2 mil e assume um retorno de 10% em cada operação — ele não reflete a realidade, mas é um bom gráfico. Se os lucros de cada operação forem usados como garantia para empréstimos, e se os 10% forem preservados ao longo do dia, o trader pode ganhar 17% colocando esses ganhos em pirâmide. Se uma reversão ocorrer antes do final da sessão de operação e as posições perderem 10%, a pirâmide potencializa as perdas — supondo que sua corretora o deixaria continuar tomando empréstimos. Afinal, o dinheiro emprestado tem que ser reembolsado independentemente do que aconteça no mercado.

Essa pirâmide não está relacionada a um esquema de pirâmide. Em termos de trading, *pirâmide* é uma forma de tomar empréstimos usando seus lucros para gerar lucros ainda maiores. O *esquema de pirâmide* é uma fraude que exige que os participantes recrutem novos membros e direcionem as taxas pagas por eles para os mais velhos. Eventualmente, a pirâmide entra em colapso porque o recrutamento de novos membros fica muito difícil e os que estão na base não recebem nada. Esteja ciente de que algumas fraudes de investimento foram estruturadas como esquemas de pirâmide. Fique longe de negócios que pareçam fantásticos e exijam que você recrute outros.

A pirâmide aumenta o risco, assim como o retorno esperado. É uma maneira útil de aumentar sua conta de operação, principalmente quando o mercado está favorecendo seu sistema. Essa técnica é boa para contas de médio porte, que têm dinheiro suficiente para que, se uma pirâmide desabar, reste o suficiente para permanecer no mercado.

Retiradas regulares

Como o day trading é arriscado, muitos traders procuram diversificar seu risco financeiro total. Uma maneira de fazer isso é sacar dinheiro da conta de operação para colocar em investimentos de longo prazo menos voláteis. Muitos traders costumam destinar parte de seus lucros a títulos do governo, fundos mútuos de baixo risco ou imóveis. Nenhum desses investimentos é tão glamoroso ou empolgante quanto o day trading, mas a questão é a seguinte: operar é um trabalho árduo, e qualquer um pode perder dinheiro a qualquer hora, não importa o tamanho da conta ou quanto dinheiro ganhou até então. Ao retirar parte do dinheiro, o trader pode fazer um respaldo para um período ruim, preparar-se para a aposentadoria e ter algum dinheiro para se ausentar por um curto período ou até para sempre. Ter dinheiro em investimentos de baixo risco pode reduzir muito o estresse e o medo que acompanham as operações.

Piramidar potencializa os retornos
Presuma que você precise manter 25% de margem

	Equidade Inicial	Montante Emprestado	Tamanho da Operação	Lucro e Retorno Negativo de 10%
Primeira operação	$ 2.000	$ -	$ 2.000	$ 200
Segunda operação	$ 200	$ 600	$ 800	$ 80
Terceira operação	$ 80	$ 240	$ 320	$ 32
Quarta operação	$ 32	$ 96	$ 128	$ 13
Quinta operação	$ 13	$ 38	$ 51	$ 5
Sexta operação	$ 5	$ 15	$ 20	$ 2

Retorno sobre a operação inicial de R$2 mil $ 332
Percentual de retorno   17%

...Piramidar potencializa também as perdas

	Equidade Inicial	Montante Emprestado	Tamanho da Operação	Lucro e Retorno Negativo de 10%
Primeira operação	$ 2.000	$ -	$ 2.000	$ (200)
Segunda operação	$ 200	$ 600	$ 800	$ (80)
Terceira operação	$ 80	$ 240	$ 320	$ (32)
Quarta operação	$ 32	$ 96	$ 128	$ (13)
Quinta operação	$ 13	$ 38	$ 51	$ (5)
Sexta operação	$ 5	$ 15	$ 20	$ (2)

Retorno sobre a operação inicial de R$2 mil $ (332)
Percentual de retorno   -17%

© John Wiley & Sons, Inc.

FIGURA 6-3: A pirâmide aumenta os retornos e as perdas.

DICA

Quanto maior a conta, mais fácil sacar dinheiro, mas mesmo os traders com contas menores devem considerar pegar 5% ou 10% dos lucros de cada trimestre e transferi-los para outros investimentos. Muitas corretoras têm planos de retirada automática que transferem dinheiro da conta de operação para um fundo mútuo de ações ou títulos, caso você não confie em si mesmo.

CAPÍTULO 6 **Gerenciando Seu Dinheiro e Suas Operações**

> **NESTE CAPÍTULO**
> » Organizando seu empreendimento
> » Planejando trades para começar o dia
> » Escolhendo em curto e em longo prazo

Capítulo **7**

Planejando Seus Trades

Este capítulo é um dos mais importantes deste livro. O day trading não é um frenesi maluco de entrada de ordens e nem é um programa que você compra, ajusta e deixa ligado. Se você deseja ter sucesso, deve dedicar algum tempo e atenção às suas operações. Antes de operar, pense o que quer fazer e como, e, em seguida, avalie o que fez e se fará a mesma coisa da próxima vez.

Os melhores traders planejam suas operações. Eles sabem de antemão como querem operar e o que farão quando enfrentarem o mercado. Às vezes, eles saem do planejamento, devido à sorte ou às circunstâncias, ou mesmo mudam de mercado, mas, nesses casos, entendem por que fazer outra coisa. Até mesmo day traders experientes fazem anotações sobre suas operações. Na verdade, o planejamento é o que permite que um day trader novato permaneça no jogo por tempo suficiente para se tornar experiente.

O trading tem muitos sabores, e muitos dos que se autodenominam day traders estão, na verdade, fazendo outra coisa com seu dinheiro. Muitos, na verdade, estão apostando. Se você souber o que quer fazer, não só terá menos probabilidade de entrar em pânico ou seguir modismos, como também estará em uma posição melhor para aproveitar as oportunidades de forma a se adaptar à sua personalidade, suas habilidades de operação e aos seus objetivos. Você terá mais chances de ganhar dinheiro por perceber quando o mercado está caminhando a seu favor. E é por isso que todo este capítulo é dedicado ao planejamento.

LEMBRE-SE

Falhar no planejamento é planejar falhar. Se você ainda não entendeu bem, não se preocupe. Repito isso várias vezes.

Planejamento: Só o Basicão

Um bom trader planeja. Ele sabe o que quer operar e como operar. Ele conhece seus limites antes de abrir a ordem. Não tem medo de perder agora para evitar uma perda futura maior e está disposto a ficar de fora do mercado se nada acontecer em determinado dia. Seu plano lhe dá disciplina para proteger seu capital, de modo que tenha dinheiro em conta quando as oportunidades surgirem.

Nesta seção, abordo os aspectos do planejamento de um trader. Quando você começar a operar, deve escrever notas diariamente para formar um plano de operação que cubra o esperado para o dia, quais operações pondera fazer e quais são suas metas de lucro e seus limites de perda. Conforme você adquire experiência, o planejamento se torna intrínseco. Você desenvolve a disciplina para operar de acordo com ele, sem precisar anotar tudo — embora possa achar interessante fazer uma lista das notícias significativas que imagina que serão divulgadas.

LEMBRE-SE

Assim como um plano de negócios, um plano de trading deve ser flexível. Os mercados não sabem o que você planejou, e provavelmente você acabará se desviando em mais de uma ocasião. O principal é saber *por que* você se desviou: foi por causa das informações que viu, ou porque entrou em pânico?

Vai operar o quê?

A primeira etapa do planejamento de trading não deve ser deixada de lado: o que você operará? Muitos traders trabalham em mais de um mercado, e cada um deles é ligeiramente diferente. Alguns operam diferentes produtos simultaneamente, enquanto outros escolhem um e se concentram nele.

Os Capítulos 3 e 4 abordam em detalhes os diferentes ativos com os quais os day traders trabalham. Você pode consultá-los se estiver começando. Quais ativos se adéquam ao seu estilo, à sua experiência e aos níveis de risco? Por exemplo, muitos agricultores operam futuros de commodities tanto para gerenciar os próprios riscos quanto para usar seus conhecimentos de agricultura em prol de obter lucros de curto prazo. Se sua especialidade é tecnologia, commodities não são uma boa pedida. A escolha do ativo é a base do planejamento.

Você precisa descobrir quais mercados oferecem a melhor chance de obter lucro no dia, e isso muda com frequência. Em certos dias, nenhuma operação parece boa, assim, o melhor é ficar de fora. Se você estiver muito impaciente, encontre outro mercado apenas para não operar por ócio. (Claro, muitos traders relatam que as grandes oportunidades de lucros estão nos mercados mais lentos e menos glamorosos.)

LEMBRE-SE

Como day trader, você trabalha por conta própria. Você não deve satisfação a seu chefe e não precisa operar em dias específicos se não quiser. Portanto, se tiver dor de cabeça, se não houver boas operações disponíveis para você ou se as perdas recentes o prejudicaram, tire o dia de folga e vá se divertir.

Vai operar quando?

Você precisa de ativos que sejam operados nos horários que estejam disponíveis para você. Parece óbvio, não é? É tão óbvio, que deveria estar no seu planejamento.

Embora os mercados globais pareçam funcionar 24 horas por dia, na prática, eles não o fazem. Ocorrem interrupções nas sessões de operação, e feriados de diferentes países fecham os mercados. Mesmo os ativos que são operados nos mercados 24h o são de maneira diferente, pois os participantes são diferentes. Por exemplo, os interesses de traders de moeda na Ásia são diferentes daqueles de traders de moeda na Europa, devido à contagem do lucro ser feita em moedas diferentes, o que significa que operar moedas durante o dia útil asiático é bem diferente de operar durante o dia útil europeu.

Portanto, você precisa considerar o cenário quando estiver operando. Principalmente se você não operar no mesmo horário todos os dias ou se operar algo como moeda, em que o dia útil de uma região termina ao começar o de outra.

Assim, determine que ativo você deseja operar e se deseja trabalhar com ele o dia todo ou apenas em parte do dia.

Vai operar como?

Descobrir como operar um ativo envolve muitas considerações: como está seu humor hoje? A que outros traders precisará reagir hoje? Quanto risco você deseja correr? Quanto dinheiro deseja comprometer? Essas considerações representam o estágio essencial do planejamento trader que o ajudará a gerenciar melhor seu dia nos mercados.

Começando o dia com uma revisão matinal

Antes de começar a operar, dedique um momento para determinar onde sua cabeça está em relação ao mercado. Hoje é um dia em que você estará concentrado? Estão acontecendo coisas em sua vida que podem distraí-lo? Você está gripado ou dormiu tarde na noite passada? Você está ansioso, pronto para enfrentar o que quer que o dia traga?

Sua mentalidade influencia a agressividade com que deseja operar e quanto risco deseja correr. Reconheça isso ou viva em negação até que as perdas cheguem.

Você tem que estar atento para se sair bem nos mercados, mas também tem que saber quando parar. Por exemplo, muitos traders descobrem que suas estratégias funcionam melhor em determinados momentos do dia, como na abertura ou antes dos anúncios de notícias importantes.

Depois de definir a própria mentalidade, pondere a respeito de como as pessoas reagirão no dia. Verifique as notícias para obter informações. Em seguida, descubra as respostas a estas perguntas:

» Estão programados anúncios de grandes notícias para hoje? A que horas? Você quer operar antes das notícias ou esperar a reação do mercado?

» Algo aconteceu durante a noite? Esse evento afetará a operação na abertura dos mercados ou já está afetando? Você quer operar logo na abertura ou esperar?

» Algum mercado importante está fechado hoje? Os feriados variam pelo mundo, e um mercado fechado (devido ao aniversário de um monarca ou um feriado religioso) afeta o mercado?

» Quais são as outras pessoas — aquelas que operam o mesmo futuro, commodity, ações ou moeda que você — preocupadas hoje? Como elas devem responder? Você seguirá o mercado ou fará o contrário?

DICA

Todos os sites de notícias financeiras oferecem uma visão geral dos próximos eventos diariamente. Verifique-os antes de começar, para ver o que está acontecendo e o que afetará seu dia de operações.

Ordem de amostra

Depois de ter uma noção de como você enfrentará o dia, determine quanto você operará. A seguir estão as principais considerações:

» **Você quer comprar ou vender?** Ou seja, seu palpite é de que o preço do ativo está subindo ou descendo?

LEMBRE-SE

» **Você quer pedir dinheiro emprestado?** Se sim, quanto? Um empréstimo — também conhecido como *margem* ou *alavancagem* — aumenta seu retorno potencial, bem como seu risco. (Falo sobre margem, alavancagem e venda a descoberto no Capítulo 5.)

Alguns contratos, como os de futuros, têm alavancagem embutida. Assim que você decidir operá-los, estará pedindo dinheiro emprestado.

» **Quanto dinheiro você deseja operar?** Pense em relação à quantia destinada para operar e sobre a proporção dela em função de sua conta. (Discuto gestão de dinheiro em detalhes no Capítulo 6.)

Com esses itens bem definidos, você começará o dia em melhor forma.

Quando comprar e quando vender

Após ponderar como será o dia e quanto dinheiro operar nos mercados, a próxima etapa é definir quando comprar e vender. Ah, mas se decidir isso fosse fácil, eu teria escrito este livro? Não. Eu estaria muito ocupada tendo aulas particulares de surf em frente à minha mansão à beira-mar em Maui.

LEMBRE-SE

Os melhores traders não vendem conselhos porque já estão aposentados. Todos os outros descobrem à medida que avançam, com vários graus de sucesso.

Muitos traders utilizam *análise técnica*, que consiste em observar, em gráficos, os padrões das variações de preço e volume (discuto análise técnica no Capítulo 8). Outros traders analisam as notícias e informações sobre preços à medida que o mercado muda, em vez de olhar para os padrões de preços (você encontra mais informações a respeito no Capítulo 9). Outros se preocupam apenas com as discrepâncias de preços de curtíssimo prazo (abordadas no Capítulo 10). Contudo, o mais importante, não importa a abordagem que você prefira, é que você faça *backtest* e simule suas operações antes de comprometer dinheiro de verdade. Dessa forma, você terá uma melhor noção de como reagirá nas condições reais. Você encontra informações sobre backtesting no Capítulo 13.

Definindo as metas de lucro

Quando você opera, deseja uma concepção realista de quanto dinheiro pode ganhar. O que é um lucro justo? Você quer aproveitar uma posição bem-sucedida, segurando-a até o final do dia, ou prefere sair logo depois de ganhar dinheiro suficiente para compensar o risco? Essa pergunta não tem uma resposta única, pois muito depende das condições do mercado e do seu estilo de operar. Nesta seção, apresento algumas diretrizes que o ajudam a determinar o que é melhor para você.

Suas metas de lucro podem ser separadas de maneiras diferentes. A primeira é o *ganho por operação*, tanto percentual quanto total. A segunda é o *ganho diário*, também tanto percentual quanto total. O que você precisa fazer para alcançar esses objetivos? Quantas operações bem-sucedidas terá que fazer? Você tem capital para tal? E o que é válido para a operação atual, independentemente de seus objetivos de longo prazo?

FALANDO DINHEIRÊS

Os lucros são abordados de maneira diferente de acordo com o mercado, e é interessante que você conheça os jargões ao elaborar seu planejamento:

- **Pennies:** As ações são operadas na forma decimal, então cada movimento de preço vale pelo menos um penny — um centavo de dólar. É uma maneira óbvia de mensurar o lucro.

- **Pip:** Um *pip* é a menor unidade monetária que pode ser operada. Nos mercados de câmbio (forex), um pip geralmente vale um centésimo de centavo. Se o valor do euro for de US$1,1934 para US$1,1935, diz-se que variou um pip.

  Nota: não confunda o pip do mercado forex com um esquema de investimento conhecido como *PIP*, às vezes chamado de People in Profit ou Pure Investor. (Essa fraude também é conhecida como *HYIP*, ou Programa de Investimento de Alto Rendimento.) O PIP foi promovido como um sistema de trading com retorno diário garantido, mas na verdade é um esquema de pirâmide que tira dinheiro dos participantes. Acreditamos que ele seria impedido de atuar, mas ainda não aconteceu — alerto a respeito disso em todas as edições deste livro, mas ele ainda está por toda a internet, muitas vezes em sites que afirmam oferecê-lo em termos legais, o que simplesmente não existe. Veja mais informações no site da SEC: www.sec.gov/oiea/investor-alerts-bulletins/ia_primebankscam.html. [conteúdo em inglês].

- **Pontos:** Um *ponto* é uma porcentagem. Um centavo é um ponto, assim como uma variação de 1% no preço de um título. Um número parecido, o *ponto base*, é uma porcentagem de uma porcentagem, ou 0,0001.

- **Teenies:** Diversos ativos, principalmente títulos e derivativos, são operados em incrementos de 1/8 de dólar. Metade de 1/8 equivale a 1/16, também conhecido como *teeny*.

- **Ticks:** Um *tick* é o menor incremento de operação em um contrato futuro. Ele varia de acordo com o produto. O quanto representa depende da estrutura do contrato. O minicontrato Ibovespa, por exemplo, tem uma cotação baseada em pontos, com variação mínima de 5 pontos. Cada ponto vale R$0,20. Ou seja, a variação mínima, o tick, é de R$1,00. Veja informações sobre o tamanho do tick de contratos de seu interesse no site da bolsa correspondente (bolsas estão listadas no Capítulo 3).

DICA

Ninguém nunca perdeu dinheiro tendo lucro, como diz a falácia. (O trading é repleto de falácias, se você não percebeu.) Quanto mais novo você é no trading, mais coerente é ser conservador. Feche suas posições e termine o dia quando atingir uma meta de lucro e anote o que acontece em seguida. Você pode se dar ao luxo de manter suas posições por mais tempo para obter um lucro maior?

Tudo tem limite

Estabelecer um *limite* junto com uma meta de lucro é uma excelente ideia. Por exemplo, muitos traders de futuros usam uma regra de arriscar dois ticks em busca de três. Isso significa que eles venderão uma posição assim que perder dois ticks ou assim que ganhar três. E para algo intermediário? Bem, eles fecham suas posições ao final do dia; o resultado é um lucro menor do que três ticks, porém uma perda também menor do que dois. É uma estratégia enfadonha que costuma gerar lucros ínfimos, mas ainda é melhor do que uma perda.

Mesmo os traders que não têm uma regra tão específica como aceitar dois ticks de perda ou três de ganho costumam estabelecer um limite de quanto perderão por operação. Eles sabem que não há nada de vergonhoso em uma perda, apenas em desejar e esperar que ela se reverta magicamente. Outros traders usam programas de computador para orientar suas compras e vendas, de modo que encerram suas posições automaticamente. As corretoras facilitam o estabelecimento de limites, oferecendo ordens de stop ou de limite.

LEMBRE-SE

Limite sua perda por operação, *assim como* suas perdas diárias. Se hoje não for um bom dia, encerre o expediente, faça uma pausa e volte amanhã, renovado.

Ordens de stop

Uma *ordem de stop* é uma ordem de compra ou venda de um ativo quando ultrapassa o preço de mercado. Uma ordem *stop buy* é definida acima do preço de mercado e é usada para gerenciar uma posição de venda. Uma ordem *stop sell* é definida a um preço abaixo daquele de mercado e é usada para proteger o lucro ou limitar a perda de um ativo que você já tem. Se você quiser vender um conjunto de ações quando seu valor cair abaixo de R$30 por ação, por exemplo, insira uma ordem de stop a R$30. Assim que a ação atinge ou fica abaixo de R$30, a corretora a vende, mesmo que o preço bata R$29 ou R$31 antes de todas as ações serem vendidas. Isso é conhecido como ordem de *stop loss*.

Outra versão de stop, conhecida como *trailing stop*, é usada para proteger o lucro. Você pode inserir uma ordem de trailing stop com o preço de stop loss abaixo do preço de mercado. Assim, o broker é configurado para rastrear o preço das ações e se ajustar automaticamente. Se você comprou um lote a R$30 com um trailing stop de R$5, por exemplo, o stop começaria em R$25.

Porém, se a operação for bem-sucedida e atingir os R$35, o stop se ajustaria para R$30, valor R$5 abaixo daquele de mercado.

Ordens de limite

Uma *ordem de limite* é uma ordem de compra ou venda de um ativo a um preço determinado ou melhor: inferior, quando a ordem for de compra (pois, obviamente, é melhor comprar na baixa), e superior, quando a ordem for de venda (pois é melhor vender na alta).

Se você quiser vender um bloco de ações quando estiver a R$30 por ação, por exemplo, insira uma ordem de limite de R$30. Assim que a ação atingir os R$30, a corretora vende, continuando a colocar a ordem enquanto o preço permanecer em R$30 ou mais. Se o preço cair um centavo abaixo de R$30, o limite não será mais aplicado, e a corretora para de vender sua posição. Afinal, nenhum comprador vai querer pagar um preço acima do mercado apenas para que você conclua a operação!

Ordens stop-limit

Uma ordem de *stop-limit* é uma combinação entre uma ordem de stop e uma ordem de limite. Ela diz ao corretor para comprar ou vender a um preço específico ou melhor, mas somente depois que o preço ultrapassar um determinado preço de stop. Se, por exemplo, você deseja vender um bloco de ações quando cair abaixo de R$30 por ação, mas só deseja vender quando tiver uma perda, pode inserir uma ordem stop a R$30 com um limite de R$29. Assim que a ação atingir R$30, a corretora a vende, desde que o preço fique acima de R$29. Se cair abaixo de R$29, a corretora para de vender.

Ordens stop-limit ajudam você a sair sem ampliar suas perdas. O perigo, obviamente, é se a ação for a R$6, sendo que você poderia ter saído com R$28 sem a ordem stop-limit.

Está confuso? Bem, pode parecer confuso mesmo, mas entender essas diferenças é importante para gerenciar seus riscos. É por isso que a Tabela 7-1 fornece uma visão detalhada dos diferentes tipos de ordens.

Ordem cancela ordem

Também conhecida como ordem OCO, uma *ordem cancela ordem* é usada com um limite e um stop-loss para definir uma faixa de operação em um mercado volátil. O limite define um ponto de saída automático quando sua posição atinge o preço-alvo, e o stop-loss entra em ação se sua operação se mover contra você, limitando suas perdas. A corretora executará apenas a ordem relevante, cancelando a outra quando acontecer. Do contrário, a outra metade da ordem ficará pendurada, esperando para ser executada e causando dores de cabeça.

TABELA 7-1 Tipos de Ordens

Ordens de Compra			
	Ordem de Stop	**Ordem de Limite**	**Ordem Stop-Limit**
Instruções da ordem	Comprar Stop a 30	Comprar Limite a 30	Comprar Stop a 30 e Limite a 31
Preço de Mercado (R$)	*Efeito depois que a ação atingir R$30*		
28,50	Nenhum	Compra	Nenhum
29,00	Nenhum	Compra	Nenhum
29,50	Nenhum	Compra	Nenhum
30,00	Compra	Compra	Compra
30,50	Compra	Nenhum	Compra
31,00	Compra	Nenhum	Nenhum
31,50	Compra	Nenhum	Nenhum
Ordens de Venda			
	Ordem de Stop	**Ordem de Limite**	**Ordem Stop-Limit**
Instruções da ordem	Vender Stop a 30	Vender Limite a 30	Vender Stop a 30 e Limite a 29
Preço de mercado (R$)	*Efeito depois que a ação atingir R$30*		
28,50	Vender	Nenhum	Nenhum
29,00	Vender	Nenhum	Vender
29,50	Vender	Nenhum	Vender
30,00	Vender	Vender	Vender
30,50	Nenhum	Vender	Nenhum
31,00	Nenhum	Vender	Nenhum
31,50	Nenhum	Vender	Nenhum

Ordem envia ordem

Dependendo de com quem você estiver conversando, OSO significa *order sends order*, ou *ordem envia ordem*, em português. Ambos significam a mesma coisa: quando uma ordem é executada, outra é automaticamente inserida no sistema — e nem um segundo antes. Você usa uma OSO para inserir uma ordem de limite ou uma ordem de stop-loss assim que sua ordem para abrir uma posição comprada ou vendida for executada.

CAPÍTULO 7 **Planejando Seus Trades**

E se a operação der errado?

Não importa o quanto você sinta estar sintonizado com o mercado, não importa quão bom seja seu histórico e não importa quão disciplinado você seja para definir stops, imprevistos acontecem. Assim como você pode ganhar mais dinheiro do que planeja, pode também *perder* mais. Se você faz day trade, precisa aceitar que terá dias realmente ruins.

Então, o que fazer quando acontecer? Aceitar a perda e seguir com sua vida. Sim, o mercado pode ignorar seus stops. Isso acontece às vezes, e é bem difícil ver seu dinheiro ser sugado por outra conta. Assim, resta fechar sua posição e lembrar-se de que amanhã é outro dia, com outras chances de sucesso.

CUIDADO

Jamais segure a posição na esperança de compensar a perda. O mercado não sabe o que você tem e não recompensará sua lealdade ou suas esperanças.

DICA

Depois de aceitar a perda e refrescar a mente, procure aprender a lição para usar nas próximas vezes. Uma perda pode lhe ensinar lições valiosas que o tornam um trader mais inteligente e disciplinado no longo prazo.

EXEMPLO DE PLANO DE OPERAÇÃO[1]

Às vezes, um plano de operação parece bom apenas durante um tempo. Por isso, ter uma ideia do que esperar do mercado e como você reagirá ajuda muito a manter a disciplina, o que aumenta sua probabilidade de obter lucros no longo prazo. Como é esse plano? Bem, eis um exemplo para você começar.

O que Estou Operando Hoje

Hoje resolvi operar os futuros do E-Mini S&P 500. Eles fecharam em baixa ontem, mas espero uma alta no mercado hoje, já que as empresas revelaram bons lucros, então operararei comprado. Meu plano é começar o dia comprando dois contratos com ordens stop de venda no terceiro tick. Esses contratos permanecerão abertos até o final do dia, a menos que o stop seja ativado. Adicionarei um terceiro contrato se o mercado mostrar ímpeto pela manhã, e um quarto contrato se mostrar ímpeto à tarde. Esses dois contratos adicionais podem ser comprados ou vendidos, dependendo da direção do mercado, embora seja improvável que o gerente de compras ou as pesquisas de vendas imobiliárias tenham um grande efeito na direção do mercado. Fecharei todas as posições ao final do dia, se não antes.

Como a margem de cada contrato é de R$3.500, minha exposição máxima hoje será de aproximadamente 28% da minha conta total, sem nenhum contrato detendo mais de 7% da minha conta.

---

1 N.R.: Mantivemos o exemplo dado pelo livro no original em inglês para efeitos diáticos, mas a lógica funciona da mesma forma para ativos brasileiros. Basta ter em mente que a margem a ser depositada e o tick dos contratos são diferentes.

Notícias Esperadas para Hoje

Antes da abertura: Anúncios de ganhos da ADM (esperado US$0,62) e da PG (esperado US$0,74)

10h: Índice ISM — pesquisa com gerentes de compras — mercado espera 51,0

10h: Pending Home Sales — mercado espera alta de 0,5%

Após o fechamento: anúncios de ganhos da AAPL (esperado US$8,27) e da MET (esperado US$1,29)

17h: Auto Sales — mercado espera 5,1 milhões

17h: Truck Sales — mercado espera 7,2 milhões

Minhas Metas de Lucros e Perdas para o Dia

Minha meta de lucro é de cinco ticks ou US$62,50 por contrato operado para uma meta de US$250 se eu adquirir meu máximo planejado de quatro contratos, mas espero aumentar meus lucros até o final do dia. Se todos os quatro contratos perderem o valor, fecharei quando eles caírem três ticks, com uma perda máxima de US$37,50 por contrato ou de US$150 no dia.

Dica: elabore um formulário ou planilha básica com todas essas informações para facilitar seu preenchimento pela manhã. Mais ou menos assim:

O que estou operando hoje:

Ativos: _____

Alavancagem: _____

Limites: _____

Notícias esperadas:

Hora: _____ Item: _____

Hora: _____ Item: _____

Hora: _____ Item: _____

Hora: _____ Item: _____

Metas de Lucro e Perda: _____

Encerrando Suas Posições

Pela natureza da atividade, day traders mantêm suas posições por apenas um dia. Fechá-las ao final do dia é importante por alguns motivos:

>> O fechamento diário elimina o risco de algo acontecer durante a noite.

>> As taxas de margem — taxas de juros pagas sobre o empréstimo de operação — são mais baixas e, em alguns casos, inexistentes para day traders, mas elas aumentam caso perdurem de um dia para outro.

>> Uma boa disciplina trader é o que evitará que você cometa erros custosos.

Entretanto, como toda regra, essa regra de fechar as operações no dia pode ser quebrada, e muito provavelmente será algumas vezes. Nesta seção, abordo algumas estratégias de operação de longo prazo que você pode implementar ocasionalmente às suas operações.

Swing trading: Operações de dias

O *swing trading* consiste em manter ordem por vários dias. Alguns swing traders mantêm a operação de um dia para o outro, enquanto outros o fazem por dias ou até meses. Períodos maiores potencializam os resultados da operação, o que é crucial se a posição for baseada em notícias ou se for necessário tomar uma posição contrária à emoção do mercado. Embora o swing trading ofereça aos traders mais opções para obter lucro, acarreta alguns riscos devido à exposição enquanto você está fora dos mercados.

LEMBRE-SE

Existe sempre uma compensação entre risco e retorno. Quando você assume mais riscos, o faz na esperança de obter um retorno maior. Porém, quando você busca uma forma de aumentar o retorno, não se esqueça de que geralmente é preciso correr mais riscos para fazê-lo.

O swing trading requer atenção a alguns fundamentos básicos e ao fluxo de notícias. (Falo sobre pesquisa fundamentalista no Capítulo 8.) É uma boa alternativa para quem tem a disciplina de tirar a mente do mercado ao deixar o broker em vez de ficar grudado na tela para evitar que algo dê errado.

Position trading: Operações de semanas

Um *position trader* detém participação em uma ação ou commodity durante várias semanas ou mesmo meses. Ele é atraído pelas oportunidades de preços de curto prazo, mas acredita que pode ganhar dinheiro também no longo prazo, à medida que os fundamentos do ativo se desenvolvem. O position trade aumenta o risco e o retorno potenciais, pois muito pode acontecer em meses.

Investindo: Operações de meses ou anos

Um *investidor* não é um trader. Os investidores fazem pesquisas detalhadas e compram uma participação em um ativo na esperança de obter lucro em longo prazo. Não é incomum que investidores mantenham ativos por décadas, embora os bons vendam rapidamente ao perceber que cometeram um erro ou se a história mudar. (Eles querem cortar suas perdas antecipadamente, assim como qualquer trader que se preze deveria fazer).

Os investidores se atêm às perspectivas do ativo. Será que isso dará dinheiro? Será que paga suas dívidas? Será que manterá seu valor? Eles entendem as variações de preços no curto prazo como ruído, e não como oportunidades de lucrar.

Muitos traders retiram parte de seus lucros para investir no longo prazo (ou para deixar com outra pessoa, como um administrador de fundos mútuos ou de hedge, também para investir). Fazer isso é uma forma de adquirir segurança financeira na busca por objetivos maiores. Esse dinheiro geralmente fica separado da conta de operação.

Máximas e Clichês que Orientam e Enganam Traders

Neste capítulo, abordo algumas das diversas máximas que alguns traders usam para ponderar a respeito de suas operações, como:

- » A ação não sabe que você a tem.
- » Falhar no planejamento é planejar para falhar.
- » Sua primeira perda é sua melhor perda.

Muitas mais pairam por aí.

Os clichês são atalhos para regras importantes que o ajudam a planejar suas operações. Porém, também podem enganá-lo, pois alguns são muito óbvios — o suficiente para não ter eficácia. Sim, todo mundo sabe que você ganha dinheiro comprando na baixa e vendendo na alta, mas como definir o que é baixa e o que é alta? Eis um resumo de alguns clichês que você encontrará em sua carreira de trader, seguidos por minha opinião a respeito do que significam.

Quem tudo quer tudo perde

O trading é puro capitalismo, e as pessoas o fazem por um único motivo: ganhar dinheiro. Claro, uma tonelada de benefícios econômicos advém de mercados de capitais que funcionam bem, como melhor previsão de preços, gerenciamento de risco e formação de capital. Porém, day traders só querem ganhar dinheiro.

Contudo, sua ganância tem um enorme potencial para deixá-lo tapado. Você começa a assumir riscos demais, afastando-se muito de sua estratégia e ficando descuidado ao lidar com perdas. Os bons traders sabem quando é hora de recolher os lucros e passar para a próxima operação.

Essa máxima é uma daquelas óbvias, mas difíceis de seguir. Afinal, quando você cruza a linha do trader feliz para se tornar um trader ganancioso que está prestes a virar um magnata? Lembre-se de que, se você desviar de seu plano de operação devido às coisas estarem indo bem demais, pode estar no caminho para encontrar alguns problemas.

Eis um clichê relacionado a "quem tudo quer tudo perde": "Ursos engordam. Touros engordam. Porcos são abatidos." Em outras palavras, um trader experiente pode ganhar dinheiro com as altas e baixas do mercado, enquanto um trader ganancioso enfrentará problemas.

Em um mercado de baixa, o dinheiro retorna aos seus legítimos proprietários

O mercado de *touros* é aquele que sobe. O *mercado de ursos* é aquele que desce. Muitos precipitados se consideram gênios do trading porque ganham dinheiro enquanto todo o mercado está em alta. Ganhar dinheiro no day trading era fácil com ações da internet em 1999, mas já não era tão fácil em 2000, quando a bolha estourou. Quando os mercados ficam negativos, as pessoas que realmente entendem de trading e sabem como administrar o risco são capazes de permanecer até que as coisas melhorem, possivelmente até obtendo bons lucros ao longo do caminho.

O clichê corolário de "em um mercado de baixa, o dinheiro retorna para seus legítimos proprietários" é "não confunda coerência com um mercado de alta". Quando as coisas vão bem, cuidado com o excesso de confiança. Pode ser que seja hora de rever seu planejamento, mas com certeza não é hora de negligenciá-lo.

A tendência é sua amiga

Quando você faz day trade, precisa ganhar dinheiro rápido. Você não pode se dar ao luxo de esperar que sua teoria contrária maravilhosa funcione. Um investidor compra uma ação na esperança de mantê-la por décadas, mas um trader precisa dos resultados para hoje.

LEMBRE-SE

Dada a natureza de curto prazo do mercado, o sentimento de curto prazo superará os fundamentos de longo prazo. Alguns traders podem se dar ao luxo de estar errados a respeito da direção do forex, das taxas de juros ou dos preços das ações, mas se você vai fechar suas posições ao final do dia, precisa trabalhar com as informações do mercado *hoje*. No curto prazo, traders que lutam contra o mercado perdem dinheiro.

Existem dois problemas em relação à máxima "a tendência é sua amiga". O primeiro é que, no momento em que você identifica uma tendência, ela pode ter acabado. O segundo é que, às vezes, ir contra a multidão faz sentido, porque você pode cobrar quando todos os outros perceberem o erro. Em tal situação, a psicologia do trading entra em jogo. Você é um bom juiz do comportamento humano para saber quando a tendência está certa e quando não está?

Compre o boato, venda as notícias

Os mercados reagem às informações. Em última instância, é isso que impulsiona a oferta e a demanda. Embora o mercado tenda a reagir rapidamente às informações, ele pode reagir de forma exagerada. Muitos boatos são operados nos mercados à medida que todos procuram obter informações de que precisam para sair em vantagem. E, apesar de fatores como acordos de confidencialidade e leis de informações privilegiadas, muitos boatos se revelaram verdadeiros.

Esses rumores costumam estar vinculados a notícias como lucros corporativos. Por algum motivo — boas notícias, pesquisas de analistas, um produto popularizado —, os traders podem acreditar, por exemplo, que a empresa apresentará bons resultados trimestrais. Esse é o boato. Se você comprar com base no boato, aproveitará a valorização do preço conforme a história leva credibilidade. Quando os lucros forem anunciados, acontecerá um dos seguintes:

» Os ganhos se mostrarão tão bons ou melhores do que os dos rumores, e o preço subirá. O trader vende e lucra.

» Os ganhos se mostrarão piores do que os dos rumores, todos venderão em função das más notícias, e o trader venderá para se livrar do prejuízo.

Claro, se o boato for *ruim*, o oposto se aplica: vender o boato e comprar a notícia. Para mais informações sobre *venda a descoberto* — vender ativos na esperança de que o preço caia —, veja o Capítulo 9.

O problema com "comprar o boato e vender as notícias" é que os boatos costumam estar errados e pode haver mais oportunidades de comprar com base nas más notícias, quando outros traders entrarem em pânico, reduzindo assim os preços durante alguns minutos antes que o mercado recupere a sanidade. Contudo, essa regra é uma daquelas que todos discutem, quer a sigam ou não.

Corte suas perdas e frua suas vitórias

Mencionei no início deste capítulo que você precisa cortar suas perdas antes que o arrastem para baixo. Não importa o quanto doa e o quanto você acredite em uma reversão, você precisa fechar a posição fracassada e seguir em frente.

O oposto — fruir suas vitórias — nem sempre se aplica. Embora os bons traders tendam a ser disciplinados quanto à venda de posições vencedoras, não usam stops e limites tão rigorosos do lado positivo quanto do lado negativo. É provável que fiquem com o lucro e vejam quão alto ele vai antes de fechar uma posição.

Observe que isso conflita um pouco com a máxima "quem tudo quer tudo perde". (Operar máximas é contraditório mesmo!) Para evitar o excesso de confiança e o desleixo da ganância, frua suas vitórias *com consciência*. Se você costuma arriscar três ticks em um contrato futuro esperando, na verdade, obter cinco e fecha no sexto tick, convém mantê-lo. Se você fecha as posições ao final do dia, não ceda à tentação de deixar essa posição aberta só porque continua subindo. Mantenha a disciplina.

Você é tão bom quanto a última operação

Os mercados se agitam todos os dias, sem se preocupar com os motivos pessoais de quem opera. Os preços sobem e descem, fazendo jus à oferta e à demanda de determinado momento, o que pode não ter nada a ver com o valor real de longo prazo de um item sendo operado. E certamente não tem nada a ver com o quanto você realmente deseja que o trading funcione.

Um dos maiores inimigos de bons traders é o excesso de confiança. Sobretudo após uma boa sequência de operações vencedoras, um trader pode ser enganado pela euforia e acreditar que finalmente descobriu o segredo de operações bem-sucedidas sob controle. Enquanto ele folheia aquele catálogo de imóveis à beira-mar no Leblon, surpresa! A próxima operação é um desastre. Isso significa que o trader também é um desastre? Não, mas significa que desta vez os mercados ganharam.

LEMBRE-SE

A maioria dos day traders opera em mercados de soma zero, em que, para cada vencedor, há um perdedor. Assim, nem todos ganham dinheiro. O desafio é manter uma base consistente para não se distrair com a confiança quando a operação for bem ou com o medo quando for mal. A próxima operação é outra história.

Se você não sabe quem é, Wall Street não é o melhor lugar para descobrir

Os melhores traders conhecem seus limites. Eles sabem o que os empolga, o que os irrita e a que devem estar atentos. Eles não se descobriram necessariamente em frente a uma tela. Em vez disso, olharam para trás e perceberam como aplicar seus pontos fortes e fracos ao trading.

Se você é novo no trading, considere as próprias capacidades ao projetar um plano de operação e pondere cuidadosamente sobre o que pode enganá-lo. Ao refletir a respeito dessas coisas, você fica atento e age com eficácia.

CUIDADO

Se você esperar para operar com dinheiro de verdade para descobrir sua tolerância ao risco e ao estresse, espere perder muito dinheiro de verdade.

Existem traders experientes e existem traders ousados, mas não existem traders experientes ousados

O trading tem um viés de sobrevivência enorme, o que significa que os traders mais experientes também são os melhores porque os piores foram derrotados logo no início. O caminho certeiro para jogar seu dinheiro fora é fazer algumas grandes apostas. Os traders mais experientes sabem que precisam monitorar o que fazem. Eles têm que planejar os riscos que desejam assumir e entender seus limites. Afinal, se você quer emoção, talvez a Disney seja uma opção melhor. Se você quiser se tornar um bom trader, planeje suas operações e ajuste seu planejamento.

Estratégias de Trade

NESTA PARTE...

Descubra como os melhores traders usam pesquisas e estratégias testadas para determinar quando comprar e quando vender.

Familiarize-se com estratégias comuns, incluindo padrões técnicos básicos, arbitragem, vendas a descoberto e alavancagem.

Descubra mais sobre o trading programado para melhorar seu desempenho e tirar a emoção de cena.

Aplique técnicas de day trading a investimentos de longo prazo.

Avalie alguns serviços que o ajudam a operar.

Revise seus lucros, desempenho e progresso.

> **NESTE CAPÍTULO**
>
> » **Pesquisando mercados e operações**
>
> » **Usando análise técnica para prever os preços**
>
> » **Coletando informações dos gráficos**
>
> » **Revendo as escolas de pensamento da análise técnica**
>
> » **Evitando as armadilhas em que os analistas técnicos podem cair**

Capítulo **8**

Análise Técnica

De certa forma, day trading é fácil. Abra uma conta em uma corretora e comece a comprar e vender ativos! A questão é: como saber quando comprar e vender? Essa não é uma pergunta fácil. A maioria dos day traders fracassa porque é fácil abrir a ordem. Difícil é saber se é a ordem certa.

Traders usam diferentes sistemas de pesquisa para avaliar o mercado e têm acesso a ferramentas que os ajudam a descobrir quando o preço de um ativo subirá ou cairá. Existem dois tipos principais de sistemas de pesquisa de investimentos: análise técnica e análise fundamentalista. A *análise técnica*, que é amplamente utilizada por day traders, analisa a oferta e a demanda de um ativo e como aferem os preços. A análise fundamentalista, que é menos usada por day traders, analisa os fatores financeiros e operacionais que afetam o valor do ativo. Este capítulo aponta o que você deve saber sobre cada uma.

CUIDADO

Não se deixe enganar por alguém que oferece a você um sistema garantido para ganhar dinheiro com day trading. Qualquer pessoa com um sistema infalível já fez fortuna e se acomodou em uma ilha particular. Certamente essa pessoa está muito ocupada desfrutando de drinks à beira-mar para compartilhar esse sistema de operação com você.

Comparando Técnicas de Pesquisa

Day traders precisam tomar decisões rápidas. Para tal, é necessária uma estrutura. É por isso que eles se baseiam em pesquisa. Mas de que tipo? A maioria dos day traders depende fortemente de pesquisa *técnica*, que é uma análise de gráficos formados por padrões de preços para medir a oferta e a demanda relativas. Porém, algumas pessoas usam a análise fundamentalista para embasar suas decisões também. Embora se use principalmente a análise técnica no day trading, dedicar algum tempo para aprender um pouco sobre a análise fundamentalista o ajuda a entender o que os traders e investidores de longo prazo fazem no mercado.

LEMBRE-SE

Os sistemas de pesquisa se enquadram em duas categorias:

» **A pesquisa fundamentalista analisa os fatores específicos que afetam o preço de um ativo.** Qual é a relação entre o deficit de trade e os futuros das notas do tesouro de dois anos? Qual é a previsão para as chuvas de verão em Iowa e como isso afetará os futuros de milho em dezembro? O quanto determinada empresa depende de novos produtos para gerar crescimento de seus lucros?

» **A pesquisa técnica analisa a oferta e a demanda do próprio ativo.** As pessoas estão comprando mais e mais ações? À medida que compram mais, o preço sobe muito ou pouco? Por acaso parece que quem queria comprar já comprou? E como isso afeta os preços?

Saiba em que direção a pesquisa aponta

Os ativos são afetados por questões específicas de cada tipo e por fatores macroeconômicos globais que afetam cada um de maneira diferente. Alguns traders avaliam primeiro o quadro geral, enquanto outros partem dos detalhes. Alguns usam uma combinação das duas abordagens. Nenhuma perspectiva é melhor: cada uma aponta, à sua maneira, o que está acontecendo nos mercados.

Pesquisa top-down

Com a abordagem *top-down* [de cima para baixo, em tradução livre], o trader se atém aos grandes fatores econômicos: taxas de juros, taxas de câmbio, políticas governamentais e similares. Como esses fatores afetarão determinado setor ou ativo? É uma boa hora para comprar ações ou vender futuros com taxas de juros? A abordagem top-down o ajuda a avaliar os preços em grandes setores do mercado e também a determinar que fatores afetam as operações em um subsetor. Você não precisa operar futuros de índices de ações para saber que as perspectivas desse mercado influenciam os preços das ações de cada empresa.

Pesquisa bottom-up

A *análise bottom-up* [de baixo para cima, em tradução livre] verifica o desempenho específico do ativo. Ela analisa as perspectivas da empresa, atuando de baixo para cima. O que precisa acontecer para que o preço das ações de uma empresa suba 20%? Que ganhos ela precisa relatar, que tipos de compradores precisam aparecer e o que mais precisa acontecer na economia?

Pesquisas fundamentalistas

Os day traders fazem muito pouca pesquisa fundamentalista. Obviamente, eles sabem que a demanda por etanol afeta os preços do milho, mas o que realmente interessa é o quanto o preço mudará nos próximos minutos. Como uma proposta de projeto de lei agrícola afetará os preços do etanol nos próximos seis anos não interessa para um day trader.

Entender os fundamentos — os fatos básicos que afetam a oferta e a demanda por um ativo nos mercados — ajuda o day trader a reagir às notícias. Também oferece uma melhor perspectiva de *swing trading* (manter uma ordem durante vários dias), gerando lucros melhores. Contudo, saber demais pode arrastar um day trader para baixo.

CUIDADO

A análise fundamentalista pode *prejudicar* você no day trading, pois pode influenciá-lo a tomar decisões pelos motivos errados. Se você sabe muito a respeito dos fundamentos, pode começar a considerar as perspectivas de longo prazo, em vez daquelas de curto prazo. Por exemplo, diversas pessoas compram fundos mútuos atrelados ao Ibovespa para suas contas de aposentadoria porque acreditam que, no longo prazo, o mercado subirá. Isso não significa que as pessoas devam operar contratos mini-índice ou um fundo do Ibovespa hoje, porque muitos zigue-zagues podem acontecer entre o momento atual e o da valorização do preço no longo prazo.

A pesquisa fundamentalista se enquadra em duas categorias principais: top-down e bottom-up. Como mencionei, a pesquisa top-down parte de considerações econômicas amplas e examina como afetarão um ativo específico. A pesquisa bottom-up parte de ativos específicos para entender se eles constituem uma boa opção de compra ou venda no momento.

DICA

Se você é um apaixonado por fazer pesquisa fundamentalista, melhor não fazer day trading. Day trading demanda reações rápidas às mudanças de preços, não uma compreensão detalhada dos métodos contábeis e tendências de negócios. Um pouco de análise fundamentalista ajuda um day trader. Análise fundamentalista demais o prejudica.

Entendendo a análise técnica

Informações a respeito do preço, tempo e volume de operação de determinado ativo podem ser plotadas em gráficos. Os gráficos formam padrões que indicam o que aconteceu. Como a oferta e a demanda pelo ativo mudaram e por quê? E como isso afeta a oferta e demanda futuras? A análise técnica é baseada na premissa de que os preços dos ativos mudam de acordo com as tendências e de que elas se repetem. Portanto, um trader que consegue reconhecer uma tendência nos gráficos entende para onde os preços têm maior probabilidade de ir até que algum evento imprevisto aconteça e gere uma nova tendência.

A análise técnica mostra a força da oferta e da demanda no mercado. Ela oferece pistas sobre comportamento e psicologia, que são informações valiosas para um day trader. Em mercados altamente voláteis, como o das criptomoedas, os gráficos oferecem uma melhor noção da direção do preço de um ativo.

DICA

A maioria dos traders se baseia em softwares para detectar padrões por facilitarem as decisões a ser tomadas. Lembre-se de que o que viabiliza o grande volume de operações de curto prazo são os algoritmos. Você não pode superá-los, logo, tire proveito deles.

O elemento básico da análise técnica é uma *barra*, que mostra os preços máximo, mínimo, de abertura e de fechamento de um ativo em determinado dia. Veja um exemplo na Figura 8-1.

FIGURA 8-1: A barra exibe os preços de máxima, mínima, abertura e fechamento.

© John Wiley & Sons, Inc.

Na maioria dos mercados, cada dia gera uma nova *barra* (o papo de muitos traders é sobre barras que, certamente, são bem diferentes da barra que é gostar de você). Um conjunto de barras e seus diferentes pontos de máxima, mínima, abertura e fechamento constitui um *gráfico*. Comumente, um gráfico do volume de cada barra é exibido abaixo, como na Figura 8-2.

FIGURA 8-2: Um gráfico de volume sob um gráfico de barras anual.

© John Wiley & Sons, Inc.

Diversos padrões formados nos gráficos estão associados a movimentos de preços futuros. Os analistas técnicos, portanto, passam muito tempo analisando os gráficos para prever o que acontecerá. Diversos pacotes de software (alguns são abordados no Capítulo 12) enviam sinais aos traders quando certos padrões técnicos ocorrem para que abram ordens em função deles.

LEMBRE-SE

A análise técnica é uma forma de medir a oferta e a demanda do mercado. É uma ferramenta para analisar os mercados, não para adivinhá-los. Se decifrar o significado dos dados fosse fácil, todos ganhariam dinheiro.

Variações de preço

Observadores do mercado debatem a *eficiência de mercado* o tempo todo. Em um mercado eficiente, todas as informações sobre um ativo se refletem em seu preço, por isso não adianta pesquisar. Poucos participantes do mercado pensam dessa forma, mas admitem que o preço resume as informações mais importantes a respeito de uma empresa. Isso significa que a análise técnica, ou seja, observar como o preço muda ao longo do tempo, é uma maneira de saber se as perspectivas de determinado ativo estão melhorando ou piorando.

Variações de volume

A barra mostra a variação dos preços durante o dia, enquanto o *volume* conta outra parte da história: quanto de um ativo foi exigido por aquele preço. Se a demanda está aumentando, é porque mais pessoas desejam o ativo e, portanto, estão dispostas a pagar mais por ele. O preço diz aos traders o que o mercado sabe. O volume indica quantas pessoas no mercado sabem disso.

CAPÍTULO 8 **Análise Técnica** 137

TOUROS, URSOS E BARRIGAS DE PORCO

Traders operam cabeças de gado e porcos na BM&F enquanto os mercados estão repletos de touros e ursos. O que esses animais simbolizam?

- *Touros* acreditam que o mercado está subindo. As notícias e padrões de alta são bons para eles.
- *Ursos* acreditam que o mercado está caindo. As notícias e padrões de baixa são bons para eles.

Ninguém sabe exatamente por que as palavras passaram a simbolizar o comportamento do mercado, mas a melhor suposição para o simbolismo é a de que, quando atacados, os touros avançam e os ursos recuam.

Análise Técnica na Prática

A análise técnica ajuda os day traders a identificar variações na oferta e demanda de um ativo, que têm potencial lucrativo. Ela oferece aos traders uma maneira mais eficaz de falar e pensar a respeito do mercado.

A maioria dos sistemas de cotação de corretoras gera gráficos, às vezes com o auxílio de um software adicional que demarca automaticamente o gráfico com linhas de tendência. Traders técnicos buscam essas linhas de tendência. Antes de abrir uma ordem de compra ou venda, o trader precisa saber se o preço do ativo está subindo e se essa tendência continuará.

Um aspecto interessante da análise técnica é que o básico se aplica a todos os mercados. A análise técnica o ajuda a monitorar tendências no mercado de ações, títulos, commodities e câmbio. Em qualquer contexto que tenha oferta e demanda, gerando um mercado, a análise técnica pode ser usada para entender como se correlacionam.

A carroça na frente dos bois: Seguir a tendência ou se desviar dela?

As próximas seções abordam os detalhes sobre como identificar uma tendência, mas o principal a ser entendido como day trader é se você deve seguir uma tendência ou não. Às vezes, é bom seguir, mas às vezes, é melhor desviar.

Lembra-se de quando você era criança e queria fazer algo que todos seus amigos estavam fazendo e sua mãe invariavelmente dizia: "Se todos seus amigos pulassem de uma ponte, você também pularia?"

Mãe, é o seguinte: se a ponte estivesse pegando fogo, as rotas de fuga estivessem bloqueadas por marginais furiosos e a água estivesse a uma pequena distância, então, sim, eu pularia da ponte como todo mundo. Da mesma forma, se alguém nos oferecesse um bom dinheiro para pular e o risco de um dano sério fosse ínfimo, saltaríamos esbanjando acrobacias de alegria. Às vezes, seguir os outros é bom. Contudo, se meus amigos fossem uns bocós, não houvesse fogo ou marginais furiosos e eu não soubesse nadar, talvez não me apressasse em pular.

Seguir tendências é como aqueles amigos de infância imaginários naquela ponte imaginária. Às vezes, o melhor é se juntar à multidão. Outras, desviar é melhor. A questão é: quando seguir e quando desviar? Bem, depende. Você precisa saber o que está operando e o que os outros estão considerando ao abrir suas ordens. É por isso que um bom entendimento das tendências e como funcionam é importante.

Encontrando tendências

Um analista técnico geralmente começa olhando para um gráfico e traçando linhas que mostram a direção geral das barras de preço do período em questão. Em vez de plotar o gráfico no papel ou imprimir a tela, ele provavelmente usa um software para fazer as linhas. A Figura 8-3 mostra essa análise básica.

Com as linhas de tendência básicas estabelecidas, o trader pode começar a ponderar como as tendências se desenvolveram até então e o que pode acontecer em seguida.

Traçando linhas de tendência

Conforme mostrado na seção anterior, a linha de tendência mais básica é aquela que mostra a direção geral da tendência. É um bom começo, mas não diz tudo o que você precisa saber. O próximo passo é usar uma régua, física ou virtual, para encontrar as linhas de tendência que conectam as máximas e as que conectam as mínimas. Isso gera um canal que informa a você o *suporte* (a linha de tendência das mínimas) e a *resistência* (a linha de tendência das máximas), como mostra a Figura 8-4. A menos que algo mude a tendência, os ativos tendem a se mover dentro do canal, portanto, estender a linha para a direita do gráfico dá uma ideia dos preços em que o ativo será operado.

Quando um ativo atinge o suporte, é porque está relativamente barato, logo, é uma boa hora para comprar. Quando um ativo atinge a resistência, está relativamente caro, então é uma boa hora para vender. Operar comprando no suporte e vendendo na resistência é uma estratégia lucrativa até que algo aconteça e mude esses dois parâmetros.

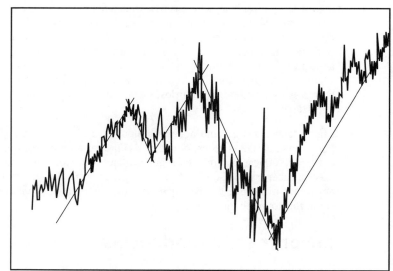

FIGURA 8-3: A análise básica das tendências das variações das barras de preços traça linhas que mostram o movimento geral.

© John Wiley & Sons, Inc.

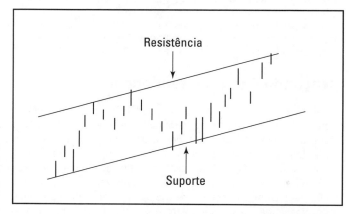

FIGURA 8-4: Traçando linhas de tendência para identificar canais.

© John Wiley & Sons, Inc.

Calculando indicadores

Além de traçar linhas, os analistas técnicos usam calculadoras — ou um software que faz cálculos — para chegar a diferentes *indicadores*, números usados para avaliar desempenho. As seções a seguir abordam alguns indicadores comuns e suas definições.

PONTOS DE PIVÔ

Um *ponto de pivô* é a média entre máxima, mínima e fechamento do dia. Se o preço do dia seguinte fechar acima do ponto de pivô, definirá um novo suporte, e se o preço do dia seguinte fechar abaixo do ponto de pivô, definirá uma nova resistência. Assim, calcular os pontos de pivô e como mudam indica novos stops superiores e inferiores. (Veja o Capítulo 2 para mais informações sobre o uso de stops.)

DICA

Nos mercados que atuam 24 horas, como o forex, o preço de fechamento é definido arbitrariamente. O comum nos Estados Unidos é fechar o preço às 16h ET, que é o horário de fechamento da Bolsa de Valores de Nova York.

MÉDIAS MÓVEIS

Observar as linhas de máxima, mínima, abertura e fechamento em um gráfico fará com que você tire a poeira dos óculos bifocais. Para facilitar a detecção de tendências, os traders calculam uma *média móvel* por meio da média dos preços de fechamento em um determinado período. Alguns traders se atêm aos últimos cinco dias, outros, aos últimos sessenta. Diariamente, o preço mais recente é adicionado e o mais antigo é ignorado na média do dia atual. Dadas as maravilhas da tecnologia de computação moderna, é fácil extrair as médias móveis de quase qualquer período. A média de cada dia é então plotada no gráfico de preços, mostrando como a tendência muda no tempo. A Figura 8-5 mostra um exemplo de gráfico com média móvel de dez dias.

FIGURA 8-5: Um gráfico de preços com média móvel de dez dias.

© John Wiley & Sons, Inc.

Traders usam a média móvel para buscar cruzamentos, convergências e divergências. Um *cruzamento* ocorre sempre que o preço cruza a linha da média móvel. Normalmente, compra-se quando o preço cruza acima da média móvel e vende-se quando o preço cruza abaixo dela.

CAPÍTULO 8 **Análise Técnica** 141

Para usar *convergência* e *divergência* na análise, o trader observa as médias móveis de diferentes períodos, como cinco, dez e vinte dias, por exemplo. A Figura 8-6 mostra um exemplo de convergência e divergência.

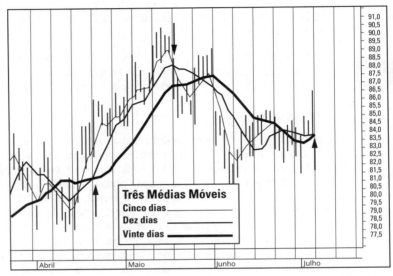

FIGURA 8-6: Convergência e divergência da média móvel.

© John Wiley & Sons, Inc.

DICA

Quando duas ou três médias móveis convergem (se encontram), significa que a tendência pode estar acabando. Costuma ser um bom momento para comprar se a tendência for de baixa e para vender se a tendência for de alta. Se duas ou três das médias móveis se separam e divergem, é provável que a tendência continue. Isso significa que é um bom momento para comprar se a tendência for de alta e para vender se for de baixa.

LEMBRE-SE

Uma média móvel é um indicador atrasado. Ela resume as atividades dos últimos cinco, dez, trinta ou sessenta dias, o que significa que a linha suaviza as mudanças na tendência que podem afetar os preços futuros, dando-lhe uma imagem mais precisa da tendência geral ao longo do período.

Observando fases de tendência

As tendências de preços tendem a se mover em ciclos que são vistos nos gráficos ou observados no comportamento do mercado. Saber as fases de uma tendência o ajuda a avaliar melhor o que está acontecendo. Eis um resumo de algumas fases de uma tendência:

- » **Acumulação:** Esta é a primeira parte da tendência, em que os traders se entusiasmam com um ativo e suas perspectivas. Eles abrem novas posições ou somam às já abertas.
- » **Fase principal (também chamada de *continuação*):** Aqui, a tendência se mantém, sem nenhum movimento incomum. As máximas ficam mais altas em uma tendência de alta, e as mínimas ficam mais baixas em uma tendência de baixa. É possível ganhar dinheiro — embora não muito — seguindo a tendência aqui.
- » **Consolidação (também chamada de *congestionamento*):** Esta fase indica um mercado paralelo. O ativo permanece dentro da tendência, mas sem atingir maiores altas ou baixas. Ele apenas permanece dentro da faixa de operação. Uma fase de consolidação costuma empolgar scalper traders, que fazem um grande volume de operações em busca de lucros muito pequenos, e costuma também entediar o resto do mercado.
- » **Retração (também chamada de *correção* ou *pullback*):** A retração é uma tendência secundária, um recuo de curto prazo da tendência principal para o suporte. Retrações geram oportunidades de compra e costumam aniquilar os day traders que estão seguindo a tendência.
- » **Distribuição:** Na fase de distribuição, os traders acham que o preço do ativo não aumentará mais, portanto, tendem a vender em grande volume.
- » **Reversão:** Nesta fase, a tendência inverte. É hora de vender se você estiver seguindo uma tendência de alta e de comprar se estiver seguindo uma tendência de baixa. Inúmeras reversões costumam seguir padrões clássicos, discutidos posteriormente neste capítulo.

Tendências em constante variação

Embora traders técnicos procurem seguir as tendências, eles também procuram situações em que a tendência muda para aproveitar novas oportunidades de lucro. Em geral, os day traders seguem as tendências, e os swing traders — que mantêm ativos por alguns dias ou mesmo semanas — se preocupam mais em identificar as mudanças.

Monitorando o momentum

Seguir a tendência é ótimo, mas se a tendência estiver se movendo rapidamente, é melhor se antecipar e sair na frente dela. Se a taxa de variação da tendência estiver subindo, é provável que ocorra um aumento nos preços.

Para calcular o momentum, pegue o preço de fechamento de hoje, divida-o pelo preço de fechamento de dez dias atrás e multiplique o resultado por cem. Isso dá a você um *indicador de momentum*. Se o preço não tiver ido a lugar nenhum, o indicador de momentum é cem. Se o preço tiver subido, o indicador é maior do que cem. E se o preço tiver caído, o indicador é inferior a cem.

Na análise técnica, normalmente se espera que as tendências continuem, portanto, um ativo com indicador de momentum acima de cem deve continuar subindo, se tudo o mais se mantiver. Mas é no "se tudo o mais se mantiver" que mora o perigo. Os analistas técnicos geralmente acompanham esse indicador para ver se o momentum positivo é, em si, uma tendência. Na verdade, os indicadores de momentum são uma boa confirmação de uma possível tendência.

LEMBRE-SE

O momentum é um indicador técnico importante. Diz a você o que provavelmente acontecerá no futuro, não o que aconteceu no passado.

O trading de momentum geralmente se baseia nos fundamentos. Quando os principais fundamentos, como vendas ou lucros, aumentam à medida que o preço do ativo sobe, o momentum provavelmente continuará por algum tempo. Veja mais sobre operação e investimentos momentum no Capítulo 11.

Encontrando rompimentos

Um *rompimento* ocorre quando o preço de um ativo ultrapassa e fica acima — ou abaixo — da linha de resistência ou de suporte, originando uma nova tendência com suporte e resistência novos. Um rompimento momentâneo pode ser uma anomalia (o que os técnicos às vezes chamam de *rompimento falso*), mas preste atenção a dois ou mais rompimentos. A Figura 8-7 mostra exemplos de rompimentos.

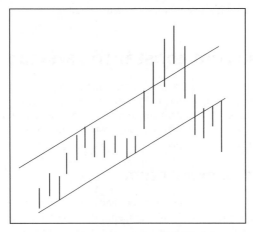

FIGURA 8-7: Um rompimento indica uma nova tendência.

© John Wiley & Sons, Inc.

Quando ocorre um rompimento verdadeiro, uma nova tendência começa. Isso significa que um rompimento para cima é acompanhado por preços em alta, e um rompimento para baixo é acompanhado por preços em queda.

144   PARTE 2 **Estratégias de Trade**

CUIDADO

Rompimentos falsos podem causar estragos por um ou dois dias de operações. Um rompimento falso motiva alguns traders a comprar ou vender pensando que a tendência continuará. Quando percebem que não acontecerá, viram-se e invertem as posições fracassadas. Nessas horas, a capacidade de avaliar a inteligência dos outros traders é crucial.

Bons analistas técnicos acompanham vários indicadores para determinar se uma mudança na tendência é verdadeira ou apenas uma daquelas coisas que desaparecem rapidamente quando a velha tendência é retomada. Por exemplo, eles podem olhar para juros a descoberto ou volatilidade geral do mercado. Você aprende mais sobre esses indicadores no Capítulo 8.

Lendo os Gráficos

Quanto tempo leva para encontrar a tendência? Quanto tempo leva para a tendência se manifestar? Quando agir em relação a isso? Você tem minutos, horas ou dias para agir?

Como os mercados tendem a se mover em ciclos, os analistas técnicos procuram padrões de preços que indiquem quanto tempo pode durar uma determinada tendência. Nesta seção, mostro alguns dos padrões comuns que day traders procuram quando fazem análises técnicas. Infelizmente, alguns padrões são óbvios apenas em retrospectiva. Contudo, entender seu significado o ajuda a prever melhor o preço de um ativo.

Esta seção fornece apenas uma introdução a alguns dos padrões mais conhecidos (e sabiamente nomeados). Os analistas técnicos buscam muitos outros, e seria necessário outro livro sobre o assunto para entendê-los. Confira o apêndice de livros que fornecem mais informações sobre análise técnica para ter uma ideia de como aplicá-la ao seu estilo de operar.

Agite suas flâmulas e bandeiras

Flâmulas e *bandeiras* são padrões gráficos que mostram *retrações*, que são desvios de curto prazo da tendência principal. Em uma retração, não ocorre rompimento do suporte ou resistência, mas o ativo também não está seguindo a tendência. Como não há rompimento, a tendência é mais de curto prazo.

A Figura 8-8 mostra uma flâmula. Observe como o suporte e a resistência da flâmula (que ocorrem dentro do suporte e da resistência de uma tendência muito maior) parecem convergir a um ponto.

A Figura 8-9, em contrapartida, é uma bandeira. A principal diferença entre uma bandeira e uma flâmula é que o suporte e a resistência da bandeira são paralelos.

CAPÍTULO 8 **Análise Técnica** 145

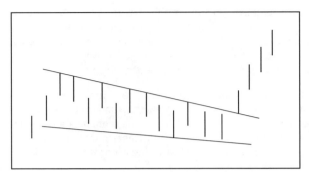

FIGURA 8-8: Na flâmula, o suporte e a resistência passam a convergir.

© John Wiley & Sons, Inc.

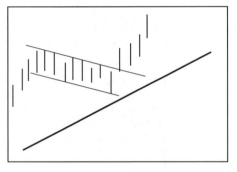

FIGURA 8-9: A bandeira, assim como a flâmula, costuma indicar volume em queda.

© John Wiley & Sons, Inc.

Flâmulas e bandeiras são geralmente encontradas no meio da fase principal de uma tendência e parecem durar duas semanas antes de voltar à linha de tendência. Quase sempre são acompanhadas por queda de volume. Na verdade, se o volume de operação não estiver caindo, provavelmente trata-se de uma *reversão* — uma inversão da tendência —, em vez de uma retração.

Do chuveiro para o trading: head and shoulders

A formação *head and shoulders* [cabeça e ombros, em tradução livre] é uma série de três picos em um gráfico. Os picos à esquerda e à direita (ombros) devem ser relativamente menores do que o pico central (cabeça). Os ombros se conectam a um preço conhecido como *neckline* [linha do pescoço, em tradução livre], e quando a formação do ombro direito é alcançada, o preço cai.

O head and shoulders é um dos padrões técnicos preferidos dos ursos. A Figura 8-10 mostra um exemplo.

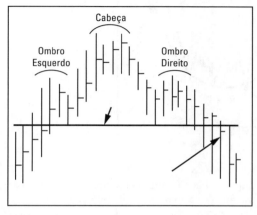

FIGURA 8-10: No padrão head and shoulders, o preço cai após a formação de ombro direito.

© John Wiley & Sons, Inc.

A formação de head and shoulders parece resultar de traders esperando por uma última alta depois que um ativo teve um longo disparo nos preços. Em algum momento, entretanto, a tendência muda, pois nada é para sempre. E quando a tendência muda, os preços caem.

Um padrão head and shoulders apontando para baixo às vezes aparece no final de uma tendência de baixa, sinalizando que o preço está prestes a subir.

Cup and handle

Quando um ativo atinge um pico de preço e cai, às vezes devido a más notícias, ela pode permanecer em baixa por um tempo. Contudo, em algum momento as más notícias se resolvem, os fundamentos básicos melhoram e chega a hora de comprar novamente. O analista técnico encontra esse cenário a partir do padrão *cup and handle* [xícara com alça, em tradução livre]. A Figura 8-11 mostra um exemplo.

O handle [alça] é formado por quem comprou na alta antiga, ficou injuriado com a queda e foi embora. Enquanto isso, outros traders, que não tiveram o mesmo histórico com o ativo, reconhecem que o preço provavelmente voltará a subir agora que os antigos vendedores estão fora do mercado.

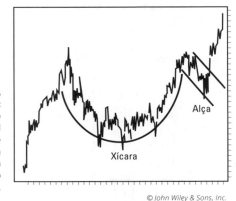

FIGURA 8-11: A formação cup and handle é uma tendência de longo prazo.

© John Wiley & Sons, Inc.

Uma formação cup and handle geralmente aparece durante longos períodos — às vezes até um ano —, com muitas subtendências ocorrendo durante esse período. Como day trader, provavelmente você se preocupará mais com as variações diárias do que com a tendência subjacente. Mesmo assim, se você vir uma xícara se formando e a sugestão de uma alça, interprete isso como um sinal de que o valor do ativo começará a subir.

Cuidado com o gap

Gaps [lacunas, em tradução livre] são quebras de preços que aparecem o tempo todo, geralmente quando alguma notícia ocorre entre os pregões, provocando um ajuste nos preços e no volume. Quer a notícia seja sobre uma aquisição, uma decepção na linha de produtos ou uma guerra que estourou da noite para o dia, é significativa o suficiente para mudar a tendência, e é por isso que traders devem ficar atentos aos gaps.

Um gap, ou lacuna, é um espaço entre duas barras, conforme a Figura 8-12.

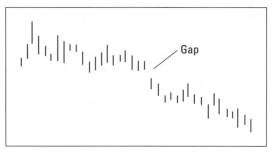

FIGURA 8-12: Um gap que segue para baixo geralmente significa que é hora de vender.

© John Wiley & Sons, Inc.

148 PARTE 2 **Estratégias de Trade**

CUIDADO

Gaps geralmente são ótimos sinais. Um ativo com gaps na abertura geralmente significa que uma forte tendência de alta está começando, então é hora de comprar. Da mesma forma, se os gaps caírem, geralmente é o início de uma tendência de baixa, então é melhor vender.

Day traders podem ser sugados por um gap, situação conhecida como *gap and crap* (ou *gap and trap*, se preferir uma linguagem mais amena). Muitos traders veem o aumento de preço do ativo como um excelente momento para vender, de modo que o day trader que compra no gap de alta é imediatamente atingido por toda a pressão de venda. Por essa razão, alguns day traders preferem esperar pelo menos trinta minutos antes de operar um gap de abertura, enquanto outros confiam no conhecimento que têm a respeito dos compradores e vendedores do mercado para decidir o que fazer.

Pitchforks

Um *pitchfork* [tridente, em tradução livre], às vezes chamado de *Andrews pitchfork* depois que o analista técnico Alan Andrews o popularizou, identifica o suporte e a resistência de longo prazo para subtendências, criando um canal em torno da linha de tendência principal. A Figura 8-13 mostra um exemplo.

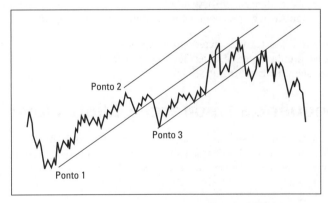

FIGURA 8-13: Um pitchfork cria um canal em torno da linha de tendência principal.

© John Wiley & Sons, Inc.

A linha superior mostra a resistência da subtendência de alta, e a linha inferior mostra o suporte da subtendência de baixa. A linha do meio forma um suporte e uma resistência, dependendo de qual lado a operação ocorre. Se o preço cruzar acima da linha do meio, pode-se esperar que não ultrapasse a linha superior. Da mesma forma, se o preço cruzar abaixo da linha do meio, pode-se esperar que não ultrapasse a linha inferior.

CAPÍTULO 8 **Análise Técnica** 149

Diferentes Abordagens da Análise Técnica

Os analistas técnicos se dividem em diferentes escolas de pensamento. Cada uma aborda os gráficos à sua maneira e os usa para coletar informações diferentes sobre o desempenho provável dos preços de ativos. Nesta seção, apresento uma introdução a algumas dessas abordagens. Se alguma for do seu interesse, procure recursos no Apêndice para aprender mais.

Teoria de Dow

Charles Dow, o fundador do *The Wall Street Journal*, desenvolveu a *Teoria de Dow*. A teoria e os índices de mercado que a integram ajudaram a vender jornais, e também ajudaram algumas pessoas a ganhar dinheiro nos mercados. A Teoria de Dow é a base da análise técnica tradicional descrita neste capítulo.

A Dow afirma que os ativos mudam de acordo com as tendências, que as tendências formam padrões possíveis de ser identificados por traders e que elas se mantêm até que ocorra algum evento importante que as influencie. Além disso, as tendências do Dow Jones Industrial Average e do Dow Jones Transportation Average preveem o desempenho geral do mercado.

Nem todos os técnicos acreditam que esses índices são indicadores primários na economia moderna, mas eles contam com a Teoria de Dow para sua análise, além de lerem o *Wall Street Journal*.

Sequência Fibonacci e Elliott Wave

Lembra-se daqueles testes de lógica em que você precisava descobrir o próximo número de uma sequência? Bem, eis um deles. Qual é o próximo número desta sequência? (**Dica:** a sequência não é um número de telefone no Cazaquistão.)

0, 1, 1, 2, 3, 5, 8, 13, 21

Se você respondeu 34, acertou! A sequência é conhecida como *sequência Fibonacci*, às vezes chamada de *série Fibonacci* ou apenas *Fibs*. Você encontra esse número somando os dois números anteriores da série, começando com os primeiros dois dígitos de um teclado numérico. 0 + 1 = 1; 1 + 1 = 2; 1 + 2 = 3; e assim por diante, até o infinito. Além disso, quando a sequência chega aos dois dígitos, a proporção entre um número e o próximo passa a ser de 0,618, um número conhecido como a *proporção áurea*, o que significa que a proporção entre dois números seguidos é a mesma que a do número maior em relação à soma dos dois anteriores. Na natureza, esta é a proporção de uma espiral perfeita, como a encontrada na pinha e no abacaxi.

Ralph Elliott foi um trader que acreditava que, em longo prazo, o mercado se movia nas ondas descritas pela sequência Fibonacci. Por exemplo, Elliott acreditava que três ondas descendentes e cinco ondas ascendentes caracterizavam um mercado em alta. Ele também acreditava que o suporte e a resistência seriam encontrados 61,8% acima da mínima e abaixo da máxima. De acordo com o sistema Elliott Wave, se um ativo cair 61,8% do máximo, é um bom momento para comprar.

Elliott acreditava que essa constatação se aplicava tanto a séculos quanto a minutos, assim, tanto traders quanto investidores poderiam usar o sistema para identificar as tendências de mercado que se adaptam a seus timeframes. Outros — inclusive eu — acham que é altamente improvável que a atividade humana no mercado de ações siga a mesma ordem natural que a proporção da espiral de uma concha.

Velas japonesas

Traders do mercado de futuros de arroz japonês inventaram os gráficos candlestick [velas] no século XVIII, que continuam a ser usados até hoje. Esses gráficos são similares às barras de máxima, mínima, fechamento e abertura das quais falo no início deste capítulo, mas seu formato é um pouco diferente, contendo mais informações. A Figura 8-14 mostra um exemplo de um candlestick.

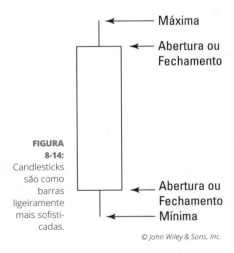

FIGURA 8-14: Candlesticks são como barras ligeiramente mais sofisticadas.

© John Wiley & Sons, Inc.

A altura do retângulo (conhecida como *vela* ou *corpo*) abrange os preços de abertura e fechamento e dá uma noção sobre a volatilidade, principalmente em relação à alta e à baixa excedentes (o *pavio*, ou a *sombra*). As formas e cores geram padrões que os traders usam para estipular a direção dos preços futuros. (A maioria dos pacotes de análise técnica colore as velas de verde quando o fechamento é superior à abertura, e de vermelho quando o fechamento é inferior à abertura, facilitando ainda mais a descoberta de tendências.)

O sistema Gann

William Gann supostamente ganhou US$50 milhões nos mercados de ações e commodities na primeira metade do século XX usando um sistema que pode ou não ter ensinado a outras pessoas antes de morrer. O sistema Gann é cheio de mitos e mistérios: alguns traders confiam no que consideram ser seu método, enquanto outros o rejeitam, em parte porque Gann confiava na astrologia para fazer suas previsões.

O *sistema Gann*, como é conhecido hoje em dia, analisa a relação entre preço e tempo. Se um ativo varia um ponto em dado dia, significa que variou 1×1 ângulo de Gann, refletindo um nível normal de operações. Se um ativo varia dois pontos em dado dia, significa que variou 2×1 ângulo de Gann, sugerindo uma alta. Um ângulo inferior a 1×1 sugere baixa.

Além disso, Gann reconheceu que o mercado se move para a frente e para trás em um ciclo geral de alta ou baixa, mas algumas dessas variações são mais positivas do que outras. Assim como o sistema procura movimentos de preços ao longo do tempo com proporções pares (1×1, 2×1, e assim por diante), também procura retrações ordenadas. Quando um ativo recua 50%, digamos, de uma mínima de R$20 para uma máxima de R$40 e depois volta para R$30, é uma boa hora para comprar pelo sistema Gann.

DICA

Muitos traders se baseiam no guia de retração de 50% — mesmo os que acham o Gann um sistema doido. Essa deve ser a origem daquela velha história: compre quando o preço cair, porque é provável que esteja voltando para cima.

Armadilhas da Análise Técnica

Muitos ganham muito dinheiro vendendo serviços para day traders. Produzem vídeos, organizam seminários e (cof cof) escrevem livros para lhes dizer como ser bem-sucedido na empreitada. Porém, no mundo financeiro, o sucesso é uma combinação entre sorte, habilidade e inteligência.

DICA

Antes de se comprometer de todo o coração com qualquer linha de pensamento específica de pesquisa e de investir dinheiro em algum sistema "comprovado" demonstrado em um infomercial, lembre-se de quem você é e do que está tentando fazer. Apesar de todos os livros, seminários e debates da escola de negócios, todo tipo de pesquisa tem suas desvantagens. Lembre-se delas ao desenvolver seu planejamento de day trading.

Se é óbvio, não tem oportunidade

Diversos sistemas de day trading funcionam na maior parte do tempo. Por exemplo, o valor de um ativo sobe, sugerindo que, devido a notícias positivas ou à alta demanda, o preço salta entre uma operação e a próxima (veja a Figura 8-12 para ver a formação de um gap). Isso é bom, e o ativo provavelmente continuará subindo de preço. Então você o compra e ganha dinheiro. Bingo! Contudo, eis um problema: todo o mundo está vendo essa lacuna, todo o mundo está presumindo que o ativo subirá, então todo o mundo compra, e isso aumenta o preço. A oportunidade de lucro se foi. Assim, talvez seja melhor operar vendido? Ou talvez evitar a situação? Quem sabe? E este é o problema. Padrões óbvios como lacunas dizem muito sobre o que está acontecendo no mercado, mas são seu julgamento e sua experiência que o dizem qual deve ser o próximo movimento.

Analisando demais

A análise técnica é uma forma útil de avaliar a psicologia do mercado. É para isso que foi projetada. No entanto, quando foi desenvolvida, a maioria dos traders era particular e, como é de se esperar, às vezes se deixava levar pelas emoções. Hoje em dia, você quase não opera contra uma pessoa. Na maioria das vezes, opera contra máquinas que fazem o que foram programadas para fazer. Elas não sofrem com dúvida, medo ou ganância — mas você sim. O mercado é a soma de todos os que o compõem, portanto, não atribua emoções humanas a seres não humanos.

Ao determinar o humor do mercado, você pode analisar demais e se complicar. Melhor seguir a tendência ou operar contra ela? E se todos operarem contra ela, é melhor segui-la?

Em vez de ficar intrigado com o que realmente está acontecendo, desenvolva um sistema em que você confie. Faça isso usando backtesting, simulação e análise de desempenho. O Capítulo 16 oferece diversos conselhos sobre como usar essas técnicas. Quanto mais confiante você estiver a como reagir a determinada situação, melhor serão suas operações.

O sucesso e seu viés ascendente

Segundo a teoria da eficiência de mercado, todas as informações são refletidas pelo preço de um ativo. Até que novas informações cheguem ao mercado, os preços se movem em um padrão aleatório, de modo que um ativo terá tanto desempenho quanto qualquer outro. Em alguns mercados, como o de ações, esse caminho aleatório tem um *viés ascendente*, o que significa que, enquanto a economia estiver crescendo, as empresas também devem ter um bom desempenho. Assim, é mais provável que o movimento seja para cima do que para baixo, embora a magnitude do movimento seja aleatória.

Pressupondo a aleatoriedade dos movimentos de preços, algumas pessoas ganham e outras perdem, não importa quais sistemas usem para operar. Se os movimentos de preços são aleatórios e têm viés ascendente, haverá mais ganhadores do que perdedores, não importa quais sistemas usem para operar. Alguns dos que ganharam venderão seus sistemas, embora o motivo do sucesso tenha sido o acaso.

LEMBRE-SE

A análise técnica é uma forma proveitosa de medir a oferta e a demanda relativas, que, por sua vez, avaliam a psicologia daqueles que estão operando. Mas nem tudo são flores. Antes de investir dinheiro em um sistema complexo ou na assinatura de um boletim informativo que oferece um método infalível de operar, questione se o vendedor é inteligente ou apenas sortudo. Um bom sistema reforça a disciplina e oferece uma maneira de analisar o mercado quanto ao seu estilo de operar. Um sistema ruim acaba saindo caro e pode até ter funcionado em dado momento, mas isso não significa necessariamente certeza de sucesso hoje.

> **NESTE CAPÍTULO**
>
> » **Estudando a psicologia e o humor do mercado**
>
> » **Seguindo o fluxo dos fundos**
>
> » **Entendendo o que procurar durante um dia de operações**
>
> » **Evitando situações perigosas**
>
> » **Conhecendo estratégias bastante usadas por day traders**

Capítulo **9**

Indicadores de Mercado e Estratégias

Os day traders colocam em prática os resultados de suas pesquisas por meio de uma série de estratégias. Todas têm dois fatores em comum: ser projetadas para ganhar dinheiro e para funcionar em um dia. As melhores pesquisas ajudam os traders a superar a psicologia do mercado.

Hoje em dia, a maioria das operações ocorre por meio de computadores. É claro que são seres humanos que costumam abrir as ordens, mas são as máquinas que fazem o trabalho. Os potenciais de lucro no curto prazo podem ser pequenos. Por mais que procurem ser imparciais, traders particulares são sugados pela esperança, pelo medo e pela ganância — as três emoções que arruínam pessoas diariamente. Para complicar as coisas, diversos mercados, como o de opções e o de futuros, são mercados de soma zero, o que significa que, para cada vitória, existe uma perda. Alguns mercados, como o de ações, têm viés positivo, o que significa que os vencedores superam os perdedores no longo prazo, mas não que isso acontecerá hoje.

Com baixo potencial de lucro e tantas mudanças emocionais, ganhar dinheiro no longo prazo como um day trader pode ser difícil. Este capítulo pode ajudar. Nele, abordo algumas estratégias comuns de day trading e discuto algumas das análises racionais que são necessárias para descobrir a psicologia dos mercados.

Desvendando os Mercados

Para cada comprador, existe um vendedor. (Tem que existir, do contrário, não haverá transação.) O preço se ajusta ao valor aceito pelo comprador e pelo vendedor. Essa interação é simplesmente a oferta e a demanda. Os mercados financeiros são mais eficientes em combinar oferta e demanda do que quase qualquer outro mercado existente. Não restam prateleiras de peças não vendidas no final da estação, nem carros de luxo, nem longas filas para conseguir uma mesa. Os preços mudam para se adequar à demanda, e aqueles que concordarem com o preço farão uma operação.

Apesar da eficiência capitalista implacável do trading, os mercados também são dominados pela emoção e pelo senso comum. Os compradores e vendedores veem as mesmas informações, mas chegam a conclusões diferentes. Existe um vendedor para cada comprador, assim, o trader que deseja comprar precisa saber quanto o vendedor está cobrando.

Por que alguém estaria do outro lado da sua operação?

» **O outro trader pode operar com base em um período diferente.** Por exemplo, investidores de longo prazo vendem ao saber de notícias ruins que mudam a perspectiva de um ativo. Um trader de curto prazo não se importa com a perspectiva de longo prazo se o preço pela manhã estiver baixo e houver uma oportunidade de lucro à tarde.

» **O outro trader pode ter um perfil de risco diferente.** Um investidor conservador não quer ações de uma empresa que está sendo adquirida por outra de tecnologia em alta. Esse investidor venderá, e alguém que acredita que os preços subirão comprará. Um algoritmo pode definir uma operação para gerenciar o risco de outra operação.

» **O outro trader pode estar esperançoso, com medo ou operando por ganância.** Ele pode não estar pensando racionalmente a respeito do que está acontecendo, gerando uma oportunidade para você.

» *Você* **pode estar esperançoso, com medo ou operando por ganância.** Você pode ser o trader irracional cometendo erros bobos. Às vezes, isso acontece com os melhores de nós. Quanto melhor você conhecer suas tendências emocionais, mais facilmente conseguirá superá-las.

Não tente enganar o trader do outro lado. Você não enfrentará os mesmos traders cada vez que operar, e muito provavelmente, o trader que você está enfrentando é uma máquina. Em vez disso, preocupe-se consigo mesmo.

Apostando no lado comprado

Cada participante do mercado tem seu próprio conjunto de razões e fundamentos para abrir uma ordem. Em geral, embora existam muitos motivos para vender — como pagar impostos, mensalidades da faculdade ou uma pensão —, há apenas um motivo para comprar: acreditar que o valor do ativo está subindo.

Isso, por si só, já é motivo para que os traders prestem mais atenção ao que está acontecendo nas ordens de compra do que nas de venda. Para ter uma ideia de quem está visando lucro, os traders observam o número de ordens de compra, quão grandes são e a que preço estão sendo abertas. Abordo com mais detalhes os indicadores de volume e preço posteriormente neste capítulo.

Como existem vários motivos para vender, mas apenas um motivo para comprar, o mercado leva mais tempo para identificar indicadores de sentimento de baixa (pessimista). Mesmo que você veja os preços começando a cair em um futuro próximo, deve considerar que o mercado hoje pode ser bem diferente do que você vê chegando. E, como day trader, você só tem o hoje.

A armadilha da projeção

Se você deu uma olhada em alguns dos gráficos de análise técnica do Capítulo 8, deve ter percebido que, em alguns momentos, é possível acreditar no que se quer acreditar. E se você ponderou a respeito da análise fundamentalista, deve ter percebido que interpretar as informações da maneira que deseja é tão fácil quanto. Em vez de analisar objetivamente o que o mercado está dizendo, alguns traders veem o que querem ver. Essa é uma das razões pelas quais conhecer seu sistema e usar seus limites é tão importante.

Os melhores traders percebem a psicologia do mercado quase que instintivamente. Nem sempre eles conseguem explicar o que fazem — o que dificulta a vida de seus aprendizes. Contudo, eles afirmam o seguinte: se você conseguir determinar racionalmente por que a pessoa do outro lado está operando, estará em uma posição mais favorável aos lucros e mais propenso a evitar os grandes erros causados por esperança, medo e ganância.

CAPÍTULO 9 **Indicadores de Mercado e Estratégias**   157

Medindo a Temperatura do Mercado

Durante décadas, a maioria dos traders esteve enraizada nos pregões das bolsas. Eles tinham uma boa noção do humor do mercado porque percebiam o humor das pessoas nos pits. Com frequência, conheciam seus colegas traders bem o suficiente para saber o quão bons eram ou as necessidades das pessoas para quem trabalhavam. Isso gerava uma atmosfera clubista, apesar de todos os gritos e acenos de braço. Não era a maneira mais eficiente de operar em grande volume, mas permitia que os traders lessem a mente das pessoas ao seu redor.

Hoje em dia, quase todas as operações são eletrônicas, sem papel, paletós ou emoção. Os traders profissionais, que trabalham para corretoras ou empresas de fundos, operam eletronicamente em mesas compridas (conhecidas como mesas de operação), em que se sentam ao lado de colegas que operam ativos semelhantes. Embora todos operem através de telas, compartilham seu humor e, portanto, uma noção do que está acontecendo lá fora. Alguns day traders replicam essa camaradagem trabalhando para uma corretora de trading proprietário, mas a maioria deles trabalha sozinho em casa, com nada além das informações na tela para dizer o que está acontecendo no mercado.

Felizmente, existem maneiras de descobrir o que está acontecendo, mesmo que você esteja diante apenas da tela. Elas incluem prestar atenção aos indicadores de preço, volume e volatilidade. Quer saber mais? A tela conta a você.

CUIDADO

Alguns traders participam de chats na internet para ajudá-los a medir o sentimento do mercado. Fazer isso pode ser arriscado. Algumas salas de bate-papo têm pessoas inteligentes que desejam compartilhar suas perspectivas sobre o mercado, mas muitas estão abarrotadas de traders novatos que não têm boas informações para compartilhar ou pessoas que estão tentando manipular o mercado a seu favor. Fique de olho nos participantes ao integrar um chat.

Indicadores de preços

Em um mercado eficiente, todas as informações a respeito de um ativo estão refletidas no preço. Se o preço estiver alto e subindo, os fundamentos estão indo bem. Se o preço estiver baixo e caindo, o contrário se aplica. Tudo que fica no meio disso significa outra coisa.

A mudança no preço de um ativo dá a você um primeiro conjunto de informações. As mudanças de preço podem ser analisadas de outras maneiras para ponderar quando comprar ou quando vender.

Medindo a taxa de mudança: Momentum

O *momentum*, que abordo com mais detalhes no Capítulo 8, é a taxa sobre a qual o preço de um ativo aumenta (ou diminui). Se o momentum for forte e positivo, o ativo mostrará tanto altas quanto baixas mais acentuadas. As pessoas querem comprar o ativo por qualquer motivo, e o preço reflete isso. Da mesma forma, o momentum pode ser forte e negativo. O momentum negativo é definido por altas e baixas mais amenas. Ninguém parece interessado em comprar, e isso continua puxando o preço para baixo.

A quantidade exata de momentum de determinado ativo é medida por meio de indicadores conhecidos como *osciladores de momentum*. Um oscilador de momentum clássico começa com a média móvel, que é a média entre os preços de fechamento de um período, como os últimos dez dias, por exemplo. Em seguida, a mudança na média móvel de cada dia é plotada abaixo da linha de preço. Quando o oscilador é positivo, os traders dizem que o ativo está *sobrecomprado*. Quando é negativo, dizem que o ativo está *sobrevendido*. A Figura 9-1 mostra um oscilador de momentum plotado abaixo de uma linha de preço.

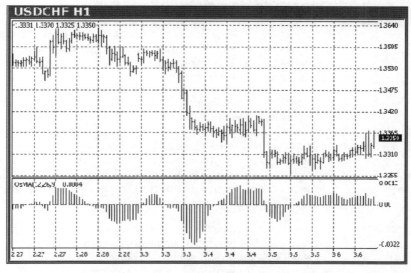

FIGURA 9-1: Um oscilador de momentum indica (adivinha só?) o momentum.

© John Wiley & Sons, Inc.

Se um oscilador de momentum mostra que um ativo está sobrecomprado (a linha está acima da linha central), muitas pessoas o têm em relação à demanda restante, e algumas delas começarão a vender. Lembre-se de que algumas dessas pessoas têm motivos válidos para vender, que podem não ter nada a ver com os fundamentos subjacentes do ativo, mas vão vender de

CAPÍTULO 9 **Indicadores de Mercado e Estratégias** 159

qualquer maneira, e isso reduz o preço. Os traders que veem que um ativo está sobrecomprado querem vender antecipadamente para essas pessoas.

Se um oscilador de momentum mostra que um ativo está *sobrevendido* (a linha está abaixo da linha central), este provavelmente está muito barato. Todo o mundo que queria sair saiu, e agora deve estar uma pechincha. Quando os compradores que veem a oportunidade de lucro entram em ação, o preço sobe.

A tendência é sua amiga até o fim. Embora existam grandes razões para seguir as tendências de preços, lembre-se de que todas elas terminam. Portanto, você ainda precisa prestar atenção à sua gestão de dinheiro e aos seus stops, não importa o quão forte a tendência pareça.

Dado que a maioria das tendências termina — ou pelo menos ziguezagueia ao longo do caminho —, alguns traders procuram ativos que se encaixem no que chamam de *critério 1-2-3-4*. Se o preço de um ativo subir durante três dias consecutivos, é provável que caia no quarto dia. Da mesma forma, se um ativo caiu de preço durante três dias consecutivos, é provável que suba no quarto dia. Certifique-se de fazer algumas simulações (veja o Capítulo 13) para ver se essa estratégia funciona em um mercado de seu interesse.

Operando no tick

Um *tick* é uma mudança de preço para cima ou para baixo. No caso de alguns ativos, como contratos de futuros, o tamanho do tick é definido como parte do contrato. Em outros casos, como ações, um tick pode ir de um centavo ao infinito (pelo menos em teoria).

Você pode calcular o indicador tick em função do mercado como um todo. (Na verdade, a maioria dos sistemas de cotação calcula o tick de mercado para você.) O tick de mercado é o número total de operações que fecharam acima menos o número de operações que fecharam abaixo em dado período. Se o tick for um número positivo, isso é bom: o mercado como um todo tem muito interesse de compra. Embora determinado ativo possa não estar indo tão bem, um tick positivo mostra que a maioria das pessoas no mercado tem uma perspectiva positiva no momento.

Em contrapartida, um tick negativo mostra que a maioria das pessoas no mercado percebeu uma queda iminente dos preços. Obviamente, alguns preços estão subindo, mas o número de pessoas infelizes é maior do que o de pessoas felizes (supondo que a maioria esteja operando comprado, o que significa que ganham dinheiro quando os preços sobem, não quando caem). Isso mostra que o sentimento que paira no mercado é negativo.

Rastreando o trin

Trin é a abreviação de *trading indicator* [indicador de operação, em tradução livre] e é outra medida do sentimento do mercado com base em quantos preços subiram em relação a quantos caíram. A maioria dos sistemas de cotação extrai o trin de determinado mercado, mas você pode calculá-lo sozinho. A fórmula fica assim:

$$\frac{\frac{avanços}{declínios}}{\frac{volume\ de\ avanços}{volume\ de\ declínios}}$$

O numerador é baseado no tick: a quantidade de ativos que subiram dividida (não subtraída) pela quantidade de ativos que desceram. O denominador é o volume: a quantidade de ações ou contratos dos ativos que subiram dividida pela quantidade de ações ou contratos dos ativos que desceram. Essa solução mostra o quão fortemente os compradores impulsionaram o aumento dos preços e o quão fortemente os vendedores impulsionaram a queda deles.

Um trin inferior a 1,00 geralmente significa que muitos compradores estão aceitando os ativos a valores maiores, e isso é bom. Um trin superior a 1,00 indica que os vendedores estão agindo com mais força, o que significa que há muito sentimento negativo no mercado.

Volume

O indicador trin analisa o preço junto com o volume. O *volume* informa a quantidade de operações. O quão entusiasmadas estão as pessoas com o preço atual? Eles veem isso como uma grande oportunidade de comprar ou vender? Eles estão vendendo rápido, para sair agora, ou estão adotando uma abordagem mais passiva? Essa informação se reflete no volume de operações e é um complemento importante da informação que você vê nos preços. O volume informa se o suporte é forte o suficiente para manter as tendências ou se elas provavelmente mudarão em breve.

Índice de força

O *índice de força* dá a você uma ideia da força de uma tendência. Ele começa com informações de preços, ou seja, se o preço de fechamento de hoje for maior do que o de ontem, isso é positivo para o ativo. Por outro lado, se o preço de fechamento de hoje for menor do que o de ontem, a força é negativa. Em seguida, essas informações de preço são combinadas com as informações de volume. Quanto mais volume acompanhar essa mudança, maior a força, seja positiva ou negativa.

Embora muitos sistemas de cotação calculem a força, você também pode fazer isso. Para cada dia de operação, execute este cálculo:

Índice de força = volume × (média móvel de hoje - média móvel de ontem)

Em outras palavras, o índice de força simplesmente dimensiona o oscilador de momentum médio móvel (discutido na seção anterior "Indicadores de Preço") para a quantidade de volume que acompanha a variação. Dessa forma, o trader tem uma noção de quão sobrecomprado ou sobrevendido o ativo está.

Saldo de volume

O *saldo de volume* é a quantidade operada em um período. Para calcular o saldo de volume, primeiro compare o preço de fechamento de hoje com o de ontem e, em seguida, faça um dos seguintes procedimentos:

» **Se o fechamento de hoje for maior do que o de ontem:** Some o volume de hoje ao saldo de volume de ontem.

» **Se o fechamento de hoje for menor do que o de ontem:** Subtraia o volume de hoje do total de ontem.

» **Se o fechamento de hoje for igual ao de ontem:** Não faça nada! O saldo de volume de hoje é igual ao de ontem.

Muitos traders rastreiam o saldo de volume ao longo do tempo, e eis o motivo: uma mudança no volume sinaliza uma mudança na demanda. A mudança na demanda pode não se refletir imediatamente no preço se houver compradores suficientes para absorver o volume de vendedores. Mas, se houver ainda mais compradores, o preço subirá. Consequentemente, o volume, mesmo proveniente de pequenos aumentos diários de preço, precisa ser considerado ao longo do tempo. Se o volume continuar subindo, em algum momento os preços terão que subir para atender a demanda.

O contrário também se aplica: o volume proveniente de pequenas quedas de preços também aumenta com o tempo. Esse volume mostra que existe muito pouco interesse reprimido, indicando que os preços definharão no período.

Muitos traders analisam o saldo de volume para avaliar o comportamento do *dinheiro inteligente*, como fundos de pensão, fundos de hedge e empresas de fundos mútuos. Diferentemente dos investidores individuais, essas grandes contas institucionais tendem a operar com base nos fundamentos, em vez de na emoção. Geralmente, eles começam a comprar um ativo quando o dinheiro burro se cansa de possuí-la, de modo que a compra antecipada pode apresentar grande volume sem afetar os preços significativamente. Contudo, à medida que as instituições continuam comprando, o preço precisa subir para fazer com que os indivíduos inteligentes e as primeiras instituições abram mão de suas ações.

162   PARTE 2 **Estratégias de Trade**

Interesse aberto

O *interesse aberto* tem significados diferentes entre o mercado de ações e os mercados de opções e futuros, mas, em ambos os casos, fornece aos traders informações úteis sobre a demanda:

> » No mercado de ações, o interesse aberto é a quantidade de ordens de compra enviadas antes da abertura do mercado. Um interesse aberto alto reflete a prontidão das pessoas para adicionar ações as suas posições ou abrir novas posições, o que significa que o preço das ações provavelmente aumentará de acordo com a demanda.

> » Nos mercados de opções e futuros, interesse aberto é a quantidade de contratos que não foram operados, encerrados ou expirados até o fim do dia.

Os day traders não têm interesse aberto porque, pela essência da atividade, fecham suas operações ao final do dia. Porém, alguns traders mantêm contratos em aberto, seja por acharem que sua posição tem a capacidade de aumentar a lucratividade ou por fazerem hedge de outra operação e sentirem necessidade de manter essas opções ou posição de futuros em vigor. Se o interesse aberto está aumentando, outras pessoas estão entrando no mercado, e os preços provavelmente continuarão subindo. Isso vale principalmente se o volume estiver aumentando aproximadamente à mesma proporção do interesse aberto. Por outro lado, se o interesse aberto está diminuindo, as pessoas estão fechando suas posições por não verem mais potencial de lucro, e os preços tendem a cair.

Volatilidade, crise e oportunidade

A *volatilidade* mede o quanto o valor de um ativo tende a aumentar ou diminuir em determinado período. Quanto maior a volatilidade, maior a variação de preço. A maioria dos day traders prefere ativos voláteis por oferecerem mais oportunidades de lucro em períodos mais curtos. Contudo, a volatilidade dificulta a avaliação do sentimento do mercado. Se um ativo é volátil, o clima pode mudar rapidamente. O que parecia uma oportunidade de lucro na abertura do mercado pode ter desaparecido na hora do almoço — e voltar antes do fechamento.

Média de amplitude de variação

A *média de amplitude de variação* é uma medida de volatilidade comumente usada em mercados de commodities, mas alguns traders de ações também a usam. É uma medida da volatilidade diária. Quando calculada a média em um período, essa medida mostra a volatilidade do período em questão. Quanto mais alta a média de amplitude de variação (Average True Range), maior a volatilidade.

Muitos sistemas de cotação calculam a média de amplitude de variação automaticamente, mas se por acaso você quiser calcular por si, comece encontrando a *amplitude de variação* de cada dia, que é a maior entre:

» A alta atual menos a baixa atual.
» O valor absoluto da alta atual menos o fechamento anterior.
» O valor absoluto da baixa atual menos o fechamento anterior.

Calcule esses três valores e, em seguida, a média do maior deles com a amplitude de variação dos últimos quatorze dias.

A amplitude de variação de cada dia mostra o quanto o ativo oscilou entre a alta e a mínima ou quanto a alta ou a mínima do dia variou em relação ao fechamento do dia anterior.

Beta

Beta é a *covariância* (isto é, a correlação estatística entre duas variáveis) de uma ação em relação ao resto do mercado. O número vem da *precificação de ativos financeiros*, que é uma equação usada em círculos acadêmicos para usar o desempenho de certos ativos como modelo. Os traders não usam a precificação de ativos financeiros, mas costumam falar sobre o beta para avaliar a volatilidade das ações e opções.

Qual o significado dos valores do beta?

» Um beta acima de 1,00 significa que o ativo está se movendo a uma taxa mais acelerada do que o mercado. Compre betas altos se achar que o mercado está subindo, mas não compre se achar que o mercado está caindo.

» Um beta inferior a 1,00 significa que o ativo está se movendo mais devagar do que o mercado — o que é bom se você quiser menos risco do que o mercado.

» Um beta de exatamente 1,00 significa que o ativo está se movendo à mesma taxa do mercado.

» Um beta negativo significa que o ativo está se movendo na direção oposta ao mercado. A maneira mais fácil de obter um ativo com beta negativo é *vender a descoberto* (pedir emprestado e depois vender) um ativo com beta positivo.

VIX[1]

VIX é a abreviatura de Chicago Board Options Exchange Volatility Index. Calcular o VIX é uma tarefa complexa a ponto de demandar propriedade no assunto, mas você o encontra em muitos sistemas de cotação e no site da bolsa: www.cboe.com/products/vix-index-volatility [conteúdo em inglês].

O VIX é baseado na volatilidade implícita das opções sobre ações incluídas no Índice S&P 500. Quanto maior a volatilidade, mais incerteza os investidores têm. Quanto mais opções mostram grande volatilidade, mais generalizada é a preocupação com as perspectivas dos mercados financeiros. Na verdade, o VIX é frequentemente chamado de *índice de medo* e é usado para avaliar a quantidade de sentimento negativo que os investidores têm. Quanto maior o VIX, mais pessimistas as perspectivas do mercado em geral. Quanto mais pessimistas elas forem, maior a probabilidade de o mercado ficar volátil. E a volatilidade é a melhor amiga do day trader.

Os traders podem usar o VIX para avaliar as opções nos índices de mercado. (Por falar nisso, traders que desejam se posicionar em relação à volatilidade do mercado podem usar opções e contratos futuros do VIX, incluindo um minifuturo oferecido pela Chicago Board Options Exchange.) O VIX também pode ser usado para confirmar o sentimento de alta ou baixa que aparece em outros sinais de mercado, como o tick ou as medidas de saldo de volume descritas anteriormente. O CBOE também calcula um número VIX para um punhado de ações ordinárias caso você esteja operando esses ativos ou opções deles.

Além do VIX, a bolsa também rastreia o *VXN* (volatilidade no índice Nasdaq 100) e o *VXD* (volatilidade do Dow Jones Industrial Average). No Brasil, ainda não existe um índice de volatilidade equivalente.

Razão de volatilidade (Volatitly ratio)

A *razão de volatilidade* informa aos traders qual é a volatilidade implícita de um ativo em relação à volatilidade recente. Esse índice mostra se o ativo está mais ou menos volátil do que no passado e é amplamente utilizado em mercados de opções. O primeiro cálculo necessário é o da *volatilidade implícita*, que é baseado no modelo Black-Scholes, um modelo acadêmico de avaliação de opções. Quando você insere certas variáveis no modelo — como tempo até o vencimento, taxas de juros, dividendos, preço das ações e preço de exercício —, a volatilidade implícita é o número da volatilidade que então gera o preço da opção. (Você não precisa realizar esses cálculos sozinho, pois a maioria dos sistemas de cotação gera volatilidade implícita para você.)

---

[1] N.R.: O VIX é referente ao mercado norte-americano. Contudo, mantivemos o texto como no original, pois é um dos indicadores mais importantes do mercado financeiro de todo o mundo, e suas variações impactam mercados do mundo todo.

Depois de obter a volatilidade implícita, compare-a com a volatilidade histórica da opção, que mostra o quanto o preço mudou nos últimos vinte ou noventa dias. Se a volatilidade implícita for maior do que a volatilidade estatística, o mercado pode estar superestimando a incerteza nos preços, e as opções podem estar supervalorizadas. Se a volatilidade implícita for muito menor do que a volatilidade estatística, o mercado pode estar subestimando a incerteza, e, portanto, as opções podem estar subvalorizadas.

Dinheiro Vai, Dinheiro Vem

O *fluxo do dinheiro* diz quanto dinheiro entra ou sai de um mercado. Ele é outro conjunto de indicadores que apontam como está o sentimento do mercado e como estará em breve. Os indicadores de fluxo do dinheiro combinam recursos de indicadores de preço e volume para ajudar os traders a avaliar o mercado. Embora os valores gastos para comprar e vender precisem coincidir — caso contrário, o mercado não existiria —, o entusiasmo dos compradores e a ansiedade dos vendedores se refletem no volume operado e na direção da variação do preço. Quão difícil foi para os compradores fazer com que os vendedores abrissem mão de suas posições? E quão difícil será fazer com que eles se separem de suas posições amanhã? Essa é a informação contida nos indicadores de fluxo do dinheiro.

O indicador de fluxo do dinheiro mais básico é a variação no preço de fechamento multiplicada pelo número de ações operadas. Se o preço de fechamento de hoje for mais alto do que o fechamento de ontem, o número é positivo. Se o fechamento de hoje for menor do que o de ontem, o número é negativo. Outros indicadores usam valores de ponto médio e não ficam negativos, mas variam do mais alto para o mais baixo. Seja positivo ou negativo, um grande fluxo de dinheiro indica uma forte atividade de compra, e isso sugere que uma tendência positiva provavelmente continuará.

Índice de acumulação/distribuição (Accumulation/distribution index)

Em termos de trading, *acumulação* é a compra controlada, e *distribuição* é a venda controlada. Esse tipo de compra e venda não leva a grandes variações nos preços, geralmente porque são planejados. Ninguém acumula ou distribui um ativo em estado de pânico.

Contudo, ainda que as compras e vendas não sejam impulsionadas por arremetidas insanas, é importante saber se o saldo de volume aponta predominância de compradores ou vendedores, pois isso afeta o rumo dos preços nos períodos seguintes. Por exemplo, se um ativo estiver em tendência de alta, mas os dias de baixa acompanharem o aumento do volume, é porque os vendedores estão começando a dominar o mercado e a tendência provavelmente reverterá.

Para determinar o índice de acumulação/distribuição, use esta equação:

$$\frac{acúmulo}{distribuição} = \frac{(fechamento - mínima) - (máxima - fechamento)}{(máxima - mínima) \times volume\ do\ período}$$

Alguns traders analisam a acumulação/distribuição diariamente, enquanto outros o fazem semanalmente ou até mesmo mensalmente. Esses períodos não são melhores ou piores: depende do que você opera e de como opera.

Razão e índice de fluxo do dinheiro (money-flow ratio e money-flow index)

O *fluxo do dinheiro* é o preço de fechamento multiplicado pelo número de ações operadas. Esses dados podem ser manipulados de maneiras perspicazes e maravilhosas, gerando novos dados, que contêm ainda mais informações a respeito da probabilidade de os mercados terem mais pressão de compra ou de venda.

O primeiro deles é a *razão do fluxo do dinheiro*, que é simplesmente o fluxo de dinheiro total no período entre o começo e o fim da alta (dias com fluxo de dinheiro positivo) dividido pelo fluxo de dinheiro total dos dias em que os preços caíram em relação ao dia anterior (que são os dias com fluxo de dinheiro negativo). Day traders tendem a calcular índices de fluxo do dinheiro em períodos curtos, como uma semana ou dez dias, enquanto os swing traders e investidores tendem a se preocupar com períodos mais longos, como um mês ou mesmo quatro meses de operação.

A razão do fluxo de dinheiro às vezes é convertida no *índice de fluxo do dinheiro*, que pode ser usado como indicador ou rastreado em função dos preços de um determinado período. Eis a equação do índice de fluxo do dinheiro:

$$MFI = 100 - \frac{100}{1 + proporção\ do\ dinheiro}$$

Se o índice de fluxo do dinheiro for superior a 80, o ativo geralmente é considerado sobrecomprado — o que significa que quem queria já comprou e que os vendedores impulsionarão os preços para baixo. Se o índice de fluxo do dinheiro for inferior a 20, o ativo geralmente é considerado sobrevendido, o que sugere que os compradores logo assumirão o controle e impulsionarão os preços para cima. Nesse meio-tempo, o índice de fluxo do dinheiro esclarece informações de outros indicadores de mercado.

Razão do interesse de venda

Venda a descoberto é uma forma de ganhar dinheiro com a baixa do preço. Nos mercados de opções e futuros, as pessoas vendem contratos para outras. Nos mercados de ações e ativos, a venda a descoberto é um pouco mais complicada. O vendedor a descoberto toma emprestado ações ou ativos por meio da corretora e depois as vende. O ideal é que o preço caia, e então o trader possa comprar de volta as ações ou os ativos pelo preço mais baixo para pagar o empréstimo. O trader fica com a diferença entre o preço de venda do ativo e o preço de recompra. (O processo é descrito com mais detalhes no Capítulo 5.)

As pessoas operam vendido por apenas um motivo: acham que os preços cairão. O objetivo pode ser se proteger ou lucrar. No mercado de ações, em particular, monitorar a taxa de vendas a descoberto pode fornecer pistas sobre as expectativas dos investidores e a direção futura do mercado.

A Bolsa de Valores de Nova York e a Nasdaq mostram o interesse de venda de ações listadas por eles.[2] Os dados são atualizados mensalmente, pois pode demorar um pouco para as corretoras descobrirem exatamente quantas ações foram vendidas a descoberto e, em seguida, repassarem esses dados às bolsas. O número resultante, a *razão do interesse de venda*, informa a quantidade de ações que foram vendidas, a variação percentual em relação ao mês anterior, o volume médio diário de operações no mesmo mês e o número de dias de operação que seria necessário para cobrir as posições vendidas.

Os empréstimos que viabilizam as vendas a descoberto devem ser reembolsados. Se o credor pedir de volta os ativos ou se os preços subirem de modo que a posição comece a gerar perdas, o trader terá que comprar as ações para fazer o reembolso. Quanto mais difícil for conseguir a quantidade certa de ações no mercado, mais desesperado ficará o trader e mais altos os preços se tornarão.

Um aumento do interesse de venda mostra que os investidores estão ficando agoniados com uma ação. No entanto, como o interesse de venda não é calculado com frequência, o número provavelmente não daria a um trader muitas informações a respeito das perspectivas da própria empresa. Isso não significa que o interesse de venda não tenha informações úteis para traders. Ele tem. Se o interesse de venda está alto, o preço do ativo provavelmente aumentará quando todas as pessoas vendidas precisarem recomprar as ações. Da mesma forma, se o interesse de venda estiver baixo, haverá pouca pressão de compra no período seguinte.

Um interesse de venda alto, assim como outros indicadores de alta, é um sinal de que os preços têm maior probabilidade de subir do que de cair.

---

2 N.R.: A B3 mostra os dados de empréstimos de ações em uma seção denominada "Empréstimos registrados".

Informações Repentinas

A análise técnica (veja o Capítulo 8) e os indicadores discutidos neste capítulo oferecem informações importantes sobre o que acontece nos mercados, mas há um problema: como muitos desses indicadores são baseados em preços de fechamento e volume no fechamento, eles não têm tanta utilidade durante o dia de operação em si. Na verdade, muitos traders leem as informações pela manhã antes da abertura para ponderar sobre o que deve acontecer e qual será o humor do mercado, mas é necessário fazer reconsiderações à medida que informações apareçam durante o dia. Essas informações não aparecem com clareza nos gráficos ou nos indicadores numéricos durante o dia. Felizmente, várias fontes de informações que são atualizadas enquanto o mercado está aberto oferecem ao trader uma noção do que está acontecendo em dado momento.

Preço, venda e prazo

As informações mais importantes para um trader são o preço, a frequência e o volume com que um ativo é operado e quanto o preço variou desde a última operação. Essas informações, disponíveis em tempo real, constituem a base das operações e estão disponíveis nas telas de cotação de qualquer corretora.

O Capítulo 15 aborda os diferentes serviços de cotação que os traders conseguem com as corretoras. Embora a corretora geralmente cobre mais por cotações mais detalhadas, vale a pena fazer isso para a maioria das estratégias de operação. Saber as variações dos preços oferece uma noção a respeito do humor geral do mercado: se está sendo confirmado ou desafiado — informação que o ajuda a efetuar operações mais lucrativas.

Livro de ordens

Dados de cotação de preços de alto nível, como os disponíveis por meio dos serviços de API da B3, incluem informações sobre quem está abrindo as ordens e a dimensão delas. (Veja o Capítulo 15 para entender como são esses dados de cotação de preços de alto nível.) O livro de ordens fornece dados importantes porque dá uma ideia de quão inteligentes são os outros compradores e vendedores. Eles estão apenas tentando sobreviver ao mercado? Ou são instituições que fizeram muitas pesquisas e estão sob muita pressão de desempenho? Sem dúvidas, os day traders muitas vezes estão certos, e as instituições, erradas, mas as informações que você vê no livro de ordens o ajudam a perceber se as pessoas operam com base em informações ou emoções.

Uma informação a mais do livro de ordens o ajuda a descobrir o que está acontecendo no mercado — ou seja, a presença de um *desequilíbrio de ordens*. Um desequilíbrio de ordens significa que a quantidade de compradores e vendedores não é igual. Essa situação geralmente ocorre durante a abertura, pois alguns traders preferem abrir ordens antes da abertura do mercado, enquanto outros preferem esperar o mercado abrir. Esses desequilíbrios tendem a ser pequenos e desaparecer rapidamente. No entanto, se ocorrer uma notícia importante ou houver muito medo no mercado, grandes desequilíbrios ocorrem durante o dia de operação. Esses desequilíbrios podem ser perturbadores, e, em alguns casos, a bolsa para de operar até que notícias sejam divulgadas e novas ordens sejam abertas, restabelecendo o equilíbrio.

LEMBRE-SE

O livro de ordens não mostra todas as ordens. A maioria das corretoras mantém *dark pools* (do inglês piscinas escuras, também conhecidas como *livros escuros* ou *liquidez escura*) para grandes clientes ou para suas mesas de operação. Dark pools são conjuntos de pedidos acima ou abaixo dos preços de mercado que não são anunciados, exceto no pool ou em redes de comunicação eletrônica (também conhecidas como ECNs). Os traders usam essa técnica para ajudar a comprar ou vender ativos sem afetar o preço e para reduzir os custos de operação. A ordem é executada apenas se alguém corresponder com a posição inadvertidamente, em vez de atender à mudança do preço de mercado para satisfazer a mudança de oferta e demanda. A má notícia para os day traders é que essas operações contribuem para a volatilidade do mercado sem dar qualquer aviso prévio.

Quote stuffing

Quote stuffing é a prática de abrir uma quantidade quase incalculável de ordens, geralmente a um preço significativamente acima ou abaixo do de mercado. Quase imediatamente após a abertura das operações, elas são canceladas. Essas operações são totalmente administradas por sistemas computadorizados. As pessoas por trás da abertura dessas operações costumam ser chamadas de *quote-rate pirates*.

A ideia principal parece ser esconder as ordens dos clientes para reduzir seu efeito no mercado, principalmente para mantê-los escondidos de outros sistemas de operação de computadores; porém, na prática, essas cotações parecem ser uma forma de levar o mercado para cima ou para baixo abrindo uma ordem incomumente alta ou baixa. Consequentemente, o quote stuffing pode ser uma manipulação do mercado. Em alguns casos, pode ser simplesmente que os algoritmos nos programas tenham aberto ordens doidas por motivos que fazem sentido apenas para outros programas. De qualquer forma, essas ordens contribuem para a volatilidade do mercado. Isso é normal, a menos que as ordens sejam feitas para fins nefastos.

Os reguladores não ficam nada felizes com o quote stuffing, e, além disso, ele é proibido — caso seja detectado.

Fluxo de notícias

Embora grande parte da discussão neste capítulo seja a respeito de informações contidas nos preços, no volume e em outros dados de operações, as informações oriundas de comunicados à imprensa são, no mínimo, tão importantes quanto.

Muitas notícias são periódicas e bastante previsíveis: ganhos corporativos, taxas de desconto do Federal Reserve, taxas de desemprego, construção de moradias, e assim por diante. Quando essas informações são divulgadas, os traders as comparam aos resultados que eram esperados e analisam como essa informação impacta o sentimento geral do mercado, seja de alta ou de baixa.

Outro tipo de notícia é aquele evento de última hora, que não é periódico, como aquisições corporativas, grandes tempestades, assassinatos políticos ou outros acontecimentos que não eram esperados e demandam mais tempo para o mercado digerir. Isso ocorre porque esses eventos têm a capacidade de mudar tendências, em vez de se opor a elas. Em alguns casos, os mercados interrompem as atividades até que a notícia se espalhe. Em outros, os traders reagem rapidamente com base no que sabem e no que suspeitam que acontecerá.

Muitos day traders acompanham o Twitter e outros feeds de redes sociais para obter informações durante o dia, e algumas corretoras disponibilizam esses feeds como parte dos serviços oferecidos. É permitido às empresas divulgar notícias nas redes sociais, mas elas podem acabar sendo falsificadas, causando dores de cabeça. Ainda que o tuíte seja legítimo, ele pode ser usado para confundir. Em agosto de 2018, o CEO da Tesla, Inc. postou um tuíte dizendo que estava considerando fechar o capital da empresa antes que o conselho administrativo ou outros executivos seniores soubessem. A história gerou turbulência no mercado — bem como na empresa.

PAPO DE ESPECIALISTA

Qual é a diferença entre risco e incerteza? O *risco* acontece com frequência suficiente para que seja possível quantificar os danos. A *incerteza* diz respeito a algo que pode acontecer, mas que não é possível saber a probabilidade. Um incêndio que deixa o centro de Manhattan sem energia em algum momento dos próximos dez anos é um risco, uma invasão alienígena ao planeta Terra é uma incerteza.

CUIDADO

Notícias podem ser divulgadas a qualquer momento. Elas podem mudar uma tendência e desorganizar todas as suas análises detalhadas. É por isso que uma análise cuidadosa não substitui o gerenciamento de riscos. Fique atento à dimensão de suas posições e não se esqueça de colocar stops para que você consiga sair quando for necessário.

Anomalias e Armadilhas

Traders podem ser supersticiosos, e essa superstição se mostra em diferentes anomalias e armadilhas que afetam o humor do mercado, ainda que não faça sentido. É importante estar ciente delas, pois afetam as operações.

Anomalia é uma condição do mercado que ocorre regularmente, sem motivos específicos. Ela pode estar relacionada ao mês do ano, ao dia da semana ou ao porte da empresa envolvida. *Armadilha* é uma situação em que o mercado mostra algo diferente do que você viu nos indicadores. Neste caso, só resta uma escolha: seguir o mercado ou os indicadores.

LEMBRE-SE

Um investidor de longo prazo distingue percepção de realidade. Quando a percepção é diferente da realidade, existe uma oportunidade de ganhar dinheiro. Um trader de curto prazo não faz distinção entre elas, pois a percepção afeta o que acontece antes que todos descubram o que é real.

Armadilhas para ursos e touros

A ideia das armadilhas se encaixa perfeitamente na metáfora dos touros e ursos. Ambos ficam presos quando caem em uma armadilha, com dificuldade de se mover contra o mercado, o que lhes causa grandes problemas. Afinal, day trading consiste em identificar tendências e acompanhá-las. Você tem apenas algumas horas para trabalhar antes que os mercados fechem. Nesta seção, listo algumas armadilhas comuns para identificar e, espero, evitar.

DICA

A melhor forma de escapar de uma armadilha é arcar com as perdas e passar para a próxima operação.

Armadilhas nos gráficos

Veja alguns dos gráficos de exemplo do Capítulo 8. Se você observar os gráficos em tempo real diariamente, perceberá que, às vezes, é difícil determinar se um rompimento é falso ou verdadeiro e se uma tendência está mudando ou apenas variando em uma área barulhenta. Muita subjetividade permeia a leitura de gráficos, e em certos dias, você os lê errado. Você acha que está à frente do mercado, quando, na verdade, está apenas operando contra ele. Que infortúnio!

Alguns traders procuram contornar esses tipos de armadilhas que aparecem nos gráficos automatizando suas operações. Vários pacotes de software passam um pente-fino no mercado para identificar oportunidades de operação potenciais (veja o Capítulo 15 para saber mais). Contudo, até mesmo o melhor software interpreta mal o mercado em algumas ocasiões, e é por isso que você precisa monitorar suas posições e se certificar de seguir seus limites de perda.

Armadilhas contrárias

No Capítulo 1, reitero que cerca de 80% dos day traders perdem dinheiro. Sendo assim, pode ocorrer a você que a maneira de ganhar dinheiro seja simplesmente fazer o oposto do que todo mundo faz. Mas a principal razão pela qual day traders perdem dinheiro não é exatamente estar errados a respeito da tendência, mas ser negligentes e não limitar suas perdas. (É por isso que grande parte deste livro fala mais sobre como montar um empreendimento de trading do que sobre a prática de abrir e fechar ordens de compra e venda.)

Em uma *armadilha contrária*, o trader tomou a decisão de operar contra o mercado, e é exatamente o que acontece: o trader perde dinheiro porque o mercado se move na direção oposta. Abrir uma operação contrária não funciona muito bem no day trading. Na maioria dos casos, é preciso seguir o fluxo para ganhar dinheiro, não ir contra ele. O mercado está sempre certo no curto prazo.

Muitos ganham dinheiro com estratégias contrárias, mas é necessário estar atento para evitar as armadilhas.

Efeitos do calendário

Muitas anomalias são periódicas — o que não é exatamente uma surpresa —, pois muitas tendências econômicas e de negócios seguem o calendário. As empresas divulgam os resultados trimestralmente. A maioria delas fecha os livros para objetivos fiscais no final do ano. Os investidores também fazem avaliações trimestralmente. As vendas no varejo seguem os feriados, a demanda por commodities segue a estação de cultivo, e a demanda por combustível varia de acordo com o clima. O que quer que decida operar, é necessário fazer pesquisas fundamentalistas (o estudo dos fatores econômicos e específicos do trade que afetam o ativo, descritos no Capítulo 7) para saber como os ativos escolhidos se comportam.

Contudo, alguns dos efeitos do calendário — o efeito janeiro, o efeito segunda-feira e o efeito outubro — não fazem muito sentido, mas ainda assim influenciam as operações.

O efeito janeiro

Há muitos anos, o mercado de ações costumava subir no início de janeiro. Por quê? Ninguém tinha certeza, mas o palpite é o de que as pessoas tendiam a vender no final de dezembro por motivos fiscais e a recomprar em janeiro. Outro palpite era o de que a virada do ano causava empolgação e aumentava as expectativas do mercado subir, aumentando as compras em janeiro.

LEMBRE-SE

Bem, se o preço das ações sobe em janeiro, seria interessante comprar em dezembro, certo? Só que isso faz os preços de dezembro subirem. Para aproveitar essa alta de dezembro, você poderia comprar em novembro. E foi exatamente isso que as pessoas começaram a fazer, tornando o efeito janeiro, antes destacado, fraco ou inexistente. (As pessoas ainda falam sobre ele, às vezes chamando-o de *efeito dezembro*.) Em um mercado eficiente, as pessoas acabam descobrindo esses fenômenos inexplicáveis e, em seguida, operam em função deles até que desapareçam. Use essas anomalias para avaliar o sentimento do mercado, não como regras de operação.

O efeito segunda-feira

O mercado parece ter um desempenho pior na segunda-feira do que nos outros dias da semana. E não importa o que as evidências mostrem (as pesquisas a respeito são ambíguas, e as descobertas variam muito com base no período e mercados examinados), muitos traders acreditam nisso, gerando um efeito. Por quê? Existem dois palpites. O primeiro é o de que as pessoas ficam de mau humor porque precisam voltar a trabalhar depois do fim de semana. O segundo é o de que as pessoas passam o fim de semana analisando as más notícias do final da semana anterior e vendem suas posições assim que retornam ao escritório.

PAPO DE ESPECIALISTA

O crash da bolsa de 2008 aconteceu em uma segunda-feira. No fim de semana anterior, as agências reguladoras decidiram permitir que a antiga corretora Lehman Brothers falisse. A empresa não abriu as portas na segunda-feira, 15 de setembro, e o resto do mercado entrou em colapso.

O efeito outubro

O mercado de ações teve duas grandes quedas e uma menor, porém considerável, em outubro:

> » **29 de outubro de 1929:** Nesse dia, conhecido como quinta-feira negra, o Dow Jones Industrial Average caiu 12% em um único dia, fazendo com que os especuladores do mercado se deparassem com uma realidade menos otimista da economia. Essa queda deu início a um declínio geral que contribuiu para a Grande Depressão da década de 1930.

> » **19 de outubro de 1987:** Esse dia, conhecido como segunda-feira negra, viu o Dow Jones Industrial Average cair 23%. Ninguém sabe ao certo por que esse crash aconteceu, mas aconteceu.

> » **13 de outubro de 1989:** Nesse dia, o Dow Jones caiu 7% na última hora de operação, quando uma compra alavancada da United Airlines fracassou.

Por causa dessas quedas, muitos traders acreditam que coisas ruins acontecem em outubro e agem em função disso. Obviamente, coisas ruins acontecem em outros meses. A quebra do mercado Nasdaq que marcou o fim da bolha de tecnologia dos anos 1990 ocorreu em março de 2000, mas ninguém fala sobre o efeito março. O crash de 2008 ocorreu em setembro. Talvez, assim como o efeito janeiro, o efeito outubro esteja se espalhando pelo resto do ano.

> **NESTE CAPÍTULO**
>
> » **Analisando estratégias**
>
> » **Preparando-se para programar**
>
> » **Fazendo backtesting**
>
> » **Desenvolvendo algumas estratégias-padrão**
>
> » **Usando a arbitragem para aproveitar novas oportunidades**

Capítulo **10**

Com Programação Não Tem Emoção

De certa forma, day trading é simples. Você vê um indicador que mostra uma tendência começando. Você abre uma ordem. Então, quando a tendência acaba ou você atinge seu limite de perda, você fecha a ordem.

Ah, mas existem dois desafios: o primeiro é identificar um indicador ou tendência a tempo de operar. O segundo é lutar contra suas emoções para que você realmente execute a operação e, em seguida, a feche — sem executar uma operação completamente diferente, ser dominado pela dúvida na hora de abrir ou desejar intensamente que a perda se reverta por mágica.

Muitos traders acham que o jeito certo de fazer trading é fazê-lo automaticamente. Eles configuram suas contas para verificar os indicadores e, em seguida, fazem as operações de acordo com eles. Alguns traders confiam em seus sistemas o suficiente para deixar que façam tudo, enquanto outros preferem abrir as operações manualmente, mas prezam os lembretes.

Pense neste capítulo como uma continuação do Capítulo 9. Um *programa de trading*, também conhecido como *algoritmo*, *consultor especialista* ou *robô de trading*, trabalha sem os indicadores discutidos nele. Independentemente de você usar ou não programas, entender como funcionam o ajuda a lidar melhor com os mercados.

Este capítulo não ensina a construir uma máquina mágica de fazer dinheiro. Na verdade, desconfie de quem vende um programa de trading que dá certeza de retorno. Este capítulo apresenta algumas ideias a respeito de quando operar e de como não se deixar envolver pelas emoções.

Criando Seu Programa de Trading

O desenvolvimento de um algoritmo de trading o ajuda a filtrar sua estratégia e pode ser executado mesmo quando você está nervoso para puxar o gatilho. No entanto, o programa é tão bom quanto o programador. Se você escrever um programa ruim, terá operações ruins. Além disso, as condições de mercado mudam — um programa que funciona durante um tempo pode precisar ser ajustado ou até mesmo descartado depois.

Antes de começar a programar, dedique algum tempo a observar os mercados e indicadores, vendo como os ativos com os quais deseja trabalhar são operados. E antes de mergulhar no tema deste capítulo, certifique-se de fazer duas coisas difíceis: estabelecer um planejamento e conhecer as limitações.

Entenda o que você quer automatizar

Pegue uma folha e uma caneta e escreva as etapas de sua operação ideal, do início ao fim. Responda o seguinte:

» O que você está procurando?

» O que você fará quando encontrar?

» Qual é seu limite de perda?

» Quando você fechará a operação?

Responder a essas perguntas o ajuda a sistematizar suas operações, independentemente de recorrer a um robô para executá-las ou não.

Eis um exemplo:

1. **Procurar o cruzamento da média móvel de cinco dias acima da média móvel de longo prazo, de cinquenta dias.**

2. **Quando isso acontecer, abrir uma ordem para colocar 5% do capital de operação na ação.**

3. **Manter a operação até que as ações batam dois pontos negativos consecutivos ou até pouco antes do fechamento do mercado.**

Não escreva um programa até definir passo a passo o que deseja fazer. E, sério, não opere até que esse passo a passo esteja claro.

Limitações dos robôs

Os robôs só fazem o que foram programados para fazer. Um robô programado para limpar tapetes não lava pratos. Um robô programado para operar mal não opera bem. Os algoritmos de trading são tão bons quanto foram programados para ser e não respondem às mudanças nas condições do mercado por si. Você não pode definir o programa para ser executado e simplesmente abandoná-lo.

Sim, os grandes fundos de hedge e corretoras usam operação algorítmica. Eles também contratam doutores em ciência da computação para ajudá-los. Alguns fundos de hedge fazem coisas como localizar seus servidores ao lado dos servidores da bolsa para acelerar a execução e programar inteligência artificial para se adaptar às mudanças. Muita coisa para um trader particular acompanhar.

Programação: Jeito Trader de Viver

A maioria dos traders modernos programa suas operações. Em outras palavras, eles determinam o que operar, identificam os sinais para comprar e vender ativos e configuram a plataforma para executar as ordens automaticamente. Em vez de aprimorar seus reflexos, foque o planejamento e os testes.

LEMBRE-SE

Claro, um programa é tão bom quanto seus inputs, e até mesmo as maiores corretoras de trading tiveram enormes perdas devido a falhas.

Você não precisa ser engenheiro de software para desenvolver programas de trading. Muitos dos serviços de gráficos oferecem modelos de programas que você pode usar ou ajustar, e as corretoras que trabalham com day traders oferecem plataformas de operação que podem ser programadas sem muito esforço, geralmente clicando em ícones ou inserindo widgets de código pré-escrito.

Comece definindo cada etapa do planejamento com caneta e papel antes de convertê-lo em código. Em seguida, observe o que sua corretora ou as plataformas disponibilizam antes de prosseguir para a programação de suas operações.

As próximas seções apresentam alguns produtos que estão no mercado e como podem ser usados para automatizar suas operações e tirar a emoção de campo.

CAPÍTULO 10 **Com Programação Não Tem Emoção** 177

Ofertas básicas de corretagem

A maioria das empresas que atendem day traders oferece varredura e sinalização automatizadas. Esses serviços permitem que você especifique os parâmetros que deseja acompanhar. Você receberá um aviso sempre que o sistema detectar seu parâmetro no mercado. Esses serviços aceleram suas operações, mas exigem que você mesmo execute a operação sugerida.

Você pode usar ordens stop e limite, que abordo no Capítulo 3, para automatizar suas operações, principalmente na utilização de limites de perda.

Além disso, algumas corretoras oferecem a possibilidade de desenvolver algoritmos simples usando seus serviços de varredura e sinalização. Esses serviços geralmente são comandos básicos do tipo "se, então", mas ajudam a começar.

Além disso, sua corretora pode oferecer tutoriais e outras ferramentas para ajudá-lo a descobrir como usar sua plataforma para operar com mais eficácia.

Usando a plataforma de operação

Se você tem um algoritmo complexo em mente, convém trabalhar com uma plataforma de operação que funcione com o sistema de entrada de ordens da sua corretora e permita que você faça uma programação mais específica.

Muitos desses sistemas usam Python ou uma linguagem de programação específica para ajudá-lo a criar algoritmos que funcionam para você. Eles disponibilizam quase tudo de que você precisa.

A chave, claro, é saber o que você quer fazer. Ter mais poder de programação não vai ajudá-lo a operar melhor, a menos que você saiba operar e programar.

Encontrando módulos de trading

Nem todo mundo que escreve programas de day trading é especialista em programação. Eles obtêm ajuda! Alguns fornecedores vendem programas completos e prometem que você pode ganhar dinheiro com eles. Isso é possível. Outros traders criam módulos para diferentes plataformas que distribuem ou vendem, e você pode usá-los para elaborar os próprios programas. Cada módulo é uma parte de código que permite a você fazer uma coisa. Se você juntar alguns, terá um programa completo.

Por último, muitos vídeos e tutoriais estão disponíveis online com instruções sobre como programar suas operações. Eles o ajudam a aprimorar suas habilidades. Todos precisam ser testados, o que nos leva à próxima seção.

Backtesting: Um É Pouco, Dois É Bom

Cito muitas máximas de trading neste livro. Eis uma máxima de programação bastante conhecida para você não esquecer:

Lixo entra, lixo sai.

Ter um programa não significa necessariamente operar bem, e um programa que funciona durante um tempo pode não funcionar para sempre. É por isso que os testes são importantes.

LEMBRE-SE

Backtesting é o processo de execução de um programa de trading com base em dados de histórico para verificar sua aplicação. Isso o ajuda não apenas a verificar se o programa funciona, como também a identificar áreas em que não funciona bem para que você o aprimore. Perceba que ele funciona melhor em algumas condições de mercado do que em outras — sugerindo informações que você pode usar para aprimorar suas habilidades de trader. Quase todas as corretoras e plataformas oferecem serviços de backtesting, pois é muito importante.

Você também pode executar o programa nas condições de mercado sem operar com dinheiro de verdade, um processo conhecido como *trading de papel* ou *trading de simulação*, uma forma de ver como seu programa funciona.

Em última análise, porém, o verdadeiro teste será rodá-lo na prática com dinheiro de verdade. Você pode encontrar algumas falhas e fazer alguns ajustes.

A programação de trading é iterativa. Para alguns, testar e aprimorar faz parte da diversão. O Capítulo 13 aborda esse processo com mais detalhes, mas, por enquanto, saiba que é um item necessário da operação algorítmica.

Operando com Estratégias-padrão

O day trading, seja feito por pessoa ou máquina, depende de algumas estratégias básicas. Algoritmos se baseiam nos gráficos, nos indicadores técnicos e em estratégias comuns, eles não acrescentam nenhum tempero de família na receita.

Nesta seção, analiso as estratégias que os traders usam para operar com as informações que recebem dos sinais.

Faixa de operação

A *faixa de operação*, às vezes chamada *canal de operação*, começa com uma compreensão do histórico de operação recente de determinado ativo. Obter esse histórico consiste em olhar os gráficos (veja o Capítulo 8) para identificar máximas e mínimas comuns durante o dia, bem como a diferença normal entre esses dois preços. Com essas informações, você simplesmente compra na baixa e vende na alta. Quando o preço do ativo cai, você abre uma ordem de compra. Quando o ativo aumenta, você abre uma ordem de venda.

A maioria dos traders usa stops e limites para manter suas operações alinhadas com o que veem. Um *stop* limita a perda se o ativo continuar caindo abaixo de seu ponto de entrada, e o *limite* fecha a ordem com lucro se o ativo ultrapassar o topo da faixa (veja o Capítulo 3 para obter mais informações).

LEMBRE-SE

A faixa de operação funciona em um mercado normal com volatilidade suficiente para manter o preço oscilando durante o dia, mas não tanto a ponto de sair da faixa e começar uma nova tendência.

Trading contrário

Os traders de momentum compram ativos quando os preços estão subindo e vendem quando os preços estão caindo. Esses traders acreditam que algo que sobe de preço continuará a subir, e algo que cai continuará caindo. O trading de momentum (veja o Capítulo 9) é uma estratégia e funciona bem para muitos traders, principalmente em um mercado de alta.

O *trading contrário*, em contrapartida, é exatamente o oposto do trading de momentum e também funciona. A lógica por trás de uma estratégia contrária é que nada sobe para sempre. E nem cai para sempre. O trader contrário procura ativos que estão subindo de preço e os vende, pois prefere comprar coisas que estão caindo. O objetivo é vender o que parece caro e comprar o que parece uma pechincha. Traders contrários costumam ser rápidos em detectar quando uma tendência termina. Por exemplo, eles podem comprar com base em boatos e vender com base nas notícias, saindo quando todos querem entrar.

As pessoas que conheço que usam bem essa estratégia tendem a ser caçadoras de pechinchas em todos os aspectos de suas vidas. Costumam estocar vegetais congelados quando o supermercado sofre uma grande perda anual e vendem seu apartamento se o interesse pelo bairro em que moram aumenta. Eles têm faro para preço e o usam para operar nos mercados.

Traders contrários costumam lutar contra a tendência, que, às vezes, age contra eles. Esse estilo favorece as pessoas que conhecem o mercado por dentro e por fora e que, assim, sabem quando agir contra ele.

180 PARTE 2 **Estratégias de Trade**

Trading de notícias

O *trading de notícias* é provavelmente a forma mais tradicional de day trading. Esse tipo de trader não presta muita atenção aos gráficos. Em vez disso, ele espera informações que impulsionarão os preços. Essas informações podem ser um anúncio sobre ganhos ou novos produtos, um anúncio econômico geral sobre taxas de juros ou desemprego, ou apenas muitos rumores sobre o que pode ou não acontecer em determinado setor.

Traders que se saem bem com o trading de notícias costumam conhecer os mercados em que atuam. Eles não são pesquisadores fundamentalistas, mas sabem o suficiente para distinguir que tipo de notícia é bem recebida pelos mercados e que tipo não é. Eles precisam manter a atenção a várias fontes de notícias simultaneamente, bem como ter capacidade de abrir a ordem na hora certa.

A desvantagem do trading de notícias é que os acontecimentos realmente bons são raros e costumam demorar. Com frequência, a novidade já surtiu efeito no preço quando você a descobre. Além disso, o trading de notícias é difícil de automatizar, embora cada vez mais programas recebam sinais de notícias e feeds de redes sociais. Você não tem a opção de abrir uma ordem de compra com limite quando determinado preço é atingido: você precisa esperar as notícias e então fazer o pedido você mesmo. Sendo assim, o trading de notícias funciona bem apenas para traders que podem se comprometer a abrir a ordem.

Pair trading

No *pair trading*, o trader procura dois ativos que estejam correlacionados, opera comprado no mais forte e vendido no mais fraco. Muitos pair traders trabalham com ações e procuram duas empresas do mesmo setor, mas uma estratégia de pares pode ser elaborada nos mercados de futuros e de câmbio também — operar comprado em metais e vendido em futuros de taxas de juros, por exemplo, ou operar comprado no dólar e vendido no euro. A ideia é obter o máximo retorno possível de uma tendência que afeta os dois ativos. Por exemplo, se uma ação de varejo vai muito bem, pode ser que a empresa esteja dominando o mercado em detrimento de uma mais fraca. Essas operações são um pouco mais complexas, porque você precisa planejar os dois lados.

Tudo Culpa da Arbitragem

A chave para o sucesso de qualquer investimento é comprar na baixa e vender na alta. Mas o que é baixa? E o que é alta? Quem sabe?

O trading programado oferece grandes vantagens para *operar com arbitragem* (operar para obter um lucro sem risco), pois o robô percebe a discrepância de preço e age em função dela antes que a maioria dos humanos consiga reagir.

O Perigoso Jogo do Scalping

A lei do preço único é muito boa, mas os preços mudam constantemente durante o dia. Eles sobem um pouco, diminuem um pouco e variam sempre que uma operação é efetuada.

Era uma vez em que os day traders lucravam com esses movimentos. O processo, conhecido como *scalping*, não é exatamente arbitragem. Presente sobretudo nos mercados de commodities, os scalpers procuram tirar vantagem do *spread bid-ask*. Esse spread é a diferença entre o preço pelo qual uma corretora compra um ativo de quem deseja vender (o *bid*) e o preço que cobrará de quem quiser comprar (o *ask* — também chamado de *oferta* em alguns mercados).

No trading comum, o spread bid-ask tende a ser mais ou menos estável ao longo do tempo, pois o fluxo normal de oferta e demanda permanece em equilíbrio. Afinal, sob a eficiência de mercado, todos têm as mesmas informações, de modo que suas operações são consistentes e permitem que as corretoras gerem um lucro estável. Às vezes, no entanto, o spread é um pouco maior ou menor do que o normal, não por causa de uma mudança nas informações do mercado, mas devido a desequilíbrios de curto prazo entre oferta e demanda.

Eis uma estratégia básica de scalping:

> » **Se o spread entre o bid e o ask for maior do que o normal,** o ask é mais alto e o bid é mais baixo do que deveria. Isso ocorre porque mais pessoas querem comprar do que vender, então as corretoras cobram preços mais altos dos compradores. O scalper entende isso como sinal de venda.
>
> » **Se o spread entre o bid e o ask for menor do que o normal,** o ask é mais baixo e o bid é mais alto do que deveria. Essa situação ocorre quando os vendedores superam ligeiramente os compradores e a corretora busca compradores para compensar a folga. O scalper compra — esperando que a pressão das vendas dure pouco.

O scalper deve agir rapidamente para fazer muitas pequenas operações. Ele pode comprar a R$20,25, vender a R$20,50 e comprar novamente a R$20,30. Ele precisa de uma *estrutura de custos de operação* baixa (discutida mais à frente neste capítulo), ou precisará entregar seus lucros e até mais para cobrir despesas de corretagem. Ele também precisa ter certeza de que as mudanças de preço não são impulsionadas por informações fidedignas, pois elas deixam os preços de mercado muito voláteis para viabilizar um scalping lucrativo. O significado de scalping é mais ou menos "catar moedas com um rolo compressor a caminho", dizem alguns traders, por causa do risco de focar os pequenos valores na iminência de serem esmagados por algo muito maior.

CUIDADO

Durante anos, o scalping foi uma estratégia comum de trading. Sempre foi um lance complicado, dada a rapidez com que os preços variam dentro de uma tendência. Com a presença de tantos traders de alta frequência, o scalping tornou-se extremamente perigoso, se não impossível. Você pode até ter um bom programa para scalping, mas é muito provável que outros tenham melhores — e nem pense em fazer scalping sem um programa para ajudá-lo. Hoje em dia, fazer scalping é como catar moedas enquanto vários rolos compressores vêm em sua direção de todos os lados.

CUIDADO

O scalping, conforme definido aqui, é perfeitamente legal. No entanto, a palavra também é usada para descrever algumas atividades ilegais, como promover um ativo a público e depois vendê-lo em particular. (Outro termo para isso é *pump and dump*.) Se uma celebridade posta em seu Twitter que as ações de determinada empresa são boas, para que o preço suba, e vende as ações no dia seguinte, quando todos estão comprando, cometeu o crime de scalping.

Arbitragem de Risco e Suas Aplicações

Em sua forma mais pura, a arbitragem é isenta de riscos, pois a compra e a venda de um ativo acontecem simultaneamente em mercados diferentes — você apenas permite que os lucros fluam para sua conta. Essa situação ocorre, mas não com frequência, e não de forma que permita à maioria dos day traders competir com os traders algorítmicos.

Como existem poucas oportunidades para a verdadeira arbitragem, a maioria dos day traders que buscam estratégias de arbitragem, na prática, faz *arbitragem de risco*. Assim como a verdadeira arbitragem, a arbitragem de risco gera lucros com as discrepâncias de preços, mas, como o nome indica, a arbitragem de risco envolve assumir alguns riscos. Sim, você compra um ativo e vende outro na arbitragem de risco, mas nem sempre é o mesmo ativo e nem sempre acontece ao mesmo tempo. Por exemplo, um day trader compra as ações de um alvo e vende as de outro na esperança de obter lucro à medida que o trade se aproxima da data de fechamento.

CUIDADO

A arbitragem de risco geralmente envolve estratégias que se desdobram ao longo de um período — normalmente horas, mas podem ser dias ou semanas. Seguir essas estratégias o coloca no mundo do swing trading (veja o Capítulo 3), que tem riscos diferentes daqueles do day trading.

Na arbitragem de risco, um trader compra e vende ativos semelhantes. Grande parte do risco decorre do fato de que os ativos não são idênticos, e assim, a lei do preço único não se aplica completamente. No entanto, ela constitui o princípio orientador, que é o seguinte: se existem duas maneiras de comprar a mesma coisa, os preços devem ser proporcionais. Se os preços não forem, há uma oportunidade de ganhar dinheiro. E qual day trader não quer ganhar dinheiro?

LEMBRE-SE

O retorno é uma função do risco. Quanto mais risco você correr, maior será o retorno potencial.

Os arbitradores usam uma combinação de recursos e técnicas para criar diferentes maneiras de comprar a mesma coisa. As seções a seguir descrevem algumas combinações amplamente usadas.

Arbitrando derivativos

Derivativos são opções, futuros e contratos financeiros relacionados que extraem ou derivam seu valor a partir do valor de outra coisa, como o preço de um índice de ações ou do milho. Os derivativos oferecem um método de menor custo e menor obrigação de exposição a certas variações de preço. No caso de commodities agrícolas e energéticas, os derivativos são a única forma prática de um day trader tê-los. Por estarem tão intimamente ligados ao valor do ativo subjacente, os derivativos constituem um recurso proveitoso, porém não ideal, para traders que procuram oportunidades de arbitragem. Um trader percebe uma discrepância de preço entre o derivativo e o ativo subjacente, descobrindo, assim, uma oportunidade para lucrar.

Usando um derivativo junto com seu ativo subjacente, os traders podem estabelecer uma gama de operações de arbitragem de risco (você vê mais sobre elas posteriormente nesta seção). Por exemplo, um trader que deseja usar arbitragem em uma fusão pode operar as opções das ações das empresas que costuma operar, em vez de operar as ações em si. Quanto mais oportunidades de arbitragem houver, maior a probabilidade de se obter um lucro de baixo risco.

Alavancando com alavancagem

Alavancagem é o processo de pedir dinheiro emprestado para operar a fim de aumentar o retorno potencial. Quanto mais dinheiro o trader pede emprestado, maior o retorno sobre o capital. A alavancagem é comumente usada por day traders, pois a maioria dos trades diários tem retornos baixos, a menos que sejam amplificadas por meio de empréstimos. (Veja o Capítulo 5 para consultar uma cobertura detalhada sobre alavancagem.)

Essa mágica de amplificação se torna importante sobretudo na arbitragem, pois as discrepâncias de preços entre os ativos tendem a ser muito pequenas. A principal forma de obter retornos maiores é pedir dinheiro emprestado.

CUIDADO

A alavancagem tem um lado negativo: assim como aumenta os retornos, aumenta também o risco. Como até mesmo as estratégias de arbitragem de risco costumam ter risco baixo, o risco associado à alavancagem pode ser aceitável. Lembre-se de que você deve devolver todo o dinheiro emprestado, não importa o que aconteça com os preços. O Capítulo 5 tem mais informações a respeito.

Venda a descoberto

As *vendas a descoberto* (outro tópico do Capítulo 5) criam outro conjunto de alternativas que configuram uma operação de arbitragem — quase necessária para o processo. A venda a descoberto permite que um day trader lucre com a queda dos preços. O vendedor a descoberto toma emprestado da corretora o ativo que acha que cairá de preço e o vende. Mais tarde, ele a compra de volta para pagar o empréstimo. Em essência, o trader está vendendo na alta (com dinheiro emprestado) e comprando na baixa. Supondo que ele esteja certo e que o preço realmente caia, ele embolsa a diferença entre o preço de venda e o preço de compra. Obviamente, essa diferença se traduz em perda se o preço subir, em vez de diminuir. O arbitrador pode usar isso para optar por ativos que provavelmente cairão de preço quando outro ativo subir.

Ao acrescentar a venda a descoberto na caixa de ferramentas, um arbitrador encontra muito mais maneiras de lucrar com a discrepância de preços. Novas combinações de ativos baratos e caros — e mais maneiras de operá-los — dão ao day trader mais oportunidades de lucrar.

Ativos sintéticos

Acordou se sentindo criativo? Bem, então considere a criação de ativos sintéticos ao procurar oportunidades de arbitragem. Um *ativo sintético* é uma combinação entre ativos ou grupos de ativos que têm o mesmo perfil de lucros e perdas. Por exemplo, digamos que uma operação combine uma ação a uma *opção put*, de venda, da qual se extrai valor se a ação cair, e uma *opção call*, de compra, da qual se extrai valor se o preço da ação subir. Ao pensar em maneiras de imitar o comportamento de um ativo por meio de um ativo sintético, um day trader encontra diversas maneiras de um ativo ser mais barato em um mercado do que em outro, levando a mais oportunidades de arbitragem.

Uma operação típica de arbitragem envolvendo um ativo sintético, por exemplo, consiste em vender a descoberto o ativo em si e então comprar um pacote de derivativos que corresponda ao risco e retorno. Muitas das técnicas de arbitragem de risco abordadas posteriormente neste capítulo baseiam-se na criação de ativos sintéticos.

LEMBRE-SE

Estratégias complexas de arbitragem exigem mais testes e simulação e podem envolver perdas enquanto você ajusta seus métodos. Certifique-se de estar confortável com seu método de operação antes de comprometer seu dinheiro.

Estratégias de Arbitragem

Você pode usar as ferramentas de arbitragem — derivativos, alavancagem, venda a descoberto, ativos sintéticos — de diversas maneiras para efetuar operações lucrativas, e é sobre isso que esta seção fala. Se você fizer arbitragem, descobrirá algumas estratégias interessantes. Cuidado para não usar muitas: o trader que tenta fazer tudo ao mesmo tempo é o trader que logo estará procurando emprego! Em vez disso, busque uma estratégia de arbitragem que corresponda à sua abordagem de mercado.

As variedades de operações de arbitragem estão listadas aqui em ordem alfabética. Algumas são mais complexas, algumas geram mais oportunidades, e outras funcionam melhor se você estiver disposto a fazer swing trade (manter a operação durante alguns dias), em vez de day trade (fechar todas as operações até o final do dia). Lembre-se de que essa lista não deve ser grande: você pode encontrar muitas outras maneiras de explorar as diferenças de preço, mas algumas envolvem mais tempo do que um day trader está disposto a comprometer.

DICA

Diversas estratégias de arbitragem funcionam melhor combinadas com outras, como o trading de notícias. Por exemplo, uma notícia pode fazer com que as pessoas se voltem às ações de uma empresa, resultando em operações suficientes naquele dia para fechar um gap. Se você souber com antecedência sobre o problema de preços, pode fazer a arbitragem antes dos demais.

Outros tipos de arbitragem certamente pairam por aí. Sempre que as pessoas prestam muita atenção aos mercados e às mudanças de preços, descobrem que pequenas diferenças de preços se transformam em grandes lucros de baixo risco. Se você acha que encontrou uma estratégia de arbitragem não listada aqui, faça o favor de testá-la para ver se funciona.

Arbitragem conversível

Como parte do planejamento da estrutura de capital, algumas empresas emitem *títulos conversíveis* (às vezes chamados de *debêntures conversíveis*) ou *ações preferenciais conversíveis*. Esses ativos são uma mistura entre ações e títulos. Assim como um ativo normal, os ativos conversíveis oferecem retornos regulares para quem os possui (juros no caso dos títulos conversíveis, e dividendos no caso das ações preferenciais conversíveis), e também funcionam como ações, pois os titulares têm o direito de trocar o ativo conversível por ações ordinárias comuns.

Eis um exemplo: um título conversível de R$1 mil paga 7,5% de juros e é conversível em 25 ações. Se o preço da ação for inferior a R$40, o detentor do conversível preferirá descontar os juros ou cheques de dividendos. Se as ações da empresa forem operadas acima de R$40, o detentor do conversível

LEMBRE-SE

ganharia mais dinheiro abrindo mão dos retornos constantes para obter as ações mais baratas. Devido ao benefício da conversão, a taxa de juros de um ativo conversível geralmente é inferior à de um título corporativo comum.

Como um ativo conversível tem uma opção embutida de comprar as ações subjacentes, ela geralmente é operada junto com as ações. Se o preço do conversível ficar muito alto ou baixo, surge uma oportunidade de arbitragem.

Considere o seguinte exemplo: um day trader percebe que um ativo conversível está sendo vendido a um preço inferior ao normal, dado o nível das taxas de juros e do preço das ações ordinárias da empresa. Assim, ele compra os conversíveis e vende as ações ordinárias a descoberto (veja o Capítulo 9 para obter mais informações sobre vendas a descoberto). Quando o preço da ação volta ao normal, ele lucra de ambos os lados da operação.

Arbitragem de ETFs

Um *exchange-traded fund*, ou *ETF*, é um ativo baseado em um índice do mercado de ações. Pode ser um índice reconhecido ou que tenha sido inventado pela empresa criadora do ETF para rastrear uma estratégia de investimento.

Os ETFs foram projetados com um mecanismo embutido para manter o preço dos fundos alinhado com o dos ativos. Um ETF comum tem duas classes de acionistas. Os primeiros são *participantes autorizados*, que são grandes corretoras de operações que concordam em comprar os ativos do ETF. Os participantes autorizados, então, entregam os ativos à empresa do ETF em troca de *unidades de criação*, que são ações do fundo que o participante autorizado pode manter, vender no mercado aberto ou operar de volta para a empresa do ETF pelas ações. O participante autorizado fará aquilo que demonstre o maior potencial de lucro, alguma arbitragem integrada projetada para manter o valor do ETF alinhado para a segunda classe de acionistas, que são os traders de ETFs.

Apesar desse mecanismo, o valor de um ETF pode oscilar, extrapolando o índice subjacente ou os fundamentos do setor que representa. Quando isso acontece, um trader pode buscar uma oportunidade de arbitragem entre o ETF e um índice futuro, entre dois ETFs diferentes ou entre um ETF e uma ação representativa.

Renda fixa e arbitragem da taxa de juros

Ativos de renda fixa são ativos, notas e ativos relacionadas que oferecem a seus proprietários um pagamento regular de juros. Eles são populares entre os investidores conservadores, principalmente os aposentados, que desejam gerar uma renda regular com os pagamentos trimestrais de juros. São considerados investimentos seguros, previsíveis e de longo prazo, mas podem oscilar muito no curto prazo, o que os torna atraentes para os arbitradores.

As taxas de juros são simplesmente o preço do dinheiro e, portanto, afetam o valor de muitos tipos de ativos. Os ativos de renda fixa têm grande exposição às taxas de juros, porque pagam juros. Algumas ações também têm exposição às taxas de juros. O trading de forex é uma tentativa de lucrar com a variação do preço de uma moeda em relação a outra, e isso geralmente é uma função da diferença nas taxas de juros entre os dois países. Os derivativos têm um cronograma de vencimento regular, e por isso, seu valor muda com o tempo, o que é medido por meio das taxas de juros.

Com tantos ativos diferentes afetados por mudanças nas taxas de juros, os arbitradores estão sempre de olho. Quando se trata da *arbitragem de renda fixa*, os traders analisam o seguinte:

» O valor do dinheiro no tempo.

» O nível de risco presente na economia.

» A probabilidade de reembolso.

» Os efeitos da taxa de inflação sobre diferentes ativos.

Se um dos números for inconsistente, o trader elabora e executa uma operação de arbitragem para lucrar com essa inconsistência.

LEMBRE-SE

Comprar títulos em si não é uma prática comum entre day traders. Em vez disso, eles buscam a arbitragem de renda fixa e outras estratégias sensíveis a taxas de juros, geralmente baseadas em futuros de taxas de juros oferecidos pelo CME Group. Saiba mais sobre os futuros de taxas de juros no Capítulo 3.

Como funcionaria tal operação? Imagine um day trader monitorando as taxas de juros de ativos do governo dos EUA. Ele observa que notas do tesouro direto de dois anos são operadas a um rendimento menor do que o esperado — principalmente em relação às notas do tesouro direto de cinco anos. Ele vende futuros sobre as notas do tesouro de dois anos e, em seguida, compra futuros sobre as notas do tesouro de cinco anos. Quando a diferença entre as duas taxas volta ao normal, a operação de futuros retorna lucros.

Arbitragem de índice

Os observadores do mercado falam muito sobre o desempenho de índices como o S&P 500, Dow Jones Industrial Average e Ibovespa. Esses *índices de mercado* representam a atividade de mercado e são amplamente divulgados para que os interessados acompanhem. Seu desempenho é baseado no desempenho de um grupo de ativos, que vai desde as 3 mil maiores empresas do mercado (Russell 3.000) a um mero conjunto de 30 grandes empresas (Dow Jones Industrial Average).

Obviamente, um arbitrador poderia comprar todas as ações, e alguns fundos de hedge fazem exatamente isso. Contudo, poucas pessoas podem se dar ao luxo de seguir essa estratégia. Em vez disso, elas ficam expostas ao desempenho do índice, por meio de muitos ativos baseados nos índices. Os investidores de fundos mútuos podem comprar fundos que contenham as mesmas ações, na mesma proporção do índice. Aqueles que objetivam lucros de curto prazo podem comprar fundos operados em bolsa, que são cestas de ações listadas em bolsas organizadas, ou operam futuros e opções sobre os índices.

Os arbitradores adoram a ideia de um ativo — como um índice — que tenha muitos ativos diferentes com base em seu valor, pois gera muita precificação incorreta. A menos que o índice, os futuros, as opções e os fundos operados em bolsa estejam todos alinhados, algum day trader esperto pode aproveitar a oportunidade para ganhar dinheiro.

Suponha, por exemplo, que o contrato futuro do S&P 500 pareça muito barato em relação ao índice S&P 500. O trader pode vender a descoberto um fundo operado em bolsa sobre o índice e então comprar contratos futuros para lucrar com a diferença.

Arbitragem de fusão

Todos os dias, as empresas são compradas e vendidas, e isso gera oportunidades de arbitragem. Na verdade, uma das estratégias de arbitragem mais conhecidas é a *arbitragem de fusão*, em que os traders buscam lucrar com a mudança nos preços das ações após o anúncio de uma fusão. Esse tipo de operação começa com o trader observando os seguintes detalhes com relação ao anúncio da fusão:

- » O nome da empresa adquirente.
- » O nome da empresa adquirida (e não importa o que o pessoal de relações públicas diga, não há fusão entre empresas equivalentes).
- » O valor operado.
- » A moeda (dinheiro, ações, débito).
- » A data prevista para o fechamento da fusão.

Até a data do fechamento efetivo da fusão, que pode ser diferente da data do anúncio, todo e qualquer detalhe anunciado pode ser alterado. A empresa adquirente pode descobrir novas informações sobre a empresa-alvo e mudar de ideia. Uma terceira empresa pode entrar em cena e fazer uma oferta por mais dinheiro. Os acionistas podem concordar em apoiar o negócio apenas se o retorno for em dinheiro, em vez de ações. Todo esse drama cria oportunidades tanto para os traders em busca de oportunidades quanto para aqueles que preferem manter uma operação até a data de fechamento da fusão.

Eis um exemplo: digamos que o Major Bancorp se ofereça para comprar o Downtown Bank por R$50 por ação, em dinheiro. As ações do Major Bancorp provavelmente cairão de preço porque seus acionistas ficarão preocupados com a possibilidade de a fusão causar problemas. As ações do Downtown Bank subirão de preço, mas não até R$50, pois seus acionistas entendem o risco de que o negócio não seja concretizado. Um arbitrador venderia a descoberto ações do Major Bancorp e compraria ações do Downtown Bank para lucrar com as preocupações alheias. Se o Overseas Banque decidir entrar na jogada, o trader pode achar uma ideia lucrativa comprar ações do Major Bancorp e do Overseas Banque a descoberto. (Se outro interessado intervir e fizer uma oferta mais alta pelas ações do Downtown Bank, toda a arbitragem se desfaz — daí o risco.)

Arbitragem de opções

As *opções*, que discuto com mais detalhes no Capítulo 4, formam a base de muitas estratégias de arbitragem, principalmente para os day traders que operam no mercado de ações. Primeiramente, inúmeros tipos de opções estão disponíveis, até mesmo do mesmo ativo. As duas categorias principais são *puts*, que investem na queda do preço do ativo subjacente, e *calls*, que investem na subida do preço do ativo. As opções de compra e venda do mesmo ativo têm preços de exercício diferentes, dependendo da direção que você acha que o preço seguirá. Algumas opções, conhecidas como *opções americanas*, podem ser encerradas a qualquer momento entre a data de emissão e o vencimento. Outras, conhecidas como *opções europeias*, só podem ser encerradas no vencimento. (Para complicar as coisas, as opções americanas e europeias podem ser emitidas em qualquer lugar.) Com todas essas alternativas, um arbitrador atento notará algumas discrepâncias de preços.

GARBITRAGE

Os traders ficam desleixados quando uma fusão emocionante é anunciada. Se uma empresa de um setor for adquirida, as ações de todas as empresas do setor subirão, geralmente sem motivo aparente. Alguns traders ficam tão entusiasmados, que compram as ações totalmente erradas, geralmente por causa da confusão quanto aos símbolos de cotação. Se a Lowe's Companies, uma rede de hardware com símbolo LOW, fosse adquirida, existiriam boas chances de que as ações da Loews Corporation — uma seguradora com símbolo L — também subissem. Esse tipo de operação falha é conhecida como *garbitrage*.

Talvez o day trader perceba que, no dia em que uma empresa faz um grande anúncio, as bolsas de opções estão assumindo preços ligeiramente mais altos do que o comum das ações. Então ele decide comprar as ações subjacentes, bem como uma opção put, e também vender uma opção call com o mesmo preço de exercício e data de vencimento da opção put. Essa estratégia gera uma segurança sintética (veja a seção anterior "Ativos sintéticos") que oferece o mesmo retorno da venda a descoberto do ativo, o que significa que o trader realizou uma operação de arbitragem sem risco. Ele comprou o ativo barato no mercado de ações e o vendeu por um preço mais alto no mercado de opções.

De Olho nos Custos de Operação

A arbitragem pura funciona melhor em um mundo em que o trading é de graça. Contudo, no mundo real, o trading custa bem caro. Às vezes, percebe-se uma discrepância de preço que parece terna, mas não é possível operar, porque o lucro não cobriria os custos. E isso vale também para todos os outros.

No mundo real, fazer trading custa caro. Considere todos os custos para começar: comprar equipamentos, pagar pelo acesso à internet, aprender a operar. Acrescente a eles os custos de operação que variam com cada ordem: comissões, taxas, juros, spread bid-ask e impostos. Você não lucra com uma operação a menos que cubra essas despesas.

LEMBRE-SE

Mesmo que você trabalhe com uma corretora que cobra pouca ou nenhuma comissão, e mesmo que ela não cobre juros sobre a margem de operações que duram menos que um dia (empréstimos para sua conta de ativos), você pode ter certeza de que sua corretora está ganhando dinheiro com você. O lucro dessa corretora está aparecendo no spread e na velocidade de execução, então a arbitragem ainda tem um custo que deve ser coberto, mesmo em uma conta aparentemente gratuita. Acredite em mim, as corretoras existem para ganhar dinheiro, independentemente de seus clientes o fazerem ou não.

Some esses custos de operação e você fará uma constatação frustrante: você vê a oportunidade bem à sua frente, mas não pode aproveitá-la. Assim, a oportunidade fica lá, provocando você, ou vai embora com um trader que tem condições melhores do que as suas.

DICA

Isso significa que você está sem sorte? De forma alguma. Se você conhece seus custos, pode evitar as oportunidades não lucrativas e aproveitar as lucrativas. Ao determinar com quanto você precisa arcar, não considere seus custos fixos como material de escritório e equipamento. Essas despesas são inerentes a qualquer empreendimento. (Sim, você precisa arcar com elas no longo prazo para continuar operando, mas pode ignorá-las no curto prazo.) Em vez disso, descubra quanto dinheiro sua corretora ganha por operação, por ação operada ou por contrato. Inclua esses cálculos no seu planejamento.

> **NESTE CAPÍTULO**
>
> » **Adquirindo a disciplina trader**
> » **Pegando o momentum do mercado**
> » **Constatando que as estratégias de trading são a melhor opção**

Capítulo **11**

Day Trading para Investidores

É preciso ser especial para fazer day trading — ter bons reflexos, estômago forte e uma perspectiva de curto prazo dos mercados. Nem todo o mundo deve dividir seu dia de trabalho um minuto de cada vez. A maioria das pessoas se sai melhor com uma perspectiva de longo prazo sobre suas finanças, procurando combinar seus investimentos com suas metas e pensando no desempenho de seus investimentos ao longo de meses ou anos, em vez de agora.

Contudo, os pacientes investidores de longo prazo podem tirar proveito de uma ou duas técnicas dos frenéticos day traders, exatamente o que aborda este capítulo. Muitas técnicas de day trading podem ajudar swing traders, position traders e investidores — pessoas que mantêm operações por dias, meses ou mesmo décadas — a melhorar seus retornos e tomar decisões mais inteligentes na hora de comprar ou vender. Neste capítulo, abordo algumas técnicas de trading e de análise usadas por day traders que ajudam investidores de longo prazo a melhorar seus retornos. Em seguida, abordo algumas maneiras de os investidores de longo prazo adicionarem o day trading à sua lista de manobras para obter um retorno total maior.

Investidores Aprendendo com Traders

Em teoria, os investidores podem estar dispostos a esperar uma eternidade para ver suas ações brilharem, mas, na realidade, eles têm pouco tempo e dinheiro. As ações de uma empresa podem estar ridiculamente baratas, mas definhar por muito tempo antes que todos os outros percebam e façam um lance, impulsionando os preços. O investidor que compra e vende bem consegue alguns reais a mais de retorno pelo investimento. Quem não quer retornos maiores? Além disso, alguns investidores de longo prazo acabam admitindo que o day trading não é a loucura que pensavam. Talvez alguns até queiram se arriscar no day trading, principalmente para operar aqueles ativos com que estão mais familiarizados. Para um investidor de longo prazo, dado o tempo curto para testar estratégias e definir limites, fazer day trading em mercados conhecidos pode resultar em alguns retornos de curto prazo a mais.

Se você for investidor e estiver interessado em fazer day trading esporadicamente (ou mesmo frequentemente), precisará adotar não apenas algumas estratégias cruciais do day trading, como também algumas características determinantes de day traders bem-sucedidos.

Disciplinando-se

Os day traders bem-sucedidos têm um senso inato de disciplina. Eles sabem quando comprometer mais dinheiro em uma operação e quando cortar suas perdas e encerrar as atividades do dia.

Infelizmente, muitos investidores de longo prazo podem ficar desleixados. Eles pesquisaram e dedicaram tanto tempo à espera de uma operação, que muitas vezes esquecem a regra fundamental do trader: o mercado não sabe que você está nele. A ação não sabe que você é o proprietário, portanto, não recompensará sua lealdade. Os ativos sobem e descem todos os dias sem motivo, e às vezes você cometerá um erro e precisará reduzir suas perdas. Não há vergonha nisso, contanto que você aprenda algo.

Agora, como você pode conquistar essa disciplina? Faça o seguinte:

» **Desenvolva um planejamento de trading e investimentos, abordado no Capítulo 7.** Embora investir provavelmente não seja sua ocupação principal, defina por escrito seus objetivos e como você planeja alcançá-los dadas outras restrições, como prazo, considerações fiscais e tolerância ao risco.

» **Avalie cuidadosamente seu desempenho (veja o Capítulo 13).** Mantenha um diário de trading para saber o que está operando e por quê. De que maneiras você pode melhorar? Que erros podem ser evitados?

DICA

» **Configure uma regra de venda.** Uma maneira rápida de um investidor melhorar sua disciplina na hora de operar é definir uma regra de venda, que diz a ele quando cortar suas perdas e seguir em frente. Por exemplo, se uma ação cair 20% abaixo da entrada ou do valor do início do ano, deve ser hora de vendê-la, independentemente do que você espera que aconteça.

Traders precisam passar por esses testes para sobreviver. Os investidores costumam pular essas etapas, mas não deviam.

Lidando com as notícias repentinas e rompendo os mercados

Um dos motivos pelos quais os mercados são tão voláteis é que eles respondem às notícias. Os preços refletem as informações, mudando quando qualquer nova informação chega ao mercado — ainda que seja apenas alguém querendo comprar e alguém querendo vender algo. O problema é que, às vezes, os participantes do mercado não reagem proporcionalmente às notícias. Os bons traders têm uma capacidade quase inata de discernir entre notícias que aumentam a demanda e notícias que aumentam a oferta. (Veja mais sobre indicadores e estratégias de mercado no Capítulo 9.) Às vezes, os traders querem seguir o fluxo do mercado, e às vezes, querem nadar contra a correnteza que ele impõe.

Quando seus investimentos são afetados por alguma notícia, você precisa considerar como reagirá. Afinal, não importa quão longo seja seu timeframe e quão detalhada seja sua pesquisa, as coisas acontecem às empresas: os CEOs têm ataques cardíacos, os principais produtos são considerados defeituosos, as demonstrações financeiras revelam-se fraudulentas, e assim por diante. Como você reagirá?

Primeiramente, lembre-se de que você precisa responder. O mercado não conhece sua posição e não se importa. (Já falei isso?) Você precisa avaliar a situação e decidir o que fazer. Dadas as informações, é hora de comprar, vender ou ficar parado? Manter sua posição de longo prazo em face de notícias de longo prazo geralmente é válido, mas essa decisão deve ser ativa, não passiva. O truque é ser objetivo, o que não é fácil quando há dinheiro em jogo.

LEMBRE-SE

Os day traders bem-sucedidos são capazes de controlar suas emoções e separar o mercado de sua vida pessoal. Bons investidores devem fazer o mesmo.

Ao avaliar as notícias, os day traders observam como se diferenciam das expectativas. Os investidores também devem considerar como as notícias divergem dos fatos conhecidos a respeito da empresa até o momento. Por exemplo, suponha que se espera que a Timely Timer Company divulgue ganhos de R$0,10 por ação. Em vez disso, a notícia explode dizendo que o lucro será de apenas R$0,05, por causa dos encargos contábeis. Um trader perceberia que os ganhos estão abaixo das expectativas e venderia as ações, operando em função das más notícias. Um investidor pode saber que

CAPÍTULO 11 **Day Trading para Investidores** 195

os encargos contábeis eram esperados e rapidamente comprar mais ações enquanto o preço está caindo. O fato de haver uma maneira de um comprador e um vendedor atenderem às suas necessidades é a única razão pela qual os mercados financeiros existem!

Para um day trader, a percepção é a realidade. Para um investidor perspicaz, a diferença entre percepção e realidade pode ser uma oportunidade para lucrar.

Day traders ponderam sobre a psicologia do mercado, pois tudo se move muito rapidamente. Os investidores às vezes se esquecem da psicologia, porque podem esperar até que a lógica prevaleça. Quando chega a hora de abrir uma ordem de compra ou venda, no entanto, compreender o clima psicológico daquele dia pode dar ao investidor uma vantagem de preço, e cada pequena melhora no lucro vai direto para o resultado final.

Os day traders preservam sua saúde mental fechando suas operações no final do dia e seguindo a vida até a próxima abertura do mercado. Os investidores, por outro lado, podem querer saber o que está acontecendo com suas posições em outros momentos. Muitas corretoras oferecem serviços de alerta por telefone, o que é uma péssima ideia para um day trader, mas pode não ser tão ruim para um investidor.

Metas e limites

Os bons day traders estabelecem limites. Frequentemente, colocam ordens de stop e limite para fechar automaticamente suas posições quando atingem determinado preço. Eles têm metas de lucro e sabem o quanto estão dispostos a arriscar para alcançá-las.

Bons investidores estabelecem limites similares. Pode ser mais difícil para eles, pois costumam pesquisar tanto, que se sentem clarividentes. Por que se preocupar com as nuvens de hoje se as pesquisas mostram dias ensolarados no futuro?

Bem, as pesquisas ignoram certas realidades. E mesmo com uma análise completa, as coisas mudam. É por isso que até o fundamentalista mais cético precisa ter um limite de risco. Na maioria dos casos, as ordens stop e limite não se adéquam a investimentos de longo prazo porque forçam a venda durante flutuações de curto prazo e em bons momentos para comprar mais. Os investidores têm um perfil de risco diferente daquele dos day traders e, por isso, devem gerenciar seus riscos de maneira diferente — mas ainda precisam gerenciar.

Com uma ordem de *stop*, a corretora compra ou vende o ativo assim que um preço predeterminado é atingido, mesmo que volte para onde estava antes que a ordem seja efetuada. Uma ordem de *limite* só é executada se o ativo atingir o nível predeterminado e permanece em vigor apenas se o preço estiver nesse nível ou abaixo (para uma ordem com limite de compra), ou então nesse nível ou acima (para uma ordem com limite de venda).

Os day traders encerram suas posições ao final de cada dia, de modo que raramente revisam seus limites. Um swing trader ou investidor, por outro lado, que segura suas operações por mais tempo, precisa revisar esses limites com frequência. O quanto uma posição deve acrescentar a cada mês, trimestre ou ano antes que seja hora de cobrir as perdas ou de sair com lucro? O preço do ativo variou no período? Os limites precisam variar com ela?

Enquanto a operação vai bem, o investidor considera deixá-la rolar para sempre. Contudo, infelizmente, poucos investimentos funcionam durante tanto tempo. Logo, o investidor também precisa considerar o desempenho relativo. Chegou a hora de vender e aplicar o dinheiro em outro ativo com maior potencial?

Ao gerir o dinheiro, os day traders geralmente pensam em maximizar o retorno enquanto minimizam o risco de fracassar. Para um investidor, a meta é maximizar o retorno em relação a uma lista de objetivos de longo prazo, incluindo uma meta de risco. Porém, como os objetivos de longo prazo mudam, a carteira também muda. Isso significa que uma posição que está funcionando bem pode ter que ser alterada para atender às novas metas. Aqui, o tema começa a ultrapassar o escopo deste livro, mas a questão permanece: assim como os day traders bem-sucedidos, os investidores de sucesso planejam como alocar seu dinheiro entre os diferentes investimentos e fazem ajustes conforme necessário.

LEMBRE-SE

Embora investir seja uma proposta de longo prazo e não tenha o frenesi do trading, ainda é um empreendimento ativo. Em vez de se dedicar a comprar e vender, o investidor se dedica a monitorar seus trades.

Qualidade da execução[1]

Os day traders contam com suas corretoras para uma excelente execução de suas operações. Eles precisam que os custos sejam os mais baixos quanto for possível para lucrar, principalmente porque eles são relativamente pequenos.

Os investidores têm mais chances de lucrar, visto que aguardam até que as operações gerem resultados, em vez de fechá-las diariamente. Ainda assim, operações mais bem executadas geram lucros maiores. A magnitude dos poucos centavos a mais pode ser pequena em relação ao lucro total, mas ainda conta.

---

[1] N.R.: Nos próximos parágrafos, temos alguns itens que fazem sentido apenas para o mercado norte-americano. Lá, como existem várias bolsas, existe uma obrigação de as corretoras executarem as ordens de seus clientes ao melhor preço. Como no Brasil só temos a B3, esse problema não existe. O spread entre o bid e o ask é sempre o mesmo para todos os ativos negociados em bolsa, então o critério de melhor execução não faz sentido para avaliar corretoras no Brasil. Contudo, mantivemos os próximos parágrafos como no original para os leitores que desejarem operar nos mercados norte-americanos.

Custos totais de execução

Sua corretora ganha dinheiro de três maneiras. A primeira é sobre a comissão cobrada para fazer a operação. A segunda está no *spread bid-ask* (também chamado de *bid-offer*), que é a diferença entre o preço pelo qual a corretora compra o ativo dos clientes e o preço pelo qual vende para eles. A terceira é qualquer valorização do ativo entre a aquisição e a venda para o cliente. Como lucram de três formas, algumas corretoras nem mesmo cobram comissão. Mas observe que a corretora lucra — bastante — mesmo sem cobrar comissões.

Ao escolher uma corretora, considere os *custos totais de execução*, não apenas a comissão. Algumas corretoras que oferecem grandes descontos de comissão ganham dinheiro com o grande volume de operações, enquanto outras ganham dinheiro com as execuções.

Aprimorando as execuções

A corretora tem alguns truques para melhorar a execução. O primeiro é investir pesado em sistemas de informação que encaminhem e combinem diferentes ordens, pois mesmo o menor atraso faz diferença se o mercado estiver volátil. O segundo é ter uma base de clientes grande o suficiente para que as ordens sejam combinadas rapidamente. O terceiro e mais importante é entender que a execução representa uma vantagem estratégica a ser usada para satisfazer os clientes. Muitas corretoras se concentram em pesquisas, planejamento financeiro, atendimento ao cliente e outras vantagens para deixar os clientes felizes, em vez de oferecer uma execução excelente.

Em geral, uma corretora que cobra taxas de comissão baixas e reforça seus serviços para traders ativos têm uma execução melhor do que uma corretora que reforça seus serviços de pesquisa e expertise em consultoria. Obviamente, há exceções, e em alguns casos, elas variam com o tamanho da conta.

As corretoras usam alguns parâmetros para avaliar sua execução, como estes:

» **Velocidade média de execução:** É o tempo que a corretora leva para comprar ou vender a primeira ação de uma ordem. As corretoras também rastreiam — e às vezes divulgam — quanto tempo, em média, leva a execução de um pedido inteiro.

» **Preço em relação à melhor proposta do país:** Existe uma lista de preços de compra e venda no mercado, e sua corretora pode não ter o melhor spread. A National Best Bid or Offer, no caso dos Estados Unidos, definida pelo regulamento da Securities and Exchange Commission, é o melhor preço do mercado. Você pode não conseguir esse preço por inúmeras razões, geralmente devido ao número de ações que deseja operar. Por exemplo, se o melhor lance for para cem ações e você quiser vender quinhentas, não venderá todas elas pelo melhor preço. As corretoras rastreiam e relatam quão próximo o preço que você recebeu estava do melhor bid ou oferta à época.

» **Melhoria de preço:** A maioria das corretoras compra e vende ativos para as próprias contas. Na verdade, trabalhar como trader para uma corretora pode ser uma ótima alternativa ao day trading. Como a empresa às vezes tem o ativo ou o almeja para a própria conta, ela oferece um preço ligeiramente melhor do que o que está no mercado.

» **Spread médio efetivo:** Esse valor mede o quanto o spread entre bid e ask diferiu da National Best Bid or Offer, em média. Quanto menor o spread médio efetivo, melhor.

LEMBRE-SE

As corretoras devem divulgar mensalmente informações sobre as diferenças entre as ordens de mercado e as cotações públicas, e o tamanho dos spreads efetivos dos ativos. Consulte essas informações para comparar o desempenho entre as corretoras. Certamente, os resultados variam de acordo com os tipos de ativos que você opera, as condições de mercado quando você está operando e o tamanho da sua conta. Investigar as médias de uma corretora ajuda os investidores de longo prazo a decidir se mudar de corretora é uma decisão sábia.

O que você pode fazer para melhorar sua execução? Eis algumas sugestões:

» **Peça que a corretora lhe envie suas políticas.** A corretora deve fornecer essas informações, bem como alguns de seus dados recentes, para que você decida se o valor total dos serviços corresponde ao custo total.

» **Verifique o relatório anual da *Barron's* sobre as corretoras online.** O custo de execução é um dos principais critérios de avaliação da *Barron's*.

» **Otimize seu hardware e conexão com a internet o máximo possível.** Se você é day trader, ter acesso a dados confiáveis é fundamental (veja o Capítulo 14 para entender melhor suas necessidades de equipamento). Se você não é day trader, mas gerencia ativamente sua conta de investimentos, considere um upgrade. Alguns segundos fazem toda diferença.

Monitorando o Momentum

Os investidores de *momentum* procuram ativos que estão subindo de preço, principalmente se acompanhados de aceleração no crescimento subjacente. De certa forma, eles procuram a mesma coisa que os day traders — um ativo cujos preços tendem a variar muito —, mas têm a expectativa de ganhar dinheiro durante um longo período. O raciocínio é o de que o preço de um ativo que está começando a subir continuará subindo, a menos que algo dramático aconteça. Nesse ínterim, muito dinheiro pode ser feito.

LEMBRE-SE

No investimento de momentum, em vez de comprar na baixa e vender na alta, o objetivo é comprar na alta e vender ainda mais caro.

CAPÍTULO 11 **Day Trading para Investidores** 199

Como a maioria dos investidores, um investidor de momentum começa com uma análise fundamentalista cuidadosa (descrita no Capítulo 8), analisando o ativo para determinar o que o fará subir. Em seguida, ele procura determinados indicadores técnicos e de mercado, semelhantes aos descritos nos Capítulos 8 e 9 e usados por day traders. Além disso, alguns contam com serviços de gráficos, principalmente os gráficos Value Line e William O'Neil, para identificar ativos que provavelmente terão momentum.

Ganhos de momentum

Ganhos de momentum são a província do investidor, não do trader. O investidor observa os ganhos que uma empresa relata trimestralmente para verificar se estão subindo a uma taxa mais rápida, como de uma taxa constante de 10% ao ano para 12%, 13% ou mais. Esse aumento geralmente ocorre por causa de uma nova tecnologia ou produto que transforma uma empresa decente em uma propriedade importante nos mercados de ações e opções. Se a taxa de crescimento dos ganhos está acelerando, o preço subjacente também deve subir a uma taxa acelerada.

Os day traders não buscam a dinâmica dos lucros, mas a dinâmica dos preços. Ambas geralmente estão relacionadas.

Momentum de preço

Quando um ativo sobe de preço, principalmente com um clip rápido indicando forte demanda, diz-se que teve *momentum de preço*. A maioria dos day traders procura o momentum de preço para obter um lucro rápido. Muitos investidores de longo prazo também buscam momentum de preço, a fim de não ficar presos em uma operação por meses antes que comece a se mover. Afinal, a paciência compensa, mas compensa ainda mais se seu dinheiro estiver trabalhando para você enquanto você espera.

Muitos traders de momentum não se importam com o motivo de uma alta: eles sabem que os preços estão subindo e lucram com eles até mesmo durante a alta. A seguir estão alguns indicadores que esses traders analisam:

> » **Força relativa:** Pode-se calcular a força relativa de várias maneiras, discutidas no Capítulo 8, mas a ideia básica é a de que um ativo que sobe mais rápido do que o mercado em geral apresenta impulso e sugere compra.
>
> » **Convergência/divergência da média móvel (MACD):** Este indicador analisa como o preço médio do ativo muda em um período. O indicador pode ficar nivelado, mostrando que os preços estão se movendo lentamente para a frente e para trás, ou o indicador está subindo gradualmente, sugerindo preços também ascendentes? Se você plotar a média móvel contra os níveis de preços, um grande gap afirma que o ativo

está subindo ou descendo mais rápido do que a média, e se estiver subindo, você deve comprá-la. Caso contrário, considere vendê-la. (Leia mais a respeito no Capítulo 5.)

» **Índice estocástico:** Este índice é a diferença entre a alta e a baixa de um ativo em determinado período. Alguns analistas focam dias, outros, semanas. O princípio é que, se a diferença está se acentuando, pode ser que o preço do ativo esteja subindo ou descendo a uma taxa mais rápida do que o normal, criando um momentum de compra.

CUIDADO

Em extremos, o investimento momentum leva a *bolhas*, como a famosa bolha das pontocom no final dos anos 1990. As pessoas compravam ações porque estavam subindo, não porque necessariamente achassem que os negócios valiam muito. Essa corrida foi boa enquanto durou, mas muitas pessoas perderam muito dinheiro quando a realidade apareceu entre março e abril de 2000. O mesmo aconteceu no mercado imobiliário. As pessoas estavam jogando com o momentum quando lançavam condomínios em Las Vegas na primeira década do século XXI, mas os preços não podiam subir para sempre — e não subiram. Qual será a próxima bolha? Tenho alguns palpites, e acredito que você também.

Sistemas de pesquisa de momentum para investidores

Muitos day traders contam com diferentes sistemas de pesquisa para os ajudar a identificar oportunidades de compra e venda no decorrer de um dia de operações. Esses sistemas geralmente não funcionam para um investidor, simplesmente porque eles estão menos preocupados com os movimentos de curto prazo. Eles não enxergam valor em sistemas que examinam o mercado e identificam discrepâncias de preços diárias, por exemplo.

No entanto, muitos investidores usam os próprios serviços de pesquisa para identificar boas oportunidades de compra e venda. Dois dos mais populares são os gráficos Value Line e William O'Neil.[2]

Value Line

Value Line (www.valueline.com) é um dos serviços de pesquisa de investimento mais antigos. Os analistas da empresa combinam informações de preços e volume de operações sobre ações com dados financeiros. Os números são analisados por meio de um modelo específico para gerar duas classificações:

---

2 N.R.: O Value Line e William O'Neil são serviços que analisam apenas ações norte-americanas. Mantivemos o texto no original. Para serviços referentes a coleta e análise de informações, recomendamos o uso de ferramentas gratuitas, como Yahoo Finance, Trademap, Investing.com ou ricardoborges.com. Preferimos não recomendar serviços pagos de análise e recomendação de ações. Contudo, sua corretora deve ter vários serviços desse tipo disponíveis. Com esse produto, você será avisado de oportunidades de compra e venda do produto que decidir operar.

a oportunidade oriunda das ações e sua segurança. Quanto mais alta a ação estiver na classificação de oportunidade, melhor será comprar ou mantê-la. Historicamente, as ações mais oportunas da Value Line superaram o Dow Jones Industrial Average e o S&P 500, fazendo com que muitos paguem pelo acesso aos dados da empresa. Além disso, muitas bibliotecas assinam o banco de dados online da Value Line, então você pode acessar dessa forma. (Uma das vantagens de ser investidor é ter tempo de ir à biblioteca pesquisar, um luxo ao qual day traders, ocupados até mesmo para pegar uma xícara de café, não se permitem.)

A Value Line, como empresa, teve alguns problemas, principalmente com fraudes relacionadas a suas atividades de fundos mútuos, mas o sistema de gráficos não fazia parte delas.

William O'Neil

William O'Neil (www.williamoneil.com) abriu uma empresa para distribuir seu sistema de análise técnica de ações e do mercado de ações, fundando um jornal chamado *Investor's Business Daily* (www.investors.com), e escreveu um livro chamado *How to Make Money in Stocks* (veja o Apêndice para saber mais). Os serviços de dados da empresa estão disponíveis — por um preço — para grandes investidores institucionais, como fundos mútuos e seguradoras, bem como para pessoas físicas. Entre o livro e o site do jornal, os investidores particulares aprendem muito sobre como identificar momentum para comprar ou vender uma ação, bem como determinar se o sistema serve para cada um.

DICA

Muitos traders — de qualquer ativo, não apenas de ações — acham o *Investor's Business Daily* pelo menos tão útil quanto o *Wall Street Journal*, pois analisa os mercados sob uma perspectiva de curto prazo, que favorece mais o trading, em vez de uma perspectiva de longo prazo mais ampla.

O sistema de classificação da empresa é baseado no que define como CAN SLIM, que é um mnemônico de uma lista de critérios a que uma ação deve atender. Observe que esse sistema combina indicadores fundamentalistas e técnicos:

» **Current quarterly earnings, ou lucros trimestrais atuais,** devem ser 25% maiores do que os de um ano antes.

» **Annual earnings, ou ganhos anuais,** devem ser 25% maiores de que os de um ano antes.

» **New products or services, ou novos produtos ou serviços,** devem estar impulsionando o crescimento dos lucros, não aquisições ou mudanças na equipe de contabilidade.

» **Supply and demand, ou oferta e procura,** o que significa que o número de ações sendo adquiridas a cada dia está aumentando.

» **Leader or laggard?, ou líder ou retardatário?** A ação é de uma empresa líder de determinado setor e, portanto, está propensa a ir bem.

> » **Institutional sponsorship, ou patrocínio institucional,** está em vigor, o que significa que a ação está se tornando mais popular entre os fundos mútuos, fundos de pensão e outros grandes acionistas.

> » **Market indexes, ou índices de mercado,** como o Dow, o Nasdaq e o S&P 500, devem estar todos acima do fechamento anterior.

Obviamente, não há muitas ações que atendam a todos os critérios do CAN SLIM, mas os indicadores podem dar ao investidor uma maneira de pensar a respeito dos melhores momentos para comprar (quando mais critérios são atendidos) ou vender (quando menos critérios são atendidos).

Os investidores de momentum mais dedicados tendem a ser swing traders, que mantêm posições por algumas semanas ou meses. Os investidores de longo prazo costumam confiar em alguns sinais de momentum, como os da lista CAN SLIM, para identificar um bom preço para a compra das ações.

Investidores no Trading

Muitos day traders também são investidores de longo prazo. Obviamente, eles operam no curto prazo, mas realizam parte de seus lucros com frequência e os destinam a investimentos com prazos mais longos. É uma gestão de risco inteligente para uma empresa que apresenta alta taxa de washout. Afinal, até mesmo um trader de curto prazo tem objetivos de longo prazo.

Mas faz sentido, para um investidor de longo prazo, realizar operações de curto prazo? Sim, por três razões: por você ter a opção de tentar de novo, por pesquisas mostrarem que padrões de operações de curto prazo são lucrativos, e devido à análise fundamentalista apoiar as vendas a descoberto (que geralmente acontecem em um período mais curto do que uma operação de compra levaria para um investidor). As seções a seguir explicam esses motivos com mais detalhes.

Não tente estratégias de operação mais arriscadas, a menos que sua carteira esteja preparada para lidar com o risco. Tal como acontece com o trading em tempo integral, use estratégias ocasionais apenas com capital de risco, dinheiro que você pode se dar ao luxo de perder. O dinheiro da hipoteca ou da aposentadoria *não é* capital de risco.

A ideia tem vida útil curta

Às vezes, certas circunstâncias obrigam um investidor de longo prazo a assumir uma postura de trader: ele compra um ativo com a intenção de mantê-lo para sempre, e em alguns dias ou semanas, saem notícias ruins a respeito da empresa. Ou ele compra o ativo e, dois dias depois, descobre que a empresa está sendo vendida. Essa grande ideia de comprar e manter em longo prazo não está mais em seus planos, então é hora de vender. Apesar do objetivo de longo prazo, o investidor desiste e segue em frente, mesmo que seja no dia seguinte.

Suas pesquisas indicam algumas oportunidades de curto prazo

Bons investidores monitoram suas operações, e alguns ficam íntimos das variações dos preços no curto prazo, embora o objetivo seja manter a operação por muito tempo. Um investidor que tem uma ideia dos padrões de trading de uma participação específica pode a transformar em oportunidades de swing e de day trading. Sim, isso adiciona risco à carteira (os riscos do day trading são amplamente abordados ao longo deste livro), mas aumenta o potencial de retorno.

Por exemplo, suponha que um investidor fascinado por ações de tecnologia perceba que seu preço costuma subir logo antes das grandes conferências do setor e, em seguida, caem quando as conferências terminam. Ele pode não querer alterar nenhuma das participações de sua carteira com base nessa observação, mas pode querer uma forma de lucrar. Então ele compra opções call de grandes empresas de tecnologia antes da conferência e as vende no primeiro dia de conferência. Essa operação de curto prazo permite que ele colha os benefícios da alta do preço sem afetar a posição da carteira.

Surgem ótimas oportunidades de venda

A venda a descoberto permite ao trader lucrar com a queda dos preços. O trader abre a ordem, que automaticamente autoriza o empréstimo dos ativos pela corretora seguido de uma venda no mercado. O trader então aguarda na esperança de que o preço caia. Ao fazê-lo, o trader compra o ativo pelo preço mais baixo, quitando o empréstimo e ficando com a diferença entre os valores.

Como a corretora cobra juros sobre os ativos emprestados, a venda a descoberto pode ficar cara. Os traders que vendem a descoberto geralmente procuram um lucro de curto prazo, não necessariamente de um dia, mas certamente preferem meses, em vez de anos.

Além dos juros, a venda a descoberto oferece outro risco, que é o preço subir enquanto se espera que caia. Para reduzir esse risco, a maioria dos vendedores a descoberto faz pesquisas detalhadas, principalmente sobre práticas contábeis, para embasar suas decisões. Sabe quem mais faz pesquisas detalhadas? Investidores de longo prazo.

Para o investidor que adora pesquisar e tem apetite por risco, a venda a descoberto é uma maneira de ganhar dinheiro com ativos que oferecem péssimas operações de longo prazo, pois parece óbvio que não se sairão bem. Quando esses investidores se deparam com ativos que caminham para problemas, vendem a descoberto na esperança de obter um bom lucro no curto prazo.

> **NESTE CAPÍTULO**
>
> » Descobrindo onde receber educação trader
>
> » Complementando suas operações com pesquisas
>
> » Conhecendo os vendedores antes de gastar seu dinheiro

Capítulo **12**

Serviços de Pesquisa

Muitas pessoas ganham bastante dinheiro no day trading, mas não são day traders. Elas são as pessoas por trás das vendas de treinamentos, softwares, boletins informativos e coaching. O problema é que suas lições geralmente não ajudam os clientes a lucrar depois que os custos da educação são cobrados.

Por que existe uma discrepância entre o custo do treinamento e o valor que gera para os day traders? Pode ser porque alguns traders que compram esses serviços, na verdade, não se dão com a atividade. Afinal, o day trading não é para todos. Em outros casos, porém, os traders deixam de pesquisar antes de gastar o dinheiro com o treinamento de um sistema que simplesmente não é lá grande coisa.

Você já gastou algum dinheiro com este livro. Considere isso um investimento! Neste capítulo, abordo alguns dos diferentes serviços que os day traders podem adquirir e aconselho a respeito de como determinar quais valem a pena e quais não. Lembre-se de que as empresas vêm e vão — às vezes mudando de proprietário, outras, mudando de setor. Só porque está listada aqui não significa que seja uma boa empresa. Faça a própria pesquisa para se certificar.

Às vezes, as mudanças acabam não tendo nada a ver com o trading. Por exemplo, uma empresa mencionada em edições anteriores deste livro, a InstaQuote, não está mais entre as opções de aquisição e nem mudou de nome.

A InstaQuote agora é um aplicativo para legendar fotos nas redes sociais, enquanto o antigo negócio de trading tornou-se parte da ThomsonReuters REDI, uma plataforma para traders institucionais.

Trading É Trabalho, Não um Hobbie

O day trading é uma carreira. Toda carreira leva tempo para avançar, e os profissionais precisam trabalhar para manter suas habilidades atualizadas conforme o cenário muda. Você descobrirá que precisa de algum treinamento para começar e mais treinamento ainda para ter sucesso, seja como trader, engenheiro ou cirurgião. As seções a seguir descrevem algumas opções de treinamento disponíveis.

LEMBRE-SE

Sendo sincera: embora eu apresente muitas informações sobre o day trading neste livro, não falo sobre tudo. Este livro é um ponto de partida. A questão é: como você pode operar vários ativos de diversas maneiras, nenhum recurso pode fornecer todas as informações de que você precisa. Um trader de ações que segue uma estratégia de momentum baseada em notícias precisa de serviços diferentes de um trader de forex que se atém a discrepâncias nas taxas de juros. É por isso que meu objetivo não é ensinar conceitos específicos, mas apontar recursos que o ajudam a começar e mostrar como obter o máximo valor do dinheiro gasto.

Brindes das bolsas e dos reguladores

Antes de gastar mais dinheiro, verifique o que as bolsas e organizações autorreguladoras oferecem gratuitamente para ajudá-lo a começar no trading. Por meio dessas fontes, você encontra webinars, cursos online e muito material escrito que oferece todas as informações de que você precisa para começar. Afinal, o setor financeiro quer que as pessoas operem — é assim que gera dinheiro — e que tenham sucesso, porque isso mantém o mercado funcionando. (As bolsas são um negócio, como qualquer outro.) Estudar esse material gratuito lhe dá uma ampla noção das estratégias mais adequadas e o ajuda a tomar melhores decisões a respeito de outros treinamentos.

Nesta seção, listo alguns recursos fortemente recomendados para day traders iniciantes [o conteúdo de todos os sites indicados está em inglês].[1]

---

[1] N.R.: Para o trader brasileiro, recomendamos o conteúdo da CVM, em seus cursos online no CVM Educacional e pelo Portal do Investidor. Os cadernos da CVM e os livros da série TOP são uma ótima fonte de informação complementar a este livro.

Chicago Board Options Exchange Education Center

O Options Institute da Chicago Board Options Exchange oferece uma série de excelentes tutoriais online, aulas, contas de simulação e seminários que cobrem amplamente as alternativas operadas em bolsa. Muitos são gratuitos, embora alguns dos programas mais intensivos, que incluem coaching ao vivo, cubram mensalidade. O CBOE também oferece um seminário de dois dias para traders experientes que desejam ir a Chicago (uma cidade formidável, embora o clima não seja tanto). O site inclui caixas de ferramentas e calculadoras online, além de um jogo que simula operações.

Para mais informações, veja: www.cboe.com/education/.

CME Group Education

O CME Group, uma empresa holding de várias bolsas, oferece programas de educação gratuitos, mais abrangentes ou mais específicos, sobre quase todos os aspectos da operação de derivativos. Não importa se seu interesse é moedas, grãos ou opções de futuros, o CME Group tem vídeos, cursos online e white papers que cobrem o vocabulário básico, estratégias de operação avançadas e comentários do mercado. Ele contém inúmeras informações que você pode usar, seja qual for sua estratégia. Mais barato, você não encontra!

Para mais informações, veja: www.cmegroup.com/education/index.html.

Institute for Financial Markets

O Institute for Financial Markets é uma organização sem fins lucrativos que oferece programas de treinamento básico para pessoas que trabalham com opções e bolsas de futuros. Muitos de seus cursos não servem para day traders, que não objetivam diplomas e não têm requisitos de educação continuada obrigatórios para manter esses diplomas. Contudo, algumas informações devem ser úteis, então verifique-as depois de estudar o que as bolsas oferecem. Entre elas, estão noções básicas de derivativos e estratégias de operação.

Para mais informações, veja: www.theifm.org.

Intercontinental Exchange

A maioria dos programas de treinamento oferecidos pela Intercontinental Exchange é projetada para funcionários de empresas de trading e acontece nos escritórios de câmbio. A grande vantagem é que eles estão presentes em todo o mundo. O ICE também oferece diversos seminários online que o ajudam a descobrir mais sobre diferentes produtos e estratégias. Esses seminários são destinados a traders um pouco mais experientes.

Para mais informações, veja: www.theice.com/knowledgecenter.shtml.

Nasdaq/OMX[2]

Ok, já que estou sendo sincera, devo admitir que as bolsas de valores querem promover mais os investimentos do que o trading, pois o verdadeiro interesse é que as empresas emitam ações em suas bolsas. O tipo de alta volatilidade que os day traders amam afasta alguns executivos mais rigorosos. Portanto, muitas das informações no site da Nasdaq são a respeito de como escolher ações para longo prazo. Ainda assim, algumas informações podem ser úteis para um potencial day trader, como descrições de dados que ajudam a formar estratégias.

Para mais informações, veja: www.nasdaq.com/investing.

National Futures Association Investor Learning Center

A National Futures Association é a organização autorreguladora das bolsas de futuros agrícolas e financeiros. Seu site conta com tutoriais sobre operação de futuros e câmbio. A organização não tem muitos tutoriais, mas os que tem são gratuitos e bastante abrangentes.

Para mais informações, veja: www.nfa.futures.org/investor/investorlearning center.asp.

New York Stock Exchange

A Bolsa de Valores de Nova York, assim como a Nasdaq, quer cortejar os investidores, não os traders. Ainda assim, o site da bolsa tem informações sobre ações, títulos e fundos operados que oferecem informações importantes sem cobrar um centavo.

Para mais informações, veja: www.nyse.com/the-exchange.

Caindo na estrada das conferências

Embora day traders, por essência, costumem trabalhar sentados na frente de uma tela, você pode querer sair pelo mundo para descobrir mais sobre trading e pesquisar diferentes empresas com produtos para day traders. Muitas das bolsas e grandes corretoras de day trading têm os próprios seminários e conferências, mas alguns são abertos ao público. Há muitas informações disponíveis, mas cuidado: às vezes, o foco é vender mais do que informar.

DICA

As corretoras que oferecem diversos seminários e programas de treinamento costumam cobrar comissões mais altas do que as empresas que oferecem menos serviços, mas a despesa adicional vale a pena, principalmente

---

2 N.R.: A B3 também mantém o B3 Educação, braço com cursos online e materiais que podem ser muito úteis ao trader.

se você estiver começando. Veja mais sobre as corretoras de day trading no Capítulo 13.

The Money Show

The Money Show é uma série de conferências de investimentos realizadas em diversas cidades importantes dos Estados Unidos. Algumas, como a Traders Expo, voltam-se ao trading e ao forex, enquanto outras são mais variadas. A inscrição é gratuita, o que significa que, se você estiver por lá, as pessoas tentarão lhe vender coisas. Embora esses vendedores sejam mera distração para um trader mais experiente, podem ser úteis para novatos que querem saber mais sobre os diferentes softwares e serviços disponíveis. Certifique-se de que está se informando e não apenas gastando ainda mais dinheiro. Essas conferências também contam com palestrantes de alto nível para que você aprenda com as celebridades de Wall Street. O site Money Show inclui artigos, podcasts e cursos online gratuitos para o informar a respeito do trading.

Para mais informações, veja: www.moneyshow.com.

The Trading Show Chicago

Este show, e similares em Nova York e na Califórnia, reúne traders de alto nível e palestrantes famosos para discutir as últimas novidades sobre o trading de alta tecnologia. Em geral, é voltado a supervisores de pesquisa e tecnologia de empresas de trading, mas um day trader individual também encontra boas informações aqui.

Para mais informações, veja: www.terrapinn.com/conference/trading-show-chicago/ index.stm.

Trader and Investor Summit

Esta conferência é destinada a traders iniciantes, principalmente os de penny stocks. Pode não ser seu caso, mas tem alguns recursos interessantes, como sessões de trading ao vivo para que você entenda melhor o que acontece em tempo real. Ela também analisa os fundamentos, como planejamento e backtesting.

Para mais informações, veja: www.traderandinvestorsummit.com.

Aulas de treinamento

Embora não seja necessário, muitos day traders tentam dominar o jogo matriculando-se em um programa de treinamento, que varia de um programa de certificação em nível de pós-graduação oferecido pela Northwestern University a cursos online anunciados em infomerciais. Nenhum programa garante sucesso nem é adequado para todo e qualquer trader. Certifique-se

LEMBRE-SE

de consultar os programas antes de se registrar, pois às vezes uma empresa fecha e outra abre uma loja com o mesmo nome.

As maiores corretoras e empresas de pesquisa oferecem os próprios treinamentos, muitas vezes cobrando pouco ou mesmo nada. Considere-as como a primeira opção, mas tenha em mente que suas sessões introdutórias podem ser argumentos de venda para mais produtos e serviços. É claro que outros treinamentos também podem ser discursos de venda disfarçados. No final das contas, operar é melhor do que treinar. Os mercados ensinam melhor do que qualquer webinar.

Na verdade, alguns traders veteranos argumentam que, em vez de gastar milhares de reais em cursos, é melhor estudar o básico no barato e usar o dinheiro que iria para o ingresso de um workshop para operar, pois as primeiras perdas ensinam muito mais do que qualquer palestra ou webinar jamais conseguiria. Alguns dos treinamentos pagos contam com vendedores bastante insistentes. Minha teoria é a de que, quanto mais insistente o vendedor, melhor o negócio fica para ele.

CUIDADO

Existem diversas excelentes empresas de treinamento legítimas — assim como muitos golpistas. Fuja de quem garante o sucesso e não se inscreva em um treinamento até entender o que precisa estudar. Se a empresa deseja que você opere usando dinheiro de verdade, descubra qual corretora está por trás da conta. Um golpe comum é baseado no argumento de que a maioria dos day traders iniciantes perde dinheiro, então os vendedores do treinamento pegam seu dinheiro e deixam você pensar que está operando, quando, na verdade, está apenas jogando. Falo mais a respeito desse golpe no final deste capítulo.

Day Trading Academy

Especializada em análise técnica para operação de contratos de futuros, a Day Trading Academy oferece webinars e livros didáticos que cobrem o básico. Além disso, seus alunos assistem a operações ao vivo feitas por traders profissionais e têm acesso a feedback e treinamento de suas operações. O treinamento não é barato, mas tem muitos adeptos.

Para mais informações, veja: www.daytradingacademy.com.

Investopedia

A Investopedia começou como um dicionário de termos de investimentos. Com o tempo, ela se expandiu e se tornou um site com informações confiáveis sobre quase todos os aspectos dos mercados financeiros. É uma referência essencial para saber mais sobre dinheiro, operações e investimentos.

O site principal é o www.investopedia.com. A Investopedia Academy oferece uma série de cursos com diversas abordagens para o dinheiro, desde orçamento até estratégias de opções avançadas. Alguns cursos e webinars são gratuitos. A maioria custa relativamente barato e permite contato ao vivo com um instrutor, além de simulações de operação.

Para mais informações, veja: http://academy.investopedia.com.

Kapitall

A Kapitall é uma corretora, mas decidi falar dela aqui, em vez de no Capítulo 11, junto com as outras corretoras, porque seus serviços não são projetados para day traders. No entanto, ela oferece serviços para ajudar as pessoas a estudar investimentos que também o ajudam a aprender sobre trading, como jogos e competições. Muitos são gratuitos, e você pode até jogar no seu telefone. Se tiver interesse em saber mais sobre o mercado de ações, dê uma olhada.

Para mais informações, veja: www.kapitall.com.

Online Trading Academy

Essa empresa administra escolas de trading franqueadas nos Estados Unidos, e apesar do nome, nem todos os programas são online. Seus cursos não são baratos — custam cerca de US$5 mil —, mas têm grade curricular bem completa. A ênfase está no uso da análise técnica para operar e investir. Se estiver pronto para dedicar uma semana e muito dinheiro ao estudo da leitura de gráficos, esta é uma boa opção.

Para mais informações, veja: www.tradingacademy.com.

TopstepTrader

Um veterano da Chicago Mercantile Exchange fundou a TopstepTrader para orientar a maneira como as pessoas aprendem a operar em mercados eletrônicos. (O método antigo, trabalhar como faz-tudo no pregão da bolsa, não funciona mais agora que os pregões estão desaparecendo.) Tudo começa com duas semanas de prática livre (a empresa também oferece cursos de trading pagos). Se você se sair bem na conta de prática, ingressa na trading combine, que é mais ou menos como a NFL: você paga um depósito, que é reembolsado se suas operações respeitarem os riscos e outros parâmetros, recebe acesso à pesquisa e a um treinamento com traders experientes, e seu desempenho é avaliado. Se os treinadores gostarem de seus resultados, você pode ser convidado a operar com a empresa-mãe da TopstepTrader, a Patak Trading, ou recrutado por outra empresa.

Para mais informações, veja: www.topsteptrader.com.

Trading Advantage

A Trading Advantage, administrada por um experiente trader do pregão de commodities, tem uma tonelada de treinamentos, que vão desde o coaching por telefone acompanhado de uma sala de operação virtual a livros e vídeos. Alguns dos programas da empresa são projetados para traders profissionais que desejam expandir suas habilidades ou aprender a manusear novas tecnologias, enquanto outros são voltados para quem deseja começar no trading ou melhorar suas habilidades.

Para mais informações, veja: www.tradingadvantage.com.

Avaliando as Fontes de Pesquisa

Day traders precisam de um sistema de operação e, com frequência, contratam serviços de pesquisa por assinatura. Não há problema nisso, desde que esses sistemas não desperdicem seu dinheiro. Aconselhar day traders é um negócio lucrativo e, por isso, pode oferecer mais promessas do que resultados. Antes de colocar seu e-mail na lista do infomercial, leia os conselhos a seguir, que o ajudam a avaliar o serviço.

Existem três tipos principais de serviços externos:

» **Dados de preço** são cotações de preços detalhadas e em tempo real de diferentes mercados.

» **Serviços de análise gráfica** ajudam os traders a identificar tendências lucrativas.

» **Pesquisas estratégicas** auxiliam as pessoas a desenvolver um sistema de operação ou seguir um sistema previamente configurado.

Você pode precisar dos três ou de nenhum, dependendo de seu conhecimento dos mercados financeiros e de seu estilo de operação.

Diversos day traders contratam cotações de preços e serviços analíticos. A seção a seguir é uma lista de alguns dos mais populares. Não é uma lista definitiva, tampouco recebi para divulgá-los. Na verdade, trata-se de um guia para orientar você quanto ao que pode ser necessário e onde conseguir.

DICA

Se você sabe que precisa de preços externos e serviços de dados, considere isso ao selecionar uma corretora. As corretoras têm diferentes plataformas de software, e algumas trabalham com feeds de dados externos melhor do que outras. Para saber mais sobre como escolher uma corretora, veja o Capítulo 13.

Preço, pra que te quero?

Diversas corretoras oferecem serviços de day trading. Todas têm serviços que informam os preços de qualquer ativo a qualquer momento, mas isso não significa que tenham todos os preços de que você precisa para sua estratégia. Se, por exemplo, você estiver operando ações ordinárias, pode precisar de um sistema que sinalize certos padrões de preços em qualquer uma dentre os milhares de ações operados. Se você estiver operando opções com base no valor das ações subjacentes, também pode precisar desses dados. Se estiver operando títulos internacionais, pode precisar de dados em tempo real, e a corretora considerada pode oferecer apenas dados com atraso de dez minutos em alguns mercados.

Além de precisar de todos os preços, volumes relacionados e dados do criador de mercado, algumas estratégias são baseadas em operações rápidas. Cada segundo conta, e nem todas as corretoras oferecem preços com rapidez suficiente de maneira a viabilizar o scalping. Uma solução é obter os preços por meio de uma fonte externa, mais ágil. Outras estratégias de operação não exigem preços em tempo real para a maioria dos ativos, mas podem se basear em uma análise detalhada dos preços de fechamento. Assim, você pode precisar de mais informações do que a corretora oferece.

As seções a seguir apresentam informações sobre alguns serviços de cotações de preços e de dados.

LEMBRE-SE

O serviço de cotação só fornece os dados em tempo real se você tiver uma internet veloz o suficiente. Certifique-se de arrumar a provedora e o modem mais rápidos disponíveis em sua área de cobertura e considere uma maneira alternativa de se conectar à internet se o serviço principal falhar.

CQG

O CQG obtém dados de praticamente todas as bolsas de valores do mundo, tornando-o popular entre as pessoas que operam ativos internacionais. Ele também tem dados sobre o forex de balcão. Os traders podem comprar dados de históricos para fazer backtesting (veja o Capítulo 16 para mais informações) e adicionar recursos de gráficos e de rastreamento de ordens ao pacote CQG. Quem deseja fazer ainda mais cálculos por conta própria pode vincular os dados a suas planilhas do Microsoft Excel.

Para mais informações, veja: www.cqg.com.

DTN

Está operando combustível ou produtos agrícolas? Então você precisa de mais pesquisas do que a maioria das corretoras oferece. A DTN produz uma grande variedade de dados para agricultores e sondadores, e oferece também muitos serviços para traders. A empresa, de propriedade da Schneider Electric, oferece preços e pesquisas para traders de commodities, incluindo pesquisas meteorológicas e previsões de fornecimento de energia relacionadas a furacões. Os day traders de ações ou futuros estão mais propensos a usar os feeds de dados de QI da empresa, que permitem aos usuários rastrear 1.300 preços simultaneamente, e o ProphetX, software que combina dados de preços com análises que rastreiam pequenos movimentos de mercado e funciona com vários monitores simultaneamente.

Para mais informações, veja: www.dtn.com.

eSignal

O eSignal oferece preços detalhados, notícias e alertas de operação na maioria dos mercados financeiros, entregues em seu computador ou celular. Seus recursos de gráficos são mais avançados do que os oferecidos pela maioria das corretoras. Útil principalmente para traders que analisam várias ações, o eSignal ajuda a identificar oportunidades de operação com base em uma estratégia definida e varre o mercado em busca de outras ações que atendam aos critérios de investimento especificados. A empresa também oferece backtesting, teste de estratégia em tempo real, análise de fechamento para traders que não precisam de dados em tempo real e sinais adicionais que embasam estratégias de operação particulares.

Para mais informações, veja: www.esignal.com.

Oanda

O Oanda fornece serviços e dados para operar no forex. Mostra as taxas de câmbio das principais moedas e pequenos mercados de fronteira. Os dados estão disponíveis — a um preço — para quem quiser usá-los com a plataforma de outra corretora.

Para mais informações, veja: www.oanda.com.

Traçando sua estratégia

Praticamente todas as estratégias de day trading se baseiam na análise técnica, que é o processo de identificação de oportunidades de compra e venda com base na oferta e demanda de um ativo. Os analistas técnicos observam os gráficos de mudanças de preço e volume para identificar mudanças na tendência. (Falo sobre análise técnica no Capítulo 7.) Algumas estratégias de análise técnica são complexas e demandam gráficos sofisticados. É por isso que muitos day traders usam softwares que transformam os dados de preços nas informações de que precisam para tomar decisões.

DICA

Os símbolos e displays enganam muitos usuários desses serviços. Dedique algum tempo estudando o máximo que puder sobre como os serviços funcionam antes de operar em tempo real com dinheiro de verdade. A maioria desses provedores oferece seminários ou tutoriais online para ajudar. Sim, muitos dos recursos são óbvios, mas é melhor evitar erros custosos, de toda forma.

MarketDelta

O software da MarketDelta fornece serviços de gráficos detalhados que combinam diferentes estratégias ao longo de vários períodos, em cores que destacam os dados. O objetivo é deixar as informações de preços mais transparentes e, assim, as informações gráficas mais precisas. A empresa trabalha principalmente para profissionais, mas alguns de seus produtos servem para day traders com menos experiência.

Para mais informações, veja: www.marketdelta.com.

Metastock

A Metastock tem vários pacotes gráficos e analíticos, incluindo um específico para forex, outro para pessoas que fazem day trading com ações e um terceiro para investidores de ações. Ela ainda tem algumas ferramentas de pesquisa fundamentalista. Os traders que seguem estratégias específicas recomendadas por analistas de mercado têm a opção de comprar complementos que lhes dão as ferramentas necessárias para operar com eficácia e participar de reuniões presenciais e online. Algumas corretoras oferecem ferramentas Metastock como alternativa à plataforma da própria corretora.

Para mais informações, veja: www.metastock.com.

NinjaTrader

Uma plataforma de operação para traders assíduos, o NinjaTrader pode ser usado no lugar do software de operação oferecido por muitas corretoras, incluindo várias delas que trabalham com day traders. O serviço é mais conhecido por seus recursos de gráficos voltados aos mercados de forex e futuros, embora também ofereça análise de mercado, execução automatizada de operações, backtesting e simulação de operações. A empresa administra um site chamado NinjaTrader Ecosystem (www.ninjatraderecosystem.com) que inclui webinars, módulos de programação e serviços que usam a plataforma NinjaTrader.

Para mais informações, veja: www.ninjatrader.com.

OmniTrader

O OmniTrader foi projetado para automatizar análises técnicas, principalmente para traders de ações. É possível usá-lo para configurar sistemas de operação automáticos ou para auxiliar na tomada de decisões durante o dia. O sistema também inclui ferramentas de gerenciamento de dinheiro, bem como simulação de operações e backtesting para ajudar a encontrar novas estratégias.

Para mais informações, veja: www.omnitrader.com.

StockTwits

As redes sociais são uma excelente maneira de acompanhar as celebridades e descobrir as pechinchas locais, além de disponibilizarem aplicativos para trading. O StockTwits é um serviço semelhante ao Twitter: permite que os membros publiquem ideias de trading e dados de mercado, além de receber streams do Facebook, Twitter e LinkedIn. É uma maneira de seguir o sentimento do mercado, que orienta os preços. O StockTwits é gratuito.

Para mais informações, veja: www.stocktwits.com.

Trade-Ideas

O Trade-Ideas é projetado para traders de ações. O software varre o feed de dados de preço de entrada para encontrar oportunidades de operação com base em indicadores previamente especificados e também mostra o quanto o mercado está se desviando do estilo do trader. Para traders que acompanham centenas ou milhares de ações, o Trade-Ideas deve complementar bem as ferramentas da corretora.

Para mais informações, veja: www.trade-ideas.com.

Notícias, boletins informativos, gurus e aconselhamento estratégico

O trading depende de informações para que os participantes de mercado avaliem o preço normal de um ativo. A maior parte dessas informações é encontrada em uma análise das notícias e dos dados de preços, ambos prontamente disponíveis em corretoras e serviços de cotação. Porém, muitos traders seguem filosofias conhecidas ou confiam nas epifanias de certos analistas. Aqui está uma lista de alguns dos maiores que você encontrará.

LEMBRE-SE

Muitos desses gurus do mercado até têm boas ideias, mas não as seguem de maneira absoluta. Suas técnicas não funcionam em todos os mercados e em todos os momentos. Além disso, qualquer pessoa que tenha um plano realmente infalível não o compartilhará. Esses boletins informativos são apenas parte do que se discute a respeito dos mercados, mas podem ajudar a tomar decisões.

216   PARTE 2 **Estratégias de Trade**

Briefing.com

Se você segue uma estratégia de operação baseada em notícias, precisa estar antenado. O Briefing.com oferece resumos de notícias diárias e atualizações sobre acontecimentos e ideias para negócios que se adéquam ao seu estilo. E, diferentemente dos feeds de notícias disponíveis na internet, não tem nenhuma notícia sobre celebridades ou receitas mágicas do emagrecimento para distrai-lo.

Para mais informações, veja: www.briefing.com.

Coinbase[3]

Este site definiu um nicho entre aqueles que acompanham as criptomoedas. Ele contém diversas notícias, informações, dados de históricos e um calendário de ofertas iniciais de moedas para ajudá-lo a entender o que está acontecendo com essa classe de ativos emergente. Se você se interessa por criptomoedas, este site é um excelente ponto de partida.

Para mais informações, veja: www.coinbase.com.

Elliott Wave

O Elliott Wave é uma teoria que diz que os mercados se movem em grandes ciclos que costumam durar um século ou mais. Dentro desse grande ciclo estão os subciclos que duram anos, meses, semanas, dias, minutos e segundos. Dadas todas as camadas e análises necessárias, aqueles que seguem a teoria geralmente assinam serviços de pesquisa para se orientar. Robert Prechter, um dos principais estudiosos da teoria, administra o site a seguir.

Para mais informações, veja: www.elliottwave.com.

Investing.com

Um dos muitos recursos deste site é um calendário dos principais anúncios econômicos e feriados pelo mundo que afetam os mercados, o que é uma grande ajuda no planejamento trading. Ele também conta com webinars, notícias e um rastreador de estratégia que permite que você veja como os diferentes traders estão se saindo. Suas páginas de indicadores técnicos o ajudam a estudar e melhorar suas habilidades de leitura de gráficos.

Porém, o que eu recomendo mesmo é o excelente calendário econômico deles.

Para mais informações, veja: www.investing.com.

---

3 N.R.: Para conteúdo sobre o mercado cripto brasileiro, veja o material educacional disponibilizado pelo Mercado Bitcoin.

A PALAVRA IMPRESSA

Vários livros cobrem aspectos específicos sobre psicologia de trading, estratégia de trading e sistemas de pesquisa com muito mais detalhes do que eu consigo aqui nas páginas que o pessoal da editora me concedeu. Veja o Apêndice para acessar uma lista de outros recursos que o ajudam em sua pesquisa.

Lembre-se: o day trading era um tema quente na década de 1990, e você pode perceber que muitos livros e artigos sobre o assunto datam dessa época. Alguns estão em alguma prateleira da biblioteca pública da sua cidade. Outros ainda estão disponíveis para venda e podem ser encontrados na internet. Os mercados mudam. Os regulamentos também. O SOES não existe mais, e o scalping é realmente difícil no mundo de operações algorítmicas de alta velocidade em que vivemos. Não confie em sistemas que foram popularizados há quarenta anos, a menos que você os tenha testado e constatado que ainda funcionam.

School of Gann

O método Gann de análise técnica analisa as inclinações dos gráficos para prever mudanças. É um sistema complexo, portanto, os traders que o seguem geralmente contam com boletins informativos e serviços de pesquisa para os auxiliar. A School of Gann é especializada nesse sistema.

Para mais informações, veja: www.schoolofgann.com.

TradeTheNews.com

O TradeTheNews oferece aos traders particulares acesso a um *squawk box*, um feed de notícias em áudio que conta também com comentários, que estão sempre presentes na maioria das mesas de trading profissionais. Seus funcionários trabalham no pregão de diferentes bolsas e oferecem notícias e análises em tempo real, o que é útil para os traders que trabalham com estratégias baseadas em notícias.

Para mais informações, veja: www.tradethenews.com.

Faça Seu Dever de Casa

Software de operação, treinamento e pesquisa podem custar caro, e alguns serviços e seminários definitivamente são golpes. Ainda assim, aqueles que são legítimos (a maioria é) podem não ser adequados para você. Antes de gastar seu dinheiro, pesquise. Comece com os programas gratuitos oferecidos pelas bolsas (listados na primeira seção deste capítulo) para que você tenha conhecimento suficiente para entender o que um provedor de serviços de trading deve oferecer. Em seguida, pesquise e questione. Para saber os próximos passos e o que questionar, continue a leitura.

Pesquisa: Por onde começar?

Você tem uma tonelada de ferramentas disponíveis para fazer o trabalho de casa. Um bom lugar para começar é a internet. Abra seu navegador favorito e digite o nome do programa que você está considerando junto com a palavra *golpe* ou *enganação* e veja o que aparece na terceira ou quarta página de pesquisa.

DICA

Qualquer pessoa com o mínimo de conhecimento em otimização de mecanismos de pesquisa conhece essa dica. Se sua pesquisa resultar em cinquenta postagens de blogs com títulos como "Por que a empresa X NÃO é uma farsa!!!", bem, adivinhe? A empresa X provavelmente tem algo a esconder, e se você for para a terceira ou quarta página dos resultados da pesquisa, provavelmente descobrirá o que é. Ou clique na guia "notícias" de seu mecanismo de pesquisa para ver o que está sendo divulgado e pode estar causando pânico. Se algo parecer estranho, desista da empresa, pois existem inúmeros fornecedores legítimos com os quais você pode trabalhar por aí.

Outra maneira de verificar um serviço de trading é pesquisar no `Reddit.com`, um site em que as pessoas discutem tudo e qualquer coisa. É verdade que algumas postagens têm segundas intenções, mas a conversa geral leva a um rico banco de dados de observações sobre quase tudo. Esses tênis cujo anúncio você vê toda hora são tão bons quanto parecem? Esse serviço de trading é uma farsa? Os redditors ficarão felizes em lhe contar tudo a respeito. Além disso, você não precisa ser um usuário registrado para pesquisar e ler o site.

LEMBRE-SE

Você descobre muito pouco a respeito das empresas de pesquisas a partir de uma busca na internet ou de checagens com diferentes organizações regulatórias. Isso não significa que a empresa em questão seja séria, apenas sugere que não causou nenhuma preocupação até o momento.

Commodity Futures Trading Commission

A Commodity Futures Trading Commission (`www.cftc.gov/ConsumerProtection/index.htm`) regula opções e mercados de futuros, que são populares entre os day traders. Embora não seja tão conhecida como a Securities and Exchange Commission, suas funções são semelhantes. No site, você confere recomendações ao investidor, golpes famigerados e aplicações da lei para ver se o fornecedor com o qual você está pensando em trabalhar é legítimo ou apenas bom demais para ser verdade.

FINRA BrokerCheck

A Financial Industry Regulatory Authority (FINRA) fornece um serviço importante que permite verificar o status de aplicação de corretoras e seus funcionários, principalmente nos mercados de ações, títulos e opções. Algumas dessas empresas e pessoas oferecem serviços de pesquisa ou boletins informativos, portanto, verifique se tiveram problemas em algum momento. Assim, você pode decidir com base em fatos. Alguns problemas, como um histórico de disputas sobre fundos de clientes, são o motivo perfeito para você fugir. Já me surpreendi várias vezes com o que descobri neste site. Portanto, melhor buscar o que você precisa saber antes de cometer um erro que custe caro. Veja: http://brokercheckfinra.org.

National Futures Association BASIC

Os futuros são populares entre os day traders, e a National Futures Association os regula. Seu Background Affiliation Status Information Center (BASIC), em www.nfa.futures.org/basicnet, fornece informações sobre pessoas e empresas registradas na National Futures Association.

Comissão de Segurança e FOREX

Em www.sec.gov/investor.shtml, a Securities and Exchange Commission oferece muitas informações excelentes sobre os aspectos do investimento em ações e títulos, com ênfase principalmente nos problemas e fraudes a serem evitados. Esquemas Ponzi envolvendo moedas virtuais? Esquemas de pump and dump por e-mail? Não deixe que essas coisas o afastem do mercado: use-as para avaliar os serviços que você está considerando contratar.

Perguntas a serem feitas

Depois de verificar os antecedentes básicos, você está pronto para fazer algumas perguntas sobre os provedores de serviço que está considerando. Fale com os representantes de atendimento ao cliente e procure conversar com outros traders também. Aqui está uma lista de perguntas para você começar:

> » Posso fazer um teste gratuito para testar o serviço?
> » Quais treinamentos e suportes vocês oferecem? Vocês têm uma comunidade de usuários dos serviços?
> » Quanto tempo demorarei para estudar o sistema? Precisarei pagar por treinamento e coaching por fora ou já estão inclusos no suporte?
> » Quem me ensinará ou me aconselhará, e qual é a formação dessa pessoa?
> » Há quanto tempo vocês estão no negócio? Por que a empresa foi formada?

> Quais recursos adicionais estão disponíveis, e a que preços? Quantos clientes assinam apenas o sistema básico?

> Esse sistema serve para meu estilo de operação e funciona com os ativos que opero?

> Vocês selecionam os traders para o programa? Vocês pedem que os traders saiam? Quais são as características de quem se sai bem? E daqueles que não se saem bem?

> Posso conversar com outros clientes?

> O seu software é compatível com meu broker? Com outros serviços que estou usando? Com o sistema operacional do meu computador? Com a velocidade da minha internet?

> Os seus números de desempenho são genuínos ou hipotéticos e baseados em backtesting? Como os números foram calculados? (O Capítulo 13 contém mais informações sobre o cálculo de desempenho.)

LEMBRE-SE

O desempenho hipotético é baseado em uma análise do que teria acontecido se o sistema existisse antes ou do que pode acontecer se as condições de mercado cooperarem. Ele pode estar sujeito à *mineração de dados*, o que significa que o sistema foi desenvolvido para gerar bom desempenho em backtesting, não porque tenha algum embasamento lógico ou teórico.

CUIDADO

Não confie em nenhuma promessa de desempenho. O day trading é um negócio difícil. Muitas pessoas desistem porque ele não combina com sua personalidade. Outros falham porque não têm capital inicial suficiente, não dedicam tempo a entender como fazer da maneira correta ou simplesmente a sorte não os ajuda. Ninguém pode garantir que você terá sucesso.

> **NESTE CAPÍTULO**
> » Testando antes de operar
> » Rastreando enquanto opera
> » Avaliando o desempenho das operações

Capítulo **13**

Lucro Potencial

Toda operação envolve muitas variáveis: preço de compra, preço de venda, comissões cobradas, volume operado e quantidade de alavancagem usada. E cada uma delas afeta seu desempenho geral. No calor de um dia de operações, pode ser difícil conciliar todos esses fatores e determinar o quão bem você se saiu ou não. E, no entanto, você não pode operar seguindo seu coração, pelo menos não se quiser permanecer no jogo por um longo tempo.

O cálculo do desempenho começa antes do trade. É preciso testar suas estratégias e ver se elas funcionam para você, o que requer backtesting e simulações. É preciso acompanhar as operações em tempo real com a ajuda de um diário de trading. E então, periodicamente (pelo menos mensalmente), revisar o progresso para ver quanto dinheiro ganhou e se precisa mudar a estratégia.

Testa Esse Sistema em Mim

A avaliação do desempenho começa antes da operação. Isso porque é preciso definir como operar antes de usar dinheiro de verdade. O Capítulo 3 descreve alguns dos ativos que podem ser operados diariamente, enquanto os Capítulos de 6 a 11 cobrem algumas das estratégias que day traders usam. Depois de entender as combinações entre ativos e estratégias, verifique se teriam sido lucrativos no passado, depois os teste para verificar se funcionam mesmo.

A boa notícia? Você pode fazer tudo isso sem arriscar nada, exceto, é claro, pelo dinheiro dedicado ao backtesting e aos softwares de simulação. Nem tudo é perfeito, não é? Considere isso um investimento no sucesso do seu negócio.

Backtesting

No *backtesting*, um trader seleciona uma estratégia e a executa por meio de um banco de dados de históricos de preços de ativos para verificar se teria sido lucrativa. O teste inclui suposições a respeito de comissões, alavancagem e dimensão da posição. Os resultados fornecem informações sobre retornos, volatilidade e taxas de ganhos e perdas que você deve usar para refinar sua estratégia de trading e implementá-la bem.

Começando com uma hipótese

Que operações você deseja fazer? Após definir o que e como operar, defina qual será a estratégia. Você operará ações de momentum específico e baixa capitalização? Operará com base nas mudanças de preços relacionadas a notícias de commodities agrícolas? Trabalhará com ações de alta capitalização dentro dos canais de operação? Ou se baseará na arbitragem dos futuros de índices de ações e de suas opções?

Após pesquisar, exponha a estratégia como hipótese, que pode ser mais ou menos assim: "Ações de alta capitalização e momentum específico tendem a ter um fechamento superior ao anterior, então posso comprá-las pela manhã e lucrar vendendo-as à tarde." Ou: "As notícias levam pelo menos meia hora para afetar os preços do milho, então posso comprar ou vender durante o noticiário e lucrar." A partir de um raciocínio como esse, prossiga para o teste para ver se sua hipótese é válida.

CUIDADO

Um dos aspectos essenciais do backtesting é a especificidade em relação a sua regra de trading. Os computadores não entendem instruções vagas, e se você achar que a estratégia é complicada demais para descrever e definir em um programa de backtesting, provavelmente o é também para seguir.

Executando o teste

Digamos que você comece com algo simples: talvez tenha motivos para pensar que as empresas farmacêuticas que estão baixando os preços com a diminuição do volume fecharão em alta hoje. A primeira coisa a fazer é colocar isso no software: o grupo do setor e o padrão de compra que procura. Os resultados mostrarão se seu palpite está correto, com que frequência e em que período.

224   PARTE 2 **Estratégias de Trade**

Se você gostar dos resultados, pode acrescentar variáveis. O que acontece se você adicionar *alavancagem* (usar dinheiro emprestado) a suas operações? A alavancagem aumenta o risco de perda, mas também aumenta o retorno potencial. Como isso afeta suas operações? Suponha que você aumente o tamanho, fazendo menos operações, porém maiores. Isso aumentaria ou diminuiria os lucros? Ao brincar com o sistema, você desenvolve uma boa noção da melhor maneira de ganhar dinheiro com suas ideias de trading. Você também desenvolve certa noção de quando sua regra não funcionará, o que evita problemas.

Se sua estratégia não funciona nos testes, pergunte-se o motivo. A sua teoria não é tão boa quanto você achou ou os mercados é que mudaram? E, se eles mudaram, em que estão diferentes? A menos que você consiga respostas para essas perguntas, estará apenas se apegando a ilusões, e essas ilusões destroem qualquer trader, não importa quais sejam os resultados do teste.

A maioria dos softwares de backtesting permite que você faça ajustes, o que significa que pode simular alavancagem, posição, tempo e outros parâmetros que potencializam um melhor retorno ajustado ao risco, segundo os dados disponíveis. Em seguida, compare esse resultado com seu estilo de operar e sua posição de capital para verificar se funciona.

CUIDADO

O backtesting está sujeito a algo que os traders chamam de *superotimização*, os matemáticos chamam de *ajuste de curvas* e os analistas conhecem como *mineração de dados*. Todos esses termos significam a análise de um momento em que o mercado teve um bom desempenho e, em seguida, a identificação das variáveis e especificações que geraram esse desempenho. Embora o excesso de superotimização pareça excelente, o que geralmente acontece é o surgimento de um modelo que inclui variáveis desnecessárias e não faz nenhum sentido na prática. Se você encontrar uma estratégia que funciona para quando a ação fecha em alta em certo dia, em baixa dois dias e depois em alta novamente no quarto dia, seguida de quatro dias de baixa quando atinge uma alta intradiária, não deve ter feito uma descoberta surpreendente; você acabou de ajustar a curva.

LEMBRE-SE

Se o Chicago Cubs entrar na World Series novamente, sei exatamente o que farei: tudo o que fiz em 2016, porque, se eu errar, eles não ganharão. Certo? Não sou a única fã de esportes com superstições peculiares. Enxergar padrões é parte da evolução humana, ainda que nenhum padrão exista. O mesmo acontece no mercado. É perfeitamente possível que, embora os resultados do seu teste pareçam ótimos, eles mostrem apenas um evento aleatório que funcionou uma vez. Talvez minha decisão de assistir ao Game 7 não tenha nada a ver com a vitória dos Cubs, por mais que eu tenha dificuldade de acreditar nisso. É por isso que você precisa continuar testando, mesmo depois de começar a operar.

CAPÍTULO 13 **Lucro Potencial** 225

Comparando os resultados aos ciclos de mercado

Os mercados mudam todos os dias em resposta a novas regulamentações, flutuações nas taxas de juros, condições econômicas, acontecimentos mundiais desagradáveis e notícias corriqueiras. (É como aquela piada sobre o clima: se você não gosta de como está agora, é só esperar um minuto que mudará.) Da mesma maneira, diferentes ativos e estratégias funcionam melhor em alguns climas de mercado do que em outros.

Ao fazer o backtest, certifique-se de fazê-lo por um período longo o suficiente para que você veja como sua estratégia funciona em diferentes condições de mercado. Aqui estão alguns aspectos a serem verificados:

- » Como a estratégia se comporta em períodos de inflação? E em períodos de crescimento econômico? E com a taxa de juros alta? E com os juros baixos?

- » O que estava acontecendo nos mercados durante o período em que a estratégia funcionou melhor? O que estava acontecendo quando funcionou pior? Qual a probabilidade de um desses eventos acontecer novamente?

- » Como a volatilidade do mercado afeta a estratégia? O ativo é mais volátil do que o mercado, menos volátil ou parece ter sido removido dele?

- » Ocorreram grandes mudanças no setor no período do teste? Exemplos dessas mudanças incluem novas tecnologias aumentando a demanda por certas commodities ou mudanças na regulamentação deixando as indústrias obsoletas. Isso significa que o desempenho anterior ainda se aplica?

- » Houve mudanças na forma como os ativos são operados? Por exemplo, digamos que a maior parte dos trades da maioria das commodities costumava ocorrer nos centros dos pregões, pessoalmente. Agora o trade é quase inteiramente eletrônico. Como são os resultados do seu teste, dadas as tecnologias de trade do momento?

PAPO DE ESPECIALISTA

No modelo de precificação de ativos financeiros, que é parte fundamental da teoria financeira acadêmica, o risco de mercado é conhecido como *beta*. O valor que um gerente de portfólio agrega ao desempenho do investimento é conhecido como *alfa*. No longo prazo, a teoria financeira convencional diz que o retorno de uma carteira diversificada vem do beta. O alfa não existe, então os investidores não conseguem vencer o mercado no longo prazo. No curto prazo, em que os day traders atuam, essa correlação pode não ser tão forte.

LEMBRE-SE

Lembre-se da maior máxima das finanças: o desempenho passado não é garantia de resultados futuros. Uma estratégia pode ser testada perfeitamente, mas isso não significa que continuará a funcionar. O backtesting é uma etapa importante para o sucesso no day trading, mas é apenas uma etapa.

Simulação de operações

Com uma estratégia que tenha passado pelo backtesting em mãos, você pode ficar tentado a colocar dinheiro de verdade em jogo. Não faça isso, pelo menos não ainda. Comece com o que é conhecido como *trading fantasma*, *trading de papel* ou *trading de simulação*. Sente-se em frente à tela do computador e observe as cotações de preços. Quando você encontrar seu ponto de entrada ideal, anote-o. Quando encontrar seu ponto de saída, anote-o. (Ou use as funções de simulação disponíveis em diversas corretoras para economizar papel e lápis.) Faça exatamente o que pretende fazer com dinheiro de verdade, só que sem arriscá-lo. Em seguida, meça seu desempenho.

Se sua estratégia não gerar muitas operações, monitore seu desempenho com papel e caneta e, em seguida, insira os dados em uma planilha, calculando os efeitos das comissões e alavancagem e analisando seu desempenho em termos de porcentagem e de sucessos/fracassos. E aí, como foi?

Para estratégias mais complexas que envolvem uma grande quantidade de operações em uma grande quantidade de ativos, você pode usar um pacote de software de simulação de operações. Esses pacotes imitam o software de trading (e geralmente são recursos adicionados aos pacotes de software de trading. Veja os Capítulos 11 e 12 para saber mais). Eles permitem que você faça a simulação com base no tamanho da ordem e com alavancagem, além de informar se a operação pode ser executada nas condições do mercado no momento.

LEMBRE-SE

Os mercados são influenciados pela oferta e demanda. Assim, sua operação pode influenciá-los também, o que é a maior desvantagem da simulação: levar em consideração os efeitos de mercado de maneira precisa, principalmente se você estiver operando grandes posições em mercados pouco movimentados.

Os resultados da simulação de operação o ajudam a refinar ainda mais sua estratégia. Ela funciona nas condições do mercado? Você consegue identificar pontos de entrada e saída? Consegue executar operações suficientes para compensar seus investimentos no day trading? Você precisa refinar mais sua estratégia ou está pronto para a próxima etapa?

Seus testes não garantem nada e não consideram sua reação sob a pressão da situação real. No entanto, caso seu sistema não funcione bem em condições perfeitas, é pouco provável que funcione melhor nas condições reais.

DICA

Encontrar uma estratégia adequada pode levar bastante tempo. Alguns traders contam que passaram meses buscando uma estratégia com que se sentissem confortáveis para usar. O day trading é um negócio assim como qualquer outro. Considere essa parte de pesquisa de mercado e do processo de educação da mesma forma que faria antes de abrir uma loja ou de se preparar para uma nova carreira. Seja paciente. É melhor fazer uma boa simulação durante meses do que perder milhares de reais em horas.

CAPÍTULO 13 **Lucro Potencial** 227

Software de backtesting e simulação[1]

Vários fornecedores surgiram para ajudar os traders a enfrentar o desafio do backtesting, que está se tornando padrão em cada vez mais plataformas de operação. A lista apresentada a seguir é relativamente enxuta, e não recebi nada pela divulgação desses serviços. São apenas sugestões para você começar.

Se você é novo no trading, experimente um pacote mais barato, apenas para ver como funciona o backtesting e a simulação. Se você já tem conta em alguma corretora, verifique se o backtesting e a simulação estão entre os serviços oferecidos. Você pode optar por um pacote de backtesting mais sofisticado conforme suas necessidades mudarem ou se começar a buscar estratégias exóticas com ativos incomuns.

Quanto mais sofisticado é o pacote, mais caro. Se você tem experiência em programação ou se sua estratégia não está bem representada nos programas de backtesting que encontrou, você pode criar seu sistema. Muitos day traders com experiência em software escrevem programas usando as funções Visual Basic do Excel, permitindo-lhes criar testes personalizados que depois executam em bancos de dados de preços para estratégias de backtesting.

AmiBroker

O AmiBroker (www.amibroker.com) oferece um serviço robusto de backtesting a um preço relativamente baixo, por esse motivo, é uma escolha popular entre day traders novatos que não têm acesso a serviços mais caros. Ele também permite que seus usuários elaborem gráficos sofisticados que podem usar para monitorar os mercados. Uma desvantagem é que você pode ter que pagar mais pelos dados de cotação de preços, dependendo de quais ativos e em que timeframes deseja testar.

Investor/RT

Desenvolvido por uma empresa chamada Linn Software (www.linnsoft.com), o Investor/RT permite que você desenvolva os próprios testes e crie os próprios programas. Ele tem pacotes para Mac, o que o torna popular entre traders que preferem computadores da Apple. Seus usuários tendem a ser

---

[1] N.R.: No Brasil, temos ferramentas específicas para o day trade e para o backtesting. Sugerimos ao leitor pesquisar sobre as plataformas Profit (Nelogica), Tryd e MetaTrader. A sua corretora de escolha muito provavelmente terá integrações com plataformas específicas, e pode ser interessante trabalhar com as mesmas plataformas recomendadas por ela, e que já são integradas a ela. Contudo, as plataformas citadas em inglês no original também são amplamente usadas por traders brasileiros. Para aproveitá-las em suas análises, basta importar dados do mercado brasileiro. Quase todas elas são compatíveis com dados chamados MetaStock (ricardoborges.com tem uma base de dados desse tipo atualizada diariamente).

bastante específicos em relação a seus sistemas de operação e seus requisitos de backtesting. Este software realmente não é para iniciantes.

MetaStock

Como o nome sugere, o MetaStock (www.metastock.com) foi projetado para traders que trabalham com ações, embora um pacote do MetaStock tenha sido projetado especialmente para traders de moedas. Os pacotes regulares incluem recursos para traders de futuros e commodities. Ele classifica os traders em duas categorias: *traders de fim de dia* (que tomam decisões sobre as operações no dia seguinte, com base nos números do final do dia anterior) e *traders de tempo real* (que tomam decisões durante o dia). A maioria dos day traders são traders de tempo real. A empresa é propriedade da Thomson Reuters, uma importante companhia de serviços de informações financeiras.

NinjaTrader

O NinjaTrader (www.ninjatrader.com) é um pacote de software popular usado para ajudar os traders a se organizar. Também inclui excelentes recursos de backtesting. A plataforma funciona com muitas corretoras, por um preço, mas os recursos de gráficos e testes de operações são gratuitos. Deve ser por isso que se tornou um dos serviços mais populares de backtesting.

OptionVue

Se você opera opções, o OptionVue (www.optionvue.com) deve despertar seu interesse, pois oferece uma gama de ferramentas analíticas sobre os mercados de opções. O módulo BackTrader do software, um recurso adicional, o ajuda a aprender mais sobre os mercados de opções, testar estratégias e examinar as relações entre as opções e as ações subjacentes — informações essenciais para quem trabalha nos mercados de ações.

Tradecision

O Tradecision (www.tradecision.com), pacote de software de análise de operações, é um pouco mais caro do que a maioria das alternativas, mas oferece recursos mais avançados, como uma análise dos pontos fortes e fracos de diferentes regras de trading. Além disso, oferece a opção de incorporar técnicas avançadas de gerenciamento de dinheiro e inteligência artificial para desenvolver mais previsões sobre o desempenho em diferentes condições de mercado. O sistema pode parecer um exagero para day traders iniciantes, mas, para outros, é excelente.

TradeStation

O TradeStation (www.tradestation.com) é um broker online especializado em serviços para day traders. Seu serviço de teste de estratégias permite especificar diferentes parâmetros e aponta nos gráficos onde essas operações teriam ocorrido. Dessa forma, você vê o que teria acontecido, o que é proveitoso se você for bom em análise técnica. Ele também gera um relatório da estratégia, mostrando o preço do dólar, a porcentagem e o desempenho entre sucesso/fracasso em diferentes períodos. Contudo, ele não tem um recurso de simulação de operações.

Trading Blox

O sistema de software Trading Blox (www.tradingblox.com) foi desenvolvido por traders profissionais que precisavam testar as próprias teorias e não queriam fazer muita programação para isso. Ele existe em três versões (e três preços), que vão do básico ao avançado, e a companhia se orgulha de trabalhar com algumas empresas de trading comercial. Obviamente, alguns de seus recursos são mais do que aquilo de que um iniciante precisa.

Rastreando Suas Operações

Após colocar a estratégia em prática durante o dia, você fica passível de deixar que a energia e a emoção tomem conta. Você tende a ficar desleixado e a parar de acompanhar o que está acontecendo. E isso não é bom. O day trading não é um videogame, é um trabalho. Manter registros cuidadosos ajuda a identificar não apenas o quão bem você está seguindo sua estratégia, mas também maneiras de refiná-la. Esses registros também mostram o quão bem-sucedidas foram suas operações, além de facilitar sua vida quando chega a hora dos impostos. (Veja o Capítulo 15 para obter mais informações sobre o que nossos amigos da Receita Federal esperam dos traders, além de tomar um pouco dos lucros.)

Configurando sua planilha

A maneira mais fácil de começar a monitorar os trades é com um programa de planilha, como o Microsoft Excel. Configure colunas para o ativo que está sendo adquirido, a hora da operação, o preço, a quantidade e a comissão paga. Em seguida, configure colunas semelhantes para indicar o resultado da operação. Por fim, calcule seu desempenho com base na mudança do preço do ativo, no retorno e na porcentagem de sua operação. A Figura 13-1 mostra um exemplo.

Algumas corretoras e plataformas de operação armazenam automaticamente seus dados de trading para análise. Você pode então fazer o download deles em sua própria planilha ou trabalhar com eles em seu software de operação, simplificando a análise. Se você faz operações demais para controlar manualmente, este recurso é especialmente indicado para você.

Declaração de lucros e perdas

Perceba que a parte inferior da Figura 13-1 contém algumas estatísticas que resumem o dia de operações: lucros de operação após as comissões, a porcentagem dos lucros de operação em função do capital total e a relação entre ganhos e perdas das operações. Essas informações devem ser transferidas para outra planilha para que você possa acompanhar seu sucesso. A Figura 13-2 mostra um exemplo de planilha de lucros e perdas.

DICA

Calcule a sua hora/trabalho em cada dia de operação. Simplesmente pegue o lucro de cada dia e divida pelo número de horas que você trabalhou. Esse número, mais do que qualquer outro, o ajuda a ver se faz sentido continuar operando ou se é melhor começar a distribuir currículos. Se você achar que calcular esses números diariamente é muito desgastante, calcule-os mensalmente.

Monitoração das Operações
2/1/07

POSIÇÕES Símbolo	Descrição	Data de Compra	Horário de Compra	Preço de Compra	Lote Objetivado	Lote Preenchido	Comissão	Custo Total	Horário de Venda	Preço de Venda	Quantidade Vendida	Comissão	Total de Proventos	Sucesso/Fracasso em Pontos	Sucesso/Fracasso em Dólares	Sucesso/Fracasso em Porcentagem
INTC	Intel	2/1/07	9:31	20,98	1000	1.000	6,00	(20.986,00)	9:52	21,10	1000	6,00	21.094,00	12	108,00	0,51%
NVDA	Nvidia	2/1/07	9:33	30,38	1000	1.000	6,00	(30.374,00)	9:58	30,87	1000	6,00	30.864,00	49	490,00	1,61%
AKAM	Akamai	2/1/07	9:46	57,44	500	500	3,00	(28.717,00)	10:36	56,60	500	3,00	28.297,00	-84	(420,00)	-1,46%
INTC	Intel	2/1/07	10:18	21,08	1000	1.000	6,00	(21.074,00)	10:40	20,95	1000	6,00	20.944,00	-13	(130,00)	-0,62%
AKAM	Akamai	2/1/07	11:08	55,09	500	200	1,20	(11.016,80)	12:08	55,39	200	1,20	11.076,80	30	60,00	0,54%
NVDA	Nvidia	2/1/07	11:08	30,38	1000	1.000	6,00	(30.374,00)	11:28	30,31	1000	6,00	30.304,00	-7	(70,00)	-0,23%
INTC	Intel	2/1/07	11:11	20,91	1000	1.000	6,00	(20.904,00)	11:45	21,03	1000	6,00	21.024,00	12	120,00	0,57%
NVDA	Nvidia	2/1/07	11:55	30,38	1000	1.000	6,00	(30.374,00)	12:15	30,72	1000	6,00	30.714,00	34	340,00	1,12%
INTC	Intel	2/1/07	12:23	20,93	1000	1.000	6,00	(20.924,00)	12:56	21,07	1000	6,00	21.064,00	14	140,00	0,67%
INTC	Intel	2/1/07	13:08	21,05	1000	1.000	6,00	(21.044,00)	13:52	21,04	1000	6,00	21.034,00	-1	(10,00)	-0,05%
AKAM	Akamai	2/1/07	13:22	55,43	500	500	3,00	(27.712,00)	13:41	55,48	500	3,00	27.737,00	5	25,00	0,09%
INTC	Intel	2/1/07	14:05	21,03	1000	1.000	6,00	(21.024,00)	14:26	21,09	1000	6,00	21.084,00	6	60,00	0,29%
NVDA	Nvidia	2/1/07	14:09	30,52	1000	1.000	6,00	(30.514,00)	15:09	30,54	1000	6,00	30.534,00	2	20,00	0,07%
INTC	Intel	2/1/07	15:05	21,10	1000	1.000	6,00	(21.094,00)	15:59	21,11	1000	6,00	21.104,00	1	10,00	0,05%

Capital Inicial	$ 165.239,00
Lucro do Dia	$ 743,00
Variação em Porcentagem	0,45%
Capital Final	$ 165.982,00
Proporção entre operações bem-sucedidas e fracassadas	10 : 4
Hora/trabalho	$ 92,88
Total de comissões pagas	$ 146,40

(John Wiley & Sons, Inc.

FIGURA 13-1: Use este exemplo para fazer sua planilha de controle de trading.

Lucros e Perdas

	Capital Inicial	Lucro Líquido (Perda)	Capital Final	Variação	Hora/trabalho
1/3/07	$ 161.298	$ 134	$ 161.432	0,08%	$ 16,75
1/4/07	$ 161.432	$ (268)	$ 161.164	-0,17%	$ (33,50)
1/5/07	$ 161.164	$ 450	$ 161.614	0,28%	$ 56,25
1/8/07	$ 161.614	$ (183)	$ 161.431	-0,11%	$ (22,88)
1/9/07	$ 161.431	$ 192	$ 161.623	0,12%	$ 24,00
1/10/07	$ 161.623	$ 598	$ 162.221	0,37%	$ 74,75
1/11/07	$ 162.221	$ (168)	$ 162.053	-0,10%	$ (21,00)
1/12/07	$ 162.053	$ 987	$ 163.040	0,61%	$ 123,38
1/16/07	$ 163.040	$ (196)	$ 162.844	-0,12%	$ (24,50)
1/17/07	$ 162.844	$ 59	$ 162.903	0,04%	$ 7,38
1/18/07	$ 162.903	$ (273)	$ 162.630	-0,17%	$ (34,13)
1/19/07	$ 162.630	$ (124)	$ 162.506	-0,08%	$ (15,50)
1/22/07	$ 162.506	$ 689	$ 163.195	0,42%	$ 86,13
1/23/07	$ 163.195	$ (397)	$ 162.798	-0,24%	$ (49,63)
1/24/07	$ 162.798	$ 967	$ 163.765	0,59%	$ 120,88
1/25/07	$ 163.765	$ (387)	$ 163.378	-0,24%	$ (48,38)
1/26/07	$ 163.378	$ 469	$ 163.847	0,29%	$ 58,63
1/29/07	$ 163.847	$ 798	$ 164.645	0,49%	$ 99,75
1/30/07	$ 164.645	$ (129)	$ 164.516	-0,08%	$ (16,13)
1/31/07	$ 164.516	$ 723	$ 165.239	0,44%	$ 90,38
Janeiro:	$ 161.298	$ 3.941	$ 165.239	2,44%	$ 24,63
2/1/07	$ 165.239	$ 743	$ 165.982	0,45%	$ 92,88

FIGURA 13-2: Um exemplo de planilha de lucros e perdas.

(John Wiley & Sons, Inc.)

Diário de trading

Na própria planilha ou fora dela, anote os motivos de cada operação. O motivo foi um sinal do sistema? Foi um palpite? Foi uma oportunidade que pareceu boa demais para deixar passar? Anote também o resultado da operação. Seu sistema de operação está emitindo bons sinais? Você os está seguindo? Seus palpites são tão bons que talvez seu sistema precise ser ajustado? Você está perdendo boas operações porque está seguindo seu instinto e não os dados à sua frente?

LEMBRE-SE

Com o tempo, alguns sistemas param de funcionar, pois muitos os descobrem. Quando acontecer, ajuste o sistema conforme avançar. Os grandões também o fazem. A desvantagem da operação algorítmica de alta frequência que tantos fundos de hedge usam é os algoritmos precisarem ser reescritos frequentemente.

Um *diário de trading* fornece informações para avaliar sistematicamente suas operações. Comece escrevendo por que você está fazendo determinada operação. Faça isso no momento em que a fizer. (Se você esperar até mais tarde, esquecerá e passará a não anotar mais nenhum dos porquês. É exatamente isso o que acontece, não é mesmo?) Insira as informações em uma planilha, faça anotações resumidas em uma folha de rascunho ou separe um caderno exclusivamente para essa finalidade. As anotações não precisam ser sofisticadas, desde que você as faça de maneira que possa as consultar depois.

DICA

Alguns traders elaboram um formulário, fazem várias cópias dele e mantêm uma pilha em mãos para facilitar o preenchimento. Alguns criam até indicadores que correspondem a estratégias específicas, marcando ou os circulando. No final do dia, eles juntam os formulários em uma pasta que podem consultar quando chegar a hora de avaliar sua estratégia de operação e seu desempenho.

A Figura 13-3 mostra um exemplo de diário de trading. Personalize-o de acordo com sua estratégia de operação, incluindo os indicadores mais importantes.

DICA

O formulário do diário de trading na Figura 13-3 é apenas um exemplo. Caso seu estilo de operação seja tão rápido que inviabilize essa prática, não se preocupe. Em vez disso, crie algum tipo de formulário resumido que possibilite o registro contínuo das operações realizadas com base nos sinais do sistema, nos seus palpites e em outras interpretações das condições de mercado. Em seguida, compare suas anotações com o que vê na tela para verificar como se saiu.

Diário de Trading

Data: _____
Hora: _____
Nome da Security: _____   Símbolo: _____   Mercado: _____

Preço de entrada: _____   Compra ou venda?   compra   venda
Quantidade: _____   Usei alavancagem?   sim   não

Indicadores:
Preço da tendência está   aumentando   diminuindo   faixa de operação
Volume está   aumentando   diminuindo   estável
Setor está   aumentando   diminuindo   faixa de operação
Mercado está   aumentando   diminuindo   faixa de operação
Padrão Técnico: _____

Preço de saída: _____
Quantidade: _____
Horário: _____

Preço da tendência está   aumentando   diminuindo   faixa de operação
Volume está   aumentando   diminuindo   estável
Setor está   aumentando   diminuindo   faixa de operação
Mercado está   aumentando   diminuindo   faixa de operação
Padrão Técnico: _____

Abri esta operação porque (uma das alternativas):
_____ Recebi um sinal do sistema de operação
_____ Tive um palpite (explicar abaixo)
_____ O mercado pareceu bom, ainda que o sistema de operação apontasse o contrário (explicar abaixo)
_____ Outro (explicar abaixo)

Fechei esta operação porque (uma das alternativas):
_____ Recebi um sinal do sistema de operação
_____ Tive um palpite (explicar abaixo)
_____ O mercado pareceu bom, ainda que o sistema de operação apontasse o contrário (explicar abaixo)
_____ Outro (explicar abaixo)

Explicação e lições aprendidas
_____
_____
_____
_____
_____

(John Wiley & Sons, Inc.)

FIGURA 13-3: Um diário de trading deve ser personalizado de acordo com suas preferências.

Calculando o Desempenho Geral

Calcular o desempenho parece fácil: basta subtrair o saldo do final do ano do saldo do início do ano para encontrar a variação percentual. Mas e se você acrescentar dinheiro na sua conta no meio do ano? E se você sacar dinheiro no meio do ano para comprar um computador novo? Antes que você perceba, depara-se com uma álgebra muito diferente daquela que viu na escola e acaba empacando na hora de verificar como está se saindo.

Além da ampliação de seus ativos, você deve rastrear a *volatilidade*, que é o quanto seus ganhos e perdas variam. A volatilidade é uma medida importante de risco, principalmente se sua estratégia de operação depende de alavancagem.

Tipos de retorno

O cálculo do desempenho do investimento começa separando os retornos em diferentes categorias: renda, ganhos de curto prazo e ganhos de longo prazo. Embora quase todos os ganhos de um day trader sejam ganhos de curto prazo, vale ressaltar as definições entre eles para que as diferenças estejam claras.

Renda

Quando os investidores falam sobre *renda passiva*, referem-se aos pagamentos regulares oriundos de seus investimentos, geralmente como dividendos de ações ou pagamentos de juros sobre títulos. Como day trader, você obtém renda passiva sobre o saldo em sua conta de corretagem, mas dificilmente sobre suas atividades de trading.

Ganho de capital

Um *ganho de capital* é a valorização de um ativo — uma ação, um título, uma casa ou qualquer outro investimento. Você compra por um preço, vende por outro, e a diferença é um ganho de capital. (A menos, é claro, que você venda o ativo por menos do que pagou, então você terá uma perda de capital.)

Calculando retornos

Dê uma lista de números e uma calculadora a alguém que tenha talento para matemática, e essa pessoa indicará várias relações entre os números. Depois que os valores dos ativos em cada período são determinados, as taxas de retorno podem ser calculadas. Mas como? E durante quanto tempo? O processo fica um pouco mais complicado, pois o dinheiro entra e sai enquanto os valores dos ativos sobem e descem. As seções a seguir descrevem diferentes cálculos que você pode usar para descobrir o retorno sobre seus investimentos.

Taxa de crescimento anual composta (CAGR)

A maneira mais comum de calcular o retorno sobre investimento é usar uma média ponderada em função do tempo. Esse método é perfeito para traders que começam com determinada quantia de dinheiro e não depositam e nem sacam. Esse cálculo também é chamado de *taxa de crescimento anual composta* (CAGR). Se você está considerando apenas um mês ou um ano, é uma porcentagem simples. Para calcular o desempenho em uma base percentual, use esta equação:

$$\frac{EOY - BOY}{BOY}$$

EOY representa o valor do ativo no final do período, e *BOY* representa o valor no início do período. O resultado é o retorno percentual sobre o período, e para calculá-lo, basta usar a boa e velha aritmética.

Agora, se você quiser considerar seu retorno ao longo de vários anos, precisa se voltar ao retorno *composto*, em vez do simples anual. O retorno composto mostra o quanto seu investimento está crescendo. Você está obtendo retornos sobre os retornos, e isso é ótimo. Mas a matemática fica um pouco mais complexa, pois agora é necessário usar a função raiz da calculadora. A equação para o crescimento anual composto fica assim:

$$\sqrt[N]{\frac{EOP}{BOP}} - 1$$

EOP representa o final do período, *BOP* representa o início do período, e *N* é o número de anos que você está considerando.

A taxa básica de retorno percentual é excelente: é uma medida precisa e de fácil compreensão de quanto você está gerando com suas operações. Desde que não retire ou coloque dinheiro na sua conta de operação, você pode usá-la.

Desempenho com depósitos e retiradas

Digamos que você coloque dinheiro em sua conta regularmente. Ou que tenha um emprego assalariado e faça day trading paralelamente a ele, ou talvez seu cônjuge lhe dê parte de sua renda para adicionar à sua conta de trading. Ou digamos que você retire dinheiro da sua conta de day trading para cobrir suas despesas de vida ou para aplicar em outras oportunidades de investimento. Todo esse dinheiro entrando e saindo de sua conta pode atrapalhar seu cálculo de desempenho. Você precisa calcular o desempenho de seu sistema de trading sem considerar esses depósitos e essas retiradas.

Eis um exemplo: você inicia o day trading no dia 1º de janeiro com R$100 mil em sua conta. No dia 1º de maio, chega sua restituição do imposto de renda do ano anterior, e você adiciona R$1 mil a sua conta e começa a operar com ela. No dia 1º de dezembro, você tira R$5 mil para comprar presentes de Natal. No final do ano, sua conta tem R$115 mil. Como você se saiu?

Como day trader, você tem alguns métodos à disposição para calcular seu desempenho, mesmo fazendo retiradas e depósitos:

» **O método Dietz modificado** perde um pouco de precisão, mas compensa com sua simplicidade.

» **A taxa de retorno ponderada pelo tempo** isola o desempenho do investimento e das operações do resto da conta.

» **A taxa de retorno ponderada em reais** tem muitas falhas, mas dá uma ideia do que o titular da conta tem.

Continue lendo para ver o retorno segundo cada um desses métodos.

MÉTODO DIETZ MODIFICADO

O *método Dietz modificado* está relacionado à fórmula da variação percentual simples, mas ajusta os valores do período inicial e final para desconsiderar as entradas e saídas de caixa. A equação do método Dietz modificado é a seguinte:

$$\frac{VAF - VAC - dep\acute{o}sitos + retiradas}{VAC + dep\acute{o}sitos - retiradas}$$

Se você substituir os valores do exemplo, terá:

$$\frac{115.000 - 100.000 - 1.000 + 5.000}{100.000 + 1.000 - 5.000}$$

Faça as contas e verá que o resultado é 19,8%.

A vantagem do método Dietz modificado é ser bastante simples. Você pode usá-lo quando quiser ter uma ideia de como está indo com suas operações, mas estiver sem tempo para realizar uma análise mais detalhada. A principal desvantagem é não considerar o momento dos depósitos e retiradas. A mesma resposta seria gerada se você retirasse R$5 mil em maio e depositasse R$1 mil em dezembro, embora a quantidade que você teria que operar entre 1º de maio e 1º de dezembro fosse muito diferente.

TAXA DE RETORNO PONDERADA PELO TEMPO

A *taxa de retorno ponderada pelo tempo* mostra o desempenho do investimento como uma porcentagem dos ativos disponíveis para operar. Este método é o padrão de avaliação do trader, mas a matemática é muito mais complicada do que com a variação percentual básica ou o método Dietz modificado. Você precisa calcular a CAGR para cada período e, em seguida, fazer um segundo cálculo para incorporar cada período em um outro período, mais longo. Usando o exemplo anterior, você calcularia um retorno para os primeiros quatro meses do ano, outro para os próximos sete meses e, em seguida, um terceiro retorno para o mês de dezembro. Esses três retornos seriam então multiplicados para gerar o retorno anual.

A equação para calcular a taxa de retorno ponderada pelo tempo é a seguinte:

$$\sqrt[N]{(1+r_{p1})(1+r_{p2})(1+r_{p3})\ldots(1+r_{pn})} - 1$$

N é o número de períodos que você está considerando, e *rpn* é o retorno sobre o período específico. Para facilitar os cálculos, faça em uma planilha. A Figura 13-4 mostra o retorno ponderado pelo tempo desse exemplo. Como pode ver, o resultado é 18,78%, um pouco abaixo do retorno do Dietz modificado.

	Janeiro	Maio	Dezembro
Valor em Conta no Início do Período	$ 100.000	$ 109.000	$ 123.000
Depósito/Retirada	$ -	$ 1.000	$ (5.000)
Valor em Conta Ajustado	$ 100.000	$ 110.000	$ 118.000
Ganhos das Operações	$ 9.000	$ 13.000	$ (3.000)
Valor em Conta no Final do Período	$ 109.000	$ 123.000	$ 115.000
Percentual de Retorno no Período	9,00%	11,82%	-2,54%
Retorno Anual			18,78%

FIGURA 13-4: Um exemplo do cálculo da taxa de retorno ponderada pelo tempo.

(John Wiley & Sons, Inc.)

Se você planeja adicionar ou retirar dinheiro de sua conta, pode simplificar seus cálculos de retorno definindo uma programação e cumprindo-a. Caso contrário, terá que fazer cálculos para períodos fracionários. Não é impossível, mas dá certa dor de cabeça.

DICA

A taxa de retorno ponderada pelo tempo dá a você a melhor noção de seu desempenho de operação, e sua precisão mais do que compensa a complexidade do cálculo. Reflita sobre esse número ao ponderar sobre mudar ou ajustar sua estratégia.

LEMBRE-SE

RETORNOS PONDERADOS EM REAIS

O *retorno ponderado em reais*, também chamado de *retorno ponderado em dinheiro*, é a taxa que torna o valor presente líquido de um fluxo de números igual a zero. Esse cálculo também é chamado de *taxa interna de retorno* ou *IRR* e é usado para outros cálculos além daqueles de retorno. Você pode usá-lo para determinar o retorno sobre valores em um período e para calcular os retornos quando está colocando ou retirando dinheiro de sua conta de operação. Se tiver uma calculadora financeira, como a Hewlett-PackardHP17BII+ ou a Texas Instruments BA2+, os cálculos ficam bem mais fáceis.

CUIDADO

Contudo, há um problema! Embora útil, o método ponderado em reais pode distorcer os retornos e, ocasionalmente, mostra resultados sem sentido caso muitos retornos negativos apareçam. E, sim, os day traders costumam ter retornos negativos. Se você obtiver um resultado mostrando um positivo ridiculamente alto ou um retorno negativo ridiculamente baixo (como −15.989,9%, por exemplo), procure usar outro método.

A Figura 13-5 mostra a taxa de retorno ponderada em reais usando os mesmos dados dos exemplos anteriores.

FIGURA 13-5: Calculando a taxa de retorno ponderada em reais.

	Janeiro	Maio	Dezembro
Valor em Conta no Início do Período	$ 100.000	$ 109.000	$ 123.000
Depósito/Retirada	$ -	$ 1.000	$ (5.000)
Valor em Conta Ajustado	$ 100.000	$ 110.000	$ 118.000
Ganhos das Operações	$ 9.000	$ 13.000	$ (3.000)
Valor em Conta no Final do Período	$ 109.000	$ 123.000	$ 115.000
Percentual de Retorno no Período	9,00%	11,82%	-2,54%
Retorno Anual			12,10%

(John Wiley & Sons, Inc.)

O resultado é 12,1%, menor do que os outros dois exemplos, pois o retorno ponderado em reais exagera as retiradas e as perdas no último mês do ano. Os saques afetam o poder de compra da conta, compensando o desempenho do investimento. Mas o saldo geral da conta aumentou mais de 12,1%, mesmo considerando o depósito no início de maio. O peso dos fluxos de caixa atrapalhou esse cálculo.

Devido aos problemas com os retornos ponderados em reais, os investidores profissionais geralmente preferem a abordagem da média composta ponderada pelo tempo. Ainda assim, o retorno ponderado em reais tem seu valor, sobretudo para um investidor que deseja saber o quanto o valor do ativo mudou no período. Como um day trader geralmente é um investidor e um proprietário de conta, a taxa de retorno ponderada em reais pode mostrar se o desempenho do investimento está afetando o poder de compra. Essa medida é particularmente útil se você está ponderando sobre continuar ou não no day trading.

LEMBRE-SE

Assim como você tem alternativas para calcular seu desempenho, qualquer pessoa que tente lhe vender um sistema de operação ou curso de treinamento também tem. Questione a respeito do método de cálculo de desempenho e de como os fluxos de caixa e despesas são administrados. Os números podem não parecer tão bons depois de avaliar a matemática por trás deles.

Determinando o risco sobre o retorno

Agora que você tem os números de retorno de suas declarações de lucros e perdas e seus cálculos de retorno, é hora de conquistar o cinturão da batalha para determinar seus níveis de risco. Não abordo todas as medidas de risco e volatilidade que existem, porque, acredite, os bons editores da *Para Leigos* sofreriam demais para revisar toda a matemática. Na verdade, algumas dessas medidas podem ser motivo de sofrimento para *você* também. Sem desespero. Ainda que você conheça apenas algumas medidas, terá mais informações do que se ignorar todas.

Porcentagem entre vitórias e derrotas

Os jogadores de beisebol são julgados pela frequência com que acertam a bola. Afinal, eles não podem pontuar até chegar à base e não podem chegar à base sem um hit ou um run. O número de hits em relação ao número de bats é a média de hits. Um número simples e bonito.

Os day traders costumam calcular sua média de acertos também, embora costumem chamá-la de *porcentagem de ganho/perda* ou *taxa de ganhos*. É a mesma coisa: o número de operações bem-sucedidas em relação ao número total de operações. Nem todas as operações precisam funcionar para que você ganhe dinheiro, mas quanto mais frequentemente elas funcionarem, melhor será seu desempenho geral. Se você tiver um bom desempenho e uma média de bats alta, sua estratégia contém menos risco do que uma que depende de apenas algumas operações de home run em meio a um monte de strikeouts.

Desvio-padrão

Quer calcular algo mais desafiante do que sua média de bats? Experimente o *desvio-padrão*, que é complexo de calcular sem uma planilha, mas constitui o núcleo de muitas medidas de risco por aí.

O cálculo do desvio-padrão começa com o retorno médio de um período. Isto é, o retorno *esperado*, o retorno que, em média, você obtém se mantiver sua estratégia de operação. Porém, em determinada semana, mês ou ano, o retorno pode ser muito diferente do que você espera. Quanto maior a probabilidade de obter o esperado, menor o risco. As poupanças bancárias pagam uma taxa de juros baixa, mas é uma taxa garantida. O day trading oferece o potencial para retornos muito mais altos, mas também a possibilidade de você perder tudo em um mês — principalmente se você não mantiver a disciplina na hora de operar.

A explicação fica mais fácil depois que você dá uma olhada na Figura 13-6.

Como mostra a figura, você calcula o desvio-padrão conforme as seguintes etapas:

1. **Some os retornos do período e encontre a média entre eles.**

    Uma média simples basta. Aqui, são doze meses, então somei todos os doze retornos e dividi por doze.

2. **Subtraia a média de cada um dos doze retornos.**

    Este cálculo mostra o quanto cada retorno se afasta da média, oferecendo uma perspectiva sobre a variação dos retornos.

3. **Eleve ao quadrado as diferenças encontradas na Etapa 2 (multiplique--as por si mesmas) para eliminar os números negativos.**

    Quando você as soma, obtém um número conhecido em estatística como *soma dos quadrados*.

4. **Encontre a média da soma dos quadrados.**

5. **Calcule a raiz quadrada da média da soma dos quadrados.**

    Esta raiz quadrada é o *desvio-padrão*, o número mágico que você procura.

Calculando o Desvio-padrão

	Retorno Percentual	Primeira Etapa: Encontrar o retorno esperado R-E(R)	Segunda Etapa: Subtrair o retorno esperado de cada retorno anunciado	Terceira Etapa: Calcular o quadrado de cada diferença (R-E(R))^2
Janeiro	(0,02)	(0,0211)		0,0004
Fevereiro	0,01	0,0079		0,0001
Março	(0,00)	(0,0040)		0,0000
Abril	0,09	0,0849		0,0072
Maio	0,01	0,0082		0,0001
Junho	0,01	0,0082		0,0001
Julho	(0,08)	(0,0818)		0,0067
Agosto	0,02	0,0182		0,0003
Setembro	0,03	0,0282		0,0008
Outubro	(0,04)	(0,0418)		0,0017
Novembro	(0,01)	(0,0118)		0,0001
Dezembro	0,01	0,0049		0,0000
Total	0,02		Soma dos quadrados:	0,0176
E(R)	0,0018	**Quarta Etapa:**	Média da soma dos quadrados:	0,0015
		Quinta Etapa:	Raiz quadrada da média da soma dos quadrados, também conhecida como desvio-padrão:	0,0383

FIGURA 13-6: Calculando o desvio-padrão.

(John Wiley & Sons, Inc.)

LEMBRE-SE

Obviamente, você não precisa dessa matemática toda. Quase todos os softwares de trading calculam o desvio-padrão automaticamente. Pelo menos agora você sabe como é feito o cálculo.

Quanto maior o desvio-padrão, mais arriscada a estratégia. Esse número o ajuda a determinar o quão confortável você está com as diferentes técnicas de operação que está testando, bem como se deseja manter sua estratégia atual.

Em termos acadêmicos, *risco* é a probabilidade de obter qualquer retorno diferente do que você espera. Para a maioria dos seres humanos, não há risco de obter mais do que o esperado. O problema é obter menos do que o esperado. Essa é uma limitação importante da avaliação de risco. Obviamente, alguns períodos de retornos melhores do que o esperado são frequentemente seguidos por uma série de retornos piores, conforme o desempenho volta à média.

LEMBRE-SE

A verdade incontestável de que o desempenho passado não é um indicador de resultados futuros se aplica tanto ao risco quanto ao retorno.

Benchmarks para avaliar o desempenho

Para entender seu desempenho, você precisa de mais um fator: seu desempenho em relação ao que você poderia operar com seu dinheiro. As seções a seguir apresentam os detalhes.

Desempenho em relação a um índice

A maneira mais comum de pensar sobre o desempenho de um investimento é em relação aos *índices de mercado*. Eles são medidas do mercado geral e são citados com frequência nas notícias, como o Ibovespa. Além de ser amplamente analisados, muitos fundos mútuos e contratos futuros também são projetados para imitar seu desempenho. Isso significa que os investidores podem se sair pelo menos tão bem quanto o próprio índice, caso seus objetivos de investimento exijam exposição a essa parte do amplo mercado de investimentos.

LEMBRE-SE

Um grande problema é que os day traders frequentemente procuram o índice errado para o tipo de investimento que fazem. Eles comparam o desempenho do trading de commodities agrícolas com Ibovespa, sendo que um índice de commodities seria uma medida melhor. E os índices presumem que os ativos em questão são mantidos por um longo prazo, em vez de operados a cada poucos minutos ou horas.

Se você não tiver certeza de qual índice usar, verifique um site financeiro como o Yahoo! Finanças (http://br.financas.yahoo.com/indices) ou confira a seção "Índices" da Investing Brasil (http://br.investing.com/), que conta com a publicação de diversos índices do Brasil e do mundo. Ambos têm listas extensas de diferentes índices de ações, títulos e commodities dos Estados

Unidos e do mundo. Encontre aquele que melhor corresponde aos seus mercados preferidos e use-o para comparar seu desempenho.

DICA

Em alguns casos, suas práticas de trading podem se adequar a mais de um índice. Nesse caso, escolha os índices propícios e os compare apenas com as operações correspondentes. Se você opera 40% em moedas e 60% em metais, crie um índice híbrido com 40% de moedas e 60% de metais.

Desempenho em relação ao tempo

Na seção anterior, "Declaração de lucros e perdas", em que falo sobre avaliar suas operações e fazer uma declaração de lucros e perdas, defendo que você calcule sua hora/trabalho. Existe uma razão para isso. Em vez de day trading, você poderia colocar seu dinheiro em um bom fundo mútuo de índice simples e arrumar um emprego normal. Se sua hora/trabalho for inferior ao que poderia ganhar em outro lugar, considere isso como uma alternativa.

Obviamente, há benefícios em trabalhar por conta própria que nem sempre se refletem no seu saldo bancário. Digo isso como alguém que deixou as finanças para se tornar escritora financeira. Se você gosta de day trading e ganha o suficiente para manter um padrão de vida que o satisfaça, não deixe que a relatividade dos números o impeça de continuar.

Desempenho em relação a outros traders

Você provavelmente deseja saber como está se saindo em relação a outras pessoas que estão operando. No entanto, provavelmente nunca saberá. Não existe nenhum histórico integrado de retornos de trading (contudo, seria interessante se existisse, não é?). Alguns acadêmicos fizeram estudos a respeito de retornos do day trading, mas trabalharam com dados privados.

Por meio de mensagens ou encontros, você pode ouvir outros traders falarem sobre seus retornos. Não se esqueça de que muitos relatos não passam de história de pescador. Algumas pessoas mentem. Outras exageram ou omitem. Alguém que tem retornos medianos ou insatisfatórios pode mentir para impressionar, enquanto aqueles com retornos excelentes não devem querer chamar a atenção para suas proezas.

DICA

Ignore o que outros traders lhe disserem sobre seus retornos. Se você está satisfeito com seu desempenho em relação ao seu tempo e risco, nada mais importa.

3 Day Trading a Sério

NESTA PARTE...

Aborde o day trading como um negócio. Desenvolva um plano, estabeleça um orçamento e leve-o a sério.

Ache a corretora que atenda às suas necessidades.

Encontre os serviços de suporte de que precisa para pesquisar trades e superar os dias traiçoeiros com sua sanidade mental intacta e suas posições sob controle.

Desenvolva a disciplina que o diferenciará dos traders que levam na brincadeira os mercados ou seu tempo.

NESTE CAPÍTULO

» **Escrevendo um plano de negócios**

» **Escolhendo seu equipamento**

» **Gerindo o estresse do day trading**

Capítulo **14**

Tratando o Day Trade Como Ele Merece

O day trading é uma empreitada corporativa. Pode ser um lance de meio expediente ou até paralelo, mas encare os fatos: dinheiro de verdade é investido, então prepare-se para aumentar suas chances de sucesso. As apostas não são apenas financeiras. Você compromete seu tempo e sua energia, o que vale muito a pena. Valorize-os descobrindo como usá-los com eficácia.

Na verdade, um dos principais motivos para ter um plano é economizar sua energia. Às vezes o trade é extremamente estressante, o que é bom para quem funciona melhor sob pressão. (Conheço uma autora que só fecha o manuscrito dois dias antes do prazo. Talvez você saiba quem ela é. **Dica:** olhe a capa deste livro.) Pessoas assim descobrem que o peso do empreendimento tira todo o resto do caminho para que elas comecem a trabalhar.

Claro, mesmo aqueles que funcionam bem sob pressão ocasionalmente recebem a visita do *yips* — aquele termo esportivo que descreve o que acontece quando um atleta de alto nível repentinamente se torna incapaz de atuar em qualquer nível, mesmo o do iniciante mais graduado. Os traders também vacilam, e saber que isso é uma possibilidade o ajudará a reconhecer quando estiver caindo e a saber o que fazer para se recuperar.

O Capítulo 7 cobre o planejamento de trades, um hábito que os traders de sucesso recomendam. Este capítulo examina mais os fatores adjacentes relevantes que fazem com que o trade funcione da melhor forma possível.

Planejando Seu Negócio de Trade

O day trader é um empresário que iniciou um pequeno negócio que lida com títulos na esperança de obter retorno. Comece bem com um plano sobre o que deseja fazer e sobre como o fará. Com um plano, é fácil saber quais são seus objetivos e o que é preciso fazer para alcançá-los.

Há muitos exemplos de planos de trade em livros e na internet, mas a maioria deles não é apropriada para o trader. Um plano típico é estruturado não apenas para orientar o trade, mas também para atrair financiamento externo. A menos que tenha parceiros ou peça dinheiro emprestado de uma fonte externa, seu plano é apenas seu. Nenhum resumo executivo e nenhuma página de projeções são necessários.

Então, o que fazer? Que tal uma lista de seus objetivos e um plano para o que operar, quais serão seus horários, de quais equipamentos precisará e quanto investir? As seções a seguir apresentam os detalhes.

Determinando suas metas

A primeira coisa de que o plano precisa é uma lista de seus objetivos, tanto de curto quanto de longo prazo. Aqui está um exemplo para começar:

> » Onde quer estar em termos de carreira e de vida pessoal nos próximos três, seis, nove meses, um, três, cinco e dez anos?
> » Quantos dias por ano deseja operar?
> » O que precisa saber para operar melhor?
> » Quanto quer ganhar?
> » O que fará com seus lucros?
> » Como se recompensará quando atingir seus objetivos?

Seja o mais específico possível quanto ao que deseja fazer e não se preocupe se seus objetivos de trade se misturarem com os pessoais. Quando se age por conta própria, é normal que as duas áreas se confundam.

CUIDADO

Você pode ficar tentado a dizer "Quero ganhar o máximo de dinheiro que puder" e esquecer o resto, mas "o máximo que puder" não é uma meta quantificável. Se não sabe que alcançou sua meta, como definirá outras? E se não a cumprir, como saberá fazer mudanças?

Encontrando volatilidade

O day trade admite muitos títulos e derivativos diferentes! Claro, você deseja operar qualquer coisa que dê dinheiro, mas o que isso significa? Cada mercado tem suas próprias nuances, portanto, se passar de futuros para forex (câmbio estrangeiro), talvez o desastre esteja à espreita. Mas se você sabe em quais mercados deseja operar, tem uma ideia melhor de quais serviços de pesquisa precisa, de quais treinamentos considerar e de como avaliar seu desempenho.

Os Capítulos 3 e 4 cobrem diferentes classes de ativos em detalhes e discutem como usá-los. Por enquanto, as dicas da Tabela 14-1 listam as classes de ativos mais populares entre os day traders. Pense nos mercados escolhidos da mesma forma: o que deseja operar, onde o fará, qual é o risco e o retorno e quais são as características que tornam esse mercado interessante para você?

TABELA 14-1 Artigos Populares de Trade

Item	Troca Principal	Recompensa/Risco	Características
Ações de índices de futuros	B3	Soma zero/ alavancagem	Benefícios de movimentos de mercados amplos.
Câmbio	OTC	Soma zero/ alavancagem	Os mercados abrem o dia todo, todos os dias.
Milho	CBT	Soma zero/ alavancagem	Um mercado agrícola com liquidez suficiente para day traders.
Ações de grande capitalização	B3	Viés ascendente	Boas ações para um day trading; volátil e de amplas proporções.
Fundos operados em bolsa (ETFs)	B3	Depende da estrutura do fundo	Oferece jogadas em índices e diferentes estratégias de mercado.

Siglas: CME = Chicago Mercantile Exchange; CBT = Chicago Board of Trade (uma subsidiária do CME Group); OTC = Over the counter; NYSE = New York Stock Exchange

Mas o que *soma zero*, *alavancagem* e *viés ascendente* significam? Bem, *soma zero* significa que, para cada vencedor, existe um perdedor. O mercado não tem ganho líquido. *Alavancagem* é o uso do dinheiro emprestado, o que aumenta o retorno potencial, bem como o risco. *Viés ascendente* significa que, em longo prazo, espera-se que o preço do mercado suba, mas isso não significa que ele subirá em qualquer dia. Veja o Capítulo 3, no qual os discuto em detalhes.

As características dos diferentes mercados e ativos afetam tanto seu plano de negócios quanto o de trade. O plano de negócios deve incluir informações sobre o que será operado e por quê, bem como sobre o que espera aprender a operar no futuro. O plano de trade analisa o que operar a cada dia e por quê, para canalizar seus esforços.

Muitos day traders trabalham em diversos mercados, dependendo de seu temperamento e das condições, mas os traders de sucesso reduziram o campo aos poucos mercados nos quais desejam concentrar seus esforços. Comece devagar, trabalhando com um ou dois títulos, e considere adicionar novos mercados à medida que sua experiência e seu capital aumentarem.

Horários, férias e licenças médicas

Os mercados ficam abertos mais ou menos constantemente. Embora muitas bolsas tenham horários definidos, há traders trabalhando após o expediente dispostos a vender a quem quiser comprar. Alguns mercados, como o de câmbio, fazem apenas pequenas pausas durante a semana, o que dá aos day traders uma flexibilidade incrível. Não importa quais horários e quais dias sejam melhores para operar, sempre haverá algo que funciona para você. Se for mais noturno, é melhor operar com moedas asiáticas, porque esses mercados estarão ativos no seu horário. Claro, um mercado que não fecha tem suas desvantagens, porque ninguém lhe estabelece limites. Poucos mercados são excelentes a todo momento.

Investindo no seu negócio

Ninguém tem tempo e dinheiro para fazer tudo o que deseja no trading, portanto, parte do plano de negócios deve incluir uma lista de atividades a serem adicionadas futuramente. Uma parte importante de investir no negócio é a melhoria contínua: não importa o quão bom profissional seja agora, sempre há meios de melhorar. Além disso, os mercados estão em mudança constante. Novos produtos chegam, novas regulamentações são aprovadas e novas tecnologias aparecem. É preciso absorver constantemente coisas novas, e o plano deve levar isso em consideração. Questione-se:

» Que porcentagem de seu tempo e de seus ganhos será investida para expandir seu conhecimento sobre trade?

» Esse conhecimento adicional será obtido com participações em seminários ou com testes de simulação (obtenha mais informações no Capítulo 13)?

» Quais atualizações serão feitas em seu equipamento de trade? E quanto às suas habilidades de programar?

» Como será o preparo para permanecer no trade por muito tempo?

LEMBRE-SE

É preciso dinheiro para ganhar dinheiro — outro clichê. Essa máxima não significa, entretanto, que você deva gastar dinheiro à toa em qualquer acessório bacana ou seminário sofisticado que aparecer em seu caminho. Em vez disso, significa que um investimento contínuo e cuidadoso em seu negócio de trading terá uma maior probabilidade de sucesso em longo prazo.

Avaliando e revisando seu plano

O plano de negócios precisa abarcar sua revisão. Tudo muda. Desde que a primeira edição deste livro foi lançada, as bolsas se fundiram, o mercado entrou em colapso, e o trade de alta frequência se tornou a norma. Você pode ter mais ou menos sucesso do que espera, as condições do mercado podem mudar, e você pode simplesmente descobrir mais sobre como operar melhor. Portanto, planeje as atualizações do seu plano de negócios para refletir onde você está e onde deseja estar à medida que avança. Pelo menos uma vez por ano, e com mais frequência se sentir necessidade, analise seu plano e revise-o para mantê-lo condizente com sua realidade. Quais são seus objetivos? Quais são seus novos planos de investimento? O que está fazendo certo e o que precisa mudar?

Montando Seu Laboratório de Trade

Vinte e cinco anos atrás, custavam milhões os equipamentos e as redes de telecomunicações que agora são acessíveis a um custo relativamente baixo.

Você pode estar pensando: "Dá para fazer isso de graça!" Tenho um iPhone, então do que mais preciso? Ah, de muita coisa. Lembre-se de que os day traders de sucesso são profissionais. Isso significa começar com um espaço de trabalho adequado e equipamento dedicado, conforme as seções a seguir explicam.

Seu espaço

Primeiro, encontre um local para trabalhar. Se não tiver um cômodo disponível, adapte um canto ou corredor onde dê para colocar uma mesa e um computador exclusivos para o day trading. Uma área dedicada limpará sua mente para que se concentre no trabalho que realiza. Em vez de pegar uma cadeira da sala de jantar, compre uma boa cadeira giratória e com altura regulável. Invista também em uma prateleira e em um armário para guardar seus arquivos e documentos.

Embora não haja regra para a disposição do equipamento, quanto mais você conseguir ver e fazer sem se levantar da cadeira, melhor. Se ficar dolorido no final do dia, procure produtos ergonômicos, como teclados especiais, mouses

CAPÍTULO 14 **Tratando o Day Trade Como Ele Merece** 249

com contornos, almofadas de punho e apoios para os pés, que são fáceis de achar em papelarias ou lojas de materiais de escritório.

Contando com o computador

O day trade demanda pelo menos um computador, e alguns traders usam um desktop e um notebook. Quase todos os computadores pessoais no mercado conseguem lidar com o day trade, então não precisa se preocupar com os detalhes. Prefira a maior velocidade de processamento e mais memória e armazenamento possíveis.

E quanto ao fabricante? Bem, um Apple não é lá muito adequado para o day trading, porque nem todos os pacotes de software necessários são compatíveis. Se você é um daqueles fanáticos por Mac, pergunte a corretores e a fornecedores de software sobre compatibilidade. Fora isso, o fabricante não importa muito.

Usando a telona

Faça um favor a si mesmo e invista em pelo menos um monitor grande de tela plana. Se precisa olhar mais de uma janela ao mesmo tempo — para ver gráficos e cotações de Nível II ao mesmo tempo, por exemplo —, considere usar dois ou mais monitores conectados ao mesmo PC. Essa estrutura oferece uma visão clara dos dados necessários. A maioria dos traders trabalha com pelo menos dois monitores, muitas vezes extragrandes, porque as informações de que precisam são valiosas demais para serem ocultadas por janelas sobrepostas durante uma sessão de trabalho.

Conectando-se à internet

Se faz day trading, conecte-se à internet com o máximo de largura de banda possível. Descubra qual é a operadora que oferece o melhor acesso na sua área. Ainda que seja mais cara, vale a pena. Como os preços de mercado mudam rapidamente, um atraso de meio segundo custa caro.

Um serviço rápido é essencial, mas não baseie sua estratégia na velocidade. Mesmo que pague pelo serviço mais rápido em sua área, os corretores e os fundos de hedge do mundo terão um ainda mais rápido. A NYSE Technologies, o negócio de serviços de dados da operadora de bolsa NYSE Euronext, permite que as corretoras e as empresas de trade coloquem seus servidores no pregão da bolsa. Isso reduz os tempos de execução de trade a frações de segundos, permitindo que mais trades sejam executadas em menos tempo do que se o servidor estivesse, digamos, no centro de Manhattan. Essa colocação da NYSE Euronext não é barata, mas, se você faz milhares de trades por dia, vale a pena.

Considere usar internet cabeada. Se decidir usar wireless, compre um bom roteador. Se outras pessoas em sua casa quiserem acessar a internet, considere assinar duas contas para que os vídeos que seu filho baixar na sala não diminuam a velocidade da transmissão de dados.

Livre de vírus e de hackers

A maioria dos sistemas operacionais tem firewall embutido e proteção contra vírus que lidam com prováveis ameaças à segurança. Uma opção é assinar diferentes serviços de proteção contra vírus. Não importa o caminho, tome cuidado com sua configuração. Algumas dicas:

- » **Verifique a compatibilidade.** Verifique com sua corretora se o sistema é compatível com o pacote de proteção contra vírus escolhido; alguns não são. (A compatibilidade facilita a integração.)
- » **Determine se há uma compensação na velocidade de acesso.** Alguns tipos de software antivírus protegem seu sistema à custa da velocidade dos dados, o que prejudica a execução dos trades.
- » **Mantenha seu sistema atualizado.** As empresas de sistema operacional enviam atualizações o tempo todo, o que, por um lado, é um grande incômodo — você liga o computador e leva trinta minutos para configurar tudo. É tentador pular essas atualizações, mas isso leva a problemas futuros. Você pode não ter tempo para atualizar quando seu sistema enviar o aviso, mas faça-o o mais rápido possível.
- » **Configure seu sistema para atualizar fora do horário do mercado.** Independentemente de o software ser embutido ou um pacote externo, de usar um Mac ou um PC, certifique-se de definir que downloads automáticos, atualizações de software e varreduras em segundo plano ocorram após o horário de mercado. Não arrisque perder velocidade por causa de uma atualização do sistema operacional.

O pleonasmo dos pleonasmos: Backup

Operar no dia a dia é observar mercados voláteis e títulos em rápida movimentação, porque é aí que estão as oportunidades de ganhar dinheiro em um curto espaço de tempo. Se sua posição se move contra você a ponto de não conseguir sair, você está afundado.

Não poder sair porque os mercados estão derretendo devido a algum tipo de catástrofe global já é ruim o suficiente. Mas suponha que o motivo sejam as baterias do mouse sem fio que acabaram e algum familiar jogou as pilhas no lixo. E se derramar sua bebida e causar um curto-circuito no teclado — ou no PC? E se o consagrado fazendo reforma ao lado acidentalmente bloquear sua linha telefônica e seu serviço DSL? Todas essas pequenas calamidades cotidianas aconteceram comigo — e são totalmente irritantes, mesmo que não esteja operando. Se *estiver*, a ruína se aproxima. Se realmente quer ganhar dinheiro como day trader, crie sistemas redundantes, o máximo possível:

» Baixe o aplicativo móvel da corretora em seu smartphone para que possa alternar para ele, caso algo estranho aconteça e trave seu computador.

» Tenha sempre baterias extras à mão.

» Invista em um backup de fonte de alimentação ininterrupta (UPS) para o seu PC, para que, se a energia cair, ele continue ligado. O backup não precisa durar horas, apenas o suficiente para encerrar suas posições. No entanto, você não precisa de um gerador de reserva — a menos que deseje operar após a cidade ser devastada por um terremoto ou por um furacão. (Ei, a crise cria oportunidades!)

» Faça backup de seu computador regularmente. Você não pode perder seus registros fiscais! Vários serviços permitem fazer backups online, para a nuvem, para um servidor proprietário ou para um disco rígido externo conectado ao PC. A maioria dos sistemas de backup permite ser configurada para funcionar automaticamente — mas não faça backup durante o horário de trade! Isso o atrapalhará.

Movendo-se com os Mercados

Um número cada vez maior de corretoras e de desenvolvedores de software tem lançado aplicativos que lhe permitem operar em um smartphone ou em um tablet. Quando escrevi este livro, essas alternativas eram uma má ideia para a maioria dos day traders. Mesmo com o serviço 4G, as redes móveis são lentas e instáveis, e a tela pequena limita as informações necessárias para operar bem.

No entanto, a tecnologia muda rapidamente, então talvez, no momento em que você lê isto, as velocidades móveis tenham se tornado tão rápidas quanto aquelas com fio. Em particular se você mora em uma área rural, sem um serviço confiável de internet de alta velocidade. As diferentes corretoras (incluindo as listadas no Capítulo 15) adicionam recursos móveis novos e melhores, e os provedores de serviços móveis investem em atualizações 5G.

Ainda assim, continuo cética de que o trade móvel seja uma boa ideia para um day trader ativo. Se você for viajar a negócios e tiver uma grande ideia na estrada e quiser fazer um pedido para comprar e manter, ótimo! Use seu smartphone. Se for swing trader ou investidor operando mais do que a média, usar um dispositivo móvel quando os pontos de saída ou de entrada acontecerem é ótimo se estiver fora do escritório. Mas se pretende ser day trader, atenha-se ao serviço tradicional, uma tela grande e um teclado real.

Controlando Suas Emoções

Infelizmente, não há como planejarmos nossas emoções. Elas surgem em resposta ao que acontece ao nosso redor. E, no entanto, o segredo para o sucesso do day trading é controlá-las. Afinal, a ação não sabe que você a possui, como os corretores de ações gostam de dizer, então ela não terá um bom desempenho apenas porque você deseja. Isso pode ser irritante, especialmente em um momento de redução de capital. Essas perdas parecem poderosamente pessoais.

PAPO DE ESPECIALISTA

A teoria financeira tradicional é baseada na ideia de que os traders são racionais. Na prática, porém, a maioria não é. Na verdade, os traders e os investidores são muitas vezes irracionais de maneiras completamente previsíveis, o que deu origem a uma área cada vez mais relevante de estudo chamada *finanças comportamentais*. É uma área popular, que gera vencedores do Prêmio Nobel e ajuda as pessoas a incorporarem medidas do comportamento do investidor nas decisões de compra e venda.

DICA

Se você não consegue descobrir uma maneira de gerenciar suas reações ao mercado, não deve ser day trader. Quase todos os dias, os traders falam que seus inimigos são o medo e a ganância. Se entrar em pânico, não opera para ganhar, mas para não perder. Essa é uma distinção importante: se seu objetivo é não perder, você não assumirá os riscos necessários e nem será capaz de responder rapidamente ao que o mercado lhe diz.

Falar sobre controlar as emoções é muito mais fácil do que de fato fazê-lo. Os seres humanos são passionais, e constantemente reagem (às vezes, exagerando) a tudo o que acontece na vida. Conhecer as emoções que afetam o trade e saber maneiras de gerenciá-las melhora muito seu desempenho geral.

Lidando com emoções destrutivas

No trade, às vezes as grandes emoções assumem o controle e atrapalham sua estratégia e seus retornos. Os inimigos são a dúvida, o medo e a ganância; como qualquer valentão, eles têm seus bajuladores, incluindo a raiva, a ansiedade, o tédio e a depressão. Neste ponto de sua vida, você já deve saber se tem tendências para algum desses estados de espírito. Nesse caso, o trade tende a agravá-los. Se nunca os experimentou, pode ser que passe a conhecê-los. As seções a seguir explicam essas emoções relacionadas ao day trading para que você saiba o que está enfrentando e consiga se planejar de acordo.

Incluí algumas dicas para ajudá-lo a lidar com as reações destrutivas, mas se realmente estiver passando por uma crise emocional que afeta seus trades de mercado, procure ajuda profissional. E, sem dúvida, afaste-se do trade.

Dúvida

Os day traders têm que agir rápido. Eles têm que colocar seus pedidos de compra e venda conforme as oportunidades se apresentam. O mercado não dá tempo a ninguém para adivinhar as decisões, mas muitos traders começam a fazer exatamente isso. O sinal realmente piscou? Esse padrão continuará ou se reverterá? Esperar alguns segundos leva a um preço melhor? É melhor encerrar o dia?

Não sei. E nem você! É por isso que os traders precisam seguir seus planos, o que nem sempre é fácil. O backtesting (veja o Capítulo 13) aumenta a credibilidade do plano, e o uso de ferramentas automatizadas (veja o Capítulo 10) ajuda a superar a tendência de hesitar antes de clicar no mouse.

 A maioria das corretoras que oferecem serviços para day traders tem recursos automatizados para ajudá-lo a seguir seu plano. E todos os corretores podem executar ordens de stop e de limite, o que o ajuda a sair de posições com base em seus planos, e não em suas emoções.

Medo

O medo é um dos piores inimigos do day trader. Em vez de tentar ganhar dinheiro, o trader temeroso se esforça ao máximo para não o perder. Ele tem tanto medo de falhar, que se limita, não assume o risco necessário e questiona tanto seu sistema, que deixa de segui-lo, não importa o quão bem tenha funcionado em outros momentos.

A propósito, o fracasso não é a única coisa que os traders temem. Muitos temem o sucesso, às vezes por razões psicológicas profundas que não tenho formação para abordar. Entre outros motivos, um trader que teme o sucesso pode pensar que, se alcançá-lo, seus amigos o tratarão de maneira diferente, seus parentes tentarão tirar seu dinheiro e que ele se tornará alguém que não deseja ser.

 Uma maneira de limitar o medo é ter um plano. Antes de começar a operar, reserve um tempo — talvez meio período — para se sentar e pensar sobre o que você quer, o que acontecerá se conseguir e o que acontecerá se não. Por exemplo, se perder seu capital de trade, terá que viver com seu fundo de aposentadoria (veja a seção "Vendo o dinheiro ir embora", mais adiante neste capítulo) até encontrar outro trabalho? Se ganhar muito dinheiro, poderá quitar o financiamento, e seus amigos nem saberão disso.

Ganância

A ganância parece uma coisa boba nesta lista. Afinal, o objetivo do day trading não é ganhar dinheiro? Isso não é caridade; é o capitalismo em sua forma mais pura. Ah, mas há um ditado popular na Câmara de Comércio de Chicago: "Os porcos engordam, mas são abatidos."

Os traders gananciosos começam a fazer coisas estúpidas. Eles não pensam sobre o que estão fazendo e param de seguir seus planos. Mantêm posições por muito tempo na esperança de obter um retorno maior e às vezes fazem trades precipitados, similares a jogos de azar. O trader ganancioso perde toda a disciplina e acaba perdendo bastante dinheiro.

Se seu objetivo é simplesmente ganhar mais e mais dinheiro, você pode ter problemas com a ganância. Claro, todo mundo quer fazer mais, mas há a *necessidade de tal valor* (o suficiente para cobrir seus custos e despesas básicas de vida) e o *que quero fazer* (o suficiente para cobrir custos, despesas básicas e extras importantes para você). Esse desejo pode ser aberto (como "o máximo possível"), mas sua necessidade é um componente-chave de sua gestão de risco. Se conhece esses números, está no caminho certo para evitar problemas.

DICA

Limitar pedidos, que fecham posições automaticamente quando atingem os preços estabelecidos, é uma forma de forçar a disciplina em face da ganância.

Raiva

Às vezes os mercados são enlouquecedores. Não fazem o que você quer, e isso geralmente custa dinheiro. E ninguém quer perdê-lo. Sua raiva nos mercados pode fazer com que pare de ver com clareza.

DICA

Quando a raiva impossibilita a clareza, a melhor aposta é encerrar o dia, encerrar suas posições e se afastar da tela de trade. Deixe o smartphone em casa, se usa os aplicativos móveis de sua corretora! Faça uma longa caminhada e espere que a raiva diminua. Do contrário, ela interferirá em seus planos e em seus lucros. A única maneira de não se envolver mentalmente no mercado é sendo tão mecânico e apático quanto os sinais que cruzam a tela.

Ansiedade

A ansiedade é a antecipação da frustração e geralmente inclui uma resposta física: suor, contração maxilar e muscular, palpitações cardíacas, e assim por diante. Pessoas ansiosas se preocupam, agonizam, analisam demais e se estressam. E então evitam tudo o que as deixa chateadas. Isso significa que um trader pode não fazer um trade óbvio, mas hesitar e perder um movimento do mercado. Ele pode manter uma posição perdedora por muito tempo porque se preocupa com o efeito que a venda terá sobre sua carteira. Ele fica nervoso demais para operar de acordo com seu plano, e seu desempenho é prejudicado.

Tédio

Uma verdade feia sobre o day trade é seu aspecto enfadonho. Em uma sessão de oito horas, você pode passar sete horas e meia esperando a abertura certa. Uma enxurrada de trades, e está tudo acabado. Para se manter entretido, você pode incorrer em trades ruins, passando muito tempo em salas de bate-papo ou deixando sua mente vagar para longe da tarefa em questão. Nada disso gera trades lucrativas.

Uma forma de reduzir a tentação provocada pelo tédio é bloquear o acesso às redes sociais em seu computador de trade. Várias empresas criam softwares que o impedem de usar o Facebook, o Pinterest ou o Candy Crush nos horários de trade! Considere o Freedom (www.freedom.to), o Cold Turkey (www.getcoldturkey.com) e o Inbox When Ready (www.inboxwheready.org), todos com conteúdo em inglês. Lembre-se de que eles deixam seu sistema lento — e de que seu smartphone também precisará de um bloqueio para as redes sociais.

Depressão

A depressão causa uma queda severa em seu humor, especialmente fazendo-o se sentir inadequado e desinteressado por aquilo de que gostava. Embora todos sejam suscetíveis à depressão, os altos e baixos do mercado tornam os traders particularmente vulneráveis. Na melhor das hipóteses, a depressão dificulta o trader de enfrentar o dia. Na pior, leva ao alcoolismo, à alienação e até ao suicídio.

Se acha que está deprimido, procure um médico. Os médicos já conhecem o quadro e lhe darão um diagnóstico preciso, melhor do que o Dr. Google.

Tenha um escape

Os day traders bem-sucedidos têm uma vida fora dos mercados. Eles fecham suas posições, desligam seus monitores e vão fazer outra coisa no resto do dia. O problema é que um mercado está sempre aberto em algum lugar. Os traders indisciplinados trabalham durante a noite e depois do expediente por meio de redes de comunicações eletrônicas e, às vezes, transferem a ação para bolsas em outras partes do mundo. Sem algo para marcar o início e o fim de seu dia, e sem outras coisas acontecendo em sua vida, o mercado pode consumi-lo de uma forma prejudicial à sua saúde.

Portanto, ao planejar sua vida de day trader, pense no que mais você fará com seus dias. Exercícios, meditação, socialização e interesses externos são o segredo para manter o equilíbrio e o foco no mercado quando for necessário. As seções a seguir fornecem mais detalhes.

Exercitar-se

Os exercícios mantêm seu corpo apto para enfrentar o estresse do mercado e reagir às tendências quando necessário. Muitas vezes, ao operar, não há o que fazer contra as enormes ondas de adrenalina. Você tem que ficar na frente da tela até que o trade termine, não importa o quanto queira fugir gritando. Mas depois do dia, procure uma pista de corrida, piscina ou esteira e queime parte dessa adrenalina. Uma rotina regular de exercícios compensará seus trades.

Se estiver sedentário, procure uma academia e seus programas introdutórios para aprender a usar os equipamentos e para criar um treino adaptado aos seus níveis atuais de condicionamento físico e aos seus objetivos.

Meditação

Ao operar, você pode ficar chateado e começar a pensar em tudo o que já deu errado em sua vida, em vez de focar a tarefa em questão. Mesmo depois de fechar as posições e desligar os monitores, os day traders podem ruminar tudo em sua cabeça, impossibilitando o relaxamento. Nenhum desses cenários é bom para você — nem para seu trade.

O trade exige disciplina mental. Os bons traders mantêm a mente longe de tudo, exceto do sistema, pelo menos quando os mercados estão em seu pior momento. Uma maneira de desenvolver essa disciplina é praticar a meditação. Sim, parece absurdo um grande trader durão meditando, mas se tiver problemas para manter o foco, vale a pena experimentar. Há um número quase infinito de estilos de meditação, muitos associados a diferentes tradições religiosas, então você encontrará algo que se adéque ao seu caso.

Amigos e familiares

O day trading é uma atividade solitária. Você trabalha sozinho o dia todo. É só você, seu quarto e sua tela. É um trabalho isolado. Se não tiver contato humano, corre o risco de personalizar o mercado para não se sentir tão só. Isso é ruim, porque o mercado não é uma pessoa; é uma aglomeração de atividades financeiras em andamento e não tem nenhum interesse em você.

Não importa o que faça na vida, é preciso ter apoio das pessoas que conhece e ama. E também precisa reservar tempo para elas. Comece e termine seu dia em horários regulares e certifique-se de fazer planos para ver as pessoas que são importantes para você. Ir ao jogo do seu filho, jantar com seu cônjuge e tomar umas com seus amigos ajuda muito a manter sua vida em equilíbrio — e seu trade também.

Se gosta de animais de estimação, considere adotar um para lhe fazer companhia durante o dia. Nada como um cachorro que precisa dar um passeio para forçá-lo a encerrar as atividades no início da noite.

Hobbies e outros interesses

Muitas pessoas entram no day trading porque são fascinadas pelo mercado há tempos. Operar deixa de ser um hobby para se tornar um meio de vida. De muitas maneiras, isso é perfeito. Ir para o trabalho é muito mais fácil quando você ama o que faz.

Mas se o mercado for seu único interesse, você ficará muito suscetível às suas oscilações e terá problemas para manter a disciplina. Além disso, o que quer que o perturbe, é mais provável que continue após encerrar o expediente. Portanto, encontre um novo hobby, se ainda não tiver um. Talvez seja um programa de TV, um esporte ou tricô, mas, seja o que for, tenha uma atividade fora do mercado.

Operar é apenas uma parte de sua vida.

Configurando sistemas de suporte

Exercícios, amigos, família, hobbies e coisas do gênero são todos muito bons, mas não abordam diretamente o mindset do trade. Felizmente, há uma verdadeira indústria de apoio aos traders, fácil de acessar. Muitos day traders descobrem um grande auxílio em livros, coaches e outros day traders.

Livros

Há bibliotecas inteiras sobre a psicologia do trade. Além disso, muitos traders contam com outros livros de autoajuda e de história para obter inspiração e ideias. (Acho que todo trader que conheci tem uma cópia de *A Arte da Guerra*, de Sun Tzu, sobre estratégias e táticas militares. Eles descobrem que esse livro os ajuda a preparar a mente para enfrentar o mercado — ou pelo menos lhes dá algo interessante sobre o que conversar.) Listo no Apêndice vários livros para aprumar sua mente e manter seu entusiasmo pelo mercado.

Aconselhamento e coaching

Como lidar com grandes perdas — e grandes ganhos — exige muita resistência mental, muitos traders buscam apoio profissional. Eles buscam conselheiros, psicólogos ou coaches para ajudá-los a lidar com os desafios do mercado e a entender suas reações a ele. Peça referências a outros traders ou ao seu médico. Ao conversar com coaches ou conselheiros, pergunte se eles têm experiência com traders ou outros profissionais das finanças.

Muitas empresas de coach e de corretagem também oferecem serviços de coaching especializados em ajudar as pessoas a aprender e a seguir estratégias de day trading. Alguns day traders vangloriam essas pessoas, enquanto outros as acham superestimadas.

Outros traders

Para compensar a solidão de apenas operar, muitos day traders optam por ingressar em organizações nas quais encontrarão outros traders. Podem ser grupos formais ou informais (listo alguns no Apêndice), para se socializar, aprender coisas novas ou só reclamar mesmo.

Muitos day traders também se reúnem por meio de quadros de mensagens na internet e em salas de bate-papo. Esses grupos são menos formais, mais anônimos e, às vezes, mais destrutivos do que de apoio.

CUIDADO

A maioria dos day traders perde dinheiro e desiste no primeiro ano. Passar muito tempo com outros traders pode ser mais deprimente do que encorajador.

Vendo o dinheiro ir embora

Muitos traders têm um segredo que lhes permite superar o pior dos mercados. É algo chamado de *dinheiro dispensável*, embora às vezes usem uma linguagem mais floreada para descrevê-lo. Dinheiro dispensável é exatamente o que o nome indica: dinheiro suficiente para permitir que o trader desista e faça outra coisa.

E exatamente de quanto dinheiro dispensável um trader precisa? Bem, a quantia exata varia de pessoa para pessoa, mas ter à mão dinheiro suficiente para pagar três meses de despesas é um bom lugar para começar. Se sabe que pode pagar o financiamento e comprar mantimentos, mesmo que não ganhe dinheiro operando hoje, estará mais apto a evitar trades desesperados. Você não terá que ser ganancioso e nem viver com medo.

Quanto mais dinheiro houver em seu fundo dispensável, melhor. Assim, terá mais tempo para procurar por carreiras alternativas, caso o day trading não seja sua praia, e enfrentará o mercado todos os dias mais relaxado.

LEMBRE-SE

A maioria dos day traders desiste depois de um ano ou mais. Não há nada de errado em decidir seguir em frente e tentar outra coisa. Se tem um pouco de dinheiro guardado, terá mais condições para controlar quando parar de operar e o que fazer a seguir.

CUIDADO

Se todo seu capital se esgotar, você pode ficar tentado a recorrer ao seu fundo de aposentadoria para permanecer no jogo. *Não*. Esse é exatamente o

CAPÍTULO 14 **Tratando o Day Trade Como Ele Merece** 259

momento em que deve usar seu *dinheiro dispensável* para se afastar, mesmo que apenas por um curto período de tempo, para limpar sua cabeça, repensar suas estratégias e construir um novo capital. Do contrário, suas perdas no trade serão sua ruína financeira.

Uma maneira de recuperar sua confiança permanecendo no mercado é operar quantias muito pequenas, para que seus lucros e perdas não importem. Opere cem ações, não mil. Você desiste da vantagem por um tempo, mas também sai do ciclo de ganância e de medo que destrói muitos traders.

NESTE CAPÍTULO

» **Sabendo o que procurar em uma corretora**

» **Escolhendo entre as muitas corretoras disponíveis**

» **Ficando alerta aos golpes**

Capítulo **15**

Seu Maior Fornecedor: A Corretora

Não dá para fazer day trade sem uma conta em uma corretora. É simples assim. Embora todo trader precise de uma, e embora as taxas cobradas sejam semelhantes, as contas não são commodities. Não apenas corretoras diferentes oferecem serviços diferentes, como a maioria tem níveis de serviços diferentes conforme o tipo de investidor e de trader. Não é só uma maneira de executar um trade, mas um conjunto de serviços.

Alguns serviços de corretagem valem o dinheiro gasto e funcionarão para você. Outros serão inadequados. Para ajudá-lo a começar sua pesquisa, este capítulo cobre os diferentes tipos de contas, com informações sobre seus recursos e benefícios. Afinal, seu trade deve ser excelente desde o início!

Uni-Duni-Tê

Se pretende operar, precisa de uma conta de corretora. O tipo de que precisa depende do que planeja operar (veja os Capítulos 2 e 3 para conhecer alguns dos princípios básicos dos diferentes tipos de títulos e onde são operados):

» Se planeja operar ações, precisa de uma corretora de serviço completo que pertença à Nasdaq, à Bolsa de Valores de NY (NYSE) ou a outras relevantes.

» Se preferir operar no mercado de ações por meio de índice de futuros E-Mini do CME Group, ou se estiver interessado em outros tipos de derivativos, precisa de uma conta com uma corretora da Chicago Mercantile Exchange ou de outro câmbio de derivativos.

Muitos day traders seguem duas ou três estratégias, o que exige a manutenção de contas de corretagem diferentes. Ter várias contas é comum. Se pretende operar futuros de grãos e de ações de tecnologia, por exemplo, é interessante ter uma conta em uma corretora de futuros pertencente à Bolsa Mercantil de Chicago e outra em alguma que ofereça execução rápida.[1]

As seções a seguir mostram o que procurar ao escolher uma corretora.

Preços adequados[2]

Todas as corretoras oferecem *cotações de preços* — um resumo do lance atual e preços de oferta para vender ou comprar o título em questão. Mas nem todas essas cotações são iguais. Algumas são em *tempo real*, o que significa que as verá assim que seu modem lhe transmitir as mudanças. Outras são atrasadas, às vezes por segundos, às vezes por minutos. Se pretende comprar um título e mantê-lo por dez anos, a diferença de preço entre agora e quinze minutos atrás provavelmente não é significativa. Mas se busca operar no mercado de títulos do dia, usando mudanças de curto prazo nos futuros do tesouro, um atraso de até trinta segundos é a diferença entre o sucesso ou o fracasso da estratégia.

LEMBRE-SE

Quase todas as estratégias de day trading precisam de acesso direto para ter sua lucratividade maximizada. As corretoras de acesso direto lhe permitem ver as cotações de preços em tempo real para poder agir imediatamente, e lhe permitem trabalhar por meio de diferentes redes de comunicações eletrônicas, em vez de passar pelos próprios corretores da empresa.

Para ajudá-lo com os preços, algumas oferecem acesso a *pools de liquidez*, também conhecidos como *piscinas escuras, liquidez negra* ou *livros negros*. Esses pools são redes de execução privadas que às vezes causam estragos no mercado, mas quando usados corretamente, melhoram o preço em um trade de ações. Os corretores que participam desses pools colocam seu pedido neles,

---

1 N.R.: No Brasil, temos apenas uma bolsa. Por isso, o conceito de abrir uma conta para cada tipo de ativo não funciona por aqui. Ao abrir sua conta em uma corretora, terá acesso a todos os ativos do mercado financeiro brasileiro.
2 N.R.: No Brasil, não existem esses níveis de cotações com os nomes descritos no livro original. Contudo, para ter acesso às informações descritas aqui (como formadores ou tamanho de ordem em cada nível), é preciso usar software especializado, como as ferramentas Profit (Nelogica), Tryd ou MetaTrader. É preciso ver se sua corretora tem compatibilidade com algum software especializado, ou um home broker adequado ao day trade.

e seu pedido é executado apenas se houver um trade correspondente. Nessa situação, o trade acontece mais rapidamente e, muitas vezes, com preços melhores do que se tivesse sido executado no mercado aberto.

Diferentemente dos serviços de corretagem voltados para os day traders, uma corretora de varejo tradicional oferece pesquisas e conselhos, e até melhorias na execução das ordens, esperando até que as condições de mercado sejam mais favoráveis. Isso é bom para os investidores, mas não tanto para os day traders.

Além de diferentes níveis de acesso ao mercado, as corretoras oferecem diferentes tipos de cotações de preços com diferentes níveis de detalhes. Busque descrições e imagens para ver o que precisa para sua estratégia.

LEMBRE-SE

Cotações de preços mais rápidas e detalhadas são valiosas para os traders, então as corretoras geralmente cobram mais por elas. Não economize nos serviços à custa da lucratividade do trade.

Cotações de nível I

As cotações de nível I fornecem os preços atuais de compra e venda, ou de compra e oferta, para um determinado título. A *compra*, claro, é o preço pelo qual o corretor compra o título de você, e a *venda* (também chamada de *oferta* em alguns mercados) é o preço pelo qual o corretor lhe vende o título. Uma cotação de nível I também mostra o tamanho das ordens de compra e venda recentes.

CUIDADO

A maioria das corretoras oferece cotações de nível I em tempo real gratuitamente, mas esses números não têm detalhes suficientes para o day trading.

Cotações de nível II

As cotações de nível II informam não apenas quais são os preços de compra e oferta atuais, mas também quem são os formadores — os corretores comprando e vendendo o título — e que tamanho de ordens têm a preços diferentes (veja a Figura 15-1). Essas informações o ajudam a avaliar a volatilidade e a direção dos trades no mercado, o que o ajuda a realizar trades mais lucrativos. A maioria das corretoras especializadas em day trading oferece cotações de nível II na maioria dos mercados.

Cotações de TotalView

As cotações de TotalView mostram todos os pedidos no mercado para um determinado título, tanto atribuídos aos formadores de mercado quanto anônimos (veja a Figura 15-2). Essas informações detalham o cenário para os traders. Embora todas essas minúcias possam ser exageradas para algumas estratégias de trade, são vitais para o sucesso da maioria. Você terá uma ideia melhor de quanta informação suas estratégias precisam depois de testá-las, usando o conselho do Capítulo 13.

Avaliando tipos de plataforma

Quando você tem uma conta em uma corretora, tem uma maneira de obter informações sobre os mercados e de fazer seus pedidos. O canal é a internet, mas é preciso ter uma maneira de enviar seus pedidos. Algumas corretoras têm seu próprio software; outras lhe permitem fazer login por meio de um site. As próximas seções detalham suas alternativas.

SYMBOL	AMAT	Applied Materials (NGS)
LAST SALE	20.15 q	NASDAQ Bid Tick (+)
NATIONAL BBO	20.15 q	20.16 q 6900 × 3000

MPID	Bid	Size	MPID	Ask	Size
NSDQ	20.15	3000	NSDQ	20.16	2000
ARCX	20.15	2600	ARCX	20.16	1900
BEST	20.15	1500	TDCM	20.16	1000
NITE	20.15	1400	OPCO	20.17	2100
CINN	20.15	1200	BARD	20.17	1000
BOFA	20.15	1000	CLYP	20.18	2000
AUTO	20.14	5000	SCHB	20.18	1500
LEHM	20.14	1000	NITE	20.18	1100
ABLE	20.14	1000	DAIN	20.18	100
SCHB	20.14	500	TEJS	20.18	100
GSCO	20.14	100	GSCO	20.18	100
RAJA	20.12	1200	MSCO	20.19	1500
TDCM	20.12	1000	JPMS	20.19	100
MONR	20.12	1000	BEST	20.20	1200
SWST	20.12	1000	NFSC	20.20	1000
NORT	20.12	400	FBRC	20.20	800
JPMS	20.12	100	FACT	20.20	100
PERT	20.11	800	UBSW	20.21	1100
PIPR	20.11	100	GSCO	20.21	1000
PRUS	20.10	500	FBCO	20.21	100
FBCO	20.09	1400	LEHM	20.21	100
COWN	20.09	800	RHCO	20.21	100
HDSN	20.09	400	WCHV	20.22	1200
UBSW	20.09	400	GLBT	20.22	1000

FIGURA 15-1: Cotação de nível II da Nasdaq.

Fonte: Nasdaq

Plataformas baseadas em software

Com uma plataforma baseada em software, você deve baixar e instalar o sistema proprietário da corretora no computador. Quando estiver pronto para iniciar seu dia de trade, conecte-se à internet, inicie o software para ver o que está acontecendo e faça seus trades. Os sistemas de software geralmente oferecem mais recursos e ferramentas analíticas do que as plataformas baseadas na web, mas você só pode operar em uma máquina com o software carregado.

Plataformas baseadas na web

Com uma plataforma de trade baseada na web, você acessa o site da corretora e faz login para operar. Com esses tipos de plataformas, você pode operar de qualquer computador que tenha acesso à internet, o que é uma vantagem se viajar ou trabalhar em vários locais. Em compensação, desista de algumas das ferramentas analíticas e de backtesting oferecidas pelas plataformas baseadas em software.

SYMBOL	**AMAT**	Applied Materials (NGS)
LAST SALE	20.15 q	NASDAQ Bid Tick (+)
NATIONAL BBO	20.15 q	20.16 q 6900 × 3000

Bid Price	Total Depth	Ask Price	Total Depth
20.15	10700	20.16	4900
20.14	56100	20.17	9100
20.13	26300	20.18	13400
20.12	9900	20.19	11200
20.11	1700	20.20	8700

MPID	Bid	Size	MPID	Ask	Size
NSDQ	20.15	3000	NSDQ	20.16	2000
ARCX	20.15	2600	ARCX	20.16	1900
BEST	20.15	1500	TDCM	20.16	1000
NITE	20.15	1400	NSDQ	20.17	6000
CINN	20.15	1200	OPCO	20.17	2100
BOFA	20.15	1000	BARD	20.17	1000
NSDQ	20.14	28500	NSDQ	20.18	5000
BEST	20.14	12500	OPCO	20.18	2500
NITE	20.14	7500	CLYP	20.18	2000
AUTO	20.14	5000	SCHB	20.18	1500
LEHM	20.14	1000	NITE	20.18	1100
ABLE	20.14	1000	TDCM	20.18	1000
SCHB	20.14	500	DAIN	20.18	100
GSCO	20.14	100	TEJS	20.18	100
NSDQ	20.13	10000	GSCO	20.18	100
GSCO	20.13	8800	NSDQ	20.19	5550
SCHB	20.13	7500	NITE	20.19	3000
NSDQ	20.12	2200	MSCO	20.19	1500
BEST	20.12	2000	OPCO	20.19	1000
RAJA	20.12	1200	JPMS	20.19	100
LEHM	20.12	1000	SCHB	20.19	100
TDCM	20.12	1000	BAR	20.19	4000
MONR	20.12	1000	BEST	20.20	1200
SWST	20.12	1000	NFSC	20.20	1000
NORT	20.12	400	NSDQ	20.20	1000
JPMS	20.12	100	FBRC	20.20	800
PERT	20.11	800	SCHB	20.20	500
GSCO	20.11	500	NITE	20.20	100
LEHM	20.11	100	FACT	20.20	100
NSDQ	20.11	100	UBSW	20.21	1100
NORT	20.11	100	GSCO	20.21	1000
PIPR	20.11	100	NITE	20.21	1000
NSDQ	20.10	13500	NSDQ	20.21	500
SCHB	20.10	3500	TDCM	20.21	100
TDCM	20.10	2000	FBCO	20.21	100
PRUS	20.10	500	LEHM	20.21	100
GSCO	20.09	100	RHCO	20.21	100
NSDQ	20.09	2500	LEHM	20.22	5000
RAJA	20.09	2200	WCHV	20.22	1200
FBCO	20.09	1400	GLBT	20.22	1000
MONR	20.09	1000	NSDQ	20.22	500
NITE	20.09	1000	FBRC	20.22	500
COWN	20.09	800	DAIN	20.22	100
HDSN	20.09	400	NITE	20.22	100
UBSW	20.09	400	BEST	20.22	100

FIGURA 15-2:
A cotação de Total-View da Nasdaq é a mais detalhada disponível.

Fonte: Nasdaq

DICA

CUIDADO

Observe que as plataformas baseadas na web às vezes demandam navegadores específicos. Dada a importância de ter uma conexão estável e uma funcionalidade total em um mercado em rápida evolução, se a empresa recomendar o uso do Internet Explorer, aceite. Não se apegue à alternativa que prefere.

E quanto às plataformas móveis? Algumas corretoras lhe permitem obter cotações de preços e operar com o smartphone. Esse recurso é útil para algumas pessoas, especialmente como um sistema de backup, mas depender apenas dele é uma má ideia para a maioria dos day traders. O day trading é um negócio, e isso significa que exige disciplina para definir um horário regular e trabalhar em um espaço preparado para isso. Você provavelmente precisará de mais informações para realizar um trade do que a tela do smartphone abarca (a maioria dos day traders trabalha em mais de uma tela de tamanho normal, na verdade). Finalmente, é preciso dar um tempo do mercado para manter o equilíbrio de sua vida. Se opera até durante o casamento de seu primo, você não está bem.

Abrindo uma conta

Para abrir uma conta em uma corretora, é preciso preencher uma papelada para cumprir as regulamentações governamentais e cambiais. Basicamente, esses formulários asseguram à empresa que você é adequado para o day trading; que entende os riscos de opções, futuros e estratégias de margem; e que seu dinheiro não veio de ganhos ilícitos. (Explico todas as leis adjacentes no Capítulo 6.)

Depois de preencher e assinar a papelada, é preciso transferir os fundos. Algumas corretoras exigem um investimento mínimo para fazer day trading. O depósito desse investimento inicial é geralmente feito via TED.

O Melhor para Você

A seguir, há uma lista de corretoras com serviços para day traders. É organizada por especialidade (ações e trades em geral, opções e futuros, câmbio) e em ordem alfabética dentro de cada categoria.[3] Essa lista não é aprofundada. Além disso, lembre-se de que, a cada ano, novas empresas são formadas e as existentes são adquiridas ou fundidas, portanto, faça sua própria pesquisa. Além disso, esta lista não é um tipo de propaganda ou aconselhamento. Tudo em inglês.

---

3 N.R.: Lembrando que, no Brasil, não é preciso abrir conta em múltiplas corretoras para ter acesso a produtos financeiros diferentes, como ações, opções e futuros.

DICA

Todo final de ano, a *Barron's* (www.barrons.com) conduz uma pesquisa de corretoras online com atualizações sobre os recursos e as classificações mais recentes com base em critérios como tecnologia, usabilidade, recursos adicionais, atendimento ao cliente e custos. Verifique quando estiver pronto para pesquisar.[4]

Corretores de ações e um pouco do resto[5]

Os day traders trabalham por meio de contas de corretagem online. Muitas empresas que as oferecem operam títulos e pertencem às bolsas, portanto, é possível operar quase qualquer coisa em qualquer lugar por meio delas. Essas contas de corretagem oferecem uma variedade de serviços de notícias e gráficos para ajudá-lo a planejar seus trades. Em alguns casos, suas ofertas podem ser exageradas; você pode achar que são frívolas, e seus serviços, desnecessários. Algumas não lidam bem com a segurança de fazer uma boa escolha.

LEMBRE-SE

As corretoras não ganham dinheiro apenas com a comissão cobrada por trade. Outras fontes de receita incluem taxas de serviço mensais, taxas para cotações em tempo real, juros sobre empréstimos de margem para clientes e a *propagação*, a diferença entre o que você paga por um título e o que a empresa pagou para obtê-lo. Portanto, não deixe que a comissão seja o fator crítico na decisão entre as corretoras. Pense nos serviços de que precisa e no custo relativo das diferentes ofertas das contas.

A propósito, o setor de corretagem vem se consolidando — em um ritmo alarmante. Existem enormes economias de escala no trade online, e os grandes bancos e corretoras acumulam muitas vertentes independentes. Ser grande tem suas vantagens, incluindo a recompensa de investimentos em tecnologia e a capacidade de obter uma boa execução nos trades, mas com isso se perdem alguns serviços de nicho em uma fusão.

Ally Invest

Conhecido como TradeKing, Ally Invest oferece uma gama de serviços básicos de trade com ações, títulos, opções e câmbio, tanto online quanto por meio de aplicativos móveis. A plataforma básica é, bem, básica e não tem muitos recursos. Nela, há as ferramentas de opções que a tornaram popular entre os traders ativos. Seu recurso mais exclusivo são as ofertas da comunidade em seu site, no qual os clientes podem criar blogs, rastrear os trades uns dos

---

4 N.R.: No Brasil, a Yubb conduz uma pesquisa parecida, perguntando a seus usuários como avaliam as corretoras que usam. Além disso, tem uma ferramenta de comparação de corretoras que pode ser muito útil.
5 N.R.: No Brasil, a B3 mantém uma lista de corretoras participantes de seus sistemas. Em maio de 2021, o link era http://www.b3.com.br/pt_br/produtos-e-servicos/participantes/busca-de-participantes/participantes/. Para comparar as melhores opções, recomendamos o uso da ferramenta de comparação de corretoras da Yubb.

outros, compartilhar comentários e enviar mensagens na esperança de que todos realizem trades melhores e mais inteligentes. Muitos traders apreciam o suporte e a capacidade de compartilhar ideias por meio dos recursos da comunidade.

Para mais informações, veja: www.ally.com/invest.

Charles Schwab Active Trading

Charles Schwab foi uma das primeiras corretoras de varejo com desconto e agora oferece quase todos os serviços financeiros imagináveis: planejamento financeiro, serviços bancários e fundos mútuos. A conta Schwab Active Trading inclui demonstrações de trade e serviços educacionais particularmente úteis para corretores de ações ativos, embora também tenha recursos de trade e suporte para opções e ETFs. A plataforma funciona diretamente por meio de um navegador da internet. A Schwab participa de diferentes redes de comunicações eletrônicas e pools de liquidez, o que otimiza a execução.

Para mais informações, veja: www.schwab.com/public/schwab/active_trader.

ChoiceTrade

A ChoiceTrade oferece ações baseadas em software e serviços de trade de opções para pessoas físicas e pequenas empresas. Os clientes optam por uma plataforma básica ou por pagar uma taxa mensal por serviços adicionais de gráficos, análises e gestão financeira. Os traders optam por trade de acesso direto, o que oferece uma execução mais rápida para algumas estratégias. Algumas das plataformas da ChoiceTrade incluem recursos de trade móvel, úteis como sistema de backup.

Para mais informações, veja: www.choicetrade.com.

Cobra Trading

Antes corretora de valores, agora oferece trade em futuros, opções e câmbio. Tem muitos recursos para os vendedores a descoberto, como a lista "fácil de emprestar", que identifica ações que podem ser vendidas a descoberto com pouca perturbação do mercado. A Cobra oferece diferentes plataformas de software para atender a diferentes estilos, bem como plataforma baseada na web.

Para mais informações, veja www.cobratrading.com.

E*TRADE

A E*TRADE oferece trade de ações, opções e futuros, bem como serviços para traders ativos por meio de sua plataforma baseada na web. Também tem plataforma baseada em software, a Power E*TRADE Pro, com trade de acesso direto e habilidades de personalização, e também tem ferramentas robustas de opções e gráficos. A empresa também tem scanners de mercado, para ajudá-lo a detectar quando um padrão aparece, e sistemas eficientes de backtesting. Se quer operar pelo smartphone, a E*TRADE tem plataformas para isso. (Como mencionei no Capítulo 14, acho o trade móvel uma má ideia.)

Para mais informações, veja: www.etrade.com.

Fidelity Active Trader Pro

Antes empresa de fundos mútuos e ainda dominante na área, agora também oferece uma ampla gama de serviços financeiros, incluindo trade online. A Fidelity Active Trader Pro é um sistema baseado em software com muitos alertas, incluindo sistemas para analisar e testar estratégias de opções. (Há uma versão baseada na web, mas com menos funcionalidades.) Para usar a Active Trader Pro, é preciso fazer 36 trades em um período contínuo de 12 meses; colocar 120 trades ao longo de um ano lhe dá acesso gratuito a cotações de nível II. Ambos os níveis são interessantes para a maioria dos day traders.

Para mais informações, veja: http://personal.fidelity.com/accounts/activetrader.

Firstrade

Feita para traders de ações, a Firstrade oferece telas, alertas e comentários por meio da plataforma baseada na web e do aplicativo para iPad. Os recursos educacionais incluem alguns bons conselhos sobre impostos e recursos da comunidade para os traders. Além disso, a Firstrade oferece suas plataformas em chinês tradicional e simplificado, se preferir não trabalhar em inglês. (Sem surpresa, a Firstrade tem muitos clientes que falam chinês.)

Para mais informações, veja: www.firstrade.com.

Interactive Brokers

A Interactive Brokers oferece trade de acesso direto baseado em software, com especialização em mercados internacionais. Tem opções, futuros e serviços de câmbio, bem como de ações. Os traders têm disponível uma variedade de tipos de pedidos e recursos de gerenciamento deles para trabalhar com estratégias complexas. A Interactive Brokers tem uma pequena participação na TradeStation, mencionada nesta lista, e alguns estudiosos acham que é apenas uma questão de tempo até que as empresas se fundam.

Para mais informações, veja: www.interactivebrokers.com.

Just2Trade

A Just2Trade tem como alvo os day traders de ações com comissões baixas. O objetivo é fornecer uma execução rápida por meio da plataforma baseada na web, útil para day traders que desejam agir rápido. Seus serviços incluem cotações de nível I e de nível II em tempo real sem taxa extra. Não há ferramentas de análise, mas seu sistema é bom e simples.

Para mais informações, veja: `www.just2trade.com`.

Lightspeed Trading

A Lightspeed Trading é especializada em trades de baixa comissão e oferece serviços de informação robustos para day traders. Tem vários serviços para vendedores a descoberto, que muitas vezes são ignorados. Também oferece serviços de programação e teste para traders que desejam desenvolver seus próprios sistemas automatizados, que incluem recursos de trade de alta frequência. Além disso, a Lightspeed promove webinars e tutoriais para ajudar as pessoas que estão se familiarizando com o trade ou procurando ideias de pedidos.

Para mais informações, veja: `www.lightspeed.com`.

ScottradeELITE

A Scottrade é uma corretora online que oferece serviços adicionais para clientes com mais de US$25 mil em suas contas. Sob o nome de ScottradeELITE, dá a esses clientes acesso baseado na web às cotações de nível II e às de TotalView da Nasdaq, contanto que façam 15 trades por mês; do contrário, esse acesso custa US$15. A empresa lida com ações, títulos, opções, ETF e trade internacional.

Para mais informações, veja: `www.scottradeelite.com`.

SogoTrade

A SogoTrade começou como uma corretora de valores, mas a empresa acrescentou muitos recursos para os traders de opções. Suas comissões são baixas: US$3 para trades com ações, US$5 para opções. O site tem serviços educacionais básicos, rastreadores e outras ferramentas para ajudar as pessoas a começarem. Funciona em inglês e em chinês e também tem suporte técnico em cantonês.

Para mais informações, veja: `www.sogotrade.com`.

thinkorswim

Embora a thinkorswim tenha começado como uma plataforma de trade para estratégias de opções, foi adquirida pela TD Ameritrade, uma corretora de descontos mais tradicional, e agora é o serviço da TD Ameritrade para traders ativos. A thinkorswim oferece uma gama completa de produtos, incluindo câmbio e fundos mútuos, na web, software e em plataformas móveis. Além de um recurso de execução automática para assinantes de diferentes boletins informativos, tem um recurso de trade de papel que permite praticá-lo antes de comprometer dinheiro. Também tem programas educacionais, salas de bate-papo e uma versão de backtesting, o thinkOnDemand, que permite operar com os dados de mercado registrados em um período anterior para ver como sua estratégia funcionaria. E tem serviços para ajudar os traders a controlar seus ganhos e suas perdas, para simplificar melhor o tempo do imposto.

Para mais informações, veja: www.thinkorswim.com.

TradeStation

A TradeStation oferece uma ampla gama de serviços para quem opera diariamente ações, opções, futuros e câmbio. Um sistema baseado em software, inclui um rico conjunto de recursos, em especial para o desenvolvimento e para o teste de estratégias. Os traders com sistemas fortes gostarão dos recursos automáticos que sinalizam — e podem até agir — quando ocorrem boas oportunidades. Os serviços da TradeStation são especialmente populares entre os traders que gostam de desenvolver seus sistemas e trabalhar em seus programas.

Para mais informações, veja: www.tradestation.com.

Corretoras de opções e de futuros

Para operar opções e futuros, é preciso ter uma conta em uma corretora que tenha acesso direto às redes de comunicações eletrônicas das bolsas. Várias das listadas na seção anterior oferecem esse serviço, assim como as próximas, especializadas nesses mercados específicos.

eOption

Se tem uma boa ideia do que está fazendo, o eOption oferece comissões muito baixas para o trade de opções. Não tem muitos alertas, mas para alguns traders, tudo bem. A melhor característica da plataforma é que a tela de confirmação mostra o custo total de um trade, incluindo taxas de câmbio.

Para mais informações, veja: www.eoption.com.

Infinity Futures

A Infinity Futures é baseada em software, para mercados de opções, de futuros e de câmbio; também oferece serviços de treinamento de trade e acesso a corretoras ao vivo que respondem a perguntas. Há várias plataformas para escolher, dependendo das necessidades do trade. A empresa apoia principalmente os traders que trabalham com futuros de índices de ações do CME Group.

Para mais informações, veja: www.infinityfutures.com.

MB Trading

A MB Trading lida com ações e câmbio, bem como derivativos, mas é mais conhecida por seus serviços para traders de câmbio. A empresa parece adicionar recursos constantemente. Tem software e plataformas da web, programas de treinamento, recursos da comunidade e configurações de alerta para ajudá-lo a encontrar traders adequados ao seu sistema. Além disso, respalda desenvolvedores que desejam construir softwares em torno de sua plataforma.

Para mais informações, veja: www.mbtrading.com.

tastyworks

Era uma vez, um grupo de traders que decidiu desenvolver uma série de notícias e informações para traders, a tastytrade, www.tastytrade.com. Eles tinham ótimos conteúdos, então as pessoas foram conferir. E os proprietários decidiram que estavam no caminho certo, então desenvolveram uma plataforma de corretagem online com outra URL: www.tastyworks.com. A empresa se orgulha de ser fácil de usar por todos os traders, dos iniciantes àqueles com anos de experiência. Embora seja possível operar ações na plataforma, a área de especialização é opções e futuros, e um dos recursos interessantes é acompanhar o trade ao vivo de diferentes especialistas afiliados à empresa para ajudá-lo a ver o que os traders realmente fazem quando se aproximam dos mercados.

Para mais informações, veja: www.tastyworks.com.

TradeMONSTER

A TradeMONSTER foi pensada para opções e futuros, embora também lide com ações e fundos mútuos. A empresa oferece um conjunto de ferramentas para ajudar os traders a pesquisar, desenvolver e testar estratégias e refiná-las ao longo do tempo. Alguns de seus recursos são maravilhosamente práticos, como a capacidade de reorganizar as janelas de dados em várias telas de acordo com suas preferências.

Para mais informações, veja: www.trademonster.com.

Corretores de câmbio

O mercado de câmbio, ou forex, é o maior de trade no mundo e oferece muitas oportunidades para os day traders ganharem (ou perderem) dinheiro. A maioria dos trades cambiais ocorre diretamente entre bancos, empresas e fundos de hedge, sem a mediação de um corretor. Se deseja operar câmbio estrangeiro diretamente, você precisa usar uma empresa de trading ligada a essas redes. Muitas das corretoras listadas nas seções anteriores oferecem forex. As seções a seguir listam as mais específicas.

ATC Brokers

A ATC Brokers é a própria corretora; não lida com os serviços por conta própria. Oferece trades de custo muito baixo para os traders de forex que já se planejaram. Funciona por meio da MetaTrader (veja o Capítulo 12).

Para mais informações, veja: `www.atcbrokers.com`.

FOREX.com

Parte do Gain Capital Group, que lida principalmente com investidores institucionais e gestores de dinheiro, o FOREX.com é projetado para day traders. Lá você pode baixar um software que permite analisar mercados e realizar trades. A empresa oferece muitos programas educacionais e contas práticas para traders interessados em câmbio; tem também um aplicativo mobile para quem quer operar pelo smartphone.

Para mais informações, veja: `www.forex.com`.

OANDA

Esta corretora é especializada em câmbio e atua principalmente com clientes corporativos. Apesar disso, não tem um tamanho mínimo de trade, o que a torna popular também para os day traders. Não oferece muitos serviços, mas um que se destaca é a análise de spreads de preços. É compatível com muitas plataformas de trade, incluindo a MetaTrader (veja o Capítulo 12 para conhecer as plataformas).

Para mais informações, veja: `www.oanda.com`.

Golpes de Corretagem

No Capítulo 12, abordo os serviços de pesquisa, incluindo informações sobre como investigar e identificar possíveis fraudes. Quero revisitar isso aqui. Confio em todas as corretoras listadas neste capítulo.

Há muitos serviços de pesquisa e de consultoria, e muitos traders os consideram úteis. Os melhores consultores trabalham por meio de uma conta de corretora. Isso significa que o dinheiro não fica com o consultor, você assina seu serviço e executa os trades sozinho. Ou busca um consultor que trabalha com uma corretora específica. O consultor coloca o trade a ser executado em sua conta, para que você acompanhe o que está acontecendo.

Algumas plataformas populares, como a MetaTrader, são sobreposições de softwares para as contas de corretagem. Em vez de usar os serviços de sinalização e gráficos da corretora, você usa os da plataforma — mas a corretora que tem a custódia de seu dinheiro executa seus trades.

Usar uma corretora separada do consultor é comum no mundo da administração de dinheiro. É o esperado. Claro, o day trading é arriscado, mas é melhor perder dinheiro com base em suas decisões do que nas alheias.

Existe um golpe comum que surge a cada poucos anos, e a base dele é simples: a maioria dos day traders perde dinheiro, especialmente no começo. O golpista oferece um serviço de consultoria de day trading. Você deposita seu dinheiro e depois opera por meio da plataforma de serviços. A operadora pega seu dinheiro. Você pensa que está realmente operando, mas, na verdade, está apenas operando no papel. E talvez o conselho não seja tão bom, então você acha que perdeu tudo porque ninguém saberia como agir.

Esses golpes são detectados porque os poucos traders que ainda assim conseguem ganhar dinheiro querem recebê-lo para mudar para uma plataforma ou corretora com serviços mais sofisticados, então descobrem do pior jeito que o dinheiro não existe mais.

O ponto principal: mantenha seu dinheiro com uma corretora conhecida. Confira corretores de ações e opções em http://brokercheck.finra.org e de futuros em www.nfa.futures.org/basicnet/, ambos com conteúdo em inglês.[6]

---

[6] N.R.: No Brasil, verifique as corretoras autorizadas pela B3 em <http://www.b3.com.br/pt_br/produtos-e-servicos/participantes/busca-de-participantes/participantes/>.

> **NESTE CAPÍTULO**
>
> » Identificando os reguladores
> » Considerando os requisitos básicos de corretagem
> » Evitando informações privilegiadas
> » Protegendo os mercados em situações de crise
> » Seguindo o procedimento quando firmar parcerias

Capítulo **16**

Regulamentação Já

Os mercados financeiros são playgrounds selvagens e caóticos do puro néctar do capitalismo. A cada momento do day trading, as ações dos compradores e dos vendedores determinam qual deve ser o preço de outra, de uma mercadoria ou moeda, considerando a oferta, a demanda e as informações disponíveis. É de uma poesia sem igual!

Uma das razões para os mercados funcionarem bem é sua regulamentação. Parece um oxímoro: o capitalismo não é puramente livre comércio, desprendido de regras formativas de burocratas? Ah, mas para ele funcionar, as pessoas de ambos os lados de um trade precisam saber que os termos serão cumpridos. Precisam saber que o dinheiro de suas contas está lá e protegido contra roubo. E também que ninguém tem uma vantagem injusta. A *regulamentação* cria a confiança que faz os mercados funcionarem.

Como day trader, você pode não gerir dinheiro para outros investidores e nem responder a um empregador, mas isso não significa não ter regras a seguir. Os day traders precisam cumprir as leis de valores mobiliários e as regulamentações cambiais aplicáveis, algumas que tratam especificamente dos trades de curto prazo. Da mesma forma, os corretores e os consultores que lidam com day traders têm regulamentos a seguir. Compreender todas essas regras e esses regulamentos o ajuda a tomar melhores decisões sobre com quem lidar. Neste capítulo, você conhecerá a regulamentação, quem a faz e como ela o afeta.

Nas Curvas da Estrada

Com o advento do telégrafo, os traders passaram a receber cotações de preços diárias. Muitas cidades tinham *bucket shops*, negócios de fachada nos quais os traders apostavam nas mudanças nos preços de ações e commodities. Aqueles traders não compravam o título em si, nem mesmo por alguns minutos; em vez disso, faziam apostas uns contra os outros. Esses esquemas eram altamente suscetíveis à manipulação e à fraude, e foram eliminados após o crack de 1929.

Após isso, os pequenos investidores começaram a operar com fita adesiva, uma impressão das mudanças de preços enviada por telégrafo. Na maioria dos casos, os corretores faziam esses trades indo ao escritório da corretora, sentando-se em uma sala de conferências e fazendo pedidos com base nas mudanças que viam nas fitas. Os traders mais sérios cabeavam seus próprios escritórios, mas os custos detinham a maioria. Em todo caso, eles ainda tinham que colocar seus pedidos por meio de um corretor. Por não terem acesso direto ao mercado, não contavam com uma execução pontual.

PAPO DE ESPECIALISTA

Outra razão para haver tão pouco day trading naquela época é que todas as corretoras cobravam as mesmas comissões até 1975. Desde então, a Securities and Exchange Commission (SEC) determinou que essa prática significava uma fixação de preços. Após isso, as corretoras passaram a poder competir em suas comissões. Algumas, como a Charles Schwab, começaram a permitir que os clientes operassem ações com taxas de comissão de desconto, o que tornava o trade ativo mais lucrativo. Algumas corretoras nem mesmo cobravam comissões (mas é claro que tiravam seu dinheiro de outras maneiras).

O sistema de trade baseado em fita persistiu mais ou menos até a quebra do mercado de ações, em 1987. As corretoras e os formadores de mercado foram inundados com pedidos, então cuidaram dos maiores clientes primeiro e empurraram os menores trades para o fundo da fila. Após a quebra, as bolsas e a SEC solicitaram várias mudanças destinadas a reduzir as chances de outra quebra e a melhorar a execução, caso ocorresse. Uma dessas mudanças foi o Small Order Entry System, também conhecido como SOES, que dava aos pedidos de até mil ações prioridade sobre os maiores.

Então, na década de 1990, o acesso à internet se tornou amplamente disponível, e várias redes de comunicações eletrônicas começaram a dar aos pequenos traders acesso direto a cotações de preços e a atividades de trade. Isso significava que os traders podiam colocar ordens nas mesmas condições que as corretoras com as quais precisavam trabalhar. Na verdade, graças ao SOES, os pequenos traders ganharam uma vantagem: fazer pedidos e depois vender as ações para as empresas maiores, obtendo um bom lucro. O day trading parecia uma boa maneira de ganhar a vida.

A SOES coincidiu com a ascensão da internet comercial, tornando o final da década de 1990 uma era de ouro para os day traders, pelo menos no imaginário popular. Mais e mais corretoras ofereciam trades pela internet, enquanto suas ações se popularizavam. Ninguém precisava da SOES para ter lucro quando o Pets.com e a Webvan subiam de preço dia após dia, pelo menos por um tempo. (Lembram-se disso? Não? Bem, foi bom enquanto durou.)

Então, o mercado de ações de tecnologia despencou em 2000, em parte porque muitas das empresas também despencaram. Durante grande parte da década seguinte, os mercados permaneceram quietos, enquanto novos produtos eram introduzidos e atraiam os day traders, incluindo fundos operados em bolsa e contratos de commodities em miniatura (ambos discutidos no Capítulo 3).

E então o cenário ficou insano. Em 2008, as corretoras faliram, e os mercados financeiros quase foram ao colapso. Toda aquela volatilidade foi divertida para os traders que conseguiram lidar com ela. As corretoras desenvolveram programas de trade maiores e mais sofisticados que pareciam funcionar bem, até que um único grande pedido na tarde de 6 de maio de 2010 fez tudo enlouquecer. Esse chamado "flash crash" expôs os riscos criados por programas de trade de alta frequência; a princípio, ninguém quis culpar a tecnologia, e, em vez disso, tentou-se culpar os traders cujos dedos eram grandes demais para digitar os números em suas máquinas de entrada de pedidos.

O sistema financeiro recebeu resgates generosos do governo no outono de 2008 na esperança de evitar outra depressão. As bolsas e o governo federal criaram novos regulamentos nas principais instituições, embora pouco tenha mudado para os day traders, mesmo uma década depois.

Então, quais são os regulamentos que os afetam? Bem, continue lendo!

Conhecendo os Reguladores

Nos EUA, os mercados financeiros recebem supervisão regulatória geral de dois órgãos governamentais: a SEC e a Commodity Futures Trading Commission (CFTC). Seus objetivos são similares: garantir que investidores e traders tenham informações adequadas para tomar decisões e prevenir fraudes e abusos.[1]

No entanto, nenhum dos dois órgãos tem autoridade completa sobre os mercados. Em vez disso, grande parte da responsabilidade pelo comportamento adequado foi atribuída às organizações autorregulatórias, às quais as corretoras se associam, e às próprias bolsas.[2] Não é simples, mas a sobreposição entre essas organizações garante que os problemas sejam identificados logo no início e que os interesses das empresas, das corretoras e dos gestores de investimento sejam representados de forma justa.

---

[1] N.R.: Aqui no Brasil, o órgão regulador do mercado de capitais é a Comissão de Valores Mobiliários, a CVM.
[2] N.R.: No Brasil, as entidades autorreguladoras também são importantes. Entre elas, podemos citar a ANBIMA e a BSM.

Regulação de ações e títulos corporativos

Os mercados de ações e títulos corporativos são os mais proeminentes. Os reguladores são ativos e visíveis porque esses mercados têm um número relativamente grande de emissores relativamente pequenos. No mercado monetário, por outro lado, os únicos emissores são os governos, e há muito menos deles do que empresas públicas. Quando uma dessas empresas recai em números fraudulentos, as manchetes explodem, e de repente, todos se preocupam com o que a SEC faz. Essa é apenas a primeira camada na regulamentação desse mercado.

LEMBRE-SE

Dada a taxa na qual o mercado de capitais muda e as organizações se reorganizam, a lista a seguir pode já ter mudado no momento em que você a ler. Mas mesmo que as organizações desapareçam, os regulamentos, não.

A Comissão de Valores Mobiliários dos EUA (SEC)[3]

A SEC (www.sec.gov) é uma agência governamental que garante o funcionamento eficiente dos mercados. Tem cinco comissários, nomeados pelo presidente e confirmados pelo Congresso, que cumprem mandatos escalonados de cinco anos. Essa estrutura é feita para mantê-la apartidária. Um dos comissários é designado como presidente.

A SEC tem três funções:

» Garantir que quaisquer empresas que tenham valores mobiliários listados em bolsas de valores nos Estados Unidos relatem suas informações financeiras com precisão e no prazo, para que os investidores determinem se investir na empresa faz sentido para eles.

» Supervisionar os mercados, garantindo que as bolsas e as organizações autorreguladoras tenham regulamentos suficientes em vigor e que eles sejam cumpridos.

» Regulamentar fundos mútuos, consultores de investimento e outros que tomam decisões a respeito do dinheiro de outras pessoas.

Além das regulamentações-padrão, que as corretoras sabem de cor, a SEC ocasionalmente aprova regulamentações temporárias em épocas de estresse do mercado que podem afetar os day traders. Por exemplo, durante a crise financeira de 2008, a SEC impôs restrições à venda a descoberto de ações de diferentes empresas financeiras.

---

3 N.R.: No Brasil, o órgão regulador equivalente é a Comissão de Valores Mobiliário, a CVM. É administrada por um presidente e quatro diretores nomeados pelo presidente da República. O presidente e a Diretoria constituem o Colegiado, que define políticas e estabelece práticas a serem implantadas e desenvolvidas pelo corpo de superintendentes, a instância executiva da CVM. Veja mais em: https://www.investidor.gov.br/menu/Menu_Investidor/a_cvm/ACVM.html.

Autoridade Reguladora do Setor Financeiro (FINRA)[4]

A FINRA (www.finra.org) foi formada em 2007 pela fusão do departamento regulatório da Bolsa de Valores de Nova York e da National Association of Securities Dealers. Representa e regula todas as corretoras de ações e de títulos e seus colaboradores. Há mais de 3.712 membros, com 629.112 funcionários registrados para vender títulos. A FINRA administra verificações de antecedentes e exames de licenciamento, regulamenta o trade de títulos e monitora o seu cumprimento pelas firmas, além de orientar os investidores no tocante ao processo de investimento. O número de empresas diminui à medida que a indústria se consolida, mas o número de trabalhadores tem se mantido constante.

A FINRA também exige que os corretores saibam quem são seus clientes e se uma estratégia de investimento é adequada para eles. Discuto essa adequação posteriormente neste capítulo, mas, por enquanto, saiba que é função da FINRA.

DICA

Uma boa primeira parada para um day trader é o serviço BrokerCheck, da FINRA, encontrado em: www.finra.org/Investors/ToolsCalculators/BrokerCheck. O BrokerCheck lhe permite conferir a regularidade de firmas de corretagem e de corretores sediados nos EUA. Se alguma reclamação foi feita, você a verá e poderá decidir como se sente a respeito. Essas excelentes informações o ajudam a evitar problemas com vendedores ou corretoras desde o início. O BrokerCheck me ajudou algumas vezes, quando precisei procurar parceiros de negócios.

PAPO DE ESPECIALISTA

A antecessora da FINRA, a National Association of Securities Dealers, começou como uma organização autorregulatória, mas no final dos anos 1960, percebeu que as firmas-membro precisavam de uma forma melhor de operar títulos de balcão (operados em uma bolsa organizada, como a NYSE). Em 1971, formou sua própria rede de comunicação eletrônica, o sistema de cotação automatizada da National Association of Securities Dealers, ou Nasdaq. Em 2000, a NASD vendeu a Nasdaq, que agora é conhecida apenas por esse nome, e voltou às raízes de organização autorregulatória. Embora as duas agora estejam separadas, as corretoras que operam títulos na Nasdaq devem ser membros da FINRA.

As corretoras[5]

Embora a NYSE e a Nasdaq tenham saído da supervisão de corretagem quando formaram a FINRA, ambas estão envolvidas na regulamentação. Em particular, essas e as bolsas menores trabalham para garantir que as empresas com títulos operados na bolsa atendam aos critérios definidos para suas listagens. Eles incluem relatórios financeiros oportunos com a SEC e o número mínimo de ações realmente operadas. (O Capítulo 3 apresenta uma descrição das diferentes bolsas e de seus requisitos de listagem.)

---

4 N.R.: Referente ao mercado brasileiro, recomendamos pesquisar sobre a Ancord (https://www.ancord.org.br/) e a ANBIMA (https://www.anbima.com.br/).
5 N.R.: No Brasil, o órgão autorregulador da bolsa é a BSM (https://www.bsmsupervisao.com.br/).

As bolsas também monitoram a forma como os títulos são operados, a fim de procurar padrões que exponham manipulação de mercado ou trade com informações privilegiadas. Cada bolsa trabalha com as corretoras que têm permissão para operar em sua bolsa, para garantir que elas saibam quem são seus clientes e que tenham sistemas em vigor para garantir que eles cumpram as regras.

Federal Reserve[6]

O Federal Reserve System, ou Sistema de Reserva Federal, conhecido como Fed tanto pelos amigos quanto pelos inimigos, é o banco central dos EUA, e uma de suas funções é garantir a integridade do sistema financeiro do país. Embora a maior parte da regulamentação do Federal Reserve vise bancos comerciais, o Fed se envolve nos mercados de títulos em tempos de crise para garantir seu bom funcionamento. Na crise financeira de 2008, esse envolvimento incluiu a organização de fusões de corretoras em dificuldades, bem como a compra de ativos problemáticos de diferentes bancos, corretoras e seguradoras.

Securities Investor Protection Corporation[7]

A Securities Investor Protection Corporation (SIPC) foi fundada em 1970 para proteger as contas de corretagem de perdas em caso de falência da empresa. Se sua empresa falir (e várias faliram ao longo dos anos, incluindo algumas populares), você consegue obter seu dinheiro e seus títulos de volta.

No entanto, a SIPC não oferece seguro contra fraude. Se lidar com uma empresa ou com um vendedor que o engane, precisa obter reparação nos tribunais e na SEC. Sua corretora precisa ser membro da SIPC, mas a devida diligência não para por aí. Verifique-a por meio do BrokerCheck, da FINRA, discutido na seção anterior, sobre a instituição.

Da mesma forma, quase todas as disputas que os clientes têm com as corretoras vão para a arbitragem, não para os tribunais, e muitas pessoas acreditam que esse processo é tendencioso e favorece os corretores. Você tem alguns recursos, mas talvez não tantos quanto gostaria.

Mercado de títulos do Tesouro[8]

Os títulos do Tesouro são ligeiramente diferentes dos corporativos. O governo dos EUA os emite, então o Escritório da Dívida Pública do Departamento do

---

6 N.R.: Uma entidade que podemos chamar de equivalente no Brasil é o Banco Central (https://www.bcb.gov.br/).
7 N.R.: Nos Estados Unidos, essa agência é necessária porque são as corretoras que efetuam o registro de quem é dono de cada ação. No Brasil, esse registro é feito diretamente na bolsa. Ou seja, se sua corretora falir, basta transferir a custódia dos títulos para uma nova corretora. Você não corre o risco de perder as ações que comprou pela corretora em um processo falimentar. Contudo, deve tomar cuidado com o dinheiro depositado na corretora, que não está aplicado.
8 N.R.: Para saber mais sobre esse mercado no Brasil, visite o site oficial do Tesouro Direto, https://www.tesourodireto.com.br/.

Tesouro (www.treasurydirect.gov) os regulamenta, com supervisão adicional da SEC. As empresas que operam títulos do Tesouro são membros da FINRA, portanto, suas regras também se aplicam.

Mercado de derivativos

Os mercados de derivativos, nos quais opções e futuros são operados, não operam ações e títulos diretamente. Em vez disso, vinculam compradores e vendedores de contratos em que o valor se vincula o valor de um título subjacente. Os derivativos são populares entre os day traders porque lhes oferecem uma maneira de obter exposição às taxas de juros e ao desempenho do índice de mercado com menos capital do que seria necessário para comprar títulos do Tesouro ou grandes grupos de ações diretamente.

Os mercados de derivativos têm seus próprios órgãos reguladores, mas correspondem ao formato e à hierarquia da regulamentação do mercado de ações e de títulos. As organizações não são conhecidas, mas suas funções, sim.

Commodity Futures Trading Commission (CFTC)

A CFTC (www.cftc.gov) é uma agência governamental fundada em 1974 para supervisionar as atividades de mercados de commodities agrícolas e financeiras. O governo percebeu que eles precisavam de regulamentação, mas diferente das bolsas de valores tradicionais, então a SEC não seria a melhor agência para lidar com eles. A CFTC é estruturada de forma semelhante à SEC, com cinco comissários com mandatos escalonados de cinco anos, nomeados pelo presidente e confirmados pelo Congresso. Um dos comissários é designado como presidente. Essa estrutura foi projetada para manter a CFTC apartidária.

PAPO DE ESPECIALISTA

Durante décadas, o trade de futuros foi regulamentado pelo Departamento de Agricultura dos Estados Unidos, porque envolvia apenas commodities agrícolas, como grãos, pancetta e café. À medida que os traders exigiam novos produtos, como futuros sobre taxas de juros e moedas, ficou claro que um novo órgão regulador era necessário, daí a CFTC.

A CFTC tem duas funções principais:

>> Garantir que os mercados sejam líquidos e que ambas as partes em uma transação de opções ou de futuros sejam claras (isto é, cumpram suas obrigações contratuais).

>> Supervisionar os mercados, garantindo que as bolsas e as organizações autorreguladoras tenham regulamentos suficientes em vigor e que eles sejam cumpridos.

National Futures Association (NFA)

A NFA (www.nfa.futures.org) regulamenta 3.666 empresas, totalizando 49.416 funcionários, que trabalham nas diferentes bolsas de futuros. Administra verificações de antecedentes e exames de licenciamento, regulamenta o trade de futuros e monitora o cumprimento pelas empresas, e fornece informações aos investidores para que se tornem mais bem informados sobre o trade de futuros e sobre a forma como difere dos investimentos mais tradicionais.

As empresas que lidam com futuros são conhecidas como *traders de comissão de futuros*, ou FCMs, em vez de *corretoras*. Há informações sobre FCMs e seus funcionários no Centro de informações de status de afiliação de histórico da NFA, cujo acrônimo é BASIC. Acesse o conteúdo, em inglês, em www.nfa.futures.org/basicnet, ou por meio da página inicial da NFA. O BASIC lhe permite procurar firmas de futuros e funcionários para saber se estão registrados e se alguma reclamação foi feita contra eles. Se sim, dá para ver se e como o problema foi resolvido. (Considere o BASIC o equivalente do lendário registro permanente que seus professores do ensino médio disseram que o seguiria pelo resto de sua vida.)

DICA

A SEC e a National Association of Securities Dealers regulamentam o trade de opções de ações, mas a Commodity Futures Trading Commission e a National Futures Association regulamentam o trade de opções sobre futuros. À medida que as fronteiras entre os produtos derivativos ficam mais tênues, encontra-se muita sobreposição entre essas diferentes organizações, e muitos especialistas do setor preveem que a SEC e a CFTC se fundirão em algum ponto. Como é possível pesquisar empresas e pessoas por meio de várias organizações de autorregulação, reserve um tempo para fazê-lo. Não se assuste se alguém estiver listado em um lugar e não em outro, mas fique alerta se uma empresa ou pessoa não estiver listada em nenhum lugar.

O câmbio

Diferentemente das bolsas de valores, as de derivativos não fundiram suas funções regulatórias. Assim, a Chicago Board Options Exchange (CBOE), o CME Group, a Intercontinental Exchange e outras têm seus próprios grupos reguladores que garantem que os traders cumpram as regras de câmbio e as de outras organizações que forem pertinentes, em especial a CFTC. Eles também desenvolvem novos tipos de contratos que atendem às demandas do mercado e, ao mesmo tempo, cumprem as leis aplicáveis. (Os Capítulos 3 e 4 descrevem os diferentes trades e o que eles fazem.)

Para procurar padrões que sinalizem manipulação de mercado ou trade com informações privilegiadas, as bolsas também monitoram a forma como os derivativos são operados. Cada um trabalha com os traders de comissão de futuros que têm permissão para operar em sua bolsa e garantir que os FCMs saibam quem são seus clientes e tenham sistemas em funcionamento para garantir que operem bem, se não lucrativamente.

Ocasionalmente, as bolsas cooperam com os reguladores dos mercados de ações e títulos, principalmente se houver suspeita de fraude ou manipulação de mercado. Afinal, o trade de opções com base em informações privilegiadas é tão ilegal quanto o de ações!

Regulamentação de câmbio (forex)

Por ser o maior e mais líquido mercado do mundo, muitos day traders operam em moeda estrangeira, o que também é conhecido como *forex*. Mas aqui está o truque: esses mercados não são bem regulamentados. Não há nada que impeça alguém de trocar dólares norte-americanos por canadenses; os turistas fazem isso todos os dias, geralmente em um balcão de hotel ou loja de varejo. Não há papelada, sem complicações — e sem supervisão.

A supervisão não é necessária para um câmbio simples com a moeda canadense. Infelizmente, essa situação permitiu que algumas empresas apresentassem erroneamente o trade forex para os day traders como regulamentado, quando não o é, o que prejudicou alguns day traders. O prevenido vale por dois, como diz o clichê.

A criptomoeda, aliás, tem ainda menos fiscalização, exceto para roubo ou fraude criminosa — se os perpetradores forem identificados.

CUIDADO

Algumas corretoras forex online ficam fora dos EUA, portanto, oferecem mais alavancagem aos clientes. Isso aumenta o retorno, mas também o risco. E algumas jurisdições têm melhores proteções para investidores do que outras. Verifique a sede das empresas e quais leis se aplicam para que você se proteja.

Opções e futuros em moeda

A maioria das moedas é operada *on spot*: os traders trocam uma por outra pela taxa de câmbio vigente. O mercado à vista não é regulamentado. Mas muitos day traders preferem aumentar a exposição à moeda usando opções e futuros, apostar onde as taxas de câmbio podem ir e se proteger contra os riscos de mudanças inesperadas. As opções e os futuros sobre moeda são regulamentados como derivativos, por meio da CFTC, da NFA e das respectivas bolsas de futuros. Em alguns casos, porém, os FCMs obtêm referências de clientes de empresas de câmbio que não são registradas, o que pode tornar não claro se os clientes entendem em que estão se metendo.

LEMBRE-SE

Se participa de um mercado não regulamentado como o forex, proteja-se fazendo sua pesquisa para saber quais são os riscos e as recompensas. Por falar nisso, todo mercado tem indivíduos inescrupulosos, portanto, é sempre melhor procurar as informações por conta própria, em vez de confiar em outra pessoa. Todos os câmbios e organizações autorregulatórias têm ótimos sites com muitas informações, e listo um diretório deles no Apêndice deste livro.

Bancos e supervisão

Os bancos são responsáveis pela maior parte dos trades de câmbio e são fortemente regulamentados. Portanto, o Federal Reserve Banks e o Departamento do Tesouro dos EUA prestam atenção aos mercados cambiais, em busca de evidências de manipulação e lavagem de dinheiro (discutidas posteriormente neste capítulo). Esse olhar atento impede que o mercado corra ao sabor do vento, mesmo que qualquer pessoa tenha permissão para operar moeda.

CUIDADO

A supervisão bancária não é suficiente para protegê-lo das reivindicações bizarras feitas por firmas de forex desonestas, mas garante que seus contratos sejam cumpridos.

Seguindo as Regras das Corretoras

Não importa quem os regule, as corretoras e os traders de comissões de futuros precisam saber quem são seus clientes e o que fazem. Isso leva a regulamentações básicas sobre adequação, padrão de trade e lavagem de dinheiro para os clientes e papelada extra para você. Não se chateie com toda a papelada que deve preencher para abrir uma conta, porque sua corretora tem ainda mais.

Adequação de medição

As corretoras e FCMs devem se certificar de que as atividades do cliente são adequadas. As empresas precisam conhecer seus clientes e ter certeza de que as recomendações são adequadas. Quando se trata de day trading, as empresas precisam ter certeza de que os clientes lidam com *capital de risco* — dinheiro que podem perder. Também precisam ter certeza de que os clientes entendem os riscos que correm. Dependendo da empresa e do que tentar fazer, é necessário enviar demonstrações financeiras, assinar uma pilha de divulgações e verificar se recebeu diferentes guias de trade.

LAVAGEM DE DINHEIRO: AL CAPONE OU WATERGATE?

Embora alguns acreditem que a expressão *lavagem de dinheiro* remonte às tentativas de Al Capone de sonegar impostos por possuir lavanderias — empresas que faziam uma grande quantidade de pequenas transações em dinheiro —, o Conselho do Fed diz que o termo não entrou em uso até o escândalo de Watergate, quando a equipe de campanha de Nixon teve que esconder o dinheiro usado para pagar as pessoas que invadiram o consultório do psiquiatra de seu oponente.

Sua situação financeira não é da conta de ninguém, só da sua — exceto, é claro, considerando que os vários reguladores querem ter certeza de que os funcionários da empresa não estão convencendo os clientes a assumirem riscos que não deveriam correr. É por isso que a corretora deseja saber quem você é e quanto dinheiro usa em seus trades. Claro, você pode mentir, dizendo ao corretor que não precisa dos R$25 mil que depositou em sua conta, mesmo que seja o dinheiro para pagar pela diálise renal. Mas, se perdê-lo, não pode dizer que não conhecia os riscos envolvidos.

Legitimidade do dinheiro

Lavagem de dinheiro é o processo de criação de proveniência para o dinheiro adquirido em atividades ilegais. O traficante, o assassino mafioso ou o político corrupto não aceita cartões de crédito, mas também não quer manter muito dinheiro em casa. Como cobrar juros sobre seu dinheiro se está trancado em um cofre em seu armário? Além disso, seus amigos são desagradáveis; não dá para confiar que ficarão longe do seu esconderijo. Se esse criminoso levar todo aquele dinheiro ao banco, aqueles banqueiros irritantes começarão a fazer muitas perguntas, porque sabem que a maioria das pessoas que exercem atividades legítimas é paga por meio de cheques ou de depósito eletrônico direto.

Portanto, o criminoso com bastante dinheiro procura uma maneira de fazê-lo parecer legítimo. Existem várias maneiras de lavar dinheiro, desde fazer muitos pequenos depósitos em dinheiro até se envolver em complicadas séries de transações financeiras e transferências, especialmente entre países, que são difíceis de rastrear pelos investigadores. Às vezes, essas transações se parecem muito com day trading, e é por isso que as corretoras que abrem contas de day trade prestam atenção em quem são seus clientes.

O combate à lavagem de dinheiro se tornou uma preocupação urgente após os ataques do 11 de Setembro, porque estava claro que alguém em algum lugar havia dado muito dinheiro a algumas pessoas más para financiar a preparação e a execução de sua missão mortal. Os Estados Unidos e várias outras nações aumentaram a supervisão das atividades financeiras após os ataques ao World Trade Center e ao Pentágono. É por isso que uma parte importante da papelada de sua corretora é dedicada à lavagem de dinheiro. A Rede de Execução de Crimes Financeiros do Departamento do Tesouro dos EUA (`www.fincen.gov`), que investiga a lavagem de dinheiro, exige que as instituições financeiras tenham procedimentos de execução em vigor para verificar se os novos investimentos não foram feitos com fundos obtidos de forma ilícita.

Para que sua corretora verifique quem são seus clientes e de onde veio seu dinheiro, você provavelmente terá que fornecer as seguintes informações ao abrir uma conta:

» Nome.

» Data de nascimento.

» Endereço.

» Estabelecimento comercial.

» Número de PIS ou algo que o valha.

» Carteira de motorista e passaporte.

» Cópias das suas demonstrações financeiras.

Regras especiais para day trader padrão[9]

Eis o problema dos reguladores: muitos day traders perdem dinheiro, e essas perdas são ampliadas pelo uso de *estratégias de alavancagem* (operar com dinheiro emprestado, o que significa perder mais dinheiro do que tem, na busca por grandes lucros, prática detalhada no Capítulo 5). Se o cliente que perdeu o dinheiro não puder pagar por ele, o corretor ficará comprometido. Se muitos clientes perderem dinheiro além do que o corretor consegue arcar, as perdas afetarão o sistema financeiro, o que é complicado.

A FINRA tem uma longa lista de regras que suas firmas-membro devem cumprir para permanecerem no mercado. A regra 4210 trata especificamente de day traders. Ela define o tamanho mínimo da conta e os requisitos de margem para aqueles que se enquadram na definição de day traders, e já adianto: os requisitos são mais rígidos do que para outros tipos de contas, em função do risco maior, embora deem certa flexibilidade na margem de manutenção.

A FINRA define o day trading como a compra ou a venda do mesmo título no mesmo dia em uma conta de margem (ou seja, usando dinheiro emprestado). Execute quatro ou mais desses trades dentro de cinco dias úteis, e você é um *day trader padrão*, a menos que eles representem 6% ou menos de todos os trades feitos nesses cinco dias.

LEMBRE-SE

A National Futures Association não tem uma definição de day trading, porque os trades de futuros, por sua própria natureza, são de curto prazo.

Eis por que a Regra 4210 da FINRA é importante: se é um day trader padrão, pode ter uma margem de 25% em sua conta, o que significa que pode pedir emprestado 75% do custo dos títulos operados. A maioria dos clientes só pode pedir 50% do empréstimo. O motivo do valor mais alto? Os day traders padrão quase sempre encerram suas posições durante a noite, de modo que a empresa corre menos risco de ter o empréstimo pendente. No entanto, é preciso ter uma conta de margem se for um day trader padrão. Ou seja, você tem que assinar um acordo dizendo que entende os riscos de pegar dinheiro emprestado,

---

9 N.R.: As regras descritas aqui somente se aplicam nos EUA. Um day trader no Brasil é aquele que compra e vende um ativo financeiro no mesmo dia. Para regras de margem, verifique os percentuais com sua corretora.

incluindo que pode ter que pagar mais do que está em sua conta e que sua corretora pode vender títulos de sua propriedade para garantir que pague o débito.

De acordo com a Regra 4210, você deve ter pelo menos US$25 mil em sua conta na corretora no início do dia de trade. Se tiver perdas que afetem a conta a ponto de o valor ficar abaixo desse, você terá que conseguir mais dinheiro antes que a corretora permita que continue com o day trading. Se não fizer os depósitos necessários para aumentar sua conta até pelo menos US$25 mil e pelo menos 25% da quantia de dinheiro que pegou emprestado dentro de 5 dias úteis, terá que operar em regime de caixa (sem empréstimos), presumindo que a empresa o deixe fazê-lo.

Não se preocupe em se justificar, porque a corretora tem que cumprir a lei. As empresas pagam o preço se deixam os clientes deslizarem. Em 2010, a FINRA multou a corretora Scottrade em US$200 mil por permitir que os clientes que atendiam à definição de day traders padrão operassem sem manter os US$25 mil em suas contas. A empresa avisou os clientes, mas permitiu que operassem violando a regra — uma decisão que foi contra os reguladores.

LEMBRE-SE

As regras estabelecidas pela FINRA e por outras organizações autorreguladoras são requisitos mínimos. As corretoras são livres para definir limites mais altos conforme o tamanho da conta e os empréstimos, e muitas o fazem para gerir melhor seus riscos.

Relatórios de impostos[10]

Além da papelada referente à sua identidade, há formulários atinentes a relatórios fiscais. O Formulário W9 do IRS mantém suas informações de contribuinte em registro. Então, após o final do ano, a corretora envia o formulário 1099B listando quanto dinheiro você ganhou em sua conta, dividindo-o entre receita e ganhos de capital em ações, títulos, opções e futuros. Você usa isso para garantir que o fisco receba sua parte. As questões fiscais são abordadas no Capítulo 17, mas, por enquanto, lembre-se de que as autoridades fiscais federais, estaduais e locais estão sempre alertas ao desempenho de seus trades.

É um Privilégio Ver Daqui

Os regulamentos sobre adequação e lavagem de dinheiro são muito claros. Você recebe um monte de formulários, lê, assina, apresenta sua documentação, e todo mundo fica feliz. As regras que mantêm o funcionamento dos mercados são claras e fáceis de seguir.

---

10 N.R.: Apesar de os nomes dos formulários serem diferentes, as corretoras brasileiras também enviam todas as suas informações para a Receita Federal.

Mas outro conjunto de regras também mantém os mercados funcionando — a saber, ninguém tem uma vantagem injusta de informação. Se você soubesse com antecedência sobre anúncios de grandes fusões, decisões sobre taxas de juros do Federal Reserve ou um novo substituto do açúcar que eliminaria a demanda por xarope de milho, ganharia muito dinheiro no mercado de ações, operando opções sobre futuros de taxas ou no mercado de futuros de grãos. Ao fazer isso, entretanto, teria uma vantagem injusta. Se todos acreditassem que tais vantagens injustas fossem comuns, não estariam dispostos a participar do mercado de capitais, o que prejudicaria a economia.

CUIDADO

Informações privilegiadas não são lá muito bem definidas. Elas incluem quaisquer informações não públicas que uma pessoa consideraria ao decidir comprar ou vender um título, e esse é um padrão bastante vago — especialmente porque todo o propósito da pesquisa é combinar pedaços de informações imateriais para tomar decisões de investimento.

Os day traders, que compram e vendem rapidamente, são beneficiados por dicas importantes. Às vezes participam de painéis de mensagens, de grupos privados nas redes sociais ou de serviços de bate-papo nos quais boatos fortes fazem o sangue fluir em um dia monótono. Se essas dicas importantes forem, na verdade, informações privilegiadas, o trader precisa se responsabilizar. Se obtiver excelentes informações de alguém em uma posição privilegiada — um executivo, um diretor, um advogado, um banqueiro de investimento — e agir com base nelas em seus trades ou compartilhá-las com alguém que tomará atitudes com base nelas, penalidades rígidas estarão à espreita. As penalidades civis geralmente são de três vezes seus lucros, mas o governo pode decidir que seu trade foi parte de um empreendimento criminoso, tornando as penalidades muito maiores.

PAPO DE ESPECIALISTA

O uso de informações privilegiadas é difícil de provar, então os reguladores federais usam outras ferramentas para punir aqueles que suspeitam ter lucros inadequados. Martha Stewart não foi enviada para a prisão por acusações de trade com informações privilegiadas; ela foi acusada de obstruir a justiça ao mentir para os investigadores sobre o que aconteceu.

Sempre que um grande anúncio é feito, como uma fusão, as bolsas voltam e analisam os trades dos últimos dias para ver se ocorreram atividades incomuns em títulos e em derivativos relevantes. Em seguida, rastreiam a atividade até os traders envolvidos, por meio das corretoras, para ver se foi coincidência ou parte de um padrão.

A propósito, a maioria das dicas acaba se revelando infundada ou, pelo menos, não tão interessante para o mercado quanto parece. É difícil obter informações privilegiadas reais, mas começar um boato é fácil.

DICA

O ponto principal é este: fuja das informações privilegiadas. Mas se uma dica parecer boa demais para ser verdade, provavelmente não é, então tome cuidado.

Novas Regras Perante as Crises

Muitos reguladores ficam à margem, observando os mercados com pouca interação até que uma grande crise chegue. Quando isso acontece, eles correm para acalmar os mercados, muitas vezes estabelecendo regras novas e temporárias até que todos estejam calmos e que as atividades normais possam ser retomadas.

Três tipos principais de regras se aplicam apenas em caso de crise. Eles são quebras de circuito, restrições de venda a descoberto e trades interrompidos.

Quebras de circuito são interrupções temporárias de trade que se aplicam quando o mercado tem uma volatilidade excessiva, pelo menos aos olhos da NYSE. (Os traders adoram a volatilidade, mas a NYSE não é tão entusiasta.) Veja como funcionam:[11]

> » **Se o índice S&P 500 cair 7% (um declínio de nível 1) ou 13% (um declínio de nível 2)** entre 9h30 e 15h25, horário de Nova York, os trades param por 15 minutos.
>
> » **Se o índice S&P 500 cair 20%** a qualquer momento do dia, o trade é interrompido pelo resto do dia.
>
> » **Um declínio de nível 1 ou de nível 2 só acontece uma vez por dia.**
> Quando o mercado reabrir após um declínio de nível 1, não parará novamente, a menos que ocorra um declínio de nível 2. Se este ocorrer, o mercado não parará novamente, a menos que ocorra um declínio de nível 3.

As outras bolsas não precisam seguir as regras da NYSE, mas geralmente o fazem. Além disso, a NYSE tem o direito de interromper o trade de qualquer valor mobiliário se cair mais de 10% em um período de cinco minutos.

Restrições de venda a descoberto podem ser postas em prática se as autoridades regulatórias acreditarem que a ação em um setor arrasta todo o mercado. No outono de 2008, a venda a descoberto foi temporariamente proibida em ações de serviços financeiros.

Por fim, se o mercado sair completamente dos trilhos, as bolsas têm o direito de *interromper os trades* e cancelar as ordens de compra e de venda que pareciam boas demais para ser verdade. Quando ocorreu o flash crash, de 2010, muitos traders ficaram entusiasmados ao descobrir que poderiam comprar ações de empresas ilustres e lucrativas por uma fração do preço normal. Eles não ficaram tão entusiasmados quando as bolsas cancelaram esses trades.

---

11 N.R.: No Brasil, o mecanismo de circuit breaker funciona de forma parecida. No estágio 1, se o Ibovespa desvalorizar 10% em relação ao valor de fechamento do dia anterior, a negociação é interrompida por 30 minutos. Reabertas as negociações, no estágio 2, caso o Ibovespa desvalorize 15% em relação ao fechamento do dia anterior, as negociações são interrompidas por 1 hora. O estágio 3 ocorre quando o Ibovespa atinge queda de 20% em relação ao fechamento do dia anterior, e a B3 pode suspender negociações por prazo a ser definido por ela. Além disso, a negociação de um ativo específico pode ser interrompida caso sejam detectadas movimentações anormais.

LEMBRE-SE

A SEC permite que as bolsas de valores interrompam os trades sempre que os preços no sistema estiverem "claramente errados", especialmente se houver um defeito no computador. Alguns traders alegam que os trades são interrompidos mesmo que os preços não estejam claramente errados, negando-lhes um lucro garantido. As diretrizes permitem que as bolsas considerem interromper um trade sempre que os preços variam em 10% para ações com preços abaixo de US$25, 5% para ações com preços entre US$25 e US$50 e 3% para aquelas com preços acima de US$50. Além disso, o processo de revisão deve começar 30 minutos após o trade.

Se vir uma pechincha fabulosa, vá em frente e faça o trade, mas saiba que ele pode ser cancelado se aquele ótimo preço ocorreu devido a um erro.

Firmando Parcerias

Depois que seu day trading se provar ser um grande sucesso, você pode querer contratar parceiros para lhe dar mais capital de trading e uma receita um pouco mais regular das taxas de administração. Contratar parceiros dá muito trabalho e, mais uma vez, necessita que certas regras e procedimentos sejam seguidos.

Se opera opções e futuros, um pool de commodities ou trabalha como consultor de trade de commodities, precisa se registrar na National Futures Association. Se opera ações e títulos, precisa se registrar na SEC, a menos que atenda aos testes de isenção que permitem operar como fundo de hedge.

CUIDADO

O registro não é um projeto do tipo "faça você mesmo". Por falar nisso, também não é necessário garantir isenção de registro, mesmo tendo parceiros. Um erro ou omissão pode ter repercussões tremendas no futuro, incluindo multas ou pena de prisão. Se deseja contratar parceiros para seu negócio de trade, invista em consultoria jurídica qualificada. Isso o protege e mostra aos clientes em potencial que você leva seu negócio a sério.

Para se qualificar como fundo de hedge, que é uma parceria de investimento privado que não se qualifica para registro sob o Investment Company Act, de 1940, você tem que lidar apenas com *investidores credenciados* (aqueles com pelo menos US$1 milhão em patrimônio líquido ou uma renda anual de US$200 mil) ou com *compradores qualificados* (aqueles com US$5 milhões em ativos de investimento). A ideia é a de que essas pessoas entendam os riscos que correm e tenham dinheiro suficiente para perder. Os fundos de hedge não precisam se registrar na SEC, mas talvez precisem se registrar na NFA.

Precisando ou não se registrar, os investidores em potencial desejarão uma prova de que você sabe o que está fazendo e de que sabe como administrar o dinheiro deles. Essa etapa está além do escopo deste livro, mas é algo que um day trader de sucesso deve considerar.

> **NESTE CAPÍTULO**
>
> » **Compreendendo as regras de cada produto**
>
> » **Encontrando um consultor experiente**
>
> » **Calculando a receita de entrada e as despesas de saída**
>
> » **Divulgando segredos fiscais dos melhores traders**
>
> » **Relatando ao IRS e pagando os impostos estimados**
>
> » **Pagando na conta de aposentadoria**

Capítulo **17**

Taxando Day Traders

Você acha que os retornos do day trade vêm livres? Pense bem, porque o governo tem muitas maneiras de pegá-lo na época de declarar os impostos. O day trading envolve estratégias que geram altos retornos e altos passivos fiscais, que corroem seu retorno total se não tomar cuidado. Nem todas suas despesas são dedutíveis, e embora você ache que está fazendo day trading, as instituições responsáveis têm suas próprias definições.

Os impostos em si não são necessariamente ruins, porque os cidadãos têm que pagar por coisas como estradas, escolas e defesa nacional de alguma forma. Mas são devastadores para suas finanças pessoais se não os tiver planejado. Considere as implicações fiscais de sua estratégia de trade desde o início e mantenha registros cuidadosos para não ser pego desprevenido.

CUIDADO

As questões fiscais para os day traders são complexas e mudam com frequência. E como os governos estão quebrados, não espere que as regras tributárias se afrouxem. Trabalhe sempre com um contador ou com um especialista tributário que tenha experiência nesses assuntos. Este capítulo é apenas um guia. Até tenho um bom coração, mas não estou aqui para fazer uma auditoria.

Preparando o Terreno: O que Precisa Saber com Base no que Opera

Os códigos da receita são complexos, com regras específicas para tipos específicos de transações. Confundir-se é fácil, e um aumento nos impostos sai caro. Aqui, apresento uma visão geral dos diferentes tipos de ativos de day trading e algumas das implicações fiscais associadas a eles.

Commodities e futuros[1]

Dos muitos motivos que levam os day traders a trabalharem com contatos de commodities e de futuros, um é que os impostos são fáceis de controlar. De acordo com a Seção 1256 do código do IRS, certos tipos de contratos — como de futuros regulamentados, contratos em moeda estrangeira e opções não patrimoniais (sobre dívida, commodities, moedas e índices do mercado de ações) — são tratados sob a *regra 60/40*. Ela estipula que 60% do ganho ou da perda de capital total é tratado como ganho ou perda de longo prazo, e os outros 40%, como de curto prazo. Por quanto tempo você manteve a posição não importa. Por que essa regra é tão interessante? Porque a taxa de ganhos de capital de longo prazo é menor do que a de curto, e você, como day trader, tem uma vantagem nisso, embora, por definição, não mantenha posições de longo prazo.

Trade de moedas[2]

Se opera moedas, as leis fiscais são confusas e têm zonas cinzentas. Os seguintes pontos afetam a forma como os impostos se aplicam ao seu caso:

> » **Ser indivíduo ou empresa:** As pequenas transações individuais em moeda são consideradas meras trocas; por exemplo, se for de férias

---

1 N.R.: No Brasil, a regra 60/40 descrita não existe. A Receita Federal não diferencia entre ganhos de curto e longo prazo no day trade. O day trade é definido como qualquer negociação de compra e venda de um ativo no mesmo dia, e as regras de Receita são para essa definição.
2 N.R.: No Brasil, o trade de moedas pode ser feito pela B3 (usualmente quando o trader opera contratos futuros de dólar) ou pelo uso de plataformas internacionais de FOREX. É preciso distinguir entre essas duas operações, já que elas têm tratamentos diferentes. No caso dos ativos operados em bolsa, o imposto é pago à taxa de 20% sobre o ganho de capital. Nos meses em que há prejuízo, não é necessário pagar impostos. Esses impostos são calculados por meio de um programa chamado de Sicalcweb. Por outro lado, FOREX é um mercado ainda não regulado. Isso quer dizer que não há uma definição de que como esse tipo de operação é tributada. Alguns defendem que a tributação deveria ser de 15% sobre o ganho de capital, independente de se tratar de day trade ou de swing trade. De qualquer forma, consulte seu contador ou advogado. Para declarar ganhos com FOREX, você usará o GCap, programa da Receita Federal destinado à apuração de impostos advindos de ganhos de capital.

para o México, trocar dólares por pesos quando o dólar estiver forte e, em seguida, trocar o que resta na fronteira uma semana depois, quando o dólar estiver um pouco mais fraco, você terá obtido lucro. No entanto, essa transação não é relatável porque, em essência, você trocou dois itens idênticos: dinheiro por dinheiro.

Uma empresa, no entanto, acumula ganhos e perdas tributáveis devido às alterações nas taxas de câmbio. Se uma empresa fabrica mercadorias nos EUA e as vende por meio de sua subsidiária mexicana, por exemplo, o valor do lucro ou do prejuízo que a subsidiária tem depende da taxa de câmbio entre o dólar e o peso, e isso determina o valor do imposto que a empresa paga. Neste caso, o trade não é de objetos idênticos. (O IRS tem muitas regras sobre como as empresas devem lidar com o câmbio, de acordo com a Seção 988 do código tributário.)

» **Operar moeda real ou futuros e opções de moedas:** Futuros e opções de moedas são tributados de acordo com a Seção 1256, usando a prática regra 60/40, descrita na seção anterior. Mas o trade ocorre no mercado à vista. Não são contratos de moeda; é a moeda real. O que fazer com relação aos lucros e às perdas que eventualmente se acumularão?

As instituições não se importam se você reivindicar uma espécie de câmbio isento de impostos se seu objetivo é ganhar a vida operando moedas. Mas seu negócio faz operações no exterior? Infelizmente, não há diretrizes claras aqui, então é necessário ter um contador. A ideia geral é relatar o trade de moeda por meio da Seção 988 ou da Seção 1256. De acordo com a Seção 988, seus ganhos e suas perdas são considerados ganhos de capital de curto prazo em seus trades. Esse arranjo economiza dinheiro se perdê-lo, mas custa se ganhá-lo. De acordo com a Seção 1256, os trades à vista são tratados como contratos futuros, e incidem impostos sobre ganhos de capital de curto prazo sobre 40% dos lucros e sobre os de longo prazo sobre os 60% restantes. Isso economiza dinheiro nos anos em que o ganhou.

O segredo? Ser consistente. Não use a Seção 988 quando perder dinheiro e a Seção 1256 quando ganhar. Esse jogo deixa o IRS muito infeliz, e ninguém quer chatear os fiscais.

CUIDADO

Embora este capítulo seja uma diretriz, e não um conselho fiscal profissional, este aviso é particularmente válido para as informações sobre moedas. Quando o escrevi, tanto a Commodity Futures Trading Commission quanto o Internal Revenue Service examinavam atentamente o mercado cambial para esclarecer os regulamentos, portanto, as informações podem ser muito diferentes quando você declarar seus impostos.

CAPÍTULO 17 **Taxando Day Traders** 293

Opções[3]

A tributação de opções é mais complicada do que a de outros derivados. As informações básicas são as mesmas: um ganho em uma opção mantida por menos de um ano é um ganho de capital de curto prazo, e em uma mantida por mais de um ano, de longo prazo. Contudo, existem problemas. O primeiro é que algumas estratégias de opções oferecem uma combinação de ganhos e perdas de curto e de longo prazo. O segundo é que o trades de opções se enquadram na regra de venda lavada (explicada posteriormente neste capítulo), que limita sua capacidade de operar com os mesmos títulos em um período inferior a trinta dias.

As opções têm outra característica: não podem ser usadas para gerir vendas tributáveis e ganhos em ações. Uma opção sobre uma ação é considerada substancialmente idêntica à ação. É por isso que o tratamento tributário é praticamente o mesmo — e o motivo de o aconselhamento fiscal profissional ser crucial.

DICA

A Chicago Board Options Exchange publica um guia detalhado sobre a tributação de ações e de opções de ações. Baixe-o, em inglês, em www.cboe.com/LearnCenter/pdf/TaxesandInvesting.pdf.

Mercado de ações[4]

No Capítulo 2, abordo as diferenças entre investir, operar e apostar. Os day traders não investem; tiram proveito dos movimentos de preços de curto prazo, não em apostar em um negócio de longo prazo. A menos, é claro, que pergunte aos órgãos fiscais. O IRS define o trade de forma muito diferente do que as pessoas nos círculos financeiros. Para os fiscais, você é um trader apenas se *todos* os seguintes tópicos se aplicarem a você:

» Você busca lucrar com os movimentos diários do mercado nos preços dos títulos, não com dividendos, juros ou valorização do capital.

» Sua atividade é *substancial;* o código do IRS não especifica o que isso significa, mas provavelmente significa pelo menos 3 mil trades por ano.

---

3 N.R.: A apuração de lucros e prejuízos com opções é mensal. A geração de DARF é feita pelo sistema Sicalc. A DARF deve ser gerada até o último dia útil do mês seguinte ao da transação que gerou o ganho. Caso sua opção tenha virado pó, é considerado prejuízo do valor total de compra.

4 N.R.: A apuração de lucros e prejuízos com ações é mensal. O trader deve entrar no sistema Sicalc e realizar a geração da DARF em todos os meses que tiver lucro. Em caso de prejuízo, não é preciso emitir a DARF. Contudo, é preciso declarar os valores negativos na aba Renda Variável na declaração anual de imposto de renda. A alíquota para day trade é de 20% sobre o valor de ganho de capital no mês. Custos com corretagem, emolumentos e impostos retidos na fonte são dedutíveis do valor final. Esses custos deverão estar discriminados nas notas de corretagem fornecidas pela sua corretora.

> A atividade tem *continuidade* e *regularidade*. Em outras palavras, o day trading é mais ou menos o seu trabalho de tempo integral, você já trabalhou nele por pelo menos seis meses e planeja continuar no próximo ano.

PAPO DE ESPECIALISTA

O caso de 2013 do Tribunal Fiscal *Endicott v. Comissário* abordou essa questão do que é *substancial* ao decidir se uma pessoa é trader. O reclamante fez 1.543 trades em 2008, que o IRS considerou substancial. Os 303 trades realizados em 2007 não atenderam à definição. O contribuinte operou em 75 dias em 2006, 99 em 2007 e 112 em 2008, e o tribunal decidiu que nenhum deles atendeu ao requisito de trade frequente, contínuo ou regular. Essa decisão é a orientação mais clara emitida em muito tempo.

O Tópico 429 do IRS cobre o assunto com mais detalhes. Se opera em meio período, tem outro emprego ou é novo no jogo do day trading, o IRS provavelmente não permitirá que se defina como trader. Não importa como um agente do IRS o chama, desde que não o chame para uma auditoria?! Bem, entender a diferença entre *trader* e *investidor* no jargão do IRS é importante para evitá-la.

LEMBRE-SE

Ao se qualificar como trader, você desfrutará de deduções de que os investidores regulares não desfrutam. Você pode ser qualificado como trader para algumas de suas atividades e como investidor para outras. Se acha que esse cenário se aplica a você, precisa manter registros detalhados para dividir seus trades e deve usar contas de corretagem diferentes para marcar a diferença desde o dia em que abrir a posição.

PAPO DE ESPECIALISTA

Na economia política, a tributação serve a dois propósitos. O primeiro é arrecadar dinheiro para o governo. O segundo é encorajar as pessoas a fazerem o que os governantes eleitos que alteram o código tributário desejam que façam. Grande parte do código tributário de investimento visa promover a formação e o crescimento de empresas. Os trades de curto prazo não fazem isso, então a lei tributária não lhes oferece os mesmos benefícios que aos de longo prazo e aos empresários.

Contratando um Consultor Tributário

Não é preciso contratar alguém para fazer seus impostos, mas é o ideal. O day trading gera muitas transações separadas para rastrear, e as leis fiscais são complicadas. Os erros podem lhe custar todo o lucro obtido.

DICA

Faça um favor a si mesmo e encontre um especialista em impostos. Converse com outros traders, busque referências de advogados e contadores com quem trabalham e pesquise na internet por pessoas que entendam tanto as regulamentações quanto as necessidades exclusivas de quem compra e vende títulos com frequência, seja ou não entendido como trader.

Os tipos de especialistas fiscais[5]

Ok, você está esperando que eu diga que só há um tipo de contador, que faz tudo, certo? Errado. Os especialistas em impostos se enquadram em várias categorias, e conhecê-las o ajudará a determinar o melhor para você:

» **Contadores públicos certificados:** Estudaram contabilidade na faculdade e passaram em exames que testaram seus conhecimentos de uma ampla gama de assuntos na área. Como grande parte da contabilidade envolve a preparação do imposto de renda, muitos CPAs se especializam nisso. Os CPAs geralmente têm o melhor conhecimento combinado de leis tributárias e de técnicas de preparação de impostos, mas nem todos se especializam ou mesmo entendem o day trading.

» **Agentes inscritos:** Especializaram-se na preparação de impostos. Eles recebem o registro do IRS após serem aprovados em um exame específico sobre impostos, que é o que conhecem melhor. Eles podem não ser tão bons em ajudá-lo com outras necessidades contábeis, como preparar a folha de pagamento para seus assistentes de escritório.

» **Advogados fiscais:** Geralmente trabalham com CPAs; são chamados para estudar a legalidade das estratégias propostas ou para representar um cliente em contencioso tributário. Não são apropriados para a maioria dos traders, mas você pode se deparar com situações que exijam um.

» **Voluntários (péssima ideia):** De tempos em tempos, prédios vazios são transformados em centros de preparação de impostos, e as instituições formam um quadro de voluntários para ajudarem as pessoas com seus impostos. Esses serviços podem ser uma bênção para a pessoa média, que não tem tempo ou paciência para lidar com os formulários de impostos. Mas, se você é trader, terá de enfrentar problemas complexos, com que a maioria desses serviços não está preparada para lidar, como as muitas considerações que acompanham os impostos sobre o trade de moedas.

LEMBRE-SE

Apenas CPAs, agentes inscritos e advogados fiscais têm permissão para representar clientes perante o IRS em auditorias, cobranças ou recursos. Outros preparadores pagos podem representar clientes em uma auditoria, mas não podem lidar com questões mais complexas.

---

5 N.R.: No Brasil, a distinção que a autora faz entre profissionais não é aplicável. A contratação de um advogado ou contador especializado é suficiente no país. Veja se conhece um profissional, ou pegue recomendações de profissionais com amigos ou em fóruns na internet. Começar com um contador é o ideal, mas procurar um advogado pode ser necessário para avaliar estratégias tributárias ou para iniciar processos administrativos ou judiciais. A contratação de um advogado também pode ser positiva caso opere ativos cuja definição tributária ainda está em construção, como as criptomoedas.

Conversando com o consultor

Após identificar candidatos para preparar seus impostos, converse com eles e pergunte sobre sua experiência. Ele precisa entender de coisas como *wash-sale rule* (o que limita a dedutibilidade de suas perdas e é abordado em mais detalhes na seção posterior, "Contornando a wash-sale rule") e *mark-to-market election* (o que lhe permite deduzir mais perdas; veja a seção "Marcação a mercado") e saber determinar o que deve em impostos e nem um centavo a mais.

Aqui estão algumas perguntas a fazer a um potencial preparador de impostos:

- » Com quais investidores e traders você trabalhou? Por quanto tempo?
- » Já trabalhou com traders ou investidores no meu estado? Sabe pedir restituição?
- » Ajudou traders a fazerem a mark-to-market election?[6]
- » Qual é sua experiência com a wash-sale rule? Como meu estilo de trade é afetado por ela?[7]
- » Quem fará minha restituição? Quão envolvido você estará?
- » Vocês oferecem análises fiscais de estratégias de trade?
- » Qual é seu registro de auditoria? Por que seus clientes foram auditados? O que aconteceu na auditoria?
- » Quais são suas taxas?

CUIDADO

Por lei, os preparadores fiscais não podem basear seus honorários no valor da restituição e nem a garantirem para você. Qualquer preparador que fizer essas coisas não conhece a lei ou está infringindo deliberadamente.

DICA

Você se sentirá mais confortável com seu preparador se *entender* as questões em jogo. Mesmo se contratar alguém — e deveria —, continue lendo este capítulo e verifique o Apêndice para referências sobre impostos e trade.

Fazendo Você Mesmo Seus Impostos

Os traders podem fazer seus próprios impostos. Se você se sentir confortável com os formulários fiscais e se sua atividade no day trading não for intensa, e se ainda não o dissuadi, talvez você consiga lidar com seus próprios impostos.

---

6 N.R.: Essa pergunta não faz sentido no Brasil. Sugerimos trocar por "você conhece a regra de dedutibilidade dos prejuízos anteriores?". Essa regra será abordada posteriormente no capítulo.

7 N.R.: Novamente, essa pergunta não se aplica às regras brasileiras.

Aqui está aquilo de que você precisa: os formulários adequados e um software de preparação de impostos que lide com a receita de investimentos.

Descobrindo tudo o que precisa saber[8]

O site do IRS, www.irs.gov, com conteúdo em inglês, é um tesouro de informações fiscais. Todos os regulamentos, publicações, formulários e explicações estão lá, e alguns sem muitos termos técnicos. O site é tão vasto e detalhado, que você provavelmente ficará surpreso (não tenho certeza se há alguma página em qualquer publicação do IRS que não mencione dividendos recebidos do Fundo Permanente do Estado do Alasca).

PAPO DE ESPECIALISTA

Curioso para saber sobre esse Fundo Permanente do Estado do Alasca? É um pagamento anual feito a todos os residentes do Alasca todos os anos, com base nos lucros do petróleo extraído no estado. Para lhe dar uma noção desse valor, o Alasca tinha 739.795 residentes em 2017, de acordo com o U.S. Census Bureau. Acho que há duas páginas de publicações do IRS mencionando o fundo para cada pessoa que recebe um cheque dele.

DICA

A principal publicação que cobre as implicações fiscais do trade e de outras atividades de investimento é a Publicação 550, disponível, em inglês, em www.irs.gov/publications/p550/.

Facilitando com softwares[9]

As pessoas corajosas que fazem seus próprios impostos sabem que o software de preparação é uma dádiva de Deus e é ainda mais valioso para aqueles que são independentes e que operam muito. O software preenche os formulários, adiciona e subtrai automaticamente e até detecta erros tipográficos. Em muitos casos, baixa dados diretamente de sua conta da corretora, tornando a entrada deles muito simples.

A maioria das grandes marcas, como TaxCut e TurboTax, publica várias edições a cada ano — nem todas são configuradas para importar e gerir muitos dados de trade. Entre as que oferecem serviços para investidores, estão a TurboTax Premier Investments (www.turbotax.com), H&R Block at Home Premium (www.hrblock.com) e CompleteTax (www.completetax.com), todas com os respectivos trâmites em inglês.

---

8 N.R.: O site da Receita Federal também conta com explicações claras sobre as regras brasileiras. Basta pesquisar pelo "Perguntão" do ano em que fará a declaração e consultar a seção "Renda Variável". Ali, terá todas as informações sobre day trade direto da fonte.
9 N.R.: No Brasil, não é necessário o uso desses softwares facilitadores, já que o cidadão tem uma interface direta e intuitiva com a Receita, o Sicalc Web. É um programa da Receita no qual você fará a emissão das DARFs para pagamento dos impostos relativos ao day trade. Sua corretora deverá te passar todas as notas de corretagem de suas operações. Basta inserir essas informações no Sicalc Web e emitir a guia de pagamento (DARF).

As Categorias da Renda

Renda parece um conceito simples, mas quando se trata de tributação, nada é lá muito simples. Para o IRS, a renda se enquadra em diferentes categorias, com diferentes impostos, diferentes deduções permitidas e diferentes formulários para preencher. Nesta seção, abordo as definições que você verá como trader.

Rendimentos[10]

Rendimentos incluem salários, vencimentos, bônus e gorjetas. É o dinheiro que você ganha no trabalho. Mas mesmo que o day trading seja sua única ocupação, seus ganhos não são considerados rendimentos. Portanto, os day traders, sejam classificados para fins fiscais como investidores ou como traders, não precisam pagar o imposto de trabalho autônomo sobre seus rendimentos. Não é ótimo?

Talvez sim, talvez não. O imposto sobre o trabalho autônomo, a ruína de muitos empresários independentes, é uma contribuição para o fundo de seguridade social. (Os empregados pagam metade da contribuição, e o empregador paga a outra metade. Os autônomos têm que pagar tudo.)

O problema é que, se você não obteve renda, não contribui com a Previdência Social. Se não o faz, pode não ter direito aos benefícios da aposentadoria. Para recebê-los, você deve ter pagado quarenta créditos e pode ganhar no máximo quatro créditos por ano. A maioria dos funcionários faz isso facilmente, mas, se você se ausentou do trabalho ou tem um longo histórico de trabalho como investidor independente, pode não ter pagado o suficiente.

CUIDADO

Quaisquer benefícios da Previdência que você receba se baseiam nos 35 anos de maior renda auferida em seu histórico de trabalho. Seus anos de trade independente aparecem como anos com renda zero, o que prejudica o benefício final.

DICA

A Administração da Previdência tem uma calculadora online útil, www.socialsecurity.gov/planners/calculators.htm, em inglês, para ajudá-lo a determinar se o day trading faz sentido para você no momento, dado o possível efeito sobre seus benefícios.

---

10 N.R.: A definição de renda no Brasil é diferente, mas não nos alongaremos aqui, pois não tem relação com as regras de day trade.

Receita de investimentos

Receita de investimentos é a receita total da propriedade mantida para investimento antes de quaisquer deduções. Inclui juros, dividendos, anuidades e royalties. Ela não inclui ganhos de capital líquido, a menos que opte por incluí-los. Você quer incluí-los? Bem, leia a próxima seção.

Além dos ganhos de capital líquidos, que pode incluir ou não, a maioria dos day traders tem pouca receita de investimento para fins fiscais.

Ganhos e perdas de capital[11]

Um *ganho de capital* é o lucro que você obtém quando compra na baixa e vende na alta — o objetivo do day trading. O oposto de ganho de capital é a *perda de capital*, o que acontece quando você vende um ativo por menos do que pagou por ele. Os investidores podem compensar alguns de seus ganhos de capital com algumas de suas perdas para reduzir sua carga tributária.

CUIDADO

No entanto, os traders frequentes têm muitos ganhos e perdas de capital e podem muito bem entrar em conflito com as complicadas regras sobre a tributação em cima dos ganhos. Os problemas de ganho e perda de capital atropelam os day traders o tempo todo. Ao preparar sua estratégia, pense bastante sobre o quanto de dor de cabeça os impostos podem causar. O mundo financeiro está repleto de histórias de terror de pessoas que pensaram ter encontrado um ângulo inteligente para obter grandes lucros e acabaram descobrindo que suas obrigações fiscais eram maiores do que seus lucros. No mundo real, os impostos são importantes.

Há dois tipos de ganhos de capital: de curto e de longo prazo. É cobrada uma taxa baixa (a taxa atual é de 15%) sobre os ganhos de capital de longo prazo, que agora é definida como o ganho sobre os ativos mantidos por mais de um ano. Os ganhos de capital de curto prazo, aqueles obtidos em qualquer ativo mantido por um ano ou menos, são tributados à taxa de renda normal, a partir de 28%.

Calculando ganhos e perdas de capital: Cobrindo todas as suas bases[12]

Os ganhos e as perdas de capital são calculados usando um título *base*, que pode ou não ser igual ao preço que pagou por ele ou pelo qual o vendeu.

---

11 N.R.: A definição de ganho de capital é a mesma do Brasil, mas a alíquota de imposto é diferente. Em operações de renda variável, a Receita cobra 15% de alíquota sobre operações de swing trade e 20% sobre operações de day trade.

12 N.R.: No Brasil, calcula-se o ganho ou a perda de capital simplesmente como a diferença entre o preço de compra e o preço de venda. Aqui a autora está usando como exemplo colocar os custos de corretagem no preço base. Aqui no Brasil, os custos de corretagem não são adicionados, mas são dedutíveis do imposto a ser pago, bem como os emolumentos. O

Algumas despesas, como comissões ou perdas que não podem ser contabilizadas pela wash-sale rule (ambos discutidos posteriormente neste capítulo), são adicionadas ao custo do título, o que reduz o valor do ganho tributável ou aumenta o das perdas dedutíveis.

Por exemplo, se comprou 100 ações a R$50 por ação e uma comissão de R$0,03 por ação, sua base seria R$5.003 — os R$5 mil que pagou por elas ações e os R$3 em comissão.

A wash-sale rule[13]

Suponha que ame a LMNO Company, mas o preço das ações esteja abaixo de quando as comprou. Para cobrir essa perda com os impostos, você vende as ações e depois as compra de volta pelo preço mais baixo, obtendo a dedução fiscal e ainda a mantendo. Não é perfeito?

É bom demais para ser verdade. Esse truque é chamado de *wash-sale*, e o IRS não contabiliza a perda. Essa regra foi pensada para evitar que investidores de longo prazo brincassem com seus impostos, mas tem o efeito de criar uma situação fiscal desastrosa para os day traders ingênuos.

VENDO A REGRA EM AÇÃO

De acordo com essa regra, não há como deduzir uma perda se houver um ganho e uma perda no mesmo título dentro de um período de 61 dias corridos. (Não são dias de trade, portanto, finais de semana e feriados contam.) No entanto, *há um jeito* de adicionar o prejuízo não permitido ao preço base do ativo que operou.

Eis um exemplo. Na terça-feira, você comprou 100 ações da LMNO a US$34,60. A LMNO anunciou ganhos terríveis, e as ações caíram para US$29,32, e você vendeu todas as 100, com uma perda de US$528. No final da tarde, elas atingiram a mínima e parecia que subiriam, então você comprou outras 100 a US$28,75 e as revendeu uma hora depois, a US$29,25, encerrando sua posição do dia. O segundo trade teve um lucro de US$50. Você teve uma perda líquida de US$478 (a de US$528 mais o lucro de US$50). Veja como isso funciona em termos de impostos: O IRS não conta a perda de US$528 e lhe permite

---

valor que você pagou em corretagem e emolumentos deve ser fornecido a você nas notas de corretagem pela sua corretora. Na hora de emitir a DARF, é possível considerar esses itens como despesa e reduzir o valor total do ganho de capital que tiver. Atenção: os impostos que tenham sido retidos na fonte também são dedutíveis. Cheque o valor nas notas de corretagem fornecidas pela sua corretora.

13 N.R.: No Brasil, não existe proibição expressa de realizar esse tipo de operação, que é vender o ativo com prejuízo para registrar perdas e reduzir o imposto devido. Contudo, recomendamos muito cuidado ao usar esse tipo de estratégia. Converse com seu contador e advogado para ouvir seus conselhos antes de fazer algo do tipo. Apesar da não proibição, a Receita pode entender que você realizou a operação apenas com ganho tributário em mente, o que pode acarretar multas.

declarar apenas o lucro de US$50. Mas lhe permite adicionar o prejuízo ao preço base de sua segunda compra, então, em vez de gastar US$2.875 (100 ações x US$28,75), para fins fiscais, você gastou US$3.403 (US$2.875 mais US$528), o que significa que o segundo trade o fez perder os US$478 que readicionou. Em uma base líquida, você pode registrar sua perda. Essa adição lhe permite aproveitar suas perdas na liquidação final, supondo que mantenha registros cuidadosos e tenha mais trades vencedores do que perdedores em qualquer título.

DICA

Para facilitar os cálculos, há vários pacotes de software de impostos para baixar dados de sua conta de corretora e controlar sua situação fiscal. Um, em inglês, é o TradeLog, www.tradelogsoftware.com. Mesmo se contratar alguém para pagar seus impostos, rastrear seus passivos potenciais enquanto opera ajuda a evitar erros caros.

A wash-sale rule se aplica a títulos substancialmente semelhantes. As ações LMNO e as opções LMNO são consideradas substancialmente semelhantes, portanto, a regra é contornável variando-se os títulos no mesmo ativo subjacente. As ações da LMNO e de sua concorrente mais próxima, a PQRS, provavelmente não seriam consideradas semelhantes, portanto, seria preciso operar dentro de um determinado setor para evitar problemas dessa ordem.

CONTORNANDO A WASH-SALE RULE[14]

Em um extremo, a regra significa que os traders que estão dentro e fora dos mesmos títulos repetidamente podem ser tributados em todos os trades vencedores, sem conseguirem subtrair os perdedores para fins fiscais. Se seus trades vencedores geraram R$300 mil e os perdedores custaram R$200 mil, você compensou R$100 mil — mas os impostos ainda podem ser calculados sobre os R$300 mil. Ai!

DICA

Existem maneiras de contornar a wash-sale rule. A solução óbvia é se qualificar como trader para fins fiscais e, em seguida, escolher a contabilidade de marcação a mercado (abordada na seção "Marcação a mercado"). Outros métodos incluem operar um determinado título apenas uma vez a cada 61 dias corridos e fazer todos os trades dentro de uma conta de aposentadoria qualificada, como um IRA (também discutido mais adiante neste capítulo). Alguns títulos são tratados de forma diferente. Considera-se que os contratos de futuros geram receitas e perdas de investimento, não ganhos de capital, e, portanto, não são cobertos pela regra, o que os torna uma alternativa popular para os day traders. Os lucros em contratos de opções são 60% de ganhos de capital de longo prazo e 40% de curto prazo, o que reduz o efeito da regra.

---

14 N.R.: Lembrando que, no Brasil, apesar de uma operação como a descrita anteriormente ser permitida, as regras tributárias são diferentes. Ou seja, não se aplicam conceitos como a regra 60/40 ou a regra dos 61 dias corridos

LEMBRE-SE

Se tiver mais ideias inteligentes sobre como ganhar dinheiro sem sofrer um prejuízo fiscal, certifique-se de primeiro apresentá-las a um contador experiente.

Receitas diversas

Receitas diversas equivalem ao dinheiro recebido que não gerava receita, à receita proveniente de investimentos ou aos ganhos de capital. Esse tipo de receita geralmente é o pagamento recebido no curso de um negócio ou trade. Como freelancer, a maior parte de minha renda é reportada na categoria diversos. Quem me paga por meus serviços precisa me enviar um formulário específico no final do ano, com uma cópia para os órgãos fiscais, para que controlem meus ganhos. Alguns traders proprietários que fornecem os serviços para day traders (abordados no Capítulo 11) relatam seus lucros e suas perdas no Formulário 1099-MISC. Receitas diversas são tratadas como receitas de trabalho autônomo e devem ser declaradas.

Rastreando Suas Despesas[15]

Os day traders têm despesas. Eles compram equipamentos de informática, assinam serviços de pesquisa, pagam comissões de trade e contratam contadores para preparar seus impostos. O código tributário reconhece esse montante. É por isso que os day traders podem deduzir muitos de seus custos do imposto de renda. Nesta seção, examino algumas deduções.

DICA

Sua vida ficará muito mais fácil se controlar suas despesas à medida que as tiver. Mantenha esses registros em um caderno, em uma planilha ou por meio de software de finanças pessoais, como Quicken ou Microsoft Money.

Despesas qualificadas e dedutíveis

É possível deduzir despesas de investimento como deduções diversas discriminadas no Anexo A do Formulário 1040, desde que sejam comuns, necessárias, diretamente relacionadas à receita tributável produzida e usadas para produzir ou coletar receita ou administrar propriedades mantidas para gerar receita. A propósito, cancelar essas despesas só faz sentido se somarem mais de US$12 mil para uma pessoa física ou US$24 mil para um casal.

---

15 N.R.: Mantivemos a seção do livro como no original, mas as regras brasileiras são substancialmente diferentes. NÃO é possível deduzir despesas como material de escritório, aluguel etc. O ganho de capital é apurado considerando apenas a diferença entre o valor de compra e o valor de venda do ativo. Contudo, as comissões pagas à sua corretora, os emolumentos e os impostos retidos na fonte são despesas dedutíveis. Você conseguirá ver seu valor nas notas de corretagem fornecidas pela sua corretora.

Taxas administrativas, legais e contábeis

Procure os serviços de um advogado para ajudá-lo a se preparar e, incontestável, de um contador que entenda de despesas de investimento para ajudá-lo a avaliar sua estratégia de trade e a preparar suas declarações de imposto de renda estadual e federal a cada ano. Eis uma boa notícia: você pode deduzir honorários advocatícios e contábeis relacionados à sua receita de investimento. Se seu trade tomar grandes proporções, contrate uma administradora para controlar todas as confirmações de trade; esse custo é dedutível.

Despesas de escritório

Se fizer o day trading a partir de um escritório externo, poderá deduzir o aluguel e as despesas relacionadas a ele. Despesas de um escritório em casa também são dedutíveis, desde que o use regular e exclusivamente para trades. Se seu espaço de trade for também o quarto de hóspedes, aí não conta.

Independentemente de deduzir ou não o valor de seu escritório, há certas despesas de escritório para equipamentos e suprimentos dedutíveis. Normalmente, você pode dar baixa em cerca de US$100 mil em computadores, mesas, cadeiras e similares se usá-los para operar mais da metade do tempo. (Os limites mudam a cada ano.)

LEMBRE-SE

Para obter a dedução, você tem que gastar o dinheiro primeiro, e suas despesas não reduzem os impostos referentes à moeda. Se está na faixa de tributação de 28%, cada dólar gasto em despesas qualificadas reduz seus impostos em US$0,28. Em outras palavras, não enlouqueça na loja de materiais de escritório só porque tem dedução. Pode ser útil pensar nas despesas dedutíveis como descontos, porque, no final, é mais ou menos o que são.

Aconselhamento e consultoria de investimento

Os órgãos reguladores lhe permitem deduzir taxas pagas por advogados e por consultoria sobre investimentos que geram receita tributável, o que inclui livros, revistas, jornais e serviços de pesquisa que o ajudem a refinar a estratégia de trade. Também inclui qualquer coisa pela qual pague nesse sentido, como coaching ou análise de trade.

A propósito, você provavelmente pode deduzir o que pagou por *Day Trading Para Leigos*. Guardou a nota fiscal?

Aluguel de cofre

Tem um cofre no banco? O aluguel é dedutível se utilizá-lo para armazenar documentos relacionados a investimentos. Se também mantiver joias que herdou e não usa ou outros itens pessoais, só uma parte do aluguel é dedutível.

Juros de investimentos

Se pegar dinheiro emprestado como parte de sua estratégia, e a maioria dos day traders o faz, pode deduzir os juros pagos sobre esses empréstimos, desde que não sejam decorrentes de financiamento imobiliário (porque os juros já são dedutíveis) e contanto que não esteja sujeito a outras limitações estabelecidas no código do IRS, como o imposto mínimo alternativo. Sempre há um problema, não é? Na maioria dos casos, o problema é a *margem de juros* (veja o Capítulo 5 para obter mais informações sobre margem). Para a maioria dos day traders, os juros de margem são relativamente pequenos, porque poucos deles pegam dinheiro emprestado por mais de algumas horas por vez.

LEMBRE-SE

Se tirar dinheiro emprestado de sua conta para qualquer coisa que não seja investir ou operar, esses juros não são dedutíveis. E, sim, a maioria das corretoras lhe permite retirar uma margem para seus gastos gerais, como uma forma de deixá-lo permanecer no mercado e ainda conseguir dinheiro.

Impostos de renda a pagar

Se especificar suas deduções, poderá deduzir, como impostos, impostos de renda estaduais sobre a receita de juros isenta de imposto federal. Mas não pode deduzir, como impostos ou despesas de investimento, impostos de renda estaduais sobre outras receitas isentas. Na maioria dos casos, a renda isenta se relaciona a transações de títulos do governo, e poucos day traders trabalham nesses mercados.

LEMBRE-SE

Cada estado tem regras diferentes sobre a tributação da renda de investimentos. Alguns com pouco ou nenhum imposto sobre os rendimentos do trabalho tratam os rendimentos de investimentos de forma diferente. Como existem muitas questões diferentes, a tributação estadual está além do escopo deste livro. Consulte o departamento de receita de seu estado e um especialista em impostos estaduais para saber como é o cenário onde mora. Além disso, há um limite de dedução de impostos estaduais e municipais.

O que não é dedutível

Como você faz day trade, provavelmente incorrerá em despesas que não são dedutíveis dos impostos. Decepcionante, eu sei, mas se conhecê-las antecipadamente, conseguirá se planejar.

Quê?! Comissões não são dedutíveis?[16]

Sempre que fizer um trade, terá que pagar uma comissão à sua corretora. Ela pode ser pequena, como centavos por ação ou dólares por transação, mas tem que ser paga. E esse custo não é dedutível.

Antes de reclamar de indignação, leia isto: esse custo não é dedutível, mas *é possível* adicioná-lo aos custos totais e subtraí-los dos rendimentos de seu trade. Aqui está um exemplo: você compra 100 ações da QRS Corp. a US$29,40 por ação, pagando uma comissão de US$6. O custo total para fins de IRS é (US$29,40 × 100) + US$6, o que equivale a US$2.946. No final do dia, você vende todas as 100 ações por US$30 cada com uma comissão de US$6, portanto, o total de seus rendimentos para o trade é (US$30 × 100) - US$6 ou US$2.994. Seu lucro total para fins fiscais é de US$2.994 - US$2.946, ou US$48.

LEMBRE-SE

Incluir a comissão na base do seu trade funciona como uma dedução em termos do valor dos impostos pagos, mas, por *não ser* uma dedução, não está sujeita às limitações que afetam a dedutibilidade de outras despesas.

Se seu estado cobra impostos de transferência sobre títulos, eles são tratados da mesma forma que as comissões.

Participar de reuniões de acionistas

As empresas realizam reuniões anuais para seus acionistas, geralmente na sede ou próximo a ela. Às vezes, essas reuniões são terrivelmente monótonas: o conselho de diretores se senta ao redor de uma mesa em uma sala de conferências em um escritório de advocacia e analisa uma agenda padronizada sem nada para discutir. Outras são extravagâncias em que a empresa exibe novos produtos, mostra realizações importantes e responde às perguntas de todos os presentes. E algumas envolvem questões contenciosas que levam a protestos e a brigas, o que é divertido de assistir se você não for diretamente afetado.

Para investidores de longo prazo, essas reuniões oferecem informações valiosas sobre as perspectivas de uma empresa. Os day traders provavelmente não as achariam muito úteis, e ainda bem, porque o IRS não permite que ninguém deduza os custos de transporte, estadias em hotéis, refeições e outras despesas envolvidas na participação desses eventos.

Participar de seminários de investimentos

O setor de serviços financeiros oferece todo tipo de convenções, cruzeiros e seminários para day traders. Você pode passar seus dias participando de seminários de treinamento, em vez de realmente operar, se quiser. Você é

---

16 N.R.: Reforçando, no Brasil as despesas com comissões são dedutíveis. Participação em reuniões de acionistas e participação em seminários de investimentos também não são dedutíveis no país

bem-vindo para ir e, em muitos casos, deve, pois sempre há informações para ajudá-lo a operar com mais eficácia. No entanto, os custos não são dedutíveis. Ô, glória!

DICA

Embora esses custos não sejam dedutíveis, os de consultoria de investimentos e análogos o são.[17] Alguns seminários podem ser qualificados como consultoria de investimento. Essas idiossincrasias são o motivo pelo qual você precisa de um consultor tributário experiente para ajudá-lo.

PAPO DE ESPECIALISTA

Você notou que duas das categorias de despesas não dedutíveis têm o potencial de envolver viagens? O IRS não quer que as pessoas comprem dez ações da Hawaiian Electric Industries e, em seguida, tentem cancelar uma viagem para a reunião anual da empresa em Honolulu, nem considera os cruzeiros que incluem uma palestra da autora de um livro sobre investimentos sobre fazer grandes trades. Essas atividades são consideradas férias, o que não é dedutível. (Obviamente, se uma autora de um livro de investimentos estiver em um desses cruzeiros, isso pode ser um custo dedutível para a promoção do livro. Muito provavelmente. Hum, não que eu conheça alguma, claro.)

Reconhecendo as limitações[18]

Você não achou que o IRS lhe permitiria retirar todas as suas deduções automaticamente, não é? Claro que não. Suas deduções podem ser limitadas, especialmente se não atenderem à definição de trader do IRS.

Regras de risco

O IRS diz que sua perda é limitada pelo quanto você contribui para suas atividades de investimento, incluindo o dinheiro que pega emprestado. Na maioria dos casos, as perdas no day trading atendem às definições de risco, mas, se seguir uma estratégia de trade com gráfico puro que o faça perder mais do que seu investimento inicial, você pode cair nessa categoria.

Perdas de atividade passiva e de créditos

O IRS define atividade *passiva* como um investimento em que o investidor não desempenha um papel ativo, mas ganha dinheiro. Você pode deduzir as perdas de atividades passivas apenas até o valor de sua receita de atividades passivas e pode usar esses créditos somente contra impostos sobre a receita delas. O day trading é geralmente considerado ativo, porque há uma dimensão material, mas se gerar perdas passivas de outras atividades de investimento, provavelmente não conseguirá usá-las para compensar seus ganhos no day trading.

---

17 N.R.: Esses custos não são dedutíveis no Brasil.
18 N.R.: Todos os itens desta seção só são aplicáveis nos EUA e não têm equivalente no Brasil.

Limitações de despesas de juros

O IRS lhe permite deduzir juros de investimento até o valor de sua receita líquida de investimento, que é a receita menos todas suas despesas dedutíveis permitidas, exceto os juros. Se perdeu dinheiro operando, não pode usar a dedução de juros para reduzir seus impostos. O que pode fazer, porém, é transportar os juros não reduzidos do investimento para o próximo ano e usá-los para reduzir seus impostos sobre esses lucros.

As despesas de juros sobre straddles também não são dedutíveis. O *straddle* é uma estratégia de opções que envolve a compra de uma opção de venda e uma opção de compra sobre a mesma ação, com o mesmo preço de exercício e data de vencimento. Na maioria dos casos, os juros não são dedutíveis, e os encargos de transporte relacionados são adicionados à base do straddle (assim como as comissões — veja a seção anterior "Calculando ganhos e perdas de capital: Cobrindo todas as suas bases").

Limite de 2%

Se não se qualificar como trader, poderá deduzir despesas de investimento e outras discriminadas somente se passarem de 2% da receita bruta ajustada.

Informações Fiscais Ultrassecretas Apenas para Traders Qualificados[19]

Se atender às qualificações dos órgãos responsáveis para ser considerado trader (veja a seção anterior, "Mercado de ações"), evitará algumas das dores de cabeça enfrentadas pelas pessoas que operam, mas não são consideradas traders. Se opera como um trabalho, faz milhares de trades por ano e raramente mantém qualquer posição por mais de um dia, pode preencher o Formulário 3115, *Pedido de Mudança no Método de Contabilidade*, e dizer ao IRS que deseja usar a *mark-to-market election* no cálculo de seus ganhos e perdas de capital. O formulário 3115 não é fácil de preencher, então é preciso contratar um profissional para fazê-lo.

O formulário deve ser enviado com a declaração de impostos do ano anterior. Se quiser usar a contabilidade de marcação a mercado, precisará enviar o formulário 3115 com a declaração do ano anterior.

---

19 N.R.: No Brasil, não existe a figura do trader qualificado. Basta realizar uma operação de compra e venda de um ativo dentro do período de um dia para cair na definição da Receita de day trade e dever impostos sob essa regra.

LEMBRE-SE

Você não pode usar a eleição em seu primeiro ano de trade. Primeiro precisa provar que é um trader antes de poder obter os benefícios fiscais que acompanham o título. Considere isso um aprendizado.

Caso se qualifique para o status de trader, receberá dois benefícios: contabilização de marcação a mercado e aumento nas deduções de despesas. Abordo ambos nas seções seguintes.

Marcação a mercado

Com a *contabilidade de marcação a mercado*, você não precisa mais acompanhar os ganhos de capital. Em vez disso, finge vender seu portfólio no final do ano e, em seguida, pretende recomprar tudo no início do novo ano para que todos os ganhos de capital sejam convertidos em receita.

Como os day traders geralmente fecham todas suas posições no final do dia, a contabilidade de marcação a mercado não parece um grande negócio, mas é: na verdade, converter todos os ganhos de capital em renda significa que seus trades não são mais sujeito à regra de venda de lavagem. Para a maioria dos day traders, isso reduz os impostos e resulta em menos problemas com a papelada.

LEMBRE-SE

Se usar a contabilidade de marcação a mercado, não poderá mais obter a taxa de 15% sobre quaisquer ganhos de capital de longo prazo de suas atividades. A menos que trabalhe com opções listadas em índices de mercado, que são considerados para mostrar lucros que são 60% de ganhos de capital de longo prazo e 40% de curto, você pode não ter nenhum ganho de suas atividades de trade.

Maior dedutibilidade de despesas

Em geral, o IRS permite que os investidores deduzam despesas de trade apenas se excederem a dedução padrão de US$12 mil para solteiro/US$24 mil para casado. No entanto, qualquer pessoa que entrar no círculo mágico de traders qualificados pelos órgãos responsáveis deduz 100% das despesas, independentemente de sua renda bruta ajustada. Eles também podem deduzir todos seus juros de investimento.

Porém, uma advertência: os órgãos responsáveis presumem que as pessoas estão no trade porque ganham dinheiro com isso. Se perder dinheiro durante três dos cinco anos, mesmo que seja porque suas despesas excederam os lucros do investimento, e não devido a perdas de trade, o IRS provavelmente o expulsará do clube.

CAPÍTULO 17 **Taxando Day Traders** 309

Outras Informações Fiscais Importantes: Formulários e Prazos[20]

Saber o que constitui receita, quais despesas pode deduzir e quais regras especiais se aplicam se os órgãos responsáveis o consideram um trader qualificado é muito bom, mas, quando se trata disso, ainda é preciso saber as informações mais básicas, como os formulários fiscais a preencher e quando são devidos. Esta seção contém esses detalhes.

Usando os formulários fiscais certos

Muitas das diferenças em receitas e despesas já discutidas neste capítulo fazem mais sentido quando você pensa em termos de declaração de imposto de renda. Nesta seção, apresento os destaques de algumas das formas mais interessantes para o trader moderno. Observe que eles são diferentes para aqueles que se qualificam como traders pelos padrões do IRS (veja a seção "Mercado de ações") do que para todos os outros que fazem day trade.

» **Formulários para traders qualificados:** Se escolher a opção de marcação a mercado no Formulário 3115 (veja a seção "Marcação a mercado"), você está no ramo do trade. As despesas para declarantes de impostos individuais ficam no Anexo C do Formulário 1040, *Lucro ou perda de negócios*. Em seguida, seus ganhos e perdas são registrados na Parte II do Formulário 4797. Se tiver quaisquer títulos no final do ano em sua conta de trade, finja que eles foram vendidos no último dia útil do ano pelo valor de mercado atual e, em seguida, imediatamente adquiridos.

» **Formulários para todos os outros:** Os day traders que não são considerados traders pelo IRS devem relacionar as deduções de negócios e despesas de juros de investimento no Programa A do Formulário 1040. Você deve anexar o Formulário 4952 se o usou para calcular suas despesas de juros de investimento. Você relata ganhos e perdas de capital de seus trades no Anexo D do Formulário 1040, sujeito a todos os limites de perdas.

---

20 N.R.: No Brasil, apenas duas declarações à Receita são necessárias: a emissão de Documentos de Arrecadação da Receita Federal (DARF) e a declaração anual de imposto de renda. A DARF deve ser emitida todo mês que o trader tiver lucro, para pagar o imposto de 20% sobre o ganho de capital do day trade. Nos meses em que tiver prejuízo, o day trader não precisa emitir a DARF. Contudo, deve declarar o prejuízo no sistema de imposto de renda de pessoa física, na aba "Renda Variável". Atenção: quando for emitir a DARF, o trader não precisa discriminar todos os ativos que operou. Por exemplo, se teve lucro de R$10 mil em contratos futuros de índice e R$30 mil em contratos futuros de dólar, o trader deve emitir uma DARF de R$40 mil. Contudo, na hora de declarar prejuízos na declaração anual, o trader deverá discriminar os prejuízos por tipo de ativo que operou.

Pagando o ano todo: A magia dos impostos estimados

Se você já é empregado há anos e anos, todas suas obrigações fiscais podem ter sido cobertas por suas deduções de imposto de folha de pagamento. O IRS prefere esse modelo, porque assim recebe dinheiro o ano todo. Encare o fato: quanto mais fácil for pagar, maior será a probabilidade de você fazê-lo.

Pessoas que trabalham por conta própria ou que têm rendimentos significativos de investimentos e day trading podem gerar mais renda do que a retenção na fonte cobre. É preciso estimar seu passivo fiscal quatro vezes por ano e, em seguida, preencher um cheque com esses valores. (Caso contrário, você pode enfrentar uma penalidade ao fazer a declaração.)

Usando IRAs Autodirecionados[21]

Muito do incômodo fiscal associado ao day trading é eliminado se você operar por meio de uma *conta de aposentadoria individual*, ou IRA, autodirigida. A maioria das corretoras pode configurá-los para você e cuidar da papelada necessária. Embora os indivíduos possam contribuir com apenas US$6 mil por ano (US$7 mil para pessoas com mais de 50 anos), o dinheiro pode ser substancial para aqueles que já contribuem há muito tempo. Além disso, você pode transferir o dinheiro de um plano de aposentadoria do empregador, como um 401(k), para um IRA depois de sair.

Não é preciso pagar impostos em um IRA até se aposentar, então as retiradas são geralmente tratadas como renda normal. Por esse motivo, um IRA é um ótimo veículo para os day traders: você pode postar grandes ganhos, contar todas suas perdas e evitar regras de venda livre para operar dentro de seu IRA. É uma boa maneira de permitir que seus lucros se acumulem e se tornem compostos por anos. Claro, há um problema: você não pode vender a descoberto, não pode usar todas as estratégias de opções, e sua corretora pode não querer liberar fundos por meio do IRA.

DICA

Se opera em tempo integral, considere manter seu fundo de aposentadoria separado de seus fundos de trade. Dessa forma, você pode pagar as contas em seus anos dourados sem se preocupar com o que acontece em todos os dias de trade. É uma forma de reduzir o estresse, e muitos fundos de aposentadoria têm benefícios fiscais que ajudam nos resultados financeiros de seu trade.

---

21 N.R.: O item não é aplicável no Brasil.

LEMBRE-SE

Você não pode retirar dinheiro de uma conta IRA até completar 59 anos e meio. Se sacar o dinheiro mais cedo, pagará uma penalidade de imposto de 10%, o que compensa muitas das vantagens. Se precisa de receita de suas atividades de trade para cobrir suas despesas de vida antes dessa idade, um IRA provavelmente não é a melhor maneira de estruturar sua conta de trade.

A Parte dos Dez

NESTA PARTE...

Descubra dez boas razões para fazer day trade e dez para *evitá-lo*. Ele não é para todos, e se perceber que não é para você, economizará dinheiro e dores de cabeça.

Descubra cerca de dez erros comuns, para não os cometer.

Considere dez técnicas de gestão financeira e encontre uma que funcione para você.

Mas, espere, tem mais! Explore o Apêndice para encontrar recursos que o ajudarão a começar.

> **NESTE CAPÍTULO**
> » Tornando-se seu próprio patrão
> » Amando investimentos
> » Descobrindo o que esperar dos mercados
> » Compreendendo a importância dos sistemas de suporte

Capítulo **18**

Dez Boas Razões para Fazer Day Trading

O day trading é uma ótima opção de carreira para a pessoa certa nas circunstâncias certas. Requer uma personalidade forte e decidida que queira comandar o show em cada etapa do caminho. E como os lucros não são estáveis, os bons day traders têm uma proteção financeira e bons sistemas de suporte pessoal para ajudá-los nos tempos difíceis. Neste capítulo, listo dez boas razões para iniciar. (Para equilibrar, no Capítulo 19, abordo dez razões para evitá-lo.) Acha que é bom o suficiente? Veja quantas dessas características se ajustam à sua vida agora.

Você Ama a Independência

O day trading é como uma pequena empresa. Você é o chefe e dá as cartas. Os sucessos — e fracassos de cada dia — são de sua responsabilidade. O mercado é irrelevante, porque você não pode controlá-lo. Trabalhando sozinho o dia todo, você é responsável por tudo, desde a temperatura no escritório até o funcionamento dos computadores e a contabilidade das transações.

Os bons day traders são independentes. Não querem que alguém lhes diga o que fazer; querem descobrir por si próprios. Adoram desafios, seja encontrar um bom negócio em materiais de escritório ou desenvolver uma forma lucrativa de arbitrar os preços das moedas.

Se gostaria de trabalhar para si mesmo e controlar seu próprio destino, continue lendo. O day trade é a sua cara.

Trabalhar de Onde Quiser

Como day trader, você pode se dar ao luxo de abrir um escritório onde quiser. Tudo de que precisa é de uma conta em uma corretora online e de acesso à internet de alta velocidade. Você nem precisa de um computador se tiver um smartphone. Hoje em dia, essas ferramentas estão em quase todos os lugares: em casa, na biblioteca, no bar, na cidade grande, na cidade pequena, nas montanhas ou em outro país. O day trading oferece muita flexibilidade geográfica, o que poucas outras carreiras oferecem. Opere enquanto viaja com a mesma facilidade com que faria em casa — em particular, com serviços móveis aprimorados.

Entender Bem a Tecnologia

O setor de serviços financeiros foi um dos primeiros a abraçar a tecnologia da computação em grande estilo, na década de 1960, e ainda a usa intensivamente. As pessoas com jaquetas de algodão coloridas correndo pelas salas da bolsa, acenando com as mãos e gritando umas com as outras são anacronismos.

Os day traders usam software para desenvolver e refinar suas estratégias. Operam online com programas para monitorar e automatizar seus trades. Rastreiam em planilhas e em outros softwares. Passam os dias na frente de uma tela, comunicando-se online com todo o mundo. Interagem com computadores, não com seres humanos, durante o dia. Na verdade, muitos day traders de sucesso automatizam seus trades — as habilidades de programação são de grande ajuda.

Os day traders também são autônomos, e muitos trabalham em casa. Isso significa que, se o software travar, eles terão que consertá-lo. Precisam lidar com as atualizações, instalar os firewalls e fazer backup dos dados. Claro, você pode pagar alguém para fazer essas tarefas, mas o consultor de tecnologia provavelmente não será capaz de largar tudo para resolver no ato. Em consequência, os bons traders se entendem bem com a tecnologia. Se você gosta de mexer com programas, cuida de seu computador e sabe como configurar seu hardware para obter a eficiência máxima, está apto para o day trading. (O Capítulo 14 tem mais informações sobre isso.)

Viver por Conta Própria

Você não precisa ser um trader autônomo para operar ativos financeiros. Corretoras, fundos de hedge e operadores de câmbio empregam pessoas para operar por eles. Na verdade, a maior parte dos trades de ativos financeiros ocorre por meio dessas organizações. Mas talvez você não queira dividir seus lucros com outra pessoa. Talvez não queira alguém ditando sua estratégia, colocando limites em seus trades ou determinando seu bônus com base tanto em fatores como trabalho em equipe e lucratividade da empresa. Você quer "viver por conta própria", como dizem, e o day trading é uma maneira de fazer isso.

Quando faz day trade, você é responsável pelos seus lucros e pelas suas perdas. Isso significa que colhe os frutos e que não precisa compartilhá-los com mais ninguém. É um incentivo poderoso para pessoas independentes.

Amar os Mercados

Os bons day traders sempre foram fascinados pelos mercados e pelas suas oscilações. Se você assiste ao CNBC por diversão e acompanha o mercado de valores mobiliários há anos, não importa quais tenham sido seus empregos, já tem uma noção da área. Claro, espero que tenha aprendido mais do que "algumas pessoas ganham muito dinheiro fazendo isso!" Uma longa imersão nos ciclos e sistemas que impulsionam os preços dos ativos financeiros o ajudará a desenvolver estratégias de trade e a saber o que está enfrentando.

E os mercados são incríveis, não são? Todos os compradores e os vendedores, com todas suas diferentes necessidades, reúnem-se e encontram o preço que fecha o negócio. Os preços assimilam todos os tipos de informações sobre o estado do mundo, os desejos das pessoas e as expectativas futuras da economia. É o capitalismo em sua forma mais pura, e observar como ele funciona é quase mágico. Se adora a lógica dos mercados e quer aprender em primeira mão o que ditam sobre como ganhar dinheiro, continue lendo.

Experiência no Mercado

Se nunca abriu uma conta em uma corretora, comprou ações ou investiu em um fundo mútuo, talvez não seja adequado para o day trading. Não é que essas atividades por si só sejam uma preparação adequada, mas são um começo. Podem ajudá-lo a compreender tudo o que pode acontecer para fazer com que você ganhe ou perca dinheiro.

Se nunca operou, não peça demissão de seu emprego formal. Em vez disso, volte ao Capítulo 11 para ter algumas ideias sobre como usar o trade de curto prazo em uma carteira de investimentos. Assim, você aprenderá mais e economizará antes de mergulhar.

Você Estudou Sistemas de Trade e Sabe o que Funciona para Você

Muito do trabalho do day trading ocorre muito antes de entrar na ordem de compra ou venda. É preciso definir o sistema de trade, avaliar como tem funcionado e testá-lo para ver como funcionará agora. O trabalho preparatório não é tão empolgante quanto fazer o day trading, porque não há ganho real de dinheiro, mas também não há perda.

O trade de curto prazo tem um enorme potencial de perda, e muitos traders seguem exatamente as mesmas ideias. Quanto mais entender sua estratégia em diferentes condições de mercado, mais bem preparado estará para agir de forma adequada e lucrativa.

Às vezes demora encontrar uma estratégia que funcione o suficiente para fazer valer a pena. Muitos day traders passam meses desenvolvendo, testando e refinando sua estratégia de day trading. Leia mais sobre o processo de teste de estratégia no Capítulo 13.

 Como o backtesting (que permite testar sua estratégia) usa preços históricos, você pode fazer grande parte do trabalho em paralelo, à noite e aos finais de semana, antes de iniciá-lo em tempo integral. É uma boa maneira de se preparar, enquanto economiza dinheiro e faz outros preparativos para seu novo empreendimento rotineiro.

Você É Decidido e Persistente

Os traders de curto prazo não podem se dar ao luxo de pensar muito no que estão fazendo. O trade deve se tornar intuitivo. Eles devem ser capazes de agir de acordo com o que veem. Não há espaço para dúvidas, hesitações, inércia ou ataques de pânico.

Os bons traders são persistentes. Depois de encontrar uma estratégia na qual confiam, eles a mantêm, não importa como as coisas vão. É assim que compram na baixa e vendem na alta.

Até os grandes traders passam por períodos ruins, mas se confiarem em seu sistema e continuarem a segui-lo, superarão a crise, geralmente com dinheiro pela frente. Se resistiu quando as coisas deram errado outras vezes em sua vida, você sabe o que esperar do day trading.

Dar-se ao Luxo de Perder Dinheiro

Obviamente, você quer ganhar dinheiro. Essa é a ideia geral do day trading. Mas é difícil. A maioria dos traders desiste no primeiro ano. Alguns não suportam o estresse, alguns perdem todo o dinheiro, e outros simplesmente nem ganham o suficiente para compensar o tempo investido.

Como qualquer pequena empresa, abrir uma loja como day trader acarreta riscos. Eles são mais manejáveis se você puder perder dinheiro. Não estou dizendo que é preciso ter um orçamento absurdo, mas que não deve operar com o dinheiro de que precisa para viver, assim como não abriria uma loja com o dinheiro de que precisa para fazer compras e pagar o financiamento.

Se sua família não tiver uma segunda fonte de renda, reserve dinheiro suficiente para cobrir suas despesas ao começar. E guarde uma reserva de dinheiro, seu *fundo dispensável* (veja o Capítulo 14), de modo que fique livre para encerrar o day trading e seguir para sua próxima aventura se vir que ele não é para você.

É especialmente importante ter uma reserva financeira ao começar o day trading, pelas seguintes razões:

» **Comprometer-se com o trade:** Ter seu custo de vida coberto, pelo menos no início, não se trata apenas de lidar com perdas. É também ser capaz de se manter fiel aos trades. Se precisa de dinheiro para pagar suas contas, pode ficar tentado a tirar dinheiro do mercado sempre que estiver indo bem. Isso o impedirá de reinvestir seus lucros. Além disso, ao não seguir sua estratégia, seu capital de trade não crescerá tão rápido. Pense no day trading como uma forma de construir um ativo de longo prazo, não como uma forma de gerar um fluxo constante de renda atual.

» **Permanecer no mercado durante os tempos difíceis:** Você conhece o velho ditado que diz que a melhor maneira de ganhar dinheiro é comprar na baixa e vender na alta, certo? Bem, isso significa que o melhor momento para comprar é geralmente quando os preços dos títulos foram derrotados e você perdeu muito dinheiro. Se suportar algumas perdas, será mais fácil permanecer no jogo. Além disso, manterá sua estratégia para lucrar muito quando o mercado finalmente virar.

> **Lidar melhor com o estresse das perdas:** Nem todos seus trades darão certo. Em alguns dias, você perderá dinheiro. Se tiver o suficiente para não temer a perda, tomará decisões melhores. E é menos provável que entre em pânico se souber que ainda conseguirá comer, pagar a conta de luz e ter um teto para dormir à noite. Com fundos suficientes, você é mais capaz de ver os mercados com clareza e seguir uma estratégia vencedora.

O trading é muito mais do que um jogo de psicologia. Dê a si mesmo uma vantagem ao esperar para fazê-lo até que tenha condições financeiras.

Sistema de Apoio

O trade é estressante. Acontecem coisas inimagináveis nos mercados. Elas simplesmente acontecem, e ninguém mais que está operando se importa com como afetam você. Às vezes, são suficientes para deixá-lo louco por alguns dias, e, infelizmente, alguns traders ficam mesmo loucos. Alcoolismo, depressão, divórcio e suicídio parecem ser riscos ocupacionais para quem tem dificuldade de separar o que está acontecendo no mercado com a pessoa que é.

LEMBRE-SE

Os mercados de valores mobiliários são mecanismos maravilhosos para reunir diversos compradores e vendedores. Não são úteis para sustentar seu ego, ajudá-lo nos momentos difíceis de sua vida e nem para lhe dar um dinheirinho extra quando mais precisar. Os mercados não são humanos. São máquinas implacáveis projetadas para gerar o melhor preço para o agregado de compradores e de vendedores participantes naquele dia. Em alguns dias, os mercados estarão a seu favor, e em outros, contra você.

Os bons traders são psicologicamente fortes. Sabem como suas fraquezas aparecem quando estão estressados. Têm pessoas (bons amigos e familiares) e atividades (de rotinas de exercícios a hobbies) que ajudam a arejar o cérebro.

O Capítulo 14 fala sobre como gerenciar o estresse do day trading, e por muitos motivos, acho que é o mais importante deste livro.

> **NESTE CAPÍTULO**
>
> » Considerando maneiras de investir mais adequadas para você
>
> » Considerando sua personalidade e suas preferências
>
> » Reconhecendo o trabalho árduo que o bom day trading exige
>
> » Reduzindo as expectativas irreais

Capítulo **19**

Dez (e Mais) Bons Motivos para Evitar o Day Trading

O day trading é uma má ideia para a maioria das pessoas, e se eu impedi-lo de fazê-lo, porque não é a sua, cumpri meu dever. Ele requer uma personalidade forte, uma predisposição para enfrentar as oscilações dos mercados dia após dia. E também requer atenção aos detalhes para gerir o negócio. É uma ótima opção de carreira para a pessoa certa nas circunstâncias certas. Mas para quem tem dificuldade em manter a calma ou não tem paciência para estudar os processos, e para quem tem problemas com o jogo, o day trading é um caminho rápido para a ruína.

Neste capítulo, listo onze sinais indicativos de que o day trading não é adequado para você agora. Leve-os a sério. A maioria dos day traders perde dinheiro, em parte porque muitas pessoas que não têm inclinação para ele tentam mesmo assim.

Você Quer Investir e Pensou no Day Trading

Muitas pessoas desejam gerir seus próprios investimentos. Embora isso seja possível, primeiro é preciso estudar os fundamentos das finanças, como a relação entre o risco e o retorno, a diversificação adequada e os horizontes de tempo adequados. Na verdade, o excelente livro *Investing For Dummies*, de Eric Tyson (John Wiley & Sons, Inc.), o ajudará.

Algumas pessoas confundem investimento com day trading, no entanto, eles não são o mesmo. No Capítulo 2, listo toneladas de informações sobre as diferenças entre eles, mas aqui está a versão condensada: o day trading envolve a rápida compra e venda de títulos para tirar proveito de pequenos movimentos nos preços. Essa é uma boa estratégia para parte de sua conta de investimento, mas fazer o day trading com todo seu dinheiro não é uma boa ideia.

Comprar e vender títulos por conta própria, sem ser um day trader, é possível. Ganhar dinheiro nos mercados financeiros sem o ser, também. E se você não conhece outra boa expressão para "gerir seu próprio dinheiro", diga às pessoas que você administra seu próprio fundo de hedge. Assim, você conseguirá as melhores mesas nos restaurantes.

Você Ama a Pesquisa Fundamentalista

A *pesquisa fundamentalista*, como discuto no Capítulo 8, é o processo de análise de uma empresa para saber quão bons são os negócios e quanto valem seus títulos. Os analistas fundamentalistas calculam números, fazem previsões, verificam produtos e procuram ações que terão um bom desempenho em longo prazo. Eles sonham em descobrir o próximo Google ou o próximo Walmart e em manter as ações em alta.

A pesquisa fundamentalista é incompatível com o day trading. Os day traders procuram oportunidades de lucro nos movimentos de preços de curto prazo. Eles nem sabem qual é o setor da empresa e nem se importam com isso. Se você adora os fundamentos, provavelmente é analítico demais para ser um bom day trader.

Pouco Tempo e Pouco Capital

Começar o day trading é como adquirir uma pequena empresa. É preciso dedicar tempo e dinheiro. Se você não tem tempo suficiente, aprender padrões técnicos é difícil. Se não tem dinheiro, não será capaz de trabalhar em ciclos difíceis. E eles existirão. Essa é a única certeza no day trading.

DICA

Alguns day traders atuam em tempo parcial. Se você for disciplinado, será bem-sucedido assim. O segredo é encerrar suas posições no final do período designado, como se o dia de mercado estivesse terminado. Se seu plano é operar duas horas por dia, opere duas horas por dia e nada mais. Use um despertador para guiá-lo.

Você Gosta de Trabalhar em Equipe

Uma década atrás, a maioria das grandes cidades tinha escritórios de day trading, as *trading arcades*, às quais os traders podiam ir todos os dias para comprar e vender títulos. A grande vantagem era o acesso de alta velocidade à internet. Agora, quase todos o temos em casa, portanto, não há necessidade de os day traders irem a outro lugar, e a maioria desses escritórios fechou.

Trabalhar em casa é ótimo para algumas pessoas. Se você prefere camaradagem durante o dia, como o apoio de uma equipe, e quer rostos amigáveis ao redor, é provável que não faça o trade durante o dia. É só você e o mercado, e o mercado não tem um grande senso de humor.

Você Não Gosta de Gerir

Os day traders são pequenos empresários, e esse talento empreendedor vai além de tomar suas próprias decisões de compra e venda. Eles também compram equipamentos e suprimentos e mantêm registros cuidadosos do imposto de renda. Para alguns, isso é estimulante. Chega do gestor mesquinho que decide quantas e que tipo de canetas devem ser usadas. Chega de se complicar e levar atestados médicos para conseguir uma cadeira ergonômica chique. Você é o chefe e, se quiser, pode determinar tudo isso.

Mas, para outros, toda essa responsabilidade é avassaladora. Escolher canetas? Criar procedimentos de backup? Preocupar-se com software de contabilidade? É demais... Se o simples pensamento de adentrar a loja de suprimentos para escritório lhe dá calafrios, considere atuar no trade como um colaborador, em vez de operar por conta própria.

Você Busca Fortes Emoções

O trade *parece* muito emocionante. Há aquele estereótipo das pessoas lotando o Chicago Board of Trade, com jaquetas coloridas e gravatas espalhafatosas, gritando e agitando os braços. Estremeço só de pensar. Claro, elas provavelmente estavam gritando pedidos de café e agitando os braços em um debate sobre os Cubs contra os Sox. E, de qualquer forma, o pregão está obsoleto. A maioria das grandes bolsas de valores, títulos e derivativos passou por fusões e reduziu a metragem quadrada de seus pregões devido às mudanças na forma como as pessoas operam. Hoje em dia, a maioria dos traders senta em escritórios em frente a telas de computador. Eles têm que ficar focados nas pequenas manchas à sua frente, e isso pode ser mortalmente enfadonho. Em alguns dias, há poucas oportunidades, se houver, de operar usando seu sistema.

Se você anseia por entusiasmo e tem problemas para manter o foco, o day trading será penoso. Às vezes, envolve um estresse intenso com poucas oportunidades de resolvê-lo durante o dia.

Você É Impulsivo

Com o frenesi dos trades e as decisões rápidas envolvidas, o day trading parece uma carreira perfeita para uma pessoa impulsiva. É tudo uma questão de instinto, de agir de acordo com seus palpites, de puxar o gatilho e de ver o que acontece. Não é? Ah, não. Para ser um bom day trader, é preciso confiar mais em seu sistema do que em seus palpites. Às vezes, você fará trades quando não parecer certo e ficará de fora por alguns períodos, mesmo que esteja ansioso para entrar. Os bons traders pensam rápido, mas pensam. Se gosta de agir de impulso e lidar com as consequências depois, o day trading é uma péssima ideia.

Você Ama Jogos de Azar

Você tem uma ânsia para jogar? Adora vencer as probabilidades? O day trading lhe parece uma visita a Las Vegas sem passagem aérea? Então, ele não é pra você. Diferentemente do que ocorre nos cassinos, ninguém lhe dará bebidas grátis e nem ingressos para assistir a Celine Dion em troca de suas perdas massivas.

Muitos traders gostam de jogar. Todo trader tem uma história maluca sobre jogar Liar's Poker usando os números de série em notas de dólar, em vez de cartas, ou sobre um amigo de um amigo que aposta se a pessoa que está passando vira à direita ou à esquerda. E tudo bem se continuarem atentos ao jogo e não apostarem mais do que podem perder.

O trade não é um jogo de azar, mas pode ser, em particular se você se empolgar com o mercado e não se limitar a operar e a seu sistema de gestão financeira. Mas lembre-se disto: no jogo, as probabilidades sempre favorecem a casa. Ao cruzar a linha, você transfere seu potencial de lucro para outra pessoa.

CUIDADO

A linha entre o day trading e o jogo é tênue. Verifique as perguntas em www.gamblersanonymous.org/ga/content/20-questions, em inglês, para saber se você tem problemas com o jogo. Substitua *day trading* por *jogos de azar* e veja o que descobriu. E, sem dúvida, peça ajuda se tiver problemas. Não se precipite.

Dificuldade para Definir Limites

Os day traders de sucesso são disciplinados. Estabelecem horários e sistemas para planejar trades e gerir seu dinheiro. Dedicam um tempo para testar cuidadosamente sua estratégia (veja o Capítulo 16 para obter mais informações sobre como fazer isso). Eles entendem que, se não tiverem um sistema e se não gerirem seus riscos, é mais provável que se tornem um daqueles inúmeros day traders que perdem tudo logo no início.

A ideia por trás do day trading é limitar o risco fechando as posições no final do dia. Os mercados financeiros são globais, portanto, em teoria, o dia de trade nunca termina. Se tiver dificuldade em apagar as luzes no final do dia, pode não ser o melhor day trader. Se você se ressente das regras, pode se rebelar contra as que estabeleceu para si mesmo.

LEMBRE-SE

Os bons traders sabem que estão no rumo certo antes mesmo de começar. Eles se deram ao trabalho de avaliar como sua personalidade e seu jeito se alinham com as exigências do trabalho. E um aspecto fundamental é ter disciplina.

Você Quer Ficar Rico Rápido

Os day traders procuram oportunidades de lucro de curto prazo, portanto, pensa-se que o day trading leva a lucros grandes e rápidos, certo? Errado. Os day traders ganham dinheiro coletando um grande número de pequenos lucros. Aqueles que ganham dinheiro o fazem com paciência e persistência. Sim, alguns podem ter feito uma bolada em uma semana, mas são a exceção.

As pesquisas mostram que 80% dos day traders perdem capital e saem do mercado em um ano. Em vez de ficar rico, é mais provável que fracasse rápido. Se você não gosta dessa probabilidade, dê outro destino a seu dinheiro.

Um YouTuber Recomendou

Muito dinheiro pode ser ganho no day trading, mas às vezes parece que mais dinheiro é ganho vendendo sistemas de treinamento. Alguns deles são amplamente operados online e até mesmo por meio de infomerciais na TV. O discurso de vendas faz com que o day trading pareça uma maneira fácil, segura e divertida de ganhar dinheiro usando sua própria inteligência. Esses comerciais deixam de fora detalhes incômodos sobre sistemas de pesquisa e teste, altos níveis de risco e a pressão que o trade imputa a uma pessoa. E a regra da venda por lavagem (é uma questão de impostos; veja o Capítulo 17) nunca é mencionada.[1]

O day trading é ótimo para algumas pessoas. Mas, como qualquer coisa, se parece bom demais para ser verdade, provavelmente não é. Não deixe um discurso de vendas forte levar seu suado dinheiro.

---

1 N.R.: Lembrando que, no Brasil, não temos a wash-sale rule.

NESTE CAPÍTULO

» Aprendendo com os erros dos outros

» Evitando erros psicológicos e de preparação

Capítulo **20**

Dez Erros Comuns

O day trading exige dedicação. Muitos mercados populares são *jogos de soma zero*, o que significa que, para cada vencedor, há um perdedor. Outros, como o de ações, são de *soma positiva*, o que significa que tendem a aumentar o valor com o tempo, mas raramente você verá grandes movimentos no day trading, e seu objetivo é fechar as posições todas as noites. A maioria dos day traders perde dinheiro, em parte porque comete erros óbvios e evitáveis.

Esta lista de dez erros o alertará para que evite os mais graves. Evitá-los não garante ganhar dinheiro no trade, mas certamente reduz o risco e melhora suas chances. E isso é metade da batalha.

Expectativas Irreais

A maioria dos day traders perde dinheiro. Algumas pesquisas mostram que 80% deles desistem no primeiro ano. As corretoras que lidam com eles constantemente descobrem maneiras de atrair novos clientes, porque é muito difícil reter os que já têm por um longo prazo.

Sim, alguns traders ganham dinheiro. Alguns ganham muito. Mas eles são exceção. Ganhar dinheiro no day trading é difícil, ganhar dinheiro suficiente para cobrir o valor de seu tempo é ainda mais. Se você entrar no mercado sabendo que é difícil, só arriscará o dinheiro que pode perder, e se pensar nele como um negócio, sairá na frente dos que pensam que encontraram uma maneira fácil de ganhar milhões no conforto de casa — e que ficam surpresos ao descobrir que contribuíram para a própria falência.

Não Ter Plano de Negócios e de Trade

O trade é um negócio. Quando você decide fazer day trade, compromete capital em um empreendimento com alto risco de fracasso. Você não é diferente de seu cunhado que decidiu abrir uma franquia de lanchonete, de seu vizinho que ingressou em uma startup por um pequeno salário e muita participação ou de seu colega de faculdade que faz o mesmo como um vendedor de seguros de vida com comissão integral. Você está sozinho, arriscando seu capital na esperança de obter um grande sucesso, mas sabendo que muitos outros que fazem a mesma coisa fracassam.

Empresas de sucesso têm planos de negócios, e com seu negócio de trading não é diferente. Você precisa especificar o que operar, quando, como e com quanto dinheiro — *antes* que comece. Defina de qual equipamento precisa, de quais serviços e qual treinamento deseja e como medirá seu sucesso. O Capítulo 14 o ajudará com o plano de negócios, e o resto do livro, a preencher as seções apropriadas. O plano alinhará suas expectativas e criará um ponto de partida profissional para esse seu novo empreendimento.

Além disso, complemente o plano de negócios com um plano de trade. Como você o fará? Quais sinais observará? Em quais condições entrará em uma posição e em quais a fechará? Esse é seu plano de trade. Os bons traders têm planos para orientá-los exatamente quanto ao que fazer quando virem oportunidades no mercado. Esse plano reduz o medo e a dúvida, que perturbam a maioria dos traders, e afasta o pânico, que destrói muitos. Leia a Parte 2 deste livro para ter ideias sobre estratégias de trade.

Além disso, bons planos de trade devem ser testados e avaliados. O Capítulo 13 contém boas informações sobre teste e avaliação, para estruturar bem seu sistema de orientação, mesmo quando o mercado não colaborar com você.

LEMBRE-SE

Falhar em planejar é planejar falhar, como diz o clichê. Sem um planejamento inicial cuidadoso, seu suado dinheiro fica na reta. Assuma a responsabilidade pelos seus trades.

Ignorando a Gestão de Caixa

Como os mercados financeiros são voláteis, é fácil ser eliminado. Uma boa gestão financeira o ajuda a permanecer no jogo. Como nunca se compromete todo o capital em um único trade, nenhum trade pode encerrá-lo. Às vezes — como quando você sabe que tem uma grande ideia —, reter um pouco de dinheiro não parece ideal, mas se planeja operar por bastante tempo, controle seu dinheiro — estratégia de gestão. Do contrário, não haverá trade bem-sucedido que compensará suas perdas.

É preciso ter bom senso para o trade do dia a dia, mas também capital. O Capítulo 6 contém ótimas informações sobre gestão de caixa, portanto, não o pule!

Falhando ao Gerir os Riscos

O day trading é um negócio arriscado, e a maioria dos day traders desiste devido às perdas. (Já falei isso?) Até mesmo os traders que persistem passam por muitas derrotas. É por isso que implementaram sistemas de gestão de risco. Seus planos incluem *stops*, que automaticamente executam ordens de compra ou de venda quando os títulos atingem níveis predeterminados. (Os stops são discutidos no Capítulo 7.)

O day trader que busca problemas faz pedidos sem pensar em quanto de um título deve comprar ou vender a qualquer momento, e pensa que saberá quando vender. E então se questiona e se vê com perdas maiores do que pretendia.

Ao fazer day trade, busque segurança. Você está ciente dos riscos (por isso escolheu este livro), então use a proteção dada pelos stops e pela boa gestão financeira.

CUIDADO

A maioria dos day traders perde dinheiro. Não arrisque dinheiro que não pode perder e avalie os riscos que corre.

Não Reservar Tempo e Dinheiro para Fazer o Certo

O day trading é um ofício. É um empreendimento de pequena empresa que requer pesquisa e treinamento bem antes do primeiro trade. Não é um hobby, para praticar uma hora por dia. Para fazê-lo bem, é preciso definir um horário regular e ter dinheiro suficiente para gerar retornos razoáveis sem riscos excessivos.

Muitas pessoas pensam que o day trading é uma atividade fácil, com a qual farão dinheiro enquanto os filhos estiverem cochilando. Esse pensamento é um erro. Se não puder dedicar o tempo necessário para estudar os mercados e para entender como reagir a eles, terá problemas para permanecer no trade.

O day trading é um negócio de trades frequentes com pequenos ganhos percentuais e um alto potencial de perda. Se tiver dias de perdas, uma conta pequena logo ficará com muito pouco dinheiro para atender aos tamanhos mínimos de pedidos. Portanto, os traders de sucesso começam com dinheiro suficiente para aguentar os períodos de baixa e ainda conseguem gerar retornos significativos em dinheiro. Considere o seguinte: um retorno de 1% sobre R$1 mil é igual a R$10, mas um de 1% sobre R$100 mil é de R$1 mil.

Se tem mais dinheiro para começar, tudo o que ganhar logo ficará mais tangível. A U.S. Securities and Exchange Commission e a National Association of Securities Dealers definem os day traders em parte como clientes com US$25 mil em suas contas. Se você tem US$25 mil livres, é mais provável que seja um day trader de sucesso do que se tivesse US$2.500 — e será considerado um day trader, não um aventureiro.

LEMBRE-SE

Você perderá dinheiro. Todos os day traders têm dias ruins e são mais propensos a perder dinheiro no início da carreira, antes de sentirem os mercados e suas próprias reações a eles. Se tiver dinheiro suficiente no início, considere essas perdas como parte de seu aprendizado.

Seguindo o Rebanho

Todos no mercado estão olhando os mesmos dados e os mesmos indicadores técnicos (como os que discuto no Capítulo 8). Os bons day traders seguem as tendências do mercado, mas com o objetivo de chegar cedo ou pontualmente. Aqueles que chegam tarde são esmagados: compram muito caro ou vendem muito pouco. Seguir o rebanho é tentador, porque é muito difícil ver o mercado se afastando de você.

O day trading demanda reações rápidas. Tem um quê de jogo e um quê de psicologia. Algumas pessoas apostam, porque o trader que consegue descobrir o que os outros estão fazendo e clicar mais rápido tem uma enorme vantagem. Aquele que hesitar ou "deixar a vida levar" provavelmente será arruinado.

Não há solução fácil. Saber que você está psicologicamente apto para o day trading ajuda (veja o Capítulo 14), bem como confiar no desempenho de longo prazo de seu sistema (veja o Capítulo 16). Mas, em grande parte, o mais fundamental é ter uma certa experiência nos mercados para saber como o sistema se relaciona com o que está em sua cabeça.

Alternando os Sistemas de Pesquisa

Os day traders perdem dinheiro, pelo menos em parte do tempo. E isso pode fazer com que o day trader perca a confiança em seu sistema. E muitos fazem o que parece lógico, que é mudar para um sistema que aparente funcionar. O problema é que nenhum sistema funciona o tempo todo; se o fizesse, todos o usariam. E às vezes as coisas pioram antes de mudarem. Ao trocar de sistema sempre que o cenário se complicar, o trader não aprende as nuances de como um determinado sistema funciona para ele. E é provável que ele fique preso em outra tendência de baixa, pegando o novo sistema bem quando o antigo recomeça a funcionar.

LEMBRE-SE

Os mercados funcionam em ciclos. Nenhum sistema funciona o tempo todo, mas se você entrar em pânico e começar a tentar coisas novas sem se dedicar a aprender, é provável que piore as coisas. O Capítulo 13 cobre a avaliação de desempenho e o teste do sistema em detalhes. Quanto mais você entende seu sistema e como ele funciona, é menos provável que seja derrubado por procurar novos sistemas o tempo todo.

Resumindo: uma pessoa que tenha um sistema mágico, que funciona em todos os mercados, está aposentada e mora em uma praia em Maui. O restante das pessoas tem que passar por alguns momentos difíceis.

Overtrading

Como os day traders não mantêm posições por longos períodos, raramente desfrutam de movimentos de preços grandes e lucrativos. Em vez disso, ganham dinheiro com muitas transações com pequenos lucros. Eles são insanos, entram e saem rápido. Mas, acredite ou não, o day trader que opera muito *também* perde muito. Ele não acompanha os grandes movimentos durante o dia e é aniquilado pelas comissões e por outros custos de transação.

Por mais paradoxal que pareça, muitos day traders se saem melhor fazendo menos trades por dia. Dessa forma, as comissões e as taxas têm uma fatia menor do lucro. Uma maneira de lucrar com menos trades é com uma melhor gestão financeira, discutida no Capítulo 6. Um trader que põe o dinheiro para trabalhar de forma adequada pode ganhar mais dinheiro do que aquele que opera freneticamente.

Insistindo em Trades Ruins

Alguns day traders são dominados pelo medo, pela dúvida, pela ganância e pela esperança. Eles têm medo de reconhecer uma perda. Eles se perguntam se são bons no que fazem. Não querem pagar a comissão para escapar de uma posição perdedora. E se o título era uma boa compra pelo preço mais alto, é melhor agora que o preço caiu. Esses traders acham que, se mantiverem uma atitude mental positiva, tudo dará certo no final.

Os bons traders têm sistemas implementados para limitar suas perdas. Eles usam ordens de parada para se forçar a sair de trades ruins. Preferem colocar o dinheiro para trabalhar em um bom trade do que manter um ruim.

LEMBRE-SE

O mercado não conhece sua posição; mesmo se o fizesse, não se importaria. Portanto, não há desejos e esperanças que recompensem sua paciência. Se um trade não está dando certo, desista. Como diz a música, se você parar para pensar, não há amanhã.

Envolvendo-se Muito Emocionalmente

O trade é um negócio. Você enfrenta um mercado impessoal que parece entregue ao acaso (e muitos estudiosos dizem que é exatamente assim que ele funciona). Envolve dinheiro, que para algumas pessoas é uma forma de marcar pontos na vida, e para outras, é sua principal fonte de segurança. Perder trades significa perda de status e de segurança. Não é de admirar que tantos traders sejam os casos principais, quando às vezes todo o mercado parece conspirar contra você — incluindo você mesmo.

Os melhores traders são quase zen em seu desapego ao mercado. Conseguem se manter indiferentes ao frenesi do day trading para não se entregarem ao medo, à dúvida, à ganância e à esperança. O Capítulo 14 contém alguns conselhos para ajudá-lo a abordá-lo com tranquilidade. Só você sabe se é capaz disso.

> **NESTE CAPÍTULO**
>
> » Usando técnicas simples para limitar as perdas
> » Trading com a proporção ideal
> » Planejando com estatísticas
> » Percebendo os perigos de ignorar a gestão financeira

Capítulo **21**

Dez Técnicas de Gestão Financeira

O segredo para o sucesso no day trading é a disciplina, e ela começa com a boa gestão financeira: determinar quanto dinheiro você operará, quando reduzirá suas perdas e quando sairá com dinheiro no bolso. Se não administrar seu dinheiro, não será trader por muito tempo.

Aqui você obtém uma visão geral das principais técnicas de gestão financeira a considerar, bem como de uma que é uma péssima ideia. Algumas delas são simples; nenhum cálculo é necessário, e você pode usá-las imediatamente. Outras envolvem um pequeno treino com sua calculadora. Algumas precisam que seu histórico de desempenho funcione, então você não as usará imediatamente, mas pode experimentá-las à medida que estruturar seus dados de trade. (E, sim, esta é uma das muitas razões para os traders manterem registros de suas atividades de trade.)

DICA

Atualmente, muitos corretores incluem calculadoras e aplicativos de gestão financeira em seus sistemas de trade, para que você insira os parâmetros que refletem seu estilo de trade e o saldo de sua conta para obter a quantia certa para fazer o trade de imediato. Essas calculadoras removem as suposições e os mistérios associados a algumas dessas técnicas — se forem usadas.

Tirando Dinheiro da Mesa

Esta é a forma mais simples de fazer a gestão financeira: quando estiver no topo, leve o lucro, em vez de esperar para ganhar ainda mais dinheiro. Lute contra a ganância, pegue o dinheiro e encerre o dia.

Se tiver uma semana, mês ou ano com lucros particularmente fortes, tire um pouco de dinheiro de sua conta de trade e coloque-o em um fundo de aposentadoria, use-o para saldar uma dívida ou mova-o para um investimento de baixo risco para ajudar a diversificar suas atividades de alto risco.

Mesmo que você não faça mais nada, recolher os lucros quando os tiver o mantém no jogo por mais tempo.

Usando Stops

A menos que você seja uma máquina, é difícil manter a disciplina o tempo todo. Os seres humanos fazem coisas estúpidas. É por isso que existe uma maneira simples de forçar a disciplina no trade para evitar que as perdas destruam sua conta: uma ordem de stop.

Uma *ordem de stop*, também chamada de *ordem stop-loss*, é uma ordem de compra ou de venda de um título assim que ele atinge um determinado preço, conhecido como *preço de stop*. A ordem permanece latente no computador do corretor até que o preço de mercado atinja o stop, e então é executada. Essa ação automatizada o ajuda a obter lucros ou a reduzir perdas. Alguns traders não gostam de stops porque ocasionalmente um deles será executado em uma negociação com preço que estava ruim em determinado momento, ou porque, enquanto uma ação subir de preço, ela os tirará do jogo. No entanto, os stops são uma maneira fácil de forçar a disciplina. Eles o ajudam a administrar seu dinheiro com facilidade.

Sim, alguns corretores cobram uma comissão extra pela ordem stop. Mas às vezes vale a pena.

Aplicando a Regra de Gann dos 10%

O sistema de Gann de gestão financeira é parte de um intricado sistema de análise técnica usado para identificar bons trades com títulos. O sistema de gráficos é complexo, mas o de gestão financeira é simples. Ele se baseia em um limite de 10% do valor da conta para o dinheiro aplicado em qualquer trade, nunca mais do que isso. O valor desses 10% sobe ou desce à medida que o da conta muda, mas o limite de 10% é uma segurança para mantê-lo no mercado.

A maioria dos traders que segue a regra de Gann dos 10% a combina com stops para limitar as perdas.

LEMBRE-SE

Não dá para aproveitar uma oportunidade lucrativa sem dinheiro para fazer o trade. Toda a conta será perdida se as perdas correrem soltas.

Limitando as Perdas com o Sistema Fracionário Fixo

O nome "sistema fracionário fixo" é impreciso; na verdade, ele se compõe de uma série de frações que determinam quanto de seu capital deve ser arriscado em um trade. Uma fração maior é alocada aos menos arriscados; uma menor, aos mais. O cálculo é encontrado no Capítulo 6.

Para fazer o cálculo, você precisa saber quanto dinheiro pode perder em um trade. O estudo que determina essa quantia ajuda muito a melhorá-lo sem demandar uma matemática complexa. O sistema fracionário fixo leva o stop um nível adiante; ele o ajuda a limitar as perdas e a aproveitar melhor as vitórias, considerando quanto usar no trade com o potencial valor de perdas e ganhos.

Retornos Crescentes com o Sistema de Proporção Fixa

O sistema de proporção fixa de gestão financeira se relaciona ao dimensionamento fracionário fixo. A principal diferença é que ele considera o lucro acumulado, em vez do tamanho total da conta. (O lucro acumulado é o valor da conta menos o capital colocado nela no início do trade.)

Esse sistema foi estruturado pelo trader Ryan Jones especificamente para trade de opções e de futuros. O objetivo é aumentar os retornos dos trades que obtêm sucesso e proteger os lucros dos que se saem mal. O cálculo básico está no Capítulo 6.

Seguindo o Critério de Kelly

O critério de Kelly se baseia nos estudos estatísticos de matemáticos que trabalharam no Bell Labs nos anos de 1950. Eles perceberam que havia algumas aplicações para os jogos de azar, então foram para Las Vegas e ganharam muito dinheiro no blackjack. Sim, é sério. Os cassinos mudaram as regras para que isso não acontecesse mais, mas o princípio funciona nos mercados financeiros.

A fórmula garante que você nunca fique sem dinheiro, para que sempre consiga fazer mais um trade. No mundo real, é claro, você pode chegar a um ponto em que ainda tenha dinheiro, mas não o suficiente para mais um trade.

$$Kelly\% = W - \left(\frac{1-W}{R}\right)$$

A equação analisa a porcentagem de trades que se espera que deem dinheiro (W), o retorno de um trade bem-sucedido e a proporção do ganho médio de um desses em relação à perda média de um malsucedido (R). Só é possível usar o critério de Kelly após ter operado por tempo suficiente para acumular dados para usar nessa equação, mas tudo bem — há um atalho!

O critério de Kelly muitas vezes gera um tamanho de trade maior do que muitos traders se dispõem a usar. Uma alternativa é o trade *meio Kelly*, usando na equação metade do valor recomendado.

Calculando o Valor para o Optimal F

O Optimal F é outro sistema de gestão financeira que precisa de números de desempenho para gerar o tamanho ideal de trade. Foi desenvolvido pelo trader Ralph Vince e apresenta a fração ideal de sua conta com base em seu desempenho anterior. O cálculo muda a cada trade, então geralmente é feito por meio de uma planilha ou de um aplicativo.

Medindo Riscos e Tamanhos de Trade com a Simulação de Monte Carlo

A simulação de Monte Carlo é outro sistema de gestão financeira saído dos jogos de azar. É usado para gerir riscos em muitos negócios, incluindo o trade. Insira os parâmetros de risco e o retorno em um programa de computador, e ele o informará a probabilidade de perda total e o tamanho ideal do trade.

O sistema não consegue contabilizar tudo o que pode dar errado e requer muito poder computacional — mesmo hoje em dia. Em função disso, muitas plataformas de trade e de corretagem têm aplicativos de Monte Carlo para ajudá-lo a medir os riscos e o tamanho dos trades.

Assumindo Riscos com o Sistema Martingale

Martingale é outro sistema simples de gestão financeira, que não demanda cálculos complexos. É popular entre apostadores e entre traders. No início, a quantia é pequena — você a escolhe, mas deve ser inferior a 5% do valor da sua conta. Se o trade se sair bem, o próximo deve ser do mesmo valor. Se não funcionar, feche e coloque o dobro do valor (*o dobro ou nada*, como dizem) no próximo para recuperar a perda. Não funcionou? Dobre novamente. Depois de conseguir um trade bem-sucedido, volte ao valor inicial para o seguinte.

CUIDADO

Se tiver que dobrar para uma longa série de trades, o dinheiro envolvido cresce rapidamente: de R$2 mil, por exemplo, para R$4 mil, R$8 mil, R$16 mil, R$32 mil, R$64 mil e até R$128 mil se perder 6 trades seguidos. Esse é o problema! Se seu dinheiro é infinito, você sairá na frente com o Martingale. Mas, claro, se seu dinheiro fosse infinito, provavelmente você não estaria lendo este livro.

O Martingale pode esgotar seu dinheiro antes que um trade dê certo. O método funciona melhor para traders agressivos, com contas grandes que começam com trades pequenos. É uma estratégia arriscada de gestão financeira, mas é preferível a não ter nenhuma.

Delegando ao Oculto

Muitos traders têm uma questão objetiva com a gestão financeira. Se você tem certeza, por que não investir todo seu dinheiro? Se você sabe que o próximo trade será excelente, por que fechar o dia com uma queda no saldo? Ah, mas essa lógica está repleta de ganância.

CUIDADO

Poucas coisas são tão seguras quanto parecem. Perca apostando em algo supostamente certo, e seu próximo trade não acontecerá. Exceda seu limite diário de perdas, e elas serão ainda maiores.

O sábio Bart Simpson certa vez disse que anos assistindo à televisão lhe ensinaram que milagres sempre acontecem com crianças pobres na véspera de Natal. O conhecimento da gestão financeira é mais seguro do que acreditar que o milagre o escolherá hoje.

Apêndice
Recursos Extras para Day Traders

Por mais que eu odeie admitir, *Day Trading Para Leigos*, tradução da 4ª edição, não diz absolutamente tudo o que você precisa saber para começar o day trading. Este apêndice lista livros, sites, periódicos e outros recursos, em inglês, com estratégias, técnicas e ideias para gerir riscos, impostos e estresse.

Livros Incríveis para Melhores Trades

Sua estante está meio vazia? Encha-a com algumas destas belezas.

Guias básicos de trade

Os livros a seguir oferecem informações básicas sobre o day trading:

» *The Bible of Options Strategies: The Definitive Guide for Practical Trading Strategies*, **de Gary Cohen (FT Press):** Muitos traders preferem opções a ações, e esse livro cobre as estratégias principais, bem como algumas mais inusitadas que podem funcionar para você.

» *Currency Trading for Dummies*, **de Kathleen Brooks e Brian Dolan (John Wiley & Sons, Inc.):** Autores de *Para Leigos* gostam de recomendar uns aos outros. Se seu interesse são as moedas, esse livro cobre as convenções e as ferramentas para aumentar suas chances de sucesso. Ele abrange os fatores econômicos e psicológicos que afetam os valores das moedas, analisa os principais pares e identifica fatores relevantes para este mercado.

» *Mastering the Trade*, **2ª edição, de John F. Carter (McGraw-Hill):** O autor, um trader experiente, acompanha os day traders e swing traders pelos meandros dos mercados, oferecendo conselhos específicos sobre diferentes oportunidades de trade. O livro inclui gráficos e dados que explicam quando colocar um trade e quando encerrá-lo. Ele é prático, útil e detalhado.

» ***The New Money Management: A Framework for Asset Allocation***, de Ralph Vince (John Wiley & Sons, Inc.): A boa gestão do dinheiro mantém os traders no jogo por mais tempo e maximiza os potenciais retornos. É uma disciplina fundamental que às vezes é a diferença entre o sucesso e o fracasso de longo prazo. Infelizmente, muitos day traders a negligenciam. Esse livro detalha o sistema de gestão de dinheiro de Vince.

» ***Trading Rules that Work: The 28 Lessons Every Trader Must Master***, de Jason Jankovsky (John Wiley & Sons, Inc.): Se fosse possível ficar rico conhecendo apenas alguns indicadores, todo trader se aposentaria e geriria enormes fundações de caridade. Mas não é tão fácil. Assim, uma abordagem disciplinada e profissional faz a diferença em longo prazo. Esse livro é um panorama útil das diferentes regras de trade, por que funcionam e como os traders devem aplicá-las.

» ***Trading Systems and Methods, 5ª edição***, de Perry J. Kaufman (John Wiley & Sons, Inc.): Esse livro didático sobre sistemas de trade é uma análise detalhada e completa. O que o torna especialmente interessante é o site complementar com programas reais de trade. Use-os como ponto de partida para desenvolver seus próprios sistemas.

Guias de análise técnica

A *análise técnica* é um sistema de observação das tendências de preço e volume para determinar os níveis de oferta e de demanda no mercado. A oferta e a demanda, é claro, impulsionam as mudanças de preços, portanto, entender sua dinâmica é muito útil. Aqui estão alguns bons livros sobre o tema:

» ***Candlestick Charting For Dummies***, de Russell Rhoads (John Wiley & Sons, Inc.): Os gráficos de candlestick foram desenvolvidos no Japão e são a base de um sistema de análise técnica popular entre os traders de curto prazo, incluindo day traders. O livro explica como identificar e usar esses gráficos.

» ***Charting and Technical Analysis***, de Fred McAllen (CreateSpace): Esse é um guia aprofundado sobre padrões técnicos, com conselhos para day traders, swing traders e investidores. Explica o que procurar e a relevância, o que usar para configurar sinais e algoritmos de trade.

» ***Mind Over Markets: Power Trading with Market Generated Information***, de James Dalton, Eric Jones e Robert Bevan Dalton (Wiley Trading): Não se deixe enganar pelo título. Esse livro não fala de psicologia do trade. Em vez disso, cobre um sistema de gráficos de preços e análise técnica em grande profundidade, em particular as relações entre mudanças de preços e de volume. O sistema, chamado *perfil de mercado*, é especialmente útil para day traders que atuam em mercados de futuros.

» ***Tape Reading and Market Tactics*, de Humphrey B. Neill (Marketplace Books):** No início do século XX, os traders analisavam as informações de preço e volume com que se deparavam com as fitas de cotação. Os traders ainda contam com uma análise de informações de preço e volume, mas as ferramentas são outras. Esse livro foi escrito em 1931, mas os conselhos de Neill sobre o que procurar e sobre o que evitar ao examinar os dados de preços ainda são válidos para os day traders de hoje.

» ***Análise Técnica Para Leigos*, de Barbara Rockefeller (Alta Books):** Os day traders usam a análise técnica para avaliar a atividade do mercado, e esse livro é um guia detalhado sobre a leitura de gráficos e sobre a aplicação das informações ao trade de forma inteligente. Como um *Para Leigos* seria diferente?

» ***Trend Following: How to Make a Fortune in Bull, Bear and Black Swan Markets*, 5ª edição, de Michael W. Covel (Wiley Trading):** A tendência é sua amiga, certo? Muitos day traders vivem de acordo com essa máxima, e esse livro apresenta algumas estratégias de acompanhamento de tendências, bem como informações sobre como e quando nadar contra o mercado.

Escolas de teoria de preços

A maioria dos day traders adota uma abordagem eclética dos mercados. Eles encontram alguns indicadores úteis e os aplicam à situação do mercado. Com o tempo, refinam seus sistemas. Alguns traders, no entanto, dependem de teorias sobre a movimentação dos preços. Aqui estão alguns textos básicos sobre essas diferentes teorias.

» ***Elliott Wave Principle: Key to Market Behavior*, de AJ Frost e Robert R. Prechter, Jr. (Wiley):** A teoria de Elliott Wave é inusitada. Ela procura padrões de longo (mesmo) prazo nos mercados — décadas e até séculos — com base na *sequência de Fibonacci*, os números encontrados na natureza. Não é amplamente utilizada, mas alguns traders a colocam em um altar.

» ***How to Make Profits in Commodities*, de WD Gann (Lambert Gann):** Esse livro não é exatamente uma leitura fácil, mas muitos analistas acreditam que o sistema de Gann descortina as mudanças diacrônicas nos preços. O texto original data da década de 1940. Algumas pessoas acham que é muito datado; outras o consideram atemporal.

» ***How to Make Money in Stocks: Your Ultimate Guide to Winning in Good Times and Bad*, de William J. O'Neill (McGraw-Hill):** O sistema de William O'Neill é mais interessante para o swing trade e para as ações ordinárias, mas é útil para os day traders entenderem o foco dos outros agentes do mercado. O livro explica o momentum, que busca ações de empresas com boas tendências de trades e bom desempenho.

Psicologia do trade

Os bons trades têm uma mente forte. Eles precisam de confiança para enfrentar o mercado, determinação para colocar ordens e coragem para assumir perdas — e fazê-lo contra a massa amorfa da multidão que opera naquele dia. Há vários livros que abordam especificamente a psicologia do trade; outros, que abordam o controle da mente, também são populares entre os traders, porque suas lições podem ser aplicadas aos mercados:

» *A Arte da Guerra*, **de Sun Tzu:** Acho que todo trader que conheci tem um exemplar de *A Arte da Guerra*. É um texto chinês que descreve a estratégia militar, incluindo a importância da resistência mental e da disciplina rígida. Traduzido pela primeira vez em 1782, para o francês, hoje conta com várias versões e traduções diferentes publicadas.

» *Desperte o Gigante Interior*, **de Anthony Robbins:** Esse livro básico de autoajuda é popular entre todos os tipos de pessoas. Muitos traders criam confiança com os métodos de Robbins, que os ajudam a controlar a mente durante o trade. **Dica:** evite seus conselhos sobre o mercado e foque a parte sobre psicologia.

» *Psicologia das Multidões*, **de Gustave LeBon:** No século XIX, Gustave LeBon escreveu esse tratado sobre o tema. Ele não pensou muito em seus pares, mas muitos traders descobriram que suas ideias explicam alguns comportamentos irracionais de curto prazo que há nos mercados. Entender os motivos por trás dos erros dos trades é uma boa estratégia para lucrar.

» *Princípios*, **de Ray Dalio:** Ray Dalio fez um grande registro de seu fundo de hedge, Bridgewater Associates. O livro é em parte uma autobiografia, mas inclui sua abordagem às estratégias de trade e à psicologia. Dado seu bem documentado sucesso, há muito sobre o que refletir e o que descobrir nas cerca de quinhentas páginas.

» *Trading*, **de Mark Douglas (Prentice Hall):** O livro aborda a disciplina mental necessária ao trade, enfatizando as práticas e as rotinas para controlar as emoções envolvidas. O trader de mercado tem pouco tempo para lucrar, e alguns entram em pânico só de pensar nisso. O livro ajudou muitos traders a se concentrar nos elementos-chave do trade, em vez de perder tempo com o medo, a dúvida e a ganância, que atrapalham seu desempenho.

História e memória

Não quero concordar com Elliott Wave e dizer que todos os movimentos do mercado são parte de tendências gerais, mas sua história — como todas — tende a se repetir. Por quê? Porque há pessoas envolvidas, e não importa como o trade e a economia mudem, as pessoas sempre agem das mesmas formas:

» **Flash Boys: A Wall Street Revolt**, de Michael Lewis (WW Norton & Company): O trade de alta velocidade mudou a maneira como o mercado funciona e afetou as estratégias tradicionais de day trading. O livro apresenta traders que trabalharam para expor o sistema, o que acarretou mudanças na regulamentação. Michael Lewis também escreveu outros bons livros sobre Wall Street e sobre dinheiro.

» **Fortune's Formula: The Untold Story of the Scientific Betting System that Beat the Casinos and Wall Street**, de William Poundstone (Hill e Wang): Claude Shannon e John Kelly trabalhavam no Bell Labs com teoria das filas aplicada a chamadas de longa distância quando se depararam com o que é conhecido como critério de Kelly: a proporção ideal de dinheiro a arriscar é a proporção do lucro no mercado dividida pelas chances de lucrar. Os traders podem usar essa *fórmula de vantagem/probabilidade* para descobrir quanto dinheiro alocar a um trade. O livro explica como o sistema funciona, embora não prove que funciona quando aplicado a cassinos ou ao trade real.

» **Reminiscences of a Stock Operator**, de Edwin LeFevre (John Wiley & Sons, Inc.): Esse clássico, escrito antes do crack de 1929, conta as aventuras de Jesse Livermore, um dos maiores traders de sua época. É um livro de memórias disfarçado de conjeturas, com o personagem Larry Livingston fazendo as vezes de Livermore. Alguns traders gostam pelas lições; outros apenas se divertem com o quão imutável é a arte do day trading, apesar das mudanças drásticas propiciadas pela tecnologia.

O Trader na Internet

A internet viabilizou o day trading. Quando a conectividade de alta velocidade com os dados de mercado se tornou viável, quase qualquer pessoa pôde operar com a mesma velocidade que aqueles que trabalham na bolsa ou na mesa de operações de uma corretora. E, no entanto, a internet é também uma terrível distração para um trader ou para qualquer pessoa que trabalhe sozinha. Aqui estão alguns bons sites para day traders, mas visite-os fora do horário de trade:

» **Elite Trader:** O Elite Trader, `www.elitetrader.com`, é uma das grandes comunidades de traders online, com fóruns, análises de livros e de softwares e classificações de corretoras. Os membros são panfletários, mas a comoção é justificada.

» **IndexArb.com:** Interessado em operar futuros nos índices do mercado? O site `http://indexarb.com` tem informações úteis. Ele lista os prêmios de diferentes contratos e oferece estratégias para diferentes condições de mercado e boas informações básicas para ajudá-lo a tomar decisões.

- **Reddit:** O Reddit, com seus fóruns sobre quase tudo que se imagine, tem muitas boas discussões para traders em www.reddit.com/r/daytrading/. Há ótimas informações, mas fique atento para dicas duvidosas.
- **TraderInterviews.com:** Procurando algo educacional e inspirador para o seu MP3 player? TraderInterviews.com (www.traderinterviews.com) apresenta discussões com vários traders.
- **Trader Mike:** Todos os dias, Michael Seneadza, um day trader, atualiza seu blog, www.tradermike.net. Inclui seu diário de trade, reflexões sobre os mercados e conselhos sobre day trading, que admite serem provisórios. É bem instigante.
- **Trade2Win:** Procura fóruns sobre trade? Quer saber o que outros traders pensam sobre um serviço ou estratégia? Confira o www.trade2win.com, um dos sites mais abrangentes sobre o tema.
- **Traders Laboratory:** Se quer conhecer outros day traders, encontrar seminários, ler blogs ou verificar calendários de divulgação econômica, o Traders Laboratory, www.tradersLaboratory.com, é o seu lugar.

Mídias Convencionais

Embora os traders dependam de dados de mercado em tempo real, online, ainda procuram algumas fontes antigas de informações. Acredite se quiser:

- **Barron's:** O *Barron's* (www.barrons.com) é um jornal financeiro semanal publicado pela Dow Jones & Company. Sua ênfase é o investimento de longo prazo, mas ele traz uma análise de mercado aprofundada e entrevistas frequentes com traders de destaque. Além disso, a coluna "Electronic Trader", sobre o mundo digital, traz notícias e classificações de corretoras online, muitas especializadas em serviços para day traders.
- **Bloomberg TV:** O Bloomberg TV (www.bloomberg.com/tv) é um canal a cabo que transmite notícias e informações sobre os mercados. Alguns traders o deixam ligado direto enquanto operam. Outros assistem à sua programação fora dos horários do mercado.
- **Investor's Business Daily:** Esse jornal, em www.investors.com, é publicado pela William O'Neill, que também publica gráficos e sistemas de análise técnica usados por investidores em ações. Todas as manhãs, o *IBD* apresenta novas ideias de trade e análises de mercado para traders ativos, em particular para aqueles que atuam no mercado de ações.

Índice

A
ações, 26
    ask, 47
    bid, 47
    de varejo, 61
acordos de margem, 81
acumulação, 166–167
Alan Andrews, analista técnico, 149
alavancagem, 16, 40, 44, 55, 80
    embutida, 117
algoritmos de alta frequência, 7
análise
    bottom-up, 135
    técnica, 117, 133, 214
aplicativos de operação móvel, 11
arbitragem, 33, 64
    de fusão, 189
    de renda fixa, 188
    de risco, 183
atividade passiva, 307
ativo
    frequência, 41–42
    liquidez, 41
    sintético, 185
    volume, 41

B
backtesting, 31, 179, 216, 224, 225
balcão, 22
barra, 136–137
Bitcoin, 21, 65–66
blockchain, 65–66
bolha das pontocom, 201
bolsa
    de pregão, 48
    de Valores de Nova York, 54, 208
bucket shops, 276

C
capital de risco, 16, 284
capitalização de mercado, 48
características dos day traders
    determinação, 14
    independência, 13
    perspicácia, 14
chamada de margem, 44, 81, 83
código tributário de investimento, 295
comissão das operações, 22
commodities, 57–58
compensação risco-retorno, 32
conhecimento de depósito, 72
conta
    de aposentadoria individual, 311
    poupança, 96
contabilidade de marcação a mercado, 309
contratos de futuros, 25, 160
corretora, taxa de juros, 82
cotações
    de preços, 262
    nível I, 263
    nível II, 263
    TotalView, 263
covariância, 164
criadores de mercado, 49
criptomoedas, 25, 65, 283
crise financeira de 2008, 45, 75, 278, 280
critério
    1-2-3-4, 160
    de Kelly, 100, 104
cruzamento, 141
custo de oportunidade, 31, 101
custos totais de execução, 198

D
dark pools, 52, 170
day trader padrão, 286
demanda, 20
derivativos, 70, 89, 247
    tipos, 70–72
desequilíbrio de ordens, 169
desvio-padrão, 42–43
diário de trading, 232
dinheiro
    dispensável, 259–260
    inteligente, 162
disciplina, 13
distribuição, 166–167
diversificação, 96

E

eficiência de mercado, 137
empréstimos intradiários, 82
erro de rastreamento, 64
especulação, 36
estrutura de custos de operação, 182
exchange-traded fund, 187
expectativa, 96
expediente para operar, 11-12
expiração de opções, 42

F

fases de uma tendência, 142-143
ferramentas automatizadas, 254
F ideal, sistema, 106
finanças comportamentais, 253
fluxo do dinheiro, 166-167
forex, 25, 90
formação head and shoulders, 146-147
fracionário fixo, 102
free riding, 93
fundo
    de hedge, 7, 63
    dispensável, 319
    Garantidor de Crédito (FGC), 35
    operado em bolsa (ETF), 26, 60-61
futuros, 71, 89

G

ganho
    de capital, 234, 300
    por operação, 118
garbitrage, 190
gerenciamento de riscos, 37, 83
gráficos candlestick, 151

H

hedge de risco, 16

I

Ibovespa, 25, 135, 241
indicador de momentum, 143-144
índice de medo, 165
índices de mercado, 188, 241
inflação, 32
informações privilegiadas, 33, 288
inteligência artificial, 229

J

interesse aberto, 163
interromper os trades, 289

J

jogo
    de soma positiva, 35
    de soma zero, 9-10, 36
juros compostos, 109

L

lavagem de dinheiro, 285-287
lei do preço único, 74
leilões online, 40
limitar pedidos, 255
limites, 26
Litecoin, 66
lotes redondos, 43, 47
lucros, 24

M

margem, 44
    de juros, 305
martingale, 105
média
    de amplitude de variação, 163
    móvel, 141, 159
mercados
    de ações e títulos, 87
    de commodities, 9
    de futuros, 219
    de soma zero, 129
mercado volátil, 120
mineração de dados, 221, 225
mitos, 15-18
modelo
    Black-Scholes, 165
    de precificação de ativos financeiros, 31
momentum, 143, 159
    preço, 200

N

Nasdaq, 48, 49
notas operadas em bolsa (ETN), 61
numerais gregos, 100

O

oferta, 20

inicial de moedas (ICO), 66-67
opção, 70-71, 88
    binária, 72
    call, 88
    put, 88
opções
    de letras do tesouro direto, 60
    não patrimoniais, 292
operações no spot market, 56
operar
    com arbitragem, 181
    na margem, 24
ordem
    cancela ordem, 120
    de limite, 120
    de stop, 9, 15, 119
    pendurada, 120
osciladores de momentum, 159, 162
os quatro cavaleiros do fracasso no day trading, 10

P
pair trading, 181
penny stocks, 52, 209
perda
    de capital, 300
    probabilidade, 28-29
perfil de mercado, 338
pesquisa
    fundamentalista, 135
    técnica, 134
pirâmide, 109-110
    esquema, 109
planejamento, 13
ponto de pivô, 141
pool
    de commodities, 290
    de liquidez, 262, 268
porcentagem de ganho/perda, 239
position trader, 124, 193
pregão da bolsa, 158, 211
probabilidade de ruína, 97
produtos operados em bolsa, 60
Programa de Investimento de Alto Rendimento, fraude, 118
propagação, 267
proporção áurea, 150
pump and dump, fraude, 52, 68

Q
quebras de circuito, 289
quote
    -rate pirates, 170
    stuffing, 170

R
Ralph Elliott, 151
razão de volatilidade, 165-166
receita de investimentos, 300
receitas diversas, 303
redes de comunicações eletrônicas, 50
regra
    60/40, 292
    do uptick, 85
regulamentação, 275
relação entre volume e preço, 41
relatórios fiscais, 287
renda passiva, 234
responsabilidade
    ilimitada, 29
    limitada, 29, 46
retorno
    composto, 235
    esperado, 30, 96
risco, 28
    do negócio, 37
    pessoal, 37
rompimento falso, 144-145

S
scalper traders, 143
simulação de Monte Carlo, 105
sistema
    Elliott Wave, 151
    Gann, 152
sistemas de cotação, 138
soma dos quadrados, 240
spread, 23
    bid-ask, 182, 198-199
straddle, 308
subpennying, 77
superotimização, 225
swing traders, 8, 15, 143, 167, 193

T
taxa
    de crescimento anual composta (CAGR), 235

de retorno livre de risco, 32
teoria
    de Dow, 150
    dos jogos, 23
    financeira convencional, 226
tesouro direto, 55
títulos, 53
    conversíveis, 186
    de desconto, 53
trade meio Kelly, 334
traders
    de alta frequência, 42
    de comissão de futuros, 282
trading
    arcades, 323
    contrário, 180
    de notícias, 181
    de papel, 227
troca fiduciária, 68

U
unidades de criação, 60, 187

V
variância, 42
venda a descoberto, 84, 164, 185
viés ascendente, 153, 247–248
VIX, 165
volatilidade, 30, 42, 163, 234
    como medir, 100
    implícita, 165

W
Warren Buffett, 14, 35
William Gann, 152